W0049120

Noam Chomsky
Offene Wunde Nahost

EUROPA
VERLAG

Aus dem Amerikanischen von Michael Haupt

Noam Chomsky

Offene Wunde Nahost

*Israel, die Palästinenser
und die US-Politik*

Europa Verlag
Hamburg · Wien

Im Europa Verlag sind bisher von Noam Chomsky erschienen:

»Profit Over People.
Neoliberalismus und globale Weltordnung«

»War Against People.
Menschenrechte und Schurkenstaaten«

»The Attack. Hintergründe und Folgen«

»People Without Rights.
Kosovo, Ost-Timor und der Westen«

Von Raja Shehadeh,
auf den Chomsky mehrfach verweist (u. a. S. 78 ff.),
erscheint im Frühjahr 2003 das Buch
»Unweit von Ramallah.
Mein Leben im besetzten Palästina«
im Europa Verlag.

»Fateful Triangle. The United States, Israel and the Palestinians« wurde zuerst
in den USA veröffentlicht von South End Press, 7 Brookline Street 1,
Cambridge, MA 02139-4146, USA. www.southendpress.org.
For rights contact: southend@igc.org.
© 1999 by Noam Chomsky
Original edition © 1983 by Noam Chomsky

Deutsche Erstausgabe
© Europa Verlag GmbH Hamburg, September 2002
Lektorat: Aenne Glienke
Umschlaggestaltung: Kathrin Steigerwald, Hamburg
Foto: dpa, Hamburg
Innengestaltung: KompetenzCenter, Düsseldorf
Druck und Bindung: Wiener Verlag, Himberg bei Wien
ISBN 3-203-76014-2

Die Deutsche Bibliothek verzeichnet diese Publikation
in der Deutschen Nationalbibliografie (http://dnb.ddb.de).

Informationen über unser Programm erhalten Sie beim
Europa Verlag, Neuer Wall 10, 20354 Hamburg
oder unter www.europaverlag.de

Inhalt

Vorwort: Zur gegenwärtigen Situation

Ein Jahr ist es her, da bemerkte Baruch Kimmerling, Soziologe an der Hebrew University: »Was wir befürchteten, ist eingetreten... Der Krieg scheint unvermeidlich« – ein »böser, kolonialer« Krieg. Sein Kollege Ze'ev Sternhell sah es ähnlich: Die israelische Führung betreibe jetzt »eine Kolonialpolitik, die an die Übernahme der Wohngebiete der armen schwarzen Bevölkerung durch die Polizei der Weißen in Südafrika während der Apartheid erinnert«. Beide verweisen auf das Augenfällige: In diesem Konflikt, der in Territorien lokalisiert ist, die seit 35 Jahren unter strenger militärischer Besatzung stehen, herrscht kein Gleichgewicht zwischen den beiden »ethno-nationalen Gruppen«.

Der »Friedensprozeß« von Oslo veränderte die Modalitäten der Besatzung, nicht aber ihr grundlegendes Konzept. Kurz bevor er sich der Regierung von Ehud Barak anschloß, schrieb der Historiker Schlomo Ben-Ami: »Die Osloer Vereinbarungen beruhten auf einem neokolonialen Fundament, auf der fortwährenden Abhängigkeit des einen Teils der Bevölkerung vom anderen.« Dann wurde er zum Architekten der Friedensvorschläge von Camp David, die ebenfalls auf diesem Fundament beruhten. Zu der Zeit waren die Palästinenser des Westjordanlands auf 200 verstreut liegende Gebiete beschränkt. Bill Clinton und Israels Premierminister Barak wollten auf eine Verbesserung hinaus: Es sollten drei Distrikte oder »Kantone« unter israelischer Kontrolle gebildet werden, die de facto voneinander und von der vierten Enklave, einem kleinen Gebiet in Ostjerusalem (dem Zentrum der palästinensischen Politik, Wirtschaft und Kultur) getrennt wären. Der fünfte Kanton war der Gaza-Streifen. Verständlicherweise finden sich in den US-amerikanische Mainstream-Medien keine Landkarten, die dieses Konzept verdeutlichen, und auch dessen Vorbild, die »Homelands« der südafrikanischen Apartheid, werden nicht erwähnt.

Niemand kann ernsthaft bezweifeln, daß die USA auch weiterhin die entscheidende Rolle im Nahost-Konflikt spielen werden. Allerdings muß man begreifen, worin sie bisher bestand und wie sie intern wahrgenommen wird. Die Version der »Tauben« findet sich in den Leitartikeln der *New York Times*, die Präsident George W. Bushs »bahnbrechende Rede« und »Vision« rühmen. Zuerst wird die sofortige »Beendigung des palästinensischen Terrorismus« gefordert. Einige Zeit später dann soll die »jüdische Besiedlung eingefroren, danach abgebaut und neue Grenzen ausgehandelt werden«, um die Bildung eines palästinensischen Staats zu ermöglichen. Das Ende des palästinensischen Terrors wird die Israelis ermutigen, »das historische Angebot der Arabischen Liga, Frieden und Anerkennung im Austausch gegen einen Rückzug [aus den besetzten Gebieten] ernsthafter in Erwägung zu ziehen«. Aber zuerst muß die palästinensische Führung beweisen, daß sie ein »legitimer diplomatischer Verhandlungspartner« ist.

Die wirkliche Welt hat mit dieser selbstzufriedenen Darstellung nichts gemein. Die Forderungen sind nur eine Kopie der achtziger Jahre, als die USA und Israel verzweifelt versuchten, den Verhandlungsangeboten der PLO auszuweichen. In der wirklichen Welt ist das Hindernis, das Bushs »Vision« im Wege steht, nach wie vor die einseitige Verweigerungshaltung der USA. Auch das augenblickliche »historische Angebot der Arabischen Liga« enthält wenig Neues. Es wiederholt die grundlegenden Bestimmungen einer Resolution des UN-Sicherheitsrats, die eine politische Regelung unter Beachtung der international anerkannten Grenzen »mit geeigneten Vorkehrungen ... für die Sicherung ... der Souveränität, territorialen Integrität und politischen Unabhängigkeit aller Staaten dieser Region« vorsah. Diese Resolution wurde von nahezu der gesamten Welt, einschließlich der arabischen Staaten und der PLO, befürwortet. Israel jedoch war dagegen, und die USA legten ihr Veto ein, womit die Resolution aus der Geschichte verschwand. Seither sind ähnliche Initiativen immer wieder von den USA blockiert und von den Medien zumeist verschwiegen worden.

Die israelische Besatzung hatte, was nicht überraschen kann, Demütigung und Erniedrigung zur Folge. Israels Pläne für die Palästinenser haben sich an den von Mosche Dajan formulierten Leitsätzen orientiert, die er vor dreißig Jahren bei einer Kabinettssitzung äußerte: Israel solle den Flüchtlingen klarmachen, daß »wir keine Lösung haben, und ihr wie Hunde weiterleben werdet, und wer gehen will, kann gehen«. Auf Kritik antwortete er mit einem Satz Ben-Gurions: »Wer das zionistische Problem von einem moralischen Standpunkt aus angeht, ist kein Zionist.« Er hätte auch den ersten

Präsidenten Israels, Chaim Weizmann, zitieren können, der das Schicksal von »einigen hunderttausend Negern« in der Heimat der Juden für »eine bedeutungslose Angelegenheit« hielt. Seit langem erdulden die Palästinenser Folter, Terror, Zerstörung von Eigentum, Verschleppung, Besiedlung ihres Territoriums und die Übernahme grundlegender Ressourcen, deren wichtigste Wasser ist. Diese Politik vollzog sich mit Unterstützung durch die USA und der Einwilligung Europas. »Die Regierung Barak hinterläßt der Regierung Scharon ein erstaunliches Erbe«, berichtete die israelische Presse nach den letzten Wahlen: »die höchste Anzahl von Neubauten in den Gebieten, seit ... Ariel Scharons Tätigkeit als Minister für Siedlungs- und Wohnungsbau 1992, noch vor den Verträgen von Oslo«. Bezahlt hat das alles der US-amerikanische Steuerzahler.

Regelmäßig wird behauptet, daß alle Friedensvorschläge an der Weigerung der Araber, die Existenz Israels anzuerkennen, gescheitert seien. (Die Tatsachen sehen ganz anders aus.) Zudem hätten Terroristen wie Arafat »unser Vertrauen« mißbraucht. Wie dieses Vertrauen wiedererlangt werden kann, erklärte Edward Walker, der Nahost-Berater Clintons: Arafat müsse bekanntgeben, daß die Palästinenser ihre »Zukunft und ihr Schicksal in die Hände der USA legen« – die seit 30 Jahren alles dafür tun, die Rechte der Palästinenser zu untergraben.

Nach wie vor liegt das grundsätzliche Problem darin, daß Washington Israels Weigerung unterstützt, eine politische Lösung gemäß den Vorschlägen der internationalen Gemeinschaft zu akzeptieren. Gegenwärtige amerikanische Modifikationen der Verweigerungshaltung sind rein taktischer Natur. Um die Pläne für einen Angriff auf den Irak nicht zu gefährden, ließen die USA eine UN-Resolution zu, die den Rückzug Israels aus den neu besetzten Gebieten fordert. Der Rückzug müsse »unverzüglich« stattfinden – was, wie Außenminister Colin Powell sofort erklärte, »so bald wie möglich« bedeutet. Powells Besuch in Israel wurde aufgeschoben, um der israelischen Armee die Fortsetzung ihrer Zerstörungsoperationen zu ermöglichen. Diese Tatsachen lassen sich nicht übersehen und werden von US-Regierungsbeamten bestätigt.

Als die zweite Intifada ausbrach, griff Israel mit US-Kampfhubschraubern zivile Ziele an, wobei Dutzende von Palästinensern verwundet oder getötet wurden. Das war kein Akt der Selbstverteidigung. Clinton reagierte darauf, indem er »den größten Kauf von Hubschraubern durch die israelische Luftwaffe, den es in den letzten zehn Jahren gegeben hat«, in die Wege leitete (so die israelische Zeitung *Ha'aretz*). Dazu kamen noch Ersatzteile für Apache-Kampfhubschrauber. Einige Wochen später setzte Israel diese Hubschrauber für Anschläge auf politische Führer des Gegners ein, was im August 2001 u. a. zur Ermordung von Abu Ali Mustafa führte. Aufmerksam wurde die Öffentlichkeit jedoch erst, als das israelische Kabinettsmitglied Rehavam Ze'evi in einer Vergeltungsaktion umgebracht wurde. Bush wird jetzt gepriesen, weil er die Aufhebung der Belagerung Arafats im Austausch gegen die mutmaßlichen Mörder von Ze'evi, die US-amerikanischer und britischer Kontrolle unterstellt werden, erreicht hat. Ähnliche Anstrengungen zur Bestrafung der Mörder von Mustafa dürfte es wohl kaum geben.

Ein weiterer Beitrag zur »Steigerung des Terrors« wurde im Dezember 2001 geleistet, als Washington erneut sein Veto gegen eine Resolution des Sicherheitsrats einlegte, die die Entsendung internationaler Beobachter forderte. Zehn Tage zuvor hatten die USA eine internationale Konferenz in Genf boykottiert, auf der (nicht zum ersten Mal) festgestellt wurde, daß die vierte Genfer Konvention sich auch auf die besetzten Gebiete bezieht, so daß viele israelische (von den USA unterstützte) Aktionen dort einen »gravierenden Bruch« mit den Bestimmungen der Konvention darstellen und somit Kriegsverbrechen sind. Als »hoher Vertragspartner« sind die USA verpflichtet, die für solche Verbrechen Verantwortlichen zu verfolgen, wozu auch die eigene politische Führung gehört. Das alles wird hierzulande mit Stillschweigen übergangen.

Offiziell erkennen die USA die Geltung der Konvention für die besetzten Gebiete immer noch an und haben auch ihre Kritik an den israelischen Verstößen gegen die Bestimmungen nicht zurückgenommen. Im Oktober 2000 bestätigte der Sicherheitsrat die »Forderung an Israel, die Besatzungsmacht, an seinen gesetzlichen Verpflichtungen festzuhalten...« Die Resolution wurde ohne Gegenstimmen angenommen. Washington enthielt sich.

Erst wenn diese Probleme erörtert und ihre Implikationen verstanden werden können, dürfte es sinnvoll sein, die USA aufzufordern, sich »im Friedensprozeß zu engagieren«. Sonst nämlich bleiben die Aussichten auf dessen konstruktive Weiterführung trübe.

Noam Chomsky, Mai 2002

Einleitung zur aktualisierten Neuauflage

Seit einiger Zeit bin ich gezwungen, Vortragstermine sehr langfristig vorab festzulegen. Bisweilen muß ein Titel oder Thema schon Jahre vorher genannt werden. Eins kann man, wie ich gemerkt habe, mit Sicherheit immer angeben: »Die gegenwärtige Krise im Nahen Osten«. Wie sich diese Krise entwickeln wird, läßt sich nicht genau sagen, aber daß es sie geben wird, unterliegt keinem Zweifel.

Das bleibt auch so, wenn die Grundprobleme dieser Region nicht endlich einer Lösung nähergebracht werden.

Zudem werden die kommenden Krisen in dem von Präsident Eisenhower so genannten »strategisch wichtigsten Gebiet der Welt« tiefgreifend sein. In den ersten Jahren nach dem Zweiten Weltkrieg weiteten die Vereinigten Staaten die Monroe-Doktrin faktisch auf den Nahen Osten aus. Jede Einwirkung von außen wurde verhindert und nur Großbritannien eine Rolle als loyaler Gefolgsmann zugestanden, der allerdings (wie 1956) sofort bestraft wurde, wenn er den Gehorsam verweigerte. Die strategische Bedeutung der Region liegt vor allem in den immensen Ölreserven und der Macht, die mit ihrer Kontrolle verbunden ist; hinzu kommen die gewaltigen Profite, die den anglo-amerikanischen Vormächten zufließen und ihre Volkswirtschaften ankurbeln. Wichtig ist, daß dieser ungeheure Reichtum in erster Linie dem Westen zugutekommt, nicht aber der Bevölkerung jener Region. Das ist eines der Grundprobleme, die auch weiterhin für Unruhe und Streit sorgen werden. Das andere ist der arabisch-israelische Konflikt mit seinen vielen Verzweigungen. Er hängt eng mit dem strategischen Ziel der USA zusammen, über die Ressourcen und den Reichtum des Nahen Ostens zu verfügen.

Viele Jahre lang wurde behauptet, das zentrale Problem liege in der sowjetischen Subversions- und Expansionstätigkeit, womit der Westen seit der Machtübernahme der Bolschewiki 1917 nahezu jede Politik rechtfertigte. Mittlerweile aber räumt das Weiße Haus ein, daß die »Bedrohung unserer Interessen« im Nahen Osten in den letzten Jahren »nicht dem Kreml in die Schuhe geschoben werden kann«. »Für die Zukunft erwarten wir, daß die Bedrohung unserer Interessen von nicht-sowjetischer Seite sogar noch größerer Aufmerksamkeit bedarf«, fuhr das Weiße Haus in seiner Jahr für Jahr neu vorgetragenen Forderung nach einem umfangreichen Militärhaushalt fort. Tatsächlich ging die »Bedrohung unserer Interessen« nicht nur im Nahen Osten immer von nationalistischen Bestrebungen der einheimischen Bevölkerung aus, was in internen Dokumenten, bisweilen aber auch in der Öffentlichkeit betont wird.[1]

Der »schlimmste Fall« einer zukünftigen Krise wäre ein Krieg zwischen den USA und dem Iran, was unwahrscheinlich, aber nicht gänzlich unmöglich ist.

Israel ist an einer solchen Konfrontation sehr gelegen, weil es im Iran die augenblicklich größte militärische Bedrohung erblickt. Die USA sehen die Karten, bis jetzt jedenfalls, etwas anders gemischt, und insofern ist die Notwendigkeit eines Kriegs hierzulande kein Hauptthema der Medien.[2]

Natürlich sind auch die USA besorgt angesichts der Macht, die der Iran darstellt, weshalb sie im späteren Stadium des Kriegs zwischen Iran und Irak letzteren aktiv unterstützten, das Resultat maßgeblich beeinflußten und überhaupt Saddam Hussein hofierten, bis er im August 1990 ihre Pläne für die Region störte. Das hielt sie jedoch nicht davon ab, Saddam bei seinem mörderischen Vorgehen gegen die Schiiten im Südirak, unmittelbar nach dem Ende des Golfkriegs, gewähren zu lassen. Zum einen befürchteten sie, daß der von Schiiten dominierte Iran dort seinen Einfluß geltend machen könnte, zum anderen glaubten sie, eine erfolgreiche Revolution der Bevölkerung würde möglicherweise zu bedrohlichen demokratischen Bestrebungen führen, die das Geflecht von Diktaturen, mittels derer die USA die Region kontrollieren, nachhaltig zu schwächen vermöchten.

Insofern war Washington nicht daran gelegen, seinen Ex-Freund in weitere Schwierigkeiten zu bringen; das Militärkommando der USA verweigerte rebellierenden irakischen Offizieren sogar den Zugang zu erbeuteten Waffen, während die schiitische Bevölkerung unter Stormin' Normans stahlhartem Blick abgeschlachtet wurde.

Ähnlich besorgt war man, als Saddam die Rebellion der Kurden im Norden niederschlug. In Israel votierten nicht nur der Stabschef der Armee, sondern auch politische Kommentatoren und Mitglieder der Knesset quer durch das politische Spektrum dafür, Saddam bei seinen Greueltaten nicht zu behindern. Ein unabhängiges Kurdistan könnte, so befürchtete man, eine territoriale Verbindung zwischen Syrien und dem Iran herstellen, die Israel ernsthaft bedrohen würde. Wenn in einer fernen Zukunft US-Dokumente veröffentlicht werden, entdecken wir möglicherweise, daß das Weiße Haus ähnliche Gedanken hegte, die selbst symbolische Gesten gegen die Zerschlagung des kurdischen Widerstands nicht zuließen, bis Washington durch eine Öffentlichkeit zum Handeln gezwungen wurde, die von Medienberichten alarmiert worden war. Allerdings wurden die Kurden ganz anders dargestellt als die Schiiten, die zwar mehr zu leiden hatten, als Araber jedoch keine Sympathie genossen.

En passant sei bemerkt, daß das anglo-amerikanische Verhältnis zu den Kurden nicht nur durch den Zeitpunkt der Unterstützung und die frühere zynische Behandlung der irakischen Kurden bestimmt wird, sondern auch durch die Reaktion auf die Massaker der Türkei gegen ihre kurdische Bevölkerung während des Golfkriegs. Davon war in den Medien des Mainstreams hierzulande kaum die Rede, galt es doch, einem Präsidenten beizustehen, der seinen türkischen Kollegen als »Bewahrer des Friedens« gelobt und zu jenen gezählt hatte, die gegen Saddam Hussein »für die Werte der Zivilisation« einstehen. Europa gab sich weniger diszipliniert, und so lesen wir in der Londoner *Financial Times*, daß »die westlichen Verbündeten der Türkei einige Schwierigkeiten hatten, der Öffentlichkeit zu erklären, warum sie Ankara die harte Unterdrückung der eigenen kurdischen Minderheit nachsahen, während sie den Kurden im Irak Unterstützung zusagten«, was in den USA kein gravierendes PR-Problem ist. »Diplomaten sagen jetzt, daß der Anblick von Kurden, die gegen Kurden kämpfen [im Herbst 1992], mehr als alles andere dazu beigetragen hat, das Verhältnis der westlichen Öffentlichkeit zum Kurdenproblem zu verändern.« Wir können also aufatmen: Der Zynismus triumphiert, und die westlichen Mächte können die Unterdrückung der Kurden durch den »Bewahrer des Friedens« weiterhin geflissentlich übersehen, während sie zugleich Krokodilstränen angesichts ihrer Behandlung durch den (gegenwärtigen) Feind vergießen.[3]

Israels Beweggründe, die USA zu einer Konfrontation mit dem Iran und dem »islamischen Fundamentalismus« im allgemeinen aufzustacheln, sind nicht schwer zu begreifen. Das israelische Militär hat erkannt, daß sich, abgesehen von dem Einsatz atomarer Waffen, wenig gegen die iranische Macht ausrichten läßt, und befürchtet, daß nach dem (voraussichtlichen) Zusammenbruch des von den USA betriebenen »Friedensprozesses« eine syrisch-iranische Achse zur Bedrohung werden kann. Im Gegensatz dazu suchen die USA offenbar einen langfristigen Ausgleich mit »gemäßigten« (d. h. proameri-

kanischen) Kräften im Iran und eine Rückkehr zu Vereinbarungen,
wie sie mit dem Schah-Regime ähnlich ausgehandelt worden waren.
Wie sich diese Tendenzen entwickeln werden, ist ungewiß.

Der Propagandafeldzug gegen den »islamischen Fundamentalismus« ist in mancher Hinsicht eine Farce – abgesehen von der Tatsache, daß die US-Kultur ähnlich religiös-fundamentalistische Züge aufweist wie die des Iran. Der fundamentalistischste Islamstaat der Welt ist der treue US-Verbündete Saudi-Arabien, genauer gesagt, die Familiendiktatur, die als »arabische Fassade« dient, hinter der die USA (hierin der britischen Kolonialherrschaft vergleichbar) die arabische Halbinsel kontrollieren. Hier hat der Westen keine Probleme mit dem islamischen Fundamentalismus. Eine der fanatischsten Fundamentalistengruppen der letzten Jahre wurde von Gulbuddin Hekmatjar angeführt, dem terroristischen Extremisten, der von der CIA gehätschelt und mit 3,3 Milliarden Dollar (offizieller) US-Hilfe bedacht wurde, die den afghanischen Rebellen zugutekamen (etwa den gleichen Betrag soll Saudi-Arabien gezahlt haben). Hekmatjar beschoß Kabul mit Granaten, wobei Tausende getötet und Hunderttausende aus der Stadt vertrieben wurden (darunter die Angehörigen der westlichen Botschaften). Er wollte sich damit zur Macht schießen, ähnlich wie Pol Pot mit der Zerstörung von Pnom Penh, auch wenn dieser US-Vasall dabei sehr viel mehr Blut vergoß.

In Israel war es keineswegs ein Geheimnis, daß die Libanon-Invasion von 1982 auch dazu diente, den säkularen Nationalismus der PLO zu zerstören, deren fortwährender Ruf nach einer friedlichen diplomatischen Lösung des Konflikts allmählich lästig wurde, behinderte er doch die von den USA und Israel betriebene Strategie der Vereinnahmung der besetzten Gebiete. Ein Resultat war die Gründung der Hisbollah, einer vom Iran geförderten fundamentalistischen Gruppe, die die Israelis aus fast dem gesamten Libanon vertrieb. Aus ähnlichen Gründen unterstützte Israel in den besetzten Gebieten fundamentalistische Organisationen als Konkurrenz zur verhandlungswilligen PLO. Die Ergebnisse sind denen im Libanon vergleichbar, wo die Angriffe der Hamas gegen das israelische Militär immer schwerer einzudämmen sind. Die Beispiele illustrieren den für Geheimdienste typischen Einfallsreichtum, wenn sie es mit der Bevölkerung und nicht einfach mit Gangstern zu tun haben.

Die Grundzüge dieses Denkens und Handelns gehen auf die Anfangszeit des Zionismus zurück: Gemäßigte Palästinenser sind die stärkste Bedrohung für das Ziel, jegliche politische Übereinkunft zu vermeiden, bis Tatsachen geschaffen sind, die in diese Übereinkunft einfließen.

Kurz gesagt, ist der islamische Fundamentalismus nur dann ein Feind, wenn er »außer Kontrolle« gerät. In diesem Fall gilt er als »radikaler Nationalismus« oder »Ultranationalismus« und beschwört, ganz allgemein gesprochen, das Gespenst der Unabhängigkeit, sei sie nun religiös oder weltlich, rechts oder links, militärisch oder zivil und betrifft, um ein neueres Beispiel zu wählen, auch Priester, die in Mittelamerika für die Armen eintreten.

Das historisch einzigartige Bündnis zwischen den USA und Israel beruht auf der Einsicht, daß Israel ein »strategischer Aktivposten« ist, der zusammen mit den arabischen Fassadären im Golf und mit anderen regionalen Schutzherren der Familiendiktaturen die Ziele der USA im Nahen Osten (und anderenorts) umsetzt. Wer Israel für ein nahöstliches Sparta hält, das in beständigem Krieg mit seinen Feinden liegt und überlebt, weil die USA es so wollen, möchte dieses Bündnis natürlich auch für die Zukunft fortschreiben, was offenbar auch die mehrheitliche Ansicht der organisierten jüdischen Gemeinde in Amerika ist. Die zugrundeliegende Doktrin erläutert General (i. R.) Schlomo Gazit, der ehemalige Leiter des israelischen Militärgeheimdienstes und ein hochrangiges Mitglied der Militärverwaltung in den besetzten Gebieten. Er schreibt:

> »Auch nach dem Zusammenbruch der UdSSR hat sich Israels hauptsächliche Aufgabe nicht verändert und bleibt von entscheidender Bedeutung. Seine Lage im Zentrum des arabisch-muslimischen Nahen Ostens prädestiniert es zu seiner Rolle, die Stabilität in allen umliegenden Staaten sorgsam zu bewachen. Israel muß die bestehenden Regime schützen, indem es Radikalisierungsprozesse verhindert oder stoppt und die Ausbreitung der religiös-fundamentalistischen Eiferer eindämmt.«[4]

Wir fügen hinzu: und für die USA die Dreckarbeit erledigt, die Washington aufgrund der Opposition im eigenen Land oder anderer Kostenfaktoren nicht selbst tun kann.

Richtig übersetzt klingt Gazits Analyse plausibel. »Stabilität« meint natürlich die Aufrechterhaltung bestimmter Formen von Herrschaft und Kontrolle und den ungehinderten Zugang zu Ressourcen und Profiten. Und die Wendung »religiös-fundamentalistische Eiferer« ist ein Deckname für eine bestimmte Form des »radikalen Nationalismus«, der die »Stabilität« bedroht.

Trotz wechselnder Bündnisse in einer höchst instabilen Region scheint Israels Rolle als strategischer Aktivposten der USA auch in der absehbaren Zukunft Bestand zu haben. Seine gut entwickelte Wirtschaft hängt wie die des Patrons sehr stark von der Kreativität und den Subventionen des umfangreichen staatlichen Sektors ab. Die beiden Länder betreiben gemeinsame Forschungs- und Entwicklungsprojekte, zumeist im Bereich militärischer und Spin-off-Produkte, und Israel stellt Stützpunkte und Lagermöglichkeiten für das umfassende System der auf die ölproduzierenden Regionen zielenden Interventionsstreitkräfte zur Verfügung. Obwohl Israel praktisch ein Außenposten der militärischen und wirtschaftlichen Interessen der USA ist, verfolgt es, wie alle Vasallenstaaten, eigene Ziele, was den Herren nicht immer gefällt. So kommt es, wie auch in der US-Politik selbst, zu Widersprüchen und Spannungen. Die israelische Luftwaffe führt ganz offen Manöver in der Ost-Türkei durch, die auf den Iran zielen. Sie bedient sich dabei hoch entwickelter amerikanischer 15-E-Jets, die den Iran ohne Zwischentanken angreifen und zurückkehren können. Zugleich verkünden Schlagzeilen in der israelischen Presse: »Israel und Iran stehen in direkten Handelsbeziehungen – seit 1994.« Anders als die USA zählt Israel den Iran offiziell nicht zu den Feindstaaten, und es gibt keine Beschränkungen für den nicht instensiven, aber ständig wachsenden Handel zwischen beiden Ländern.[5]

Israels Entwicklung und Stationierung von Massenvernichtungswaffen schreitet seit den Kennedy-Jahren unter amerikanischer Schirmherrschaft fort. Der gut informierte Militärtheoretiker Uzi Mahanaimi berichtet: »Israelische Kampfflugzeuge sind ausgerüstet worden, um biologische und chemische Waffen transportieren zu können, die in einem geheimen Forschungslabor in Nes Ziona bei Tel Aviv hergestellt werden.« Die Crews der F-16-Jets sind darin ausgebildet, »eine chemische oder biologische Waffe Minuten nach dem Befehl zum Angriff zielfertig zu machen«. Das Labor »erregte unerwünschte Aufmerksamkeit«, als holländische Behörden bestätigten, es sei das Ziel eines El-Al-Flugzeugs gewesen, das in Amsterdam abstürzte und dabei viele Menschen in den Tod riß. An Bord hatten sich Komponenten zur Herstellung von Nervengas befunden. Einem Biologen zufolge, der einen hohen Posten im israelischen Geheimdienst bekleidete, gibt es »kaum eine bekannte oder unbekannte Form biologischer oder chemischer Waffen … die nicht in diesem Labor hergestellt wird«. Die britische Zeitschrift *Foreign Report* teilt mit, daß in Nes Ziona nicht an Defensiv- und Abwehrmitteln, son-

dern ausschließlich an Angriffswaffen gearbeitet wird, die auch
bereits bei dem Versuch von Mossad-Agenten, Khaled Mischal in
Jordanien zu töten, eingesetzt worden sein sollen. Allerdings mißlang
der Versuch.[6]
  Auch hier folgt Israel dem Vorbild seines Schutzherrn. Nach dem
Zweiten Weltkrieg übernahmen die USA die Vorrichtungen und
Operationen zur biologischen Kriegführung samt Personal von den
japanischen Faschisten und schützten diese Verbrecher vor gerichtli-
cher Verfolgung, während sie entsprechende sowjetische Kriegsver-
brechertribunale als kommunistische Schauprozesse kritisierten. Die
USA haben diese Übernahme stets abgestritten, bis sie 1980 im *Bulletin of Concerned Asian Scholars* aufgedeckt wurde. Die Errungenschaften der japanischen Mengeles wurden zum Herzstück des US-
amerikanischen biologischen Kriegführungspotentials – neben den
Atombomben ein weiterer Grund für die 1950 verkündete offizielle
Haltung der USA, es sei »widersinnig«, Waffen nach moralischen
Gesichtspunkten zu sortieren und der Begriff »Massenvernichtungswaffen« habe »offensichtlich keine Bedeutung«. 1949 bereits bezogen
die Joint Chiefs of Staff, die Oberkommandierenden von Heer, Luftwaffe und Marine, die biologische Kriegführung in ihre Pläne ein.
Kurz darauf wurde sogar der Erstschlag mit biologischen und atoma-
ren Waffen geplant, was der Nationale Sicherheitsrat 1956 formell
absegnete. Diese Strategie wurde erst 1972 mit dem Vertrag gegen die
biologische Kriegführung aufgegeben. Kürzlich veröffentlichte
Dokumente aus chinesischen und US-amerikanischen Quellen
geben Anlaß zu der Frage, ob solche Waffen nicht in Nordkorea und
China eingesetzt wurden, was bislang (auch von mir) als kommunistische Propaganda gewertet wurde; China scheint ihren Einsatz
bagatellisiert zu haben, um dem Feind keine Informationen zukommen zu lassen.[7]
  Das internationale Gefüge, in dem diese Entwicklungen sich
abspielen, steckt voller Gefahren und Unsicherheiten. Jahrelang
waren die USA mit ihrer Israel- und Palästinapolitik isoliert und
konnten erst nach dem Sieg im Golfkrieg das Programm durchsetzen, das sie gegen einen sehr breiten internationalen Konsens schon
lange verfochten. Mittlerweile sind sie in ihrer Politik gegenüber dem
Iran erneut isoliert, denn die meisten Staaten wollen das Land in die
internationale Gemeinschaft reintegrieren. Im Falle des Irak haben
Großbritannien und die Vereinigten Staaten viel von der Rückendeckung, die ihnen bisher zuteil wurde, verloren, und müssen nun ihre

militärischen Aktionen unter offener Mißachtung des UN-Sicher-heitsrats und des politischen Klimas im Nahen Osten durchführen. Als US-Verteidigungsminister William Cohen im März 1999 Saudi-Arabien und fünf weitere befreundete Länder am Golf besuchte, um die Politik der Strafaktionen gegen den Irak zu erläutern, stieß er vor-wiegend auf Ablehnung. Ein hoher saudischer Regierungsbeamter konstatierte: »Wir sind dagegen, daß eine Nation die Sache in die eigenen Hände nimmt und Bomben als Mittel der Diplomatie benutzt.« Saudi-Arabien hat den auf seinem Territorium stationier-ten US-Kampfbombern nicht erlaubt, sich an Operationen gegen den Irak zu beteiligen.[8]

Die USA hoffen darauf, daß der Despotismus der Regierungen in Nahost ausreicht, um die wachsende Opposition in der Bevölkerung gegen die Zerstörung der Zivilgesellschaft eines arabischen Nachbar-landes im Zaum zu halten – eine Opposition, die auch anderenorts wächst.

Wie besorgt die USA und ihr britischer Vasall waren, zeigte sich an den Sondierungsgesprächen, die Ende 1997 im Vorfeld der Bombar-dierungen des Irak geführt wurden. US-Außenministerin Madeleine Albright wurde in Saudi-Arabien mit merkbarer Zurückhaltung behandelt, während der ehemalige iranische Staatspräsident Rafsand-schani »vom kränklichen König Fahd« zu einer Audienz empfangen und sein Besuch von Außenminister Prinz Saud als »ein weiterer Schritt hin zu verbesserten Beziehungen« bezeichnet wurde. Saud wiederholte auch die Auffassung, derzufolge »der größte destabilisie-rende Faktor im Nahen Osten und die Wurzel aller weiteren Proble-me in dieser Region« die von den USA gestützte Palästina-Politik Israels sei. Diese Politik könnte Kräfte in der Bevölkerung aktivieren, vor denen Saudi-Arabien sich fürchtet; diese Politik könnte auch sei-ne Legitimität als »Wächter« der heiligen Stätten des Islam untergra-ben, zu denen der Felsendom in Ostjerusalem gehört, der im Rah-men des »Großjerusalem«-Programms von Israel bereits annektiert wurde. Kurz zuvor hatten die arabischen Staaten einen von den USA gesponsorten Wirtschaftsgipfel in Katar boykottiert, der das von Prä-sident Clinton und dem damaligen israelischen Premierminister Schimon Peres entwickelte Projekt »Neuer Naher Osten« befördern sollte. Statt dessen nahmen sie im Dezember 1997 an einer islami-schen Konferenz in Teheran teil, bei der sogar der Irak zu Gast war.[9]

Die immer engere Zusammenarbeit zwischen Israel und der Türkei ist anderen Nahost-Ländern nicht willkommen. Gewisse Anzeichen sprechen dafür, daß der Iran Initiativen für ein regionales System entwickelt, zu dem auch die Ölförderstaaten sowie Ägypten und Syrien gehören sollen und das weniger US-abhängig ist. Für die Nahost-Strategen in den Vereinigten Staaten wäre das keine erfreuliche Aussicht, weil es durchaus möglich ist, daß der Ölüberschuß in nicht allzu ferner Zukunft abnimmt und die Vorräte der Golfstaaten wieder in den Mittelpunkt des Interesses rücken. Vor diesem Hintergrund muß die Palästina-Politik der Vereinigten Staaten bewertet werden.

Israels Wirtschafts- und Sozialstruktur ähnelt immer mehr der seines Zahlmeisters: Wachsende Ungleichheit und der Zusammenbruch sozialstaatlicher Strukturen korrespondieren einem umfassenden Rückgang gesellschaftlicher Solidarität. Ein großes Problem bilden die ökonomischen, sozialen und kulturellen Kosten, die eine ständig wachsende ultra-religiöse (»Haredi«) Bevölkerung verursacht, die wenig zur wirtschaftlichen Entwicklung beiträgt, aber die Wohlfahrts- und Bildungsprogramme nutzt. In einer 1997 durchgeführten Untersuchung kamen Wirtschaftswissenschaftler von der Hebrew University und der Universität Boston zu der Erkenntnis, daß in Israel der Anteil der Männer an der arbeitenden Bevölkerung erheblich niedriger liegt als in Westeuropa und den Vereinigten Staaten, und sogar noch in dem Maße zurückgeht, in dem die Zahl der Ultra-Orthodoxen wächst. Wenn diese Tendenz anhält, wird der israelische Wohlfahrtsstaat »ruiniert werden und Gemeinden mit einem hohen Anteil an orthodoxen Juden bankrott gehen«. Daß viele Ultra-Orthodoxe sich weigern zu arbeiten, ist ein spezifisch israelisches Problem. Hinzu kommt, daß der religiöse Teil der Bevölkerung sich alle 17 Jahre verdoppelt, eine Tendenz, die zur Wirtschaftskrise führen kann, meinen die Ökonomen, während der ultra-orthodoxe Rabbi, der bei dem Finanzkomitee der Knesset den Vorsitz führt, keine Gefahren sieht, weil »dieses Land mit Wundern lebt«.[10]

Dennoch verschärfen sich die Konflikte zwischen orthodoxen und nicht-orthodoxen Juden; ethnische Spannungen und Klassenunterschiede kommen hinzu. Palästinenser und Orthodoxe vermehren sich schneller als die säkularen und privilegierten Schichten. Viele Israelis halten den drohenden Bürgerkrieg für eine größere Gefahr als die langwierigen internationalen Konflikte.

Vergleichbar den USA bewegt sich das politische System in Israel in einem engen Mitte-Rechts-Spektrum ohne weitere Differenzierungen, und die traditionellen Parteien (Likud, Arbeiterpartei) sind kaum auseinanderzuhalten. Ihre augenblicklichen Vorsitzenden,

Benjamin Netanjahu und Ehud Barak liegen, wie der Kommentator Josef Harif bemerkt, »politisch auf einer Linie«. Das war vorher jedoch kaum anders, abgesehen von stilistischen Differenzen, die sich auf die jeweils unterschiedliche Wählerschaft der Blöcke zurückführen läßt. Netanjahu verficht den Plan »Allon-Plus«, eine Erweiterung des traditionellen Allon-Plans der Arbeiterpartei, der Israel die Kontrolle über wichtige Regionen und Ressourcen der besetzten Gebiete garantiert. Baraks Alternative heißt »erweiterter Allon-Plan« und läuft auf das Gleiche hinaus. Barak fordert, »keine Siedlungen abzureißen« und nicht »die jüdische Siedlung in Hebron aufzugeben« und schon gar nicht »einen Palästinenserstaat zu befürworten«. »Man lauscht den Vorstellungen Baraks und hört die Stimme Netanjahus«, paraphrasiert der Reporter die Bibel. »Warum hassen wir eigentlich Netanjahu so sehr?«, fragt sich der linke Journalist Avi Schavit, wo er doch »weniger Blut vergossen und weniger die Menschenrechte verletzt hat als die zwei Friedenstauben, die vor ihm Premierminister waren«, nämlich Jitzhak Rabin und Schimon Peres, wobei die Linke dazu neigte, Rabin als »den neuen Messias zu küren«, wie Schavit bemerkt.[11]

Im Hinblick auf die Palästinenser verfolgen Israel und die USA auch weiterhin das extreme Ausgrenzungsprogramm, das sie seit Anfang der siebziger Jahre betreiben. Lange Zeit waren sie dabei international isoliert, und erst der Golfkrieg verschaffte den USA die Gelegenheit, ihre Version des »Friedensprozesses« auf die Tagesordnung zu setzen: Einseitige Kontrolle, keine Rechte für die Palästinenser, Durchsetzung einer schlechteren Variante der südafrikanischen Homeland-Politik. Diese Schritte zeichnen die folgenden Texte und die Kapitel über die aktuelle Entwicklung von 1983 bis Anfang 1999 nach.

Während ich dies schreibe (März 1999), ist die jüngste Phase im »Friedensprozeß« das Wye-Memorandum, das am 23. Oktober 1998 im Weißen Haus unterzeichnet und am 11. November vom israelischen Kabinett mit der Erklärung gebilligt wurde, daß »die Regierung auch weiterhin ihre Politik der Stärkung und Entwicklung der Gemeinden in Judäa, Samaria und dem Gaza-Distrikt auf der Grundlage eines mehrjährigen Plans fortsetzen wird«. Zu diesem Plan gehören »gesicherte Straßen« für Juden in den besetzten Gebieten und die Bewahrung von Israels »nationalen Interessen«: »Sicherheitszonen, die Gebiete um Jerusalem und die Umgebung jüdischer Siedlungen, Erwägungen zur Infrastruktur, Wasserressourcen, Stand-

orte von Militär- und Sicherheitskräften, die Zonen entlang der
nord-südlichen und west-östlichen Transportwege, sowie historische
Stätten des jüdischen Volks.« Gleich nach der Unterzeichnung des
Wye-Memorandums wurden im Westjordanland mindestens zwölf
neue Siedlungen errichtet. Immerhin hatte Außenminister Ariel
Scharon dazu aufgerufen, sich dort soviel Land »zu greifen« wie möglich. Im Januar 1999 beschleunigte sich diese Landnahme, wozu
auch isolierte Siedlungen gehörten, die bei einer möglichen Evakuierung zu den ersten Kandidaten gehören würden. Dann folgten die
üblichen Maßnahmen wie das Niederreißen palästinensischer Häuser auf der Suche nach »archäologischen Überresten jüdischer
Geschichte« und die Einrichtung von »Naturschutzgebieten«, die
später in jüdisches Bauland umgewandelt würden.

Von besonderer Bedeutung ist diese neue Entwicklung im Givat
Ze'ev-Block nordwestlich von Jerusalem. Er gehört zu dem Programm (das Bush und Clinton genau so verfolgt haben wie Rabin
und Peres), den Palästinensern von der Region um Jerusalem möglichst wenig übrigzulassen (zu schweigen von Jerusalem selbst, dem
Zentrum ihrer kulturellen, sozialen und wirtschaftlichen Existenz).
Und das gilt auch für die Gebiete, die nach Süden hin liegen.[12]

Die UN-Generalversammlung verabschiedete eine Resolution, die
Israel aufforderte, die vierte Genfer Konvention zu beachten, die die
Besiedlung der besetzten Gebiete nicht erlaubt. Die Stimmabgabe
lautete 115 gegen 2. Gegen den Beschluß stimmten die üblichen zwei
Staaten.[13]

Das Abkommen von Wye verändert die territorialen Abrenzungen
auf unscheinbare, aber schwer einzuschätzende Weise, weil zum ersten Mal eine Karte fehlt, anhand derer festgestellt werden kann, welche Gebiete unter palästinensische Verwaltung fallen sollen.[14] Aber
das Ziel ist möglicherweise etwas Ähnliches wie die 50:50-Teilung
der Gebiete, die Rabin in den Verhandlungen von Oslo anstrebte,
sofern Israel wenigstens bereit ist, nutzlose Landstriche aufzugeben,
wo die einheimische Bevölkerung dann in verstreuten Enklaven
geruhsam verschimmeln kann. Bedeutsam und neu an diesem
Memorandum ist die kaum verhüllte Forderung, zur Durchsetzung
des Programms Staatsterror anzuwenden. Damit könnte zukünftigen
internationalen Übereinkommen der Boden bereitet werden. Das
Memorandum weist die Aufgabe, für den Schutz der Israelis zu sorgen, den palästinensischen Sicherheitskräften zu (die in Terror und
Folter bewandert sind). Die CIA wird sie anleiten, wenn sie Verhaf-

tungen vornehmen, Scheinprozesse durchführen, Waffen einsammeln und Aufwiegelungsversuche gegen das Abkommen »kriminalisieren«. Sie müssen gemäß dem Grundsatz »null Toleranz für Terror« (gegen Israelis) arbeiten, wobei »Terror«, wie jeder weiß, der die Methoden der CIA kennt, ein ziemlich dehnbarer Begriff ist.

In einem Satz heißt es: »Ohne von dem oben Festgelegten abzuweichen, wird die palästinensische Polizei ... die Bestimmungen dieses Memorandums unter Beachtung der international anerkannten Normen des Menschenrechts und der Herrschaft des Gesetzes zur Ausführung bringen.«

Die Sicherheit der Palästinenser spielt keine Rolle, und selbst der eben zitierte Kommentar bezieht sich nicht auf Israel, trotz seiner zahllosen (und gut dokumentierten) Verletzungen elementarer »Normen des Menschenrechts und der Herrschaft des Gesetzes«, wozu auch die Tötung Hunderter von Palästinensern seit dem Osloer Friedensvertrag gehört. Die meisten sind, Amnesty International zufolge, »ungesetzlich« und übersteigen die Zahl der getöteten Israelis immer noch um ein Beträchtliches. Zudem werden sie, so Amnesty weiter, »in den meisten Fällen nicht strafrechtlich verfolgt«, was auch für andere Untaten, wie die Zerstörung von Häusern, Ausweisung aus Jerusalem oder anderen Orten, Gefängnisaufenthalt ohne Gerichtsurteil, systematische Folterung von Gefangenen usw. gilt. All dies ist auch von israelischen Menschenrechtsorganisationen untersucht und dokumentiert worden, aber ohne Belang für die Programmstrategen. Daß die Regierung Clinton die palästinensischen Sicherheitskräfte für ihre harten und ungesetzlichen Maßnahmen, die zur Unterdrückung von Widerstand und zum Schutz der Israelis ergriffen wurden, lobt, paßt in dieses Bild.[15]

Nach der Unterzeichnung des Wye-Memorandums veröffentlichte Amnesty International einen Bericht über die Entwicklung der Lage der Menschenrechte seit Oslo.[16] Diesen Schätzungen zufolge werden jährlich 1600 Palästinenser von israelischen Militärkräften festgenommen, und die Hälfte davon »systematisch gefoltert«. Wie andere Organisationen weist auch AI darauf hin, daß es Israel (mit der Zustimmung des Obersten Gerichtshofs) gelungen ist, »die Anwendung der Folter zu legalisieren«, weil für die Bewahrung der Sicherheit »alle internationalen Verhaltensregeln gebrochen werden dürfen«. Ähnliche Praktiken wenden, AI zufolge, palästinensische Behörden an, darunter die Hinrichtung zweier Palästinenser, die »gegen den Friedensprozeß agitiert« haben. Derlei Gerichtsentscheidungen werden vom US-Außenministerium positiv gewertet, weil sie Arafats »Engagement für die Sicherheitsbedürfnisse Israels« zeigen; eine Vorgehensweise, die auch Al Gore befürwortet.

Daß es Präsident Clinton gelang, die beiden Parteien zur Unterzeichnung des Wye-Memorandums zu bringen, wurde mit der üblichen Ehrfurcht begrüßt. Er hatte sich, so die Schlagzeile der *New York Times*, als der »Unverzichtbare« erwiesen, ohne den die »Rettungsmission« nicht vollbracht worden wäre. Indem er auf den Bestimmungen des Memorandums beharrt, »steckt er das moralische Terrain ab« und predigt die »Anpassung an unveränderliche Realitäten« – die »unveränderlich« sind, weil die Vereinigten Staaten sie für erforderlich halten. Er krönte seine Bemühungen mit einer »optimistischen amerikanischen Rede«, in der er den »vielgepriesenenen US-Idealismus, den einige Israelis und Palästinenser für diplomatische Naivität halten, auf das Versprechen eines wohlgefüllten amerikanischen Geldbeutels reduzierte«. Dennoch reichten Idealismus und Moral aus, die Vorgänge mit goldenem Glanz zu versehen.[17]

Wie die von den USA gestützte Politik aussieht, sei an einigen Beispielen gezeigt. Nach Anschlägen oder anderen Gewalttaten werden die Palästinenser, unabhängig von der Schuldfrage, einer Ausgangssperre unterworfen. Ein bemerkenswerter Fall war das Massaker, das der aus Amerika stammende ultrarechte Siedler Baruch Goldstein im Februar 1994 an 29 in einer Moschee betenden Arabern verübte. Über die Palästinenser wurde eine strenge Ausgangssperre verhängt, weitere Zivilisten getötet. Wer die Vorortsiedlung Kirjat Arba besucht, wo Goldstein wohnte, kann vor seinem Grabmal für den »Märtyrer« beten, der, so die Inschrift, »mit reinem Herzen und reinen Händen« starb. Im September 1998 kamen bei einer der zahllosen weiteren Ausgangssperren ein Neugeborenes in Hebron und ein drei Monate alter Säugling um. Die Kinder sollten ins Krankenhaus, wurden aber von den israelischen Soldaten nicht durch die Absperrungen gelassen, die errichtet worden waren, damit jüdische Siedler eine rituell vorgeschriebene siebentägige Trauerzeit ungestört abhalten konnten. Ein militärischer Sprecher teilte mit, die Soldaten hätten die Lage »falsch beurteilt«, und damit war die Sache erledigt.[18]

Einige Tage später war Osama Barham am Ende seiner behördlich verfügten fünfjährigen Haft angelangt, die daraufhin vom Militär ohne Gerichtsurteil verlängert wurde. Barham, ein Journalist, hält damit den Rekord für eine langwährende Inhaftierung ohne

Gerichtsverhandlung. Er steht im Verdacht, Mitglied des Islamischen Dschihad zu sein. Beweise dafür gibt es allerdings nicht. Er darf sich sogar noch glücklich schätzen, nicht, wie andere, in die Folterkammer Al-Khiam im Libanon geschickt worden zu sein, wo die von Israel in der »Sicherheitszone« betriebene Söldnerarmee sich der Gefangenen annimmt. Diese Sicherheitszone wird von Israel in Verletzung einer einstimmigen Resolution des UN-Sicherheitsrats vom März 1978 aufrechterhalten; damals wurde es zum sofortigen und bedingungslosen Rückzug aufgefordert. Allerdings ist diese Resolution wirkungslos, weil die USA Israels Präsenz dulden. Die ersten Neuigkeiten aus Al-Khiam seit neun Monaten überbrachte Hassan, der nach zwölf Jahren regelmäßiger Folter entlassen worden war; sein Bericht bestätigte, was seit 1982 bekannt war. Aber vielleicht hatte Hassan wiederum Glück im Vergleich mit den 71 Libanesen, die in israelischen Gefängnissen als Geiseln für zukünftige Verhandlungen festgehalten werden, nachdem sie mit Genehmigung israelischer Gerichte entführt worden waren.[19]

Die israelischen Militäroperationen im Libanon werden fortgesetzt, während die Besatzungstruppen unter zunehmenden Druck des Widerstands der Hisbollah-Kämpfer geraten (die in den USA und bisweilen auch in Israel »Terroristen« genannt werden). Israels Soldaten operieren auch außerhalb der »Sicherheitszone«. Im Februar 1999 gerieten drei israelische Offiziere einer Eliteeinheit, die nördlich dieser Zone im Einsatz waren, in einen Hinterhalt der Hisbollah und wurden getötet. Die israelische Regierung ließ verlauten, man werde als Vergeltung zivile Ziele im Libanon angreifen, so wie es auch in der Vergangenheit üblich gewesen war. Seit dem Ende der Invasion 1982 sind libanesischen Quellen und internationalen Hilfsorganisationen zufolge im Libanon etwa 25 000 Libanesen und Palästinenser sowie 900 israelische Soldaten ums Leben gekommen.[20]

Daß es Israel gelang, trotz der internationalen Isolierung sein Verweigerungsprogramm durchzusetzen, ist schon beeindruckend genug. Aber die USA trugen einen ideologischen Sieg davon, der noch aufsehenerregender ist, denn mittlerweile gilt der von ihnen betriebene »Friedensprozeß« weltweit als Rahmen einer gerechten Regelung, und das selbst unter denen, die noch wenige Jahre zuvor die Anerkennung der Rechte der Palästinenser und den israelischen Rückzug aus den besetzten Gebieten gefordert hatten (in Übereinstimmung mit den UN-Resolution 242 vom November 1967, wie sie auch von den USA bis 1971 akzeptiert wurde).

Bislang haben die führenden Politiker Israels und der USA es abgelehnt, den Palästinensern Rechte zuzugestehen und verhalten sich damit ähnlich wie die Befürworter der Apartheid vor fünfunddreißig Jahren in Südafrika. Deren Lösung bestand in der Schaffung von Staaten, auf die die unerwünschte schwarze Bevölkerung beschränkt werden konnte, um als Reservoir für billige Arbeitskräfte zu dienen. Es ist anzunehmen, daß Israel und die USA früher oder später die Vorteile erkennen, die ihnen aus einer fortschrittlicheren Variante der südafrikanischen Lösung erwachsen. In diesem Fall werden sie die Enklaven der Palästinenser als »Staat« deklarieren und ihnen (à la Südafrika) vielleicht ein gewisses Maß an industrieller Entwicklung zubilligen, damit amerikanische und israelische Produzenten im Verein mit reichen Palästinensern durch Unterdrückung im Zaum gehaltene Arbeitskräfte ausbeuten können.

Der Ruf nach einem palästinensischen Staat wird durchaus hier und da erhoben, wobei es lehrreich ist, sich die Forderungen näher anzusehen. Anthony Lewis zum Beispiel, der in der *New York Times* für die Rechte der Palästinenser eintritt, lehnt Netanjahu mit den gängigen Vorbehalten ab und kontrastiert ihn dem »unsentimentalen alten Soldaten« Jitzhak Rabin, der aus »reiner intellektueller Ehrlichkeit« heraus bereit war, das Abkommen von Oslo zu unterzeichnen. Netanjahu dagen »wendet sich gegen jede Lösung, die den Palästinensern einen eigenen, lebensfähigen Staat garantieren würde, mag dieser auch klein, entwaffnet, arm und von Israel beherrscht sein«. Das ist der »Kern der Sache«, der entscheidende Unterschied zwischen dem guten Rabin und dem bösen Netanjahu. Und weil letzterer so widerspenstig ist, »stirbt Oslo«.[21]

Tatsächlich aber haben Rabin und sein Nachfolger, Schimon Peres, während ihrer gesamten Amtszeit die Vorstellung, es könne einen palästinensischen Staat geben, strikt abgelehnt, während sich Netanjahu in dieser Hinsicht weniger eindeutig geäußert hat. Zweifellos aber hätte Rabin früher oder später den Palästinensern einen »eigenen, lebensfähigen Staat« garantiert, mag dieser auch »klein, entwaffnet, arm und von Israel beherrscht sein«. Und zweifellos würde Netanjahu dem zustimmen, wie sein Informationsminister bereits verlautbaren ließ. Gleichermaßen würde die arabische und islamische Welt, von ein paar ganz radikalen Fanatikern abgesehen, wohl gewillt sein, den Juden einen »eigenen Staat« zuzugestehen, mag dieser auch »klein, entwaffnet, arm und von Palästina beherrscht« sein. Und sie könnte sogar den »Kern der Sache« in der Weigerung irgendeines

Ultra-Extremisten erblicken, sich diese Haltung zu eigen zu machen.

Ein Gedankenexperiment drängt sich auf. Man könnte fragen, wie wohl die Reaktion aussehen würde, wenn man den »Kern der Sache« auf eben diese Weise präsentierte. Die Antwort sagt viel aus über den ideologischen Sieg der USA.

Hillary Clinton bekundete vor kurzem ihr Interesse für eine Senatskandidatur in New York. In einem Artikel mit der Überschrift »New Yorks Palästinenserstaat« fragte James Dao in der *New York Times*, ob sie mit der Befürwortung eines palästinensischen Staats nicht einen »riesigen politischen Fauxpas« begangen habe. Ein Jahr zuvor hatte sie einer Gruppe junger Israelis und Araber gesagt: »Ich glaube, daß das von den Palästinensern im Augenblick bewohnte Territorium und was immer sie durch die Friedensverhandlungen dazugewinnen, sich zu einem funktionierenden modernen Staat entwickeln sollte« – einem Staat, der ganz sicher »klein, unbewaffnet, arm und von Israel beherrscht« wäre.

Regierungsbeamte distanzierten sich sofort von diesen Bemerkungen und wiesen darauf hin, daß »Hillary Rodham Clinton nur für sich selbst spreche«. Sie war heftigen Angriffen ausgesetzt. Aber als sie ihre mögliche Kandidatur verkündete, erhielt sie auch Unterstützung. Ein Politologieprofessor wurde mit der Bemerkung zitiert, daß »die Unterstützung eines palästinensischen Staats früher von der extremen Linken und den Kriegsgegnern vertreten wurde«. Früher, aber heute vielleicht nicht mehr. Wer heute die Einstellung der südafrikanischen Rassisten der sechziger Jahre übernimmt, kann vielleicht nicht mehr so einfach als »Kriegsgegner« und »Linksextremist« verdammt werden.[22]

Der Kampf um Recht und Freiheit ist nie abgeschlossen, auch dieser nicht. Alle Parteien der Region, die in die Auseinandersetzungen verwickelt sind, müssen ernsten, wo nicht gar tödlichen Gefahren ins Auge sehen. Man kann nicht behaupten, daß die eigentliche Vormacht im Nahen Osten geholfen hat, den Weg zu einer Lösung ihrer Probleme oder wenigstens zu einer Verminderung der Gefahren zu ebnen. Aber auch diese Geschichte ist noch nicht an ihr Ende gelangt, und besorgten Menschen, die einen konstruktiveren und ehrenhafteren Kurs einschlagen wollen, stehen manche Optionen offen.

Anmerkungen

1 Teile dieses Vorworts beruhen auf »No Longer Safe«, *Z Magazine*, August 1993. Vgl. auch Chomsky, *Deterring Democracy* (Verso, 1991; überarb. Ausg. Hill & Wang, 1992), Kap. 1 und die dort angegebenen Quellen.

2 Vgl. David Hoffman, »Making Iran Public Enemy No. 1«, *Washington Post Weekly*, 22.–28. März 1993. Hoffman berichtet aus Jerusalem über entsprechende Bemühungen Israels und zwei seiner US-Propagandaagenturen, die Anti-Defamation League und das American Jewish Committee. Vgl. auch Israel Schahak, »How Israel's strategy favours Iraq over Iran«, *Middle East International*, 19. März 1993.

3 John Murray Brown, *Financial Times*, 23. März 1993.

4 Gazit, *Yediot Ahronot*, April 1992, zit. n. Schahak (vgl. Anm. 2).

5 Eli Kamir, *Ma'ariv*, 12. Nov.; Dorit Gabai, *Ma'ariv*, 21. Dez. 1997.

6 Uzi Mahanaimi, *Ha'aretz*, 4. Okt.; Eli Kamir, *Ma'ariv*, 5. Feb. 1998. Gordon Cramb, »Air crash shakes faith in Dutch politics«, *Financial Times*, 21. Feb. 1999.

7 Stephen Endicott und Edward Hagerman, *The United States and Biological Warfare* (Bloomington, Ind., 1998). Zu irreführenden Artikeln über das Thema vgl. Ralph Blumenthal, *New York Times*, 7. März 1999, Judith Miller und Ralph Blumenthal, *NYT*, 4. März; vgl. auch meinen ZNet-Kommentar »On Staying Informed and Intellectual Self-Defense«, ZNet, 8. März 1999 (www.lbbs.org).

8 Douglas Jehl, »Saudis Admit Restricting U.S. Warplanes in Iraq«, *NYT*, 22. März 1999.

9 David Gardner, *Financial Times*, 28. Feb.; Robin Allen, *Financial Times*, 3. März 1998.

10 Avi Machlis, *Financial Times*, 17. März 1999.

11 Harif, *Ma'ariv*, 3. Dez.; Shavit, *Ha'aretz*, 26. Dez. 1997.

12 *Report on Israeli Settlements* 9.1, Jan./Feb. 1999, Foundation for Middle East Peace. Eine ausgezeichnete Analyse der Vereinbarungen bietet Norman Finkelstein, »Security Operation: The Real Meaning of the Wye River Memorandum«, *New Left Review*, (Nov./Dez. 1998), überarb. Feb. 1999; Nasser Aruri, »The Wye Memorandum: Netanyahu's Oslo and Unreciprocal Reciprocity«, *Journal of Palestine Studies* 28.2 (Winter 1999); hier finden sich auch Dokumente; David Sharrock, *Guardian Weekly*, 17. Jan. 1999.

13 Reuters, *Boston Globe*, 10. Feb. 1999; 50 Wörter.

14 *Report on Israeli Settlements*, Nov./Dez. 1998.

15 Human Rights Watch, *Palestinian Self-Rule Areas: Human Rights Under the Palestinian Authority* (1998), zit. n. Finkelstein, a. a. O. (vgl. Anm. 12).

16 Amnesty International, *Five Years after the Oslo Agreement* (Sept. 1998). Vgl. Graham Usher, *Middle East International*, 16. Okt. 1998; Finkelstein, a. a. O.

17 Deborah Sontag, »Indispensible Man«, *NYT,* 14. Dez. 1998.

18 Gidon Levi, »The Dead Children of Hebron«, *Musaf Ha'aretz,* 4. Sept. 1998.

19 Gidon Levi, »Letters from the Israeli Prison«, *Musaf Ha'aretz,* 11. Sept. 1998; David Sharrock, *Guardian,* 25. Mai 1997.

20 Aliza Marcus, *BG,* 1. März 1999.

21 Lewis, »Solving the Insoluble«, *NYT,* 13. April 1998.

22 Dao, *NYT,* 28. Feb. 1999; AFP, *NYT,* 7. Mai; James Bennet, »Aides Disavow Mrs. Clinton on Mideast«, *NYT,* 8. Mai 1998.

I. Israel und Palästina –
Zur Vorgeschichte des Nahost-Konflikts

Allgemein wird angenommen, daß die israelische Invasion des Libanon, die im Sommer 1982 vollzogen wurde, ein neues Kapitel der »besonderen Beziehungen« zwischen Israel und den USA eröffnete. Das ist indes zweifelhaft, denn die USA sichern nach wie vor die militärische Vorherrschaft Israels im Nahen Osten, so daß weitere aus diesem Ungleichgewicht der Macht resultierende Angriffshandlungen im Bereich des Möglichen liegen. Genauso bedeutsam ist die Tatsache, daß die Vereinigten Staaten, abgesehen von rhetorischen Kraftakten, weiterhin das israelische Siedlungsprogramm in den besetzten Gebieten finanzieren. Das geht mit wünschenswerter Deutlichkeit aus der von US-Präsident Ronald Reagan geforderten Aufstockung der Hilfeleistungen hervor, die der Kongreß nach dem Libanonkrieg weiter erhöht hat. Dieses pro-israelische Engagement verhindert die Möglichkeit einer friedlichen Lösung des Nahostkonflikts und jegliche Anerkennung elementarer Rechte für die Palästinenser. Zwar ist richtig, daß der Libanonkrieg das ideologische Element der »Unterstützung für Israel« und damit eine Säule der »besonderen Beziehungen« erschütterte, aber die anderen beiden Stützpfeiler – die diplomatische und materielle Unterstützung der Idee eines »Größeren Israel« – wurden Ende 1982 eher noch gestärkt.

Der Libanonkrieg kann nur vor dem Hintergrund der arabisch-jüdischen Konflikte in Palästina (und später in den angrenzenden Gebieten) verstanden werden. Diese Konflikte entwickelten sich aus zwei völlig entgegengesetzten Sichtweisen: Was die einheimische Bevölkerung als »zionistische Invasion« ansah, war für die Siedler die »Rückkehr in ihre Heimat«. Daraus entstanden vielschichtige und oft tragische Auseinandersetzungen, denen nur eine umfängliche Untersuchung gerecht werden könnte. Ich werde mich in diesem Kapitel innerhalb eines weiter gesteckten Zeitrahmens auf die Entwicklung im ehemaligen Palästina (oder Cisjordanien) konzentrieren und mich dabei auf einige Tatsachen beschränken, die mir für das Begreifen der gegenwärtigen Situation von direkter Bedeutung zu sein scheinen.[1]

Die vorstaatliche Periode

In ihrer überwiegenden Mehrzahl waren die Araber Palästinas gegen die Errichtung eines jüdischen Staats und lehnten auch eine jüdische Einwanderung größeren Maßstabs ab, weil sie dadurch oftmals ihres Landbesitzes verlustig gingen. »In die europäischen Pläne, die über ihr Heimatland verfügten, waren sie in keiner Weise einbezogen worden, und sie fühlten sich nicht dazu verpflichtet, deren Durchsetzung friedlich zu akzeptieren.«[2] In der US-amerikanischen Literatur wird diese Haltung zumeist als »Kompromißlosigkeit« oder gar »Antisemitismus« bezeichnet, weil deren Autoren dazu neigen, die Haltung Lord Arthur Balfours zu übernehmen, der in seiner berühmten »Erklärung« von 1917 Großbritannien dazu verpflichtete »die Errichtung einer nationalen Heimstatt für das jüdische Volk in Palästina zu erleichtern«, wobei jedoch »nichts unternommen werden darf, um die bürgerlichen und religiösen Rechte der nicht-jüdischen Gemeinschaften in Palästina einzuschränken«. Zwei Jahre später verfaßte er ein Memorandum, in dem er die Widersprüche der unterschiedlichen Zusagen, die während des Kriegs gemacht worden waren, mit Verweis darauf erörterte, daß den Syrern eine französisch kontrollierte Verwaltung einfach aufgezwungen worden war. Seine Ansichten wurden von vielen Personen, unabhängig von der jeweiligen politischen Einstellung, geteilt:

> »Der Widerspruch zwischen dem Buchstaben des Vertrags und der Politik der Alliierten wird bei dem Problem einer unabhängigen palästinensischen Nation noch deutlicher als bei der Frage einer unabhängigen syrischen Nation. Denn in Palästina sehen wir noch nicht einmal vor, die gegenwärtigen Bewohner des Landes nach ihren Wünschen zu fragen, während die amerikanische [King-Crane] Kommission dies getan hat. Die vier Großmächte haben sich auf den Zionismus festgelegt, und *der Zionismus, mag er nun richtig oder falsch, gut oder schlecht sein, wurzelt in einer langen Tradition, in gegenwärtigen Bedürfnissen und zukünftigen Hoffnungen, die ein viel größeres Gewicht haben als die Wünsche und vorgefaßten Meinungen der 700 000 Araber, die jetzt dieses uralte Land bewohnen.*«[3]

Die Bevölkerung der »unabhängigen palästinensischen Nation« hat diese Auffassungen niemals als legitim anerkannt und dagegen auf vielerlei Weise Widerstand geleistet. Wiederholt kam es zu Akten terroristischer Gewalt gegen Juden, die Ende August 1929 eskalierten, als 133 Juden massakriert wurden. Der »schrecklichste Vorfall« ereignete sich in Hebron, wo 60 Juden umgebracht wurden, von denen die meisten einer alten, größtenteils antizionistischen Gemeinde angehörten. Die arabische Polizei »unternahm nichts, als ihre moslemischen Glaubensgenossen in die Stadt zogen und dort schlimmer wüteten als wilde Tiere«. Ein größeres Gemetzel wurde nur durch die Tapferkeit eines Angehörigen der völlig unterbesetzten britischen Polizeikräfte verhindert.[4] Viele Juden wurden von ihren muslimischen Nachbarn gerettet.[5]

Der Widerstand der Einheimischen gegen das zionistische Projekt war kein Geheimnis. Präsident Wilsons King-Crane-Kommission berichtete 1919, daß »die Zionisten die praktisch vollständige Enteignung der gegenwärtigen nicht-jüdischen Einwohner Palästinas anstreben« und meinte, daß letztere – »nahezu neunzig Prozent der Gesamtbevölkerung – leidenschaftlich gegen das gesamte zionistische Programm opponieren«. Dessen Durchsetzung, so warnte die Kommission, »wäre eine grobe Verletzung des Prinzips [der Selbstbestimmung] und des Völkerrechts«. Diese Warnung wurde von den Großmächten, die USA eingeschlossen, in den Wind geschlagen. Die Kommission gab zwar ihrer »tiefen Sympathie für die jüdische Sache« Ausdruck, empfahl jedoch die Begrenzung der jüdischen Einwanderung und riet, vom Ziel der Errichtung eines jüdischen Staats Abstand zu nehmen.

Die Empfehlungen blieben ohne Einfluß auf die offizielle Politik und werden in den meisten geschichtlichen Darstellungen nicht einmal erwähnt oder mit wenigen Worten abgetan. So gab die Untersuchung der ESCO-Foundation von 1947 (vgl. Anm. 1) zwar zu, daß die im Kommissionsbericht wiedergegebenen Ansichten »zweifellos die in Syrien und Palästina vorherrschende politische Einstellung reflektierten«, wendet dagegen jedoch ein, daß er »nur dem einen Teil des Problems«, nämlich der Haltung der Araber Aufmerksamkeit, hingegen »dem jüdischen Problem nicht die gleiche Berücksichtigung« gewidmet habe. Das kann man auch anders sehen. Der Kommissionsbericht schenkte nur den Ansichten der Einwohner Palästinas Beachtung (wobei viele Angehörige der jüdischen Minderheit antizionistisch waren), ohne die Pläne der europäischen Zionisten gleichermaßen zu berücksichtigen.[6]

Von 1936 bis 1939 versuchten die palästinensischen Araber nach einem fehlgeschlagenen Streik einen nationalistischen Aufstand anzuzetteln. Immerhin erkannte der nüchterne Realist Ben-Gurion, worum es dabei ging. In internen Diskussionen bemerkte er, daß »wir bei unserer politischen Argumentation im Ausland den arabischen Widerstand kleinreden«, doch müssen »wir unter uns der Wahrheit ins Auge blicken«: Politisch nämlich »sind wir die Aggressoren, während sie sich selbst verteidigen ... Das Land gehört ihnen, weil sie es bewohnen, während wir ankommen und uns hier niederlassen, und aus ihrer Perspektive wollen wir ihnen ihr Land wegnehmen, noch bevor wir hier richtig angekommen sind.« Der Aufstand »ist aktiver Widerstand seitens der Palästinenser gegen das, was sie als Usurpierung ihrer Heimat durch die Juden betrachten ... Hinter dem Terrorismus steht eine Bewegung, die zwar primitiv, aber von Idealismus und Selbstaufopferung geprägt ist.«[7]

Der Aufstand wurde von den Briten mit beträchtlicher Brutalität niedergeschlagen, nachdem das Münchener Abkommen von 1938 ihnen die Entsendung umfangreicher Militärkräfte gestattete.[8]

In späteren Jahren wies die einheimische arabische Bevölkerung die im Westen für selbstverständlich gehaltene Vorstellung zurück, daß die Araber moralisch verpflichtet wären, ihr Land herzugeben, um so die von Europäern an Juden begangenen Verbrechen zu kompensieren. Vielleicht fragten sie sich, warum es nicht angemessener gewesen wäre, den Juden Bayern auf Kosten der bayrischen Bevölkerung zu überlassen, oder warum, angesichts des selbstgerechten Moralisierens, das sie aus den Vereinigten Staaten vernehmen, das Projekt nicht in Massachussetts oder New York verwirklicht wurde. Viele Menschen im Westen halten das mangelnde Interesse der Araber für die Belange der Juden für ignorant, wenn nicht gar unmoralisch, und fragen sich, warum die palästinensischen Araber im Unterschied zu den jüdischen Einwanderern keinen »territorialen Kompromiß« akzeptieren wollten, der doch angesichts widerstreitender Forderungen zumindest ein fairer Ausgleich gewesen wäre. Der Vorwurf mag berechtigt sein, aber es ist nicht schwer zu verstehen, warum die einheimische Bevölkerung von dem »Kompromiß« keineswegs begeistert war. Wenn jemand in das Haus eines anderen eindringt, um diesem dann als »fairen Ausgleich« ein paar Zimmer anzubieten, wird der ursprüngliche Hausbewohner von solcher Großzügigkeit auch dann nicht hingerissen sein, wenn der Eindringling heimatlos, verarmt und verfolgt ist.

Zudem wären die Überlebenden der Schoah in ihrer Mehrzahl wahrscheinlich lieber in die Vereinigten Staaten ausgewandert, wenn sich ihnen diese Möglichkeit geboten hätte,[9] aber die zionistische Bewegung auch in den USA selbst gab ihrer Ansiedlung in einem jüdischen Staat den Vorzug. Heute geschieht Vergleichbares mit jüdischen Einwanderern aus der UdSSR.[10] Nach dem Krieg starben Zehntausende jüdischer Deportierter in Lagern an mangelnder Versorgung, während der US-Kongreß ein Gesetz verabschiedete, das Flüchtlingen aus den sowjetisch besetzten Baltenstaaten Priorität einräumte. Unter diesen Deportierten befanden sich viele Nazi-Sympathisanten und sogar SS-Angehörige. Die amerikanischen Zionisten unterstützten dagegen Resolutionen für die Errichtung eines jüdischen Staats. Dinnerstein bemerkt dazu: »Öffentlich wurde es zwar nicht kundgetan, aber in Privatgesprächen zeigten sich die Zionisten besorgt, daß viele europäische Juden, wenn sie die Möglichkeit hätten, sich lieber in den USA als in Israel niederlassen würden.« Diese Möglichkeit unterstützten in erster Linie nicht- oder antizionistische Gruppen.[11]

Nicht überall stieß die zionistische Haltung auf Zustimmung. Roosevelts Berater Morris Ernst beschrieb 1948 sein Erschrecken angesichts der Weigerung führender amerikanischer Zionisten, »diesen vom Schicksal geschlagenen Menschen aus Europa« eine Wahlmöglichkeit einzuräumen, statt sie auf Palästina festzulegen. Das von Ernst vorgeschlagene Programm würde, so meinte er, »uns von der Heuchelei befreien, unsere Türen zu schließen, während wir an die Araber scheinheilige Forderungen stellen«. Und er fügte hinzu: »Ich war erstaunt und fühlte mich verletzt, als ich von führenden Vertretern jüdischer Organisationen« wegen dieser Vorschläge »auf eine Weise schlechtgemacht und angegriffen wurde, die mich zum Verräter stempelte.«[12]

Es kann nicht überraschen, daß das Problem auch weiterhin Sprengstoff birgt. 1980 wurde von prominenten amerikanischen Juden unter Leitung des ehemaligen Obersten Bundesrichters Arthur Goldberg ein privater Ausschuß ins Leben gerufen, der »das Verhalten jüdischer Organisationen in diesem Land zur Zeit der Vernichtung europäischer Juden durch die Nationalsozialisten untersuchen« sollte. Fünfzehn Monate später hatte er sich gespalten, und es wurden eifrig Vorwürfe und Gegenvorwürfe ausgetauscht. Der Hauptsponsor meinte, es sei »offenkundig geworden, daß Reste des alten Establishments darum kämpften, ihren Ruf zu schützen«, was Goldberg und Forschungsleiter Seymour Finger bestritten. Ihnen zufolge war »das versprochene Geld nicht eingetroffen«. Aus dem Ausschuß wurden Stimmen laut, die behaupteten, daß etablierte jüdische Gruppen

»Einwände erhoben hätten gegen die Untersuchung der schmerzlichen Frage, ob Tausende oder Zehntausende von Juden zu retten gewesen wären, wenn amerikanisch-jüdische Organisationen die Regierung Roosevelt unter größeren Druck gesetzt hätten«. In einem Berichtsentwurf heißt es, daß die Führer jüdischer Organisationen in den USA »zu keinem Zeitpunkt eine totale Mobilisierung zur Rettung [der europäischen Juden] in Erwägung gezogen« haben. Vielmehr seien etablierte zionistische Organisationen auf Nachkriegspläne und die Schaffung eines jüdischen Staats fixiert gewesen. Eines der führenden Mitglieder der Jüdischen Gemeinde in den USA, Rabbi Stephen Wise, der Roosevelt nahestand, widersetzte sich 1943 einer Bemühung des Kongresses, eine Kommission einzurichten, um »die Rettung des jüdischen Volks in Europa zu bewirken«, weil die Resolution keine Klausel vorsah, in der Großbritannien zur Öffnung Palästinas für Juden aufgefordert wurde. Im bereits zitierten Berichtsentwurf heißt es:

> »Sicher ist, daß die ausschließliche Konzentration auf Palästina als Lösung, gekoppelt mit einer pessimistischen Einstellung gegenüber anderen Alternativen, die zionistische Bewegung wie auch große Teile des amerikanischen Judentums daran gehindert haben, den Rettungsplänen jener Personen ernsthafte Beachtung zu schenken, die sich dafür aussprachen, dieses Problem von politischen oder ideologischen Erwägungen abzukoppeln.«[13]

Ob es in dem ehemaligen Palästina die Möglichkeit gegeben hätte, konkurrierende Ansprüche und Bedürfnisse miteinander auszusöhnen, ist unklar. Mit dem Zweiten Weltkrieg und der Schoah war die Frage zumindest für die überwiegende Mehrheit in der zionistischen Bewegung akademisch geworden. Im Frühjahr 1942 verschrieben sich die amerikanischen Zionisten (im »Biltmore-Programm«) der Idee eines jüdischen Staats, und im November wurde unter der Initiative von Ben-Gurion »die Errichtung eines jüdischen Staats zum offiziellen Ziel der zionistischen Bewegung«,[14] während zuvor noch eine Art »Parität« zwischen der jüdischen und der arabischen Bevölkerung angestrebt worden war.[15] Noch wußte man nichts Genaues über die »Endlösung« der Judenfrage im von Deutschland besetzten Europa, auch wenn der Antisemitismus der Nazis schon lange bekannt war.

Der Unabhängigkeitskampf als Eroberungskrieg

Im November 1947 empfahl die Generalversammlung der Vereinten Nationen die Aufteilung des Mandatsgebiets Palästina (Cisjordanien) in einen jüdischen und einen arabischen Staat. Die Empfehlung wurde von der zionistischen Bewegung mehrheitlich akzeptiert – allerdings nicht von Begins Terroristenarmee Irgun Tsvai Leumi, und auch nicht von der LEHI (der Stern-Gruppe), die damals von Jitzhak Schamir[16] befehligt wurde. Die palästinensischen Araber lehnten den Vorschlag nahezu einmütig ab.[17] Die USA hätten, zumindest eine Zeitlang, eine Treuhandverwaltung bevorzugt, erkannten aber den im Mai 1948 gegründeten jüdischen Staat an.

Gleich nach dem Teilungsvorschlag kam es zu erbitterten Auseinandersetzungen, die von beiden Parteien mit Terror und Gewalt geführt wurden. Dabei sind die arabischen Greueltaten nur die eine Seite der Medaille. So führte z. B. die Palmach – die in den Kibbuzim verankerte Streitkraft der Haganah (das ist der Vorläufer der israelischen Armee) – am 18. Dezember einen »Vergeltungsschlag« gegen die Ortschaft Khissas durch, bei dem zehn Araber, darunter eine Frau und vier Kinder, getötet wurden. Der israelische Militärhistoriker Uri Milschtein meint, daß diese von Mosche Dajan befehligte Operation im Gegensatz zur sonstigen Politik der Haganah stand – »relativ ruhige Gebiete sollten nicht »aufgeheizt« werden« –, aber von Dajan damit gerechtfertigt wurden, daß sie einen »erwünschten Effekt« zeitigte. Sykes unterstellt, daß diese Maßnahme, drei Wochen vor dem Eindringen arabischer Freischärler in das Land, »die nächste Phase des Kriegs ausgelöst« haben könnte.[18]

Im militärischen Konflikt hatte die besser organisierte jüdische Gemeinschaft den Vorteil auf ihrer Seite. Schon im Mai hatten ihre Truppen Teile des dem zukünftigen palästinensischen Staats zugewiesenen Territoriums eingenommen. Im April bereits war es in Deir Jassin zu einem von Irgun und LEHI verantworteten Massaker gekommen, das zur Massenflucht von Arabern beitrug. Offizielle Verlautbarungen der beiden Organisationen rühmten sich dessen, und vor allem der Oberterrorist Menachem Begin war stolz auf die Operation, bei der an die 250 wehrlose Menschen, darunter über 100 Frauen und Kinder, abgeschlachtet wurden, während die Angreifer nur vier Soldaten verloren.

Kürzlich entdeckte persönliche Zeugnisse der Anführer dieses Militärschlags zeigen, daß sie in der Mehrheit darauf setzten, alle beiseitezuschaffen, die ihnen im Weg standen, Frauen und Kinder, Gefangene und Verwundete. Begin lobte seine Kämpfer für ihre Menschlichkeit – »keine andere Streitkraft hat jemals so gehandelt« – was bis heute nachgebetet wird. Das Kommando der Irgun schickte eine Grußbotschaft und freute sich über die »wunderbare Eroberungsaktion«: »Wie in Deir Jassin, so überall ... O Herr, o Herr, Du hast uns zur Eroberung erkoren.« Das Oberkommando der Haganah verurteilte die Operation und insbesondere die Plünderungen, die kürzlich entdeckten Dokumenten zufolge deren Ziel gewesen zu sein scheinen. Außerdem wies die Haganah darauf hin, daß die Ortschaft zu denen gehörte, die eine Kooperation mit den arabischen Streitkräften vermieden hatte. Auch von der palästinensischen Jischuw (der vorstaatlichen Abgeordnetenversammlung der Siedler) wurde das Massaker offiziell verurteilt. Eine von der Regierung herausgegebene militärgeschichtliche Darstellung widmet dem Vorfall drei Zeilen. Sie nennt das Datum, berichtet von einem »leichten« Kampf und endet mit der Feststellung, daß »im Verlauf der Eroberung der Ortschaft etwa 200 Einwohner getötet wurden, darunter Frauen und Kinder«. Ein weiterer Absatz erklärt, wie die arabische Propaganda über das von ihr so genannte »Massaker von Deir Jassin« zum Rohrkrepierer wurde: »zweifellos« habe der Vorfall zum Zusammenbruch der arabischen Streitkräfte beigetragen, weil die Bevölkerung wegen »der Grausamkeit der Juden« ängstlich geworden sei.[19] Einen Monat später waren an die 300 000 Araber geflohen; ein Drittel davon aus Territorien, die dem palästinensischen Staat zugedacht worden waren.[20]

Die Armeen der arabischen Staaten traten gleich nach der Gründung des Staates Israel in den Krieg ein. Die Kämpfe fanden fast alle auf palästinensischem Territorium statt und führten schließlich zu einer weiteren Teilung, wobei etwa die Hälfte des designierten Staatsgebiets Israel einverleibt wurde, während der andere Teil an Jordanien (damals noch »Transjordanien«) und Ägypten fiel. Das blieb so bis 1967, als Israel – zusammen mit dem Sinai und den Golanhöhen – auch den Rest noch eroberte. Während der Auseinandersetzungen von 1948 wurden etwa 700 000 Palästinenser vertrieben oder mußten fliehen.

Gewöhnlich werden diese Ereignisse so beschrieben, als sei Jordanien in Palästina zum arabischen Nachfolgestaat geworden.[21] Das ist zu ungenau, weil auch Israel ein »Nachfolgestaat« war. Die Region um Gaza wurde zwischen Israel und Ägypten aufgeteilt, das designierte palästinensische Staatsgebiet zwischen Jordanien und Israel. Diese beiden Staaten, nicht aber Ägypten, annektierten die von ihnen eroberten Gebiete.

Lange Zeit ist behauptet worden, daß die Palästinenser 1948 auf Anweisung der arabischen Führer geflohen seien, was schon Erskine Childers 1961 widerlegen konnte. Tatsächlich scheint eher das Gegenteil zuzutreffen; die Flucht ist in erster Linie auf israelischen Terror, psychologische Kriegsführung und bisweilen direkte Vertreibung zurückzuführen.[22] Tausende weiterer Araber wurden – und das als Bürger Israels – 1956 während des Angriffs auf Ägypten aus der Region Galiläa vertrieben.[23] Hunderttausende flohen 1967; eine Folge des Sechstagekriegs. W. W. Harris hat diese Flüchtlingsströme näher untersucht und schätzt, daß von 1,4 Millionen Palästinensern zwischen Juni und Dezember 1967 etwa 430 000 ihre Häuser und Wohngebiete verließen, wobei es zwischen den Regionen erhebliche Unterschiede gibt: In den Golanhöhen flohen über 90 Prozent der 100 000 Einwohner, aus dem Gaza-Streifen dagegen nur 20 Prozent von 400 000. In einigen Gebieten, wo die Zahlen besonders hoch waren, fürchteten die Palästinenser (offensichtlich aus böser Erfahrung) Vergeltungsakte der Israelis. So hatten Truppen unter dem Befehl von Ariel Scharon 1953 in Qibya ein umfangreiches Massaker veranstaltet, und israelische Falken drohen immer wieder gern mit einer neuen Vertreibung. So wies z. B. Scharon warnend darauf hin, daß die Palästinenser »1948 nicht vergessen sollten«. »Der Hinweis ist deutlich«, meint Amnon Kapeliuk, der jene Bemerkung zitiert.[24]

In den USA wurde die Annektion des Westjordanlandes durch Jordanien zumeist für rechtswidrig gehalten. Das müßte dann jedoch genauso für Israels Besetzung des halben palästinensischen Staatsgebiets gelten. Allerdings ist die Frage eigentlich bereits seit 1949 nur noch rhetorisch. Außerdem darf nicht vergessen werden, daß Israel und Jordanien 1947/48 ein Geheimabkommen zur Teilung Palästinas geschlossen hatten. Beide erblickten in der politischen Führerschaft des Landes ihren Hauptfeind. Joram Peri bemerkt, daß Ben-Gurions »stillschweigendes Einverständnis mit König Abdallah von Transjordanien, das diesem die Besetzung der Gebiete westlich des Jordan ermöglichte ... weder mit dem Kabinett noch mit dem Militärkommando abgesprochen war«. Das führte zu einem internen Konflikt, als der Befehlshaber der Südarmee, Jigal Allon, von Ben-Gurion im Oktober 1948 daran gehindert wurde, einen Ausfall ins Westjordanland zu unternehmen. Es wurde auch behauptet, daß der

Eintritt der arabischen Staaten in den Krieg sich zumindest teilweise gegen die Bestrebungen von König Abdallah richtete und daß »Ägypten nicht in Palästina einmarschieren, sondern eine diplomatische Lösung für den Konflikt finden wollte«.[25] Aus ähnlichen Gründen sprach Nahum Goldmann sich gegen die Staatsgründung im Mai aus; auch er hielt eine friedliche diplomatische Lösung für möglich.

König Abdallah wurde im Juli 1951 von einem 19jährigen Palästinenser ermordet, was vielfach als Beweis dafür gilt, daß die Palästinenser (oder, allgemeiner, die Araber überhaupt) »gemäßigte«, die Existenz Israels anerkennende, Führungspersönlichkeiten nicht dulden. Wenn man die Zusammenarbeit zwischen Israel und Jordanien berücksichtigt, erscheinen diese Vorgänge in einem etwas anderen Licht.

Nahum Goldmann wurde 1956 zum Präsidenten der Jüdischen Weltorganisation gewählt und blieb bis 1968 in diesem Amt. Zur israelischen Diplomatie hielt er Distanz und kritisierte nicht nur das im Kalten Krieg entstandene Bündnis mit den USA sowie die Verweigerungshaltung gegenüber den Palästinensern nach 1967, sondern auch die Instrumentalisierung der Schoah zur Rechtfertigung von Greueltaten und Morden. Zu Beginn des jüdischen Neuen Jahrs schrieb er im Oktober 1981:

> »Wir müssen begreifen, daß das Leid der Juden, das sie durch den Holocaust erlitten, nicht mehr als Schutzschild dienen kann, und wir müssen ganz sicher davon Abstand nehmen, den Holocaust zur Rechtfertigung unseres Tuns heranzuziehen. Wenn Menachem Begin die Bombardierung des Libanon unter Verweis auf den Holocaust rechtfertigt, begeht er eine Art ›Hillul Haschem‹ [ein Sakrileg], eine Banalisierung der heiligen Tragödie der Shoah, die nicht als Begründung für eine politisch zweifelhafte und moralisch verwerfliche Politik mißbraucht werden darf.«[26]

Goldmann hielt auch die Bemühungen der amerikanischen »Unterstützer Israels« eher für schädlich. Im Januar 1981 sprach er vor dem Jüdischen Weltkongreß von der Notwendigkeit, »in unserer Politik gegenüber den Arabern eine Wende herbeizuführen... Was Israel in dieser Hinsicht tut, ist sehr schlecht, genauso wie das Geschrei der amerikanischen Juden.«[27] Er war auch ein scharfer Kritiker der Libanon-Invasion. Als er im August 1982, nach einem Leben für den Zionismus, starb, kam Premierminister Begin nicht zur Beerdigung, und

»die Regierung schickte keine öffentliche Beileidsbekundung«, was, wie die jüdischen Zeitungen in den USA vermerkten, typisch für die »schäbige Art« war, mit der die israelische Regierung »ihre Gegner« behandelte. Eine Schlagzeile in der *Jerusalem Post* lautete: »Goldmanns Tod wird ignoriert«. Dagegen schickte PLO-Chef Arafat ein Kondolenzschreiben:

> »Die Palästinenser betrauern den Tod von Nahum Goldmann. Er war ein jüdischer Staatsmann von einzigartiger Persönlichkeit. Er kämpfte für Gerechtigkeit und gleiche Rechte für alle Menschen.«[28]

Die israelisch-arabischen Kriege

In den USA gilt es als ausgemacht, daß alle Kriege, die Israel vor dem Einmarsch in den Libanon geführt hatte, rein defensiver Natur waren. Selbst ernstzunehmende Kommentatoren wie Hans Morgenthau gehen davon aus. Morgenthau schreibt: »Viermal haben die Araber versucht, Israel durch einen Krieg auszulöschen«, zudem sei es »eine unbestreitbare historische Tatsache«, daß diese Kriege etwas »mit der Existenz eines jüdischen Staats inmitten der arabischen Welt« zu tun hatten.[29] Auch in der Presse gilt dies als »unbestreitbare historische Tatsache«. Als eines von zahllosen Beispielen sei hier David Shiplers Erklärung wiedergegeben, warum die Libanon-Invasion in Israel eine »Gewissenskrise« hervorgerufen habe:

> »... dies war für Israel eine andere Art von Krieg. Bislang hatte Israel immer nur angegriffen, wenn seine Existenz bedroht war. Bislang hat es den Kampf nur dann aufgenommen, wenn es von arabischen Militäraufmärschen mit Vernichtungspotential provoziert wurde.«[30]

In ähnlicher Weise beschreibt Robert Moskin Chaim Herzogs Geschichte der arabisch-israelischen Kriege als »einen Band, den jeder, der wissen will, was Israel erlitten hat, lesen muß«.[31] Das besagt natürlich, daß die Kriege alle von Israel als einem passiven Opfer arabischer Angriffslust »erlitten« wurden. Selbst politische Kommentatoren, die als Kritiker israelischer Abenteurerei gelten, teilen diese Ansicht. So hat etwa Jacobo Timerman eine Kritik der Libanon-Invasion veröffentlicht, die als sehr hart gilt, und dies auch teilweise ist. Doch auch er versichert, daß Israels »vorherige Kriege der Verteidi-

gung dienten ... Die Tatsache, daß die Libanon-Invasion der erste
Krieg war, den Israel direkt vom Zaun gebrochen hat, konnte nicht
unbemerkt bleiben.«[32]

Solche und ähnliche Behauptungen sind in ihrer Pauschalität
schlichtweg unwahr. Sie gelten nämlich nicht für den israelisch-fran-
zösisch-britischen Angriff auf Ägypten von 1956, und auch nicht für
die Libanon-Invasion von 1978, die im allgemeinen wohl deshalb
nicht zu den israelisch-arabischen Kriegen gezählt wird, weil die
Aggression zu offensichtlich war, oder weil nur an die 2000 Palästinenser und Libanesen getötet und 250 000 zur Flucht gezwungen
und viele Städte in Schutt und Asche gelegt wurden.[33] Der Krieg von
1967 ist von seinen Bedingungen her auch komplexer, als viele Israel-
Anhänger hierzulande wahrhaben wollen. Ein interessantes Beispiel
ist Michael Walzers Untersuchung »gerechter Kriege«. Im Überblick
über eine 2500jährige Geschichte findet er nur ein einziges Beispiel
für eine »legitime Vorwärtsverteidigung«, d. h. den gerechtfertigten
Rückgriff auf einen militärischen Präventivschlag, der im Widerspruch zu den Verfügungen steht, wie sie in der Charta der Vereinten
Nationen festgelegt sind, nämlich Israels Angriff im Juni 1967. Er
sieht darin einen »klaren Fall« von *Widerstand* gegen eine geplante
Aggression. »Es lohnt sich, einige Fälle aufzulisten, bei denen, wie ich
denke, kein Zweifel bestehen kann: Es handelt sich dabei um den
deutschen Angriff auf Belgien 1914, die italienische Eroberung von
Äthiopien, den japanischen Angriff auf China, die Interventionen
Deutschlands und Italiens in Spanien, den russischen Einmarsch in
Finnland, die Eroberung der Tschechoslowakei, Polens, Dänemarks,
Belgiens und Hollands durch Hitler-Deutschland, die russischen
Einmärsche in Ungarn und die Tschechoslowakei, die ägyptische
Bedrohung Israels 1967.«[34]

Walzer bietet keine Argumente oder Beweise für die Behauptung,
daß die »ägyptische Bedrohung« Israels mit den anderen »klaren Fällen« von Aggression auf einer Ebene liegt. Er konstatiert einfach, daß
Israel »berechtigte Furcht« vor der Zerstörung hatte, was seine
Behauptung auch dann nicht untermauern würde, wenn es wahr
wäre. Israelische Generäle sind da ganz anderer Ansicht. Der ehemalige Befehlshaber der Luftwaffe, General Ezer Weizmann, der als Falke
gilt, gibt an, es habe »keine Drohung einer Zerstörung« gegeben.
Dennoch sei der Angriff auf Ägypten, Jordanien und Syrien gerechtfertigt gewesen, damit Israel »gemäß der Größenordnung, geistigen
Kraft und Charakterart existieren kann, die es jetzt verkörpert«.[35]

Vergleichbare Äußerungen sind von Stabschef Chaim Bar-Lev und General Mattitijahu Peled überliefert. Amnon Kapeliuk bemerkt dazu, es sei »kein ernstzunehmendes Argument gegen die These der drei Generäle vorgetragen worden«. Der amerikanische Geheimdienst teilte diese Auffassung.[36] Überdies gehörten zu den Vorgängen, die zum Krieg führten, provokative Drohgebärden und zerstörerische Aktionen seitens Israel, die Walzer ignoriert,[37] wie auch ägyptische und andere arabische Maßnahmen wie die Schließung der Straße von Tiran (dem Zugang zum Roten Meer), der Ägypten den internationalen Status absprach.

Zu denen, die, im Gegensatz zu Walzer, Zweifel an der ägyptischen »Bedrohung« als einen »klaren Fall« von Aggression hegen, gehört Menachem Begin, der folgendes konstatierte:

> »Im Juni 1967 standen wir erneut vor der Wahl. Die Konzentration ägyptischer Truppen auf dem Sinai beweist nicht, daß Nasser uns wirklich angreifen wollte. Wir müssen uns selbst gegenüber ehrlich sein: Wir entschlossen uns zum Angriff.«

Den Begin natürlich für gerechtfertigt hält: »Es war ein Selbstverteidigungskrieg in der edelsten Bedeutung des Wortes.«[38] Man sollte sich indes daran erinnern, daß der Ausdruck »Selbstverteidigung« im modernen politischen Diskurs eine technische Bedeutung angenommen hat, die sich auf jegliche militärische Aktion eines Staats bezieht, den man führt, stützt oder unterstützt. Interessant ist, daß Walzer, der als demokratischer Sozialist und Kriegsgegner gilt, mit seiner Bewertung der israelischen Militäraktionen von 1967 weit über Begin hinausgeht. Aber es ist leider völlig unmöglich, die »ägyptische Bedrohung« auf eine Stufe mit den Eroberungsfeldzügen der Nazis usw. zu stellen. Vielmehr handelt es sich hier um einen »klaren Fall« jener Apologetik, der viele Anhänger Israels in den USA huldigen.[39]

Gleich nach dem Waffenstillstandsabkommen von 1949 begann Israel mit Übergriffen und militärischen Attacken auf die entmilitarisierten Zonen, die hohe Verluste in der Zivilbevölkerung und die Vertreibung Tausender von Arabern mit sich brachten. Einige von ihnen schlossen sich später zu terroristischen Banden zusammen und verübten – aus ihrer Sicht – Vergeltungsschläge, die Israel als unprovozierten Terrorismus betrachtete. Die Begriffe »Terrorismus« und »Vergeltung« sind weitgehend Propagandaworte, keine Beschreibungen. Israels Aktionen bildeten den Anlaß für weitere Konflikte mit

Ägypten und Syrien. Razzien im Gaza-Streifen wurden durch Angriffe der *feddajin* beantwortet, die wiederum den Vorwand für die Invasion von 1956 abgaben, wobei aus erbeuteten ägyptischen Dokumenten und anderen Quellen bekannt ist, daß Ägypten aus Furcht vor einem solchen Überfall die Grenzregion zu befrieden suchte.[40] Die Aggressoren heckten einen insgesamt erfolgreichen Propagandafeldzug aus, um zu zeigen, daß Nasser einen Angriff geplant hatte, und verglichen ihn mit Hitler, während sie selbst sich Goebbelsscher Methoden bedienten.

Viele Einzelheiten dieses Feldzugs sind durch Kennett Love bekannt geworden, der damals Nahostkorrespondent bei der *New York Times* war. Er beschreibt, wie die Zeitung es unterließ, sein Interview mit Nasser zu drucken, in dem dieser ein Angebot zur Entmilitarisierung der Grenze machte: »Entstellte Versionen von Nassers Bemühungen, die Grenze zu befrieden, durchgeisterten die Titelseiten der New Yorker Zeitungen unter Schlagzeilen, in denen er als Kriegstreiber dargestellt wurde.« Dazu gehörte auch ein Bericht in der *New York Times*, in dem es hieß: »Viele Neutrale behaupten, Präsident Nassers Verlautbarung [über die Entmilitarisierung] sei kriegerisch und werde die Spannungen vergrößern.« Zwei Tage nach der Streichung des Interviews brachte die *New York Times* auf der Titelseite folgende Schlagzeile: »Ägypten droht mit Krieg um Gaza«. Der Bericht beruhte auf entstellten Versionen des Interviews, die von Nachrichtenagenturen verbreitet worden waren.[41] Zur gleichen Zeit unterschoben die Aggressoren Nasser kriegerische Äußerungen, indem sie Zitate aus seinen früheren Schriften aus dem Zusammenhang rissen und damit den Sinn veränderten usw. Die von der westlichen Propaganda verbreiteten Entstellungen verfälschten nicht nur die Tatsachen, sondern zeigten auch einen bemerkenswerten Grad an moralischer Feigheit, blieben aber noch nach dem Angriff von Israel, Frankreich und England auf Ägypten wirksam. Vor allem hielt sich hartnäckig die Überzeugung, daß Israel in Wirklichkeit defensiv gehandelt und bestenfalls einen »Präventivschlag« gegen Nassers Drohungen geführt habe. Der Vorfall ist eins von vielen Beispielen, die deutlich machen, wie Tatsachen von einem machtvollen Propagandasystem, das sich der »freien Presse« als Instrument bedient, in ihr Gegenteil verkehrt werden können.

Die israelischen Besatzungsarmeen sorgten im Gaza-Streifen für Greueltaten, wobei sie »gleich nach der Eroberung in Khan Junis während einer brutalen Razzia auf der Suche nach Waffen und Feddajin wenigstens 275 Palästinenser« töteten. 111 weitere kamen im Flüchtlingslager Rafah ums Leben, nachdem »israelische Truppen durch die Baracken gestürmt waren und Flüchtlinge für Verhöre durch den Sicherheitsdienst zusammengetrieben hatten«. General Burns, Befehlshaber der UNTSO (UN Truce Supervision Organization, die die Einhaltung des Waffenstillstands überwachen sollte), bemerkte, diese Vorgänge seien »ein trauriger Beweis für die Tatsache, daß der Geist, der zum berüchtigten Massaker von Deir Jassin führte, in einigen Teilen der israelischen Streitkräfte noch lebendig ist«. Der Leiter der Beobachtungstruppen im Gaza-Streifen, US-Oberstleutnant Bayard, berichtete, daß Zivilisten »unangemessen roh« behandelt und »eine ganze Reihe von Personen ohne ersichtlichen Grund kaltblütig niedergeschossen« worden seien. Er sagte ferner, daß viele UN-Mitarbeiter vermißt würden und wahrscheinlich von den Israelis hingerichtet worden seien, und daß es Plünderungen und willkürliche Zerstörung von Eigentum gegeben habe. Israel sprach von »Widerstandsaktionen«, was die Flüchtlinge bestritten (die israelische Armee hatte keine Verluste zu beklagen).[42] Love zitiert aus Mosche Dajans Tagebüchern, in denen die Plünderungen, »die uns nicht zur Ehre gereichten«, bestätigt werden. Dajan deutet auch an, daß es praktisch keinen Widerstand gegeben habe.[43] Die Libanon-Invasion zeitigte ähnliche Folgen, allerdings ließ die Besatzungsarmee diesmal das schlimmste Massaker von ihren Söldnern ausführen. Unglücklicherweise gehören solche Vorgänge zum üblichen Verhalten von Besatzungsarmeen,[44] genießen dann aber zumeist nicht die Bewunderung amerikanischer Intellektueller wegen ihrer angeblichen »Reinheit der Waffen«.

Als es in den entmilitarisierten Zonen des Nordens zu israelischen Übergriffen kam – es ging hier u. a. um Wasserverteilungs- und landwirtschaftliche Entwicklungsprojekte[45] –, antwortete Syrien von den Golanhöhen aus mit Granatenbeschuß. Der Hintergrund wurde in den USA nicht weiter beleuchtet.[46] Der schwedische UNTSO-Befehlshaber Carl van Horn schrieb: »Diese [syrischen Kanonen] wären wahrscheinlich nie in Aktion getreten, hätte es nicht die israelischen Provokationen gegeben«,[47] wozu auch bewaffnete Übergriffe auf von Palästinensern bewirtschaftete Gebiete gehörten. General Mattitjahu Peled weist darauf hin, daß die syrische Artillerie nach der Eroberung der Golanhöhen durch Israel kaum andere Stellungen bezog. In der Folgezeit gab es keinen Granatenbeschuß mehr, weil die Waffenstillstandsbedingungen geklärt wurden. Vor 1967 folgte Israel einer bestimmten Strategie, mit der es *seine* Interpretation der Waffenstillstandsvereinbarungen von 1949 durchsetzen wollte. Dazu gehörte auch die Errichtung von Siedlungen in den entmilitarisierten Zonen, die die Rechte der dort lebenden Palästinenser einschränkten, was wiederum zu Vergeltungsschlägen mittels Granatenbeschuß führte. Die Eroberung der Golanhöhen änderte nichts an der militärischen Situation, zeigte aber, so Peled, daß vertragliche Vereinbarungen durchaus möglich sind, was vorher auch schon der Fall gewesen wäre. Würde Israel die UN-Resolution 242 anerkennen und die Golanhöhen an Syrien zurückgeben, würde die Entmilitarisierung dieses Gebiets zu keinem Sicherheitsproblem führen.[48]

Vielfach wird übersehen, daß auch Araber Grund haben, die Kanonen auf den Golanhöhen zu fürchten. Bis 1970 hatte es in der jordanischen Stadt Irbid bereits fast 100 Todesfälle durch israelische Luftangriffe und Granatenbeschuß gegeben.[49]

Die syrischen Granaten gaben den Vorwand für die Eroberung der Golanhöhen 1967 ab, wobei der Waffenstillstand verletzt wurde, und dienten auch als Rechtfertigung für die praktische Annektion dieses Gebiets durch die Regierung Begin im Dezember-Januar 1981/82.

Nach dem Eroberungsfeldzug von 1967

Abgesehen von Konflikten an der Grenze zu Syrien blieben die Jahre nach Israels Rückzug vom Sinai relativ ruhig. In den Grenzgebieten zu Ägypten und Jordanien verlief alles nahezu friedlich. In Israel selbst wurden umfangreiche, in arabischem Besitz befindliche Ländereien enteignet und jüdischer Besiedlung zugänglich gemacht. Dort ließen sich zumeist jüdische Immigranten nieder, die aus arabischen Ländern im Gefolge des Kriegs von 1947 bis 1949 geflohen oder vertrieben worden waren.[50] Arabische Bürger wurden damit gezwungen, für jüdische Unternehmen (auch Kibbuze) zu arbeiten; eine Entwicklung, die im Lauf der sechziger Jahre immer stärker in den Vordergrund trat.

Die Siedlungspolitik der Arbeiterpartei

Unmittelbar nach dem Sechstagekrieg begann die Regierung der Arbeiterpartei mit der Integration der besetzten Gebiete. Ost-Jerusalem wurde annektiert und die Stadtgrenze auf das Westjordanland ausgedehnt (das Programm nannte sich »Verdickung von Jerusalem«). Neue jüdische Siedlungen entstanden, und aus einigen Bereichen der Altstadt wurden Araber vertrieben. In den besetzten Gebieten kam es zur Errichtung von zunächst paramilitärischen, dann dauerhaft zivilen Siedlungen. Eine militärische Verwaltung wurde eingesetzt und bis heute aufrechterhalten.[51]

Die Besiedlung erfolgte zunächst ohne Genehmigung der Regierung, die jedoch in den meisten Fällen nachträglich erteilt wurde. Fünf Wochen nach dem Krieg war eine Siedlung auf den Golanhöhen, kurz darauf eine weitere bei Kfar Etzion im Westjordanland gegründet worden. Amnon Kapeliuk vermerkt, daß im Dezember 1969 die israelische Regierung unter Golda Meir zu einem ihrer »wesentlichen Ziele« die »beschleunigte Errichtung militärischer sowie dauerhafter landwirtschaftlicher und urbaner Siedlungen auf dem Territorium des Heimatlandes« (so der offizielle Wortlaut) gemacht hatte. Verteidigungsminister Dajan, der bei diesen Projekten eine zentrale Rolle spielte, konstatierte, daß »die in den Territorien errichteten Siedlungen dort bleiben und die zukünftigen Grenzen diese Siedlungen als Bestandteil von Israel enthalten« werden. Diese zukünftigen Grenzen sollten sich von den Golanhöhen im Norden bis zum südlichsten Teil des Sinai bei Scharm-el-Scheich erstrecken (Israels mythisches »Land Ophir« [vgl. Gen. 10]; Dajans Bemerkung, er ziehe Scharm-el-Scheich ohne Frieden einem Frieden ohne Scharm-el-Scheich vor, wurde später berühmt, als die Regierung der Arbeiterpartei arabischen Friedensinitiativen auswich) sowie vom Gaza-Streifen und dem nordöstlichen Sinai-Gebiet bis zum Jordan. Alle diese Gebiete wurden unter der Regierung der Arbeiterpartei systematisch besiedelt.

Neben dem unvermeidlichen »Sicherheits-Argument« wurde angeführt, daß es falsch, wenn nicht gar rassistisch sei, Juden das Siedlungsrecht in diesen Gebieten zu verweigern (überdies war das Westjordanland das Herzstück des »historischen Landes Israel«). Allerdings handelte es sich um ein einseitiges Recht, denn Araber in den besetzten Gebieten – wie etwa die 1948 aus Jaffa vertriebenen – konnten sich nicht in Israel niederlassen oder dort Land erwerben, weil, wie Dajan erklärte, dadurch die »territoriale Kontinuität der jüdischen Bevölkerung« gestört würde. Jüdische Siedlungen im dicht bevölkerten Gaza-Streifen dagegen sollten, wie die Zeitung *Ha'aretz* erklärte, die »territoriale Kontinuität« der arabischen Besiedlung durchbrechen und die »Selbstbestimmung der Bewohner« verhindern, was dann auch für die Westbank und das Programm der »Judaisierung Galiläas« in Israel selbst gelten würde, wo jüdische Siedlungen die Überzahl der arabischen Bevölkerung relativieren sollten.

Außenminister Abba Eban, der zu den Friedenstauben der Arbeiterpartei gehörte, wies darauf hin, daß laut internationaler Rechtsprechung die Ansiedlung nur im Namen militärischer Sicherheit erfolgen dürfe, aber obwohl er und andere erkannten, daß dies nicht der Grund war, unterstützten sie die Maßnahmen der Regierung auch weiterhin. Ebban verwarf die Konzeption, derzufolge »das Grundkriterium für die Siedlungen in Judäa und Samaria [Westbank] die Sicherung der Grenzen sein muß«. Für ihn war, gemäß dem Regierungsprogramm von 1969, der »Schlüsselbegriff« das »Heimatterritorium«. Dajan drückte sich noch direkter aus: »Im Hinblick auf die Sicherheit des Staats sind die Siedlungen von lediglich geringer Bedeutung«, vielmehr gehe es darum, »politische *faits accomplis* zu schaffen, die dem Grundsatz folgen..., daß keine Siedlung oder landwirtschaftlich genutzte Fläche geräumt wird«. In seiner gründlichen Studie über das israelische Siedlungsprogramm nach 1967 zeigt W. W. Harris, daß der 1967 ausgearbeitete Allon-Plan, der den Rahmen für die Politik absteckte, zunächst die Einverleibung von etwa 40 Prozent des Westjordanlands und die Annektierung des Gaza-Streifens vorsah. 1977 waren dann die Besiedlung weiterer Teile des Westjordanlandes und der Golanhöhen sowie die Übernahme eines Landstreifens im Sinai, der vom Mittelmeer bis nach Scharm-el-Scheich reichen sollte, vorgesehen.[52] Viele Materialien der gerade zitierten Art stammen aus hebräischen Quellen oder relativ unzugänglichen Studien und fanden in den USA keine Beachtung, obwohl allen, die es wissen wollten, klar war, worauf die Siedlungspolitik hinauslief.

Indes gab es Probleme: »Die hauptsächliche Schwierigkeit bei der Planung der Besiedlung von Judäa und Samaria«, erklärt Elischa Efrat, liege darin, daß sie von Arabern bewohnt werden, »die nicht bereit sind, ihre Orte freiwillig zu verlassen... und die nicht von der Gnade abwesender »Effendis« als Landeigentümer abhängen, die willens sein könnten, ihre Ländereien zu verkaufen«, was (passenderweise) der Fall bei der Besiedlung von Israel selbst war.[53] Efrat berät das israelische Innenministerium und ist Professor an der Universität von Tel Aviv, wo er »im Rahmen eines universitären Friedensforschungsprojekts« – eine Bezeichnung die an Orwell denken läßt – eine Untersuchung dieser Probleme in die Wege geleitet hat.

Im September 1973 befürwortete die Arbeiterpartei die »Galili-Protokolle«. Sie forderten eine extensive landwirtschaftliche und urbane Besiedlung sowie die kommerzielle und industrielle Entwicklung der besetzten Gebiete einschließlich der Golanhöhen, des Westjordanlandes, des Gaza-Streifens und des nordöstlichen Sinai, wo die Stadt Jamit errichtet werden sollte (die einheimische Bevölkerung war auf brutale Weise in die Wüste vertrieben worden, ihre Siedlungen hatte man dem Erdboden gleichgemacht). Nicht einmal die gemäßigten Kräfte in der Arbeiterpartei (Allon, Eban) kritisierten die Entscheidung, gegen die sich lediglich Arieh Eliav und Schulamith Aroni wandten. Justizminister Schapira erklärte: »Dieses Dokument drückt die Hoffnung aus, daß wir mit der Zeit eine dauerhafte Lösung finden werden, um die Gebiete in Annektion zu halten oder mit dem Staat Israel zu vereinigen.« Einen Monat später überschritten ägyptische Streitkräfte den Suezkanal und leiteten mit diesem Überraschungsangriff den Krieg von 1973 [Jom-Kippur-Krieg] ein. Der ägyptische Ministerpräsident Anwar as-Sadat hatte verkündet: »Jamit bedeutet, zumindest für Ägypten, Krieg.«[54]

Die Behandlung der Einwohner des nordöstlichen Sinai verdient Aufmerksamkeit, nicht nur wegen der israelischen Vorgehensweise, sondern auch angesichts der Reaktion in den USA, als die jüdischen Siedler nach dem »Friedensprozeß« von Camp David gezwungen wurden, das ägyptische Territorium zu verlassen, und dafür reichliche Entschädigungen erhielten. Was mit Enteignungen 1969 begann, setzte sich 1972 fort, als von Ariel Scharon kommandierte Streitkräfte »an die zehntausend Bauern und Beduinen vertrieben, ihre Häuser mit Bulldozern niederrissen oder mit Dynamit sprengten, ihre Zelte zerstörten, die Felder verwüsteten und die Brunnen zuschütteten«, um an deren Stelle sechs Kibbuzim, neun Dörfer und die Stadt Jamit zu errichten. (Immerhin führte die öffentliche Kritik zu einer militärischen Untersuchungskommission, die Scharon eine Rüge erteilte.) Danach wurden Obstgärten umgepflügt, Hilfeleistungen von karitativen US-Organisationen vorenthalten, um Landbesitzer zum Verkauf zu zwingen, Moscheen und Schulen zerstört und die einzige Schule, die heil blieb, in einen neuen Kibbuz eingemeindet.[55] Als der Minister für Wohnungsbau, Avraham Ofer, das Gebiet im Sommer 1975 besuchte, war er gar nicht erfreut, längs der Küste immer noch einige hundert Beduinen vorzufinden. Er forderte die israelische Armee auf, das Gebiet zu evakuieren, weil es ein touristischer Nationalpark »für die vielen Urlauber und Badegäste« werden

sollte, die an die goldene Küste von Jamit reisen«. Sie würden natürlich nicht über Beduinenansiedlungen erfreut sein, die die Land-
schaft verschandeln. In der Zeitschrift der Mapam (des linken Flügels
der Arbeiterpartei) berichtet Ezra Rivlis, Jamit solle eine »zionistische
Wüstenstadt« wie Tel Aviv werden, das in der Frühzeit der jüdischen
Besiedlung aus dem Sand gestampft worden war – eine passende
Analogie, weil auch damals die Araber behaupteten, das Land sei
ihnen mit Gewalt weggenommen worden. Rivlis beschreibt, wie »die
Beduinen jenseits des Stacheldrahts uns mit großen Augen anstarren,
ihrer Besitztümer beraubt und immer noch ohne eine Lösung für ihre
Probleme... Ihre starrsinnige Verweigerung eines Kompromisses
wird, so hört man, von Repräsentanten Sadats und der Fatah befördert.«[56] Welchen anderen Grund könnte es auch für ihre Haltung
geben? Die israelische Presse, auch die linksorientierte, verweist gern
auf »geheime Machenschaften«, wenn Araber sich unvernünftiger-
weise einem »Kompromiß« verschließen.

Dann aber muß man leider Gewaltmittel einsetzen, was für einen
Staat, der sich immer auf erhabene moralische Maßstäbe und huma-
nistische Prinzipien berufen hat, eine bedauerliche, durch arabische
Unnachgiebigkeit hervorgerufene, Notwendigkeit ist, wie Anhänger
der guten Sache in Amerika uns bereitwillig mitteilen. So beschrieb
Samson Krupnick die »einzigartige und aufregende Erfahrung«, die
Entstehung von Jamit und die Ankunft der ersten »Amerikaner,
Kanadier, russischen *olim* [Einwanderer] und Israelis« beobachten zu
können.[57] Abgesehen von solchen Ausbrüchen der Bewunderung
hielt man sich in den USA weitgehend bedeckt, und auch die Linke
sang das Loblied Israels und beschimpfte alle Kritiker dieser Siedlungspolitik als Antisemiten und blutrünstige Radikale, die den Terrorismus unterstützen, die Demokratie dagegen hassen.

Die Siedlungspolitik unter Begin und Reagan

Die nach 1973 von Henry Kissinger betriebene Nahost-Diplomatie
zielte darauf ab, Ägypten aus dem arabisch-israelischen Konflikt
herauszuhalten, damit die regierende Arbeiterpartei ihr Siedlungsprogramm gemäß dem Allon-Plan weiterverfolgen konnte. Die
Besiedlung wurde beschleunigt, als 1977 Menachem Begin die
Regierung übernahm. Präsident Reagans Erklärung, er betrachte die
Siedlungen im Westjordanland als »legal«, markierte nicht nur

(zumindest in rhetorischer Hinsicht) eine Wende der US-Politik, sondern führte seitens der Israelis zu umfangreichen Landnahmen, denen man, um die amerikanische Öffentlichkeit nicht zu beunruhigen, einen rechtmäßigen Anstrich gab. In Israel kam es zu Protesten gegen dieses Vorgehen, das in den USA jedoch kaum die Aufmerksamkeit der Kommentatoren erregte.[58]

Ein Gegner der israelischen Verweigerungshaltung, der ehemalige stellvertretende Bürgermeister von Jerusalem, Meron Benvenisti, bemerkte, daß das Siedlungsprogramm wegen seines Umfangs und seiner Ausrichtung »mittlerweile eine zukünftige Lösung gänzlich unmöglich macht«. Da die regierende Arbeiterpartei die 40 Prozent der Westbank umfassenden Siedlungsgebiete nicht preisgeben wolle, sei ihr einstmals angekündigtes »Bestreben, nicht über Araber zu herrschen, bedeutungslos«.[59] Benvenisti untersuchte dann die Landnahme-Operationen nach 1973 und entdeckte, daß die Regierung mehr als die Hälfte des Westjordanlandes (außerhalb des annektierten Ostteils von Jerusalem) übernommen hatte und dort bis 1986 100 000 Personen ansiedeln wollte. Unterdessen hatte sich die Zielrichtung der Siedlungspläne geändert. Das neue Konzept konzentrierte sich auf »die Entwicklung großer urbaner Zentren, die Kernzonen des Westjordanlands organisch mit den großen städtischen Zentren in Israel verbinden sollen«. Entstehen sollte eine »duale Gesellschaft«: »Die arabischen Städte und Dörfer werden wie Gettos... umgeben von großen jüdischen Vororten, Siedlungen und Militärlagern, die miteinander durch Schnell- und Zugangsstraßen verbunden sind.« Die jüdisch besiedelten Gebiete sind »wirtschaftlich und politisch dem Mutterland gleichgestellt... mit freien Wahlen und freier Meinungsäußerung«, während die arabischen Gettos unter der »militärischen oder, wenn man will, zivilen Verwaltung« Israels verbleiben, »kaum Dienstleistungen und so gut wie keine Entwicklung der Infrastruktur erhalten«. Ihre Grenzen sind »genau definiert, und Baugenehmigungen außerhalb dieser Grenzen werden nicht erteilt«. Diese Initiativen, bemerkt Benvenisti, werden von der Arbeiterpartei unter Hinweis auf die aktuelle Version des Allon-Plans unterstützt, womit das einstige Ziel, »nur die von Arabern schwach besiedelten Gebiete zu behalten, Makulatur geworden ist«.[60]

Anlaß für Benvenistis Enthüllungen war Präsident Reagans vor kurzem verkündeter Friedensplan, der sich gegen eine Ausweitung der Besiedlung aussprach: »Amerika wird die Nutzung weiterer

Gebiete für Siedlungszwecke nicht unterstützen.« Darin liegt unfrei-
willige Ironie, hatte doch (was in den US-Medien wohlweislich verschwiegen wurde) Reagan selbst dafür gesorgt, daß die israelische
Regierung die Landnahme in der Westbank ausweiten konnte. Aber
die Behauptung ist darüber hinaus falsch, weil Reagan die Hilfeleistungen für Israel sofort *aufstockte*. Zudem hat die US-Regierung es
immer vermieden, die Verwendung der Gelder zu überprüfen, die
offiziell natürlich nicht dazu dienen sollten, die israelische Siedlungspolitik zu finanzieren. Bei seinen Treffen mit Begin vermied Reagan
dieses Thema, wie Senator John Glenn in einer »gut dokumentierten« Analyse darlegt, in der es u. a. heißt: »Was die regierenden Staatsmänner einander über Botschafter oder in öffentlichen Stellungnahmen mitteilen, ist weitaus weniger bedeutsam als das, was in einem
Gespräch unter vier Augen verhandelt wird ... Das eineinhalbjährige
Schweigen des Präsidenten ist von den Israelis als Zustimmung [zu
ihrer Siedlungspolitik] ausgelegt worden und hat zur faktischen
Annektion des Westjordanlands geführt, die mittlerweile kaum noch
rückgängig zu machen ist.«[61] Somit haben die USA gleich in zweierlei
Hinsicht – durch Aufstockung der für den Ausbau des Siedlungsprogramms notwendigen Gelder und durch das Beschweigen dieser
Problematik in Gesprächen zwischen Reagan und Begin – die Fort-
schreibung der israelischen Politik unterstützt.

Von Kritikern wie Befürwortern der israelischen Politik wurde die
Botschaft durchaus verstanden. Chaim Bermant, ein Kritiker, führte
»zwei hauptsächliche Argumente für einen Rückzug aus dem Westjordanland und dem Gaza-Streifen« ins Feld. Das »moralische Argument« besagt, daß Israel kein demokratischer Staat bleiben wird,
wenn es »das Land eines anderen Volks in Besitz hält und weiterhin
seine Herrschaft darüber ausübt«. Das »praktische Argument« besagt,
daß die USA »die Besetzung dieser Gebiete auf Dauer nicht dulden
und darum seine Hilfeleistungen reduzieren oder gar einstellen werden«. Bermant zufolge haben »moralische Argumente in Israel vielleicht noch mehr Gewicht als anderswo, aber reichen allein nicht aus,
um den Rückzug aus den besetzten Gebieten zu veranlassen« oder
auch nur die Politik der »fortschreitenden Annektierung« zu überprüfen. Das »praktische Argument« wiederum hätte nur dann
Gewicht, wenn es gültig wäre. Dem ist jedoch nicht so:

»Begin hat [wie übrigens alle seine Vorgänger] gezeigt, daß er, ungeachtet
aller Proteste dieser oder jener amerikanischen Regierung gegen die Sied-

lungspolitik und die Verletzung der Menschenrechte im Westjordanland, seinen Zugriff auf das Gebiet verstärken konnte, ohne daß die amerikanischen Hilfeleistungen verringert wurden. Vielmehr erwartet er sogar weitere Steigerungen … Tatsächlich hat die amerikanische Regierung die von ihr verurteilte Politik derart konsequent gefördert, daß man kein Araber sein muß, um sich zu fragen, ob die Verurteilung ernstgemeint ist.«[62]

Zu den Befürwortern der israelischen Politik gehört Wolf Blitzer, der unter der Titelzeile »Lektionen aus dem Kampf um die Israel-Hilfe« über den erfolgreichen Ausgang der Schlacht zwischen Regierung und Kongreß berichtet. Die Regierung wollte Israel durch die Ausweitung der Hilfeleistungen »bestrafen«, während der Kongreß eine »weichere Linie« befürwortete und die Leistungen noch weiter aufzustocken gedachte. Schließlich wurde das von der Regierung vorgesehene Paket in Höhe von 2485 Milliarden Dollar an Wirtschafts- und Militärhilfe mit »verbesserten Bedingungen« akzeptiert: 500 Millionen Dollar wurden nicht als Darlehen, sondern als Subventionen gewährt. »Die ganze Auseinandersetzung endete mit einem wichtigen und von Israel dringend benötigten materiellen und symbolischen Sieg«, resümiert Blitzer und verweist auf die entscheidende Unterstützung durch liberale Kongreßabgeordnete.[63] Ihnen half das »wiederhergestellte Bild Israels als einer – gerade nach den Massakern von Beirut – funktionierenden Demokratie«.[64]

Kehren wir zu Benvenistis Analyse zurück. Für ihn ist Reagans Friedensplan großenteils bedeutungslos, weil er die »radikalen Veränderungen« übersieht, die sich nach seiner früheren Befürwortung der Siedlungspolitik vollzogen haben. Die »unilaterale Durchsetzung der israelischen Version von Autonomie« bräuchte die durch Reagans Friedensplan ausgeschlossenen neuen Siedlungen gar nicht – dennoch hat die Regierung Begin sich gerade dagegen gewehrt und sofort die Planung weiterer Siedlungen angekündigt. Die »unilaterale Durchsetzung« verletzt die vom Friedensprozeß vorgesehenen Regelungen; allerdings hatte Israel, wie Abba Eban vermerkt, diese Regelungen umgehend zurückgewiesen.

Die Arbeiterpartei hat zwar oberflächlich positiv auf Reagans Vorschläge reagiert, de facto jedoch die von der Likud-Regierung betriebene Siedlungspolitik befürwortet. Ihre augenblickliche Haltung wird von Itzhak Rabin erläutert. Er bemerkt, daß Jordanien sich bislang geweigert hat, den Allon-Plan als Grundlage für die Besiedlung zu akzeptieren, und daß insofern auch Reagans Plan für die Arbeiterpartei unannehmbar ist. Rabin hob hervor, daß seine Partei ebenso wie Likud das »Recht auf Besiedlung« vertritt, aber eine andere Vorgehensweise bevorzugt. Sollte Jordanien sich den Verhandlungen anschließen, könnte Israel einem vier- bis sechsmonatigen Siedlungsstopp zustimmen, der jedoch »nicht während der gesamten Verhandlungen, die länger währen können, andauern sollte«. Die PLO dagegen könne kein Verhandlungspartner sein, weil »die Bereitschaft, mit der PLO zu sprechen, ihrem Wesen nach die Bereitschaft ist, über die Errichtung eines palästinensischen Staats zu sprechen, wogegen wir uns wenden«. Ein paar Monate später wiederholte er seine Bereitschaft zu einem »begrenzten« Siedlungsstopp (»sagen wir: sechs Monate«), wenn König Hussein von Jordanien sich bereit erklärte, an den Verhandlungen teilzunehmen. Rabin fügte hinzu, die Arbeiterpartei befürworte »bestimmte Siedlungen im Jordantal, im Gebiet um das Weichbild von Jerusalem, bei Gusch Etzion [im Westjordanland] und im südlichen Teil des Gaza-Streifens«.[65]

Noch genauer wird die Position der Arbeiterpartei von Uzi Schimoni aus dem Kibbuz Aschdot Jaakov formuliert. Schimoni ist Leiter der *hasbara* (der Propagandaabteilung) seiner Partei. Israel »habe das Recht auf das gesamte ›Land Israel‹«, sollte dieses Recht aber teilweise »abtreten«, indem es Gebiete mit starker arabischer Bevölkerungskonzentration an Jordanien zurückgebe, allerdings nicht »aufgrund dessen, was sich die Araber in diesen Gebieten wünschen« (was natürlich keine Rolle spielt), sondern um das »demographische Problem« zu vermeiden. Zugleich muß Israel die Siedlungspolitik anderenorts intensivieren, damit dort eine Rückgabe der Gebiete unmöglich gemacht wird. Begins Aufgabe des nordöstlichen Sinai wurde von der opponierenden Arbeiterpartei scharf kritisiert: »Die von der Likud-Regierung betriebene Auflösung von Grenzgebieten im Süden Israels, die durchaus zu verteidigen gewesen wären, macht es nur umso notwendiger, bei jeder Friedensregelung den Grundsatz zu berücksichtigen, daß der Jordan unsere Ostgrenze ist und die Golanhöhen Bestandteil des Staates Israel sind ... Wenn Jamit so groß wie Netanja geworden wäre, hätte es kein Rückgabeabkommen mit Ägypten gegeben.«[66]

Anthony Lewis kommentiert Benvenistis Einsichten wie folgt:

»Vor allem müssen die Araber sich die Bedeutung dieser Untersuchungen vor Augen führen. Seit Jahren haben sie sich vor Verhandlungen gedrückt.

Jetzt müssen sie sich bewegen, müssen Israel als Tatsache akzeptieren und darüber reden, wie die Rechte der Palästinenser in Übereinstimmung mit dieser Tatsache gesichert werden können – sonst wird es bald nichts mehr zu verhandeln geben.«[67]

Lewis ist einer der wenigen Journalisten, die bereit sind, auch im Mainstream unerfreuliche Wahrheiten über Israels Siedlungspolitik zu verbreiten.[68] Sicher hat er mit seiner letzten Bemerkung recht, aber es gehört wohl zur US-amerikanischen intellektuellen und politischen Kultur, daß selbst ihre kritischen Vertreter Illusionen als Tatsachen verbreiten. Faktisch haben Israel und die USA sich vor Verhandlungen gedrückt, während die arabische Welt samt der PLO sich schon seit langem mit »Israel als Tatsache« arrangiert hat. Wenn es nicht mehr viel zu verhandeln gibt, liegt das vor allem an der amerikanisch-israelischen Verweigerungshaltung und der Siedlungspolitik in den besetzten Gebieten. Zudem gibt es kaum eine politische Kraft in Israel, die Verhandlungen jenseits eines »territorialen Kompromisses« anbieten würde, bei dem die Rechte der Palästinenser vollends auf der Strecke blieben.

Benvenisti bewertet auch die Folgen des von der Likud-Regierung durchgeführten Siedlungsprogramms. »Die Wirtschaft im Westjordanland kann als unterentwickelt, nicht lebensfähig, stagnierend und abhängig bezeichnet werden. Sie hat reine Hilfsfunktion für die Wirtschaft von Israel und Jordanien.« Sie ist eine Art hauseigener Markt für israelische Waren, auf dem 25 Prozent aller Exporte verkauft werden.[69] Im Westjordanland gibt es »keine Kapitalinvestitionen, keine Förderung der industriellen Infrastruktur, keine Kreditvergabe und keinen Kapitalmarkt, keinen Schutz vor dem Import israelischer Güter«. Allerdings werden von der israelischen Regierung Steuern erhoben. Die arbeitende Bevölkerung stellt zunehmend billige Arbeitskräfte für Israel, was zuvor bereits den Arabern in Israel selbst widerfuhr; Oberst Sasson Levi, ein Arabien-Spezialist, der »in der Militärregierung von Judäa und Samaria eine Schlüsselposition einnahm«, behauptet demgegenüber, daß die Araber in den besetzten Gebieten »von der Möglichkeit, in Israel zu arbeiten, profitieren«.[70] Auch die israelischen Gelehrten Sandler und Frisch äußern sich, mit der Rhetorik von Eroberern, euphorisch über »die bemerkenswerten Errungenschaften der [besetzten] Gebiete während des letzten Jahrzehnts«. Wie Oberst Levi und viele andere verlieren auch sie kaum ein Wort darüber, warum die Palästinenser ihren Enthusiasmus nicht

teilen; wahrscheinlich liegt es, wie Levi bemerkt, daran, daß »terroristische Organisationen weiterhin die Leute aufhetzen«.

Israels Politik im Westjordanland, schließt Benvenisti, ist »das
Ergebnis eines imperialen Konzepts – ›Ich will das haben‹ –, verbunden mit der Fähigkeit, den Willen in die Tat umzusetzen.« Diese
Fähigkeit verdankt sich großzügiger materieller, ideologischer und
diplomatischer Unterstützung seitens der USA, die (um nur ein Beispiel zu nennen) ihr Veto gegen eine Resolution des UN-Sicherheitsrats vom 2. April 1982 einlegten. Israel wird darin aufgefordert, die
amtsenthobenen Bürgermeister von Nablus, Ramallah und El Bireh
wieder einzusetzen. Die USA votierten als einziges Mitglied gegen die
Resolution (Zaire enthielt sich), weil sie sie für »einseitig« hielten.[71]

Die von Benvenisti beschriebene Politik wurde von der Regierung
der Arbeiterpartei nach dem Krieg von 1967 in die Wege geleitet und
unter Begin beschleunigt. Auf die drohenden Folgen wiesen israelische Kriegsgegner schon sehr früh hin; sie wurden in den USA aber
nicht gehört oder verleumdet. Hier konnte vielmehr Irving Howe erklären, daß Israel »ein gutes Modell [bietet] für die Hoffnungen
demokratischer Sozialisten, radikalen sozialen Wandel mit politischer Freiheit zu verknüpfen«, während Kritiker der israelischen Politik beschuldigt wurden, sie seien mit ihren Werten und Stimmungen
»der Pathologie des Autoritarismus« verfallen.[72] Beide politischen
Gruppierungen in den USA unterstützen die Siedlungspolitik, und
daran wird sich vermutlich auch in Zukunft nichts ändern. Möglicherweise wiederholt sich das ganze im Südlibanon, der von israelischen Kriegsgegnern bereits als »Nordjordanland« bezeichnet wird.

Danny Rubinstein weist darauf hin, daß die innerisraelische
Opposition gegen die Siedlungspolitik mangels Unterstützung aus
den USA weitgehend wirkungslos geblieben ist. Statt dessen hat Reagans Revision der bisherigen Haltung zur »Rechtmäßigkeit« der Siedlungen zu deren massiver Erweiterung geführt (mittlerweile sollen 70
anstatt der bislang geplanten 10 gebaut werden), woran sich im übrigen alle politischen Kräfte Israels beteiligen: die Baugesellschaft der
mächtigen Gewerkschaft Histadrut, religiöse Gruppen, die Gefolgschaft von Rabbi Kahane (die am liebsten alle Araber vertreiben würde) usw.[73]

Das demographische Problem und seine Lösung

Da die besetzten Gebiete in irgendeiner Form integriert werden mußten, stellte sich für Israel ein »demographisches Problem«, das einzig durch einen Transfer der einheimischen Bevölkerung gelöst werden kann. Verteidigungsminister Scharon wurde diese Absicht zugesprochen, und auch die auf eine »faktische Annektion« hinauslaufende Politik der Likud-Regierung scheint darauf hinzuarbeiten. Insofern kann es nicht überraschen, daß der stellvertretende Sprecher der Knesset, Meir Cohen, Israel habe »einen großen Fehler gemacht, als man [1967] darauf verzichtete, zweihundert- bis dreihunderttausend Araber aus dem Westjordanland auszuweisen«. Die Arbeiterpartei hatte zuvor schon ähnliche Vorstellungen, die indes zurückhaltender formuliert wurden. Premierminister Rabin hatte darauf gedrängt, daß Israel

> »in den nächsten zehn bis zwanzig Jahren Bedingungen schafft, die eine natürliche und freiwillige Migration der Flüchtlinge aus dem Gaza-Streifen und dem Westjordanland nach Jordanien bewirken. Um dies zu erreichen, müssen wir mit König Hussein ein Abkommen treffen, nicht aber mit Jassir Arafat.«[74]

Traditionellerweise haben die Zionisten der Arbeiterpartei im jordanischen König, nicht aber in der einheimischen Bevölkerung Palästinas, ihren Verhandlungspartner gesehen, insofern waren die Vorschläge Rabins nicht neu. Zudem ist die Ansicht, daß es letztlich die Araber sind, die anderswo ihre Heimat finden müssen, im zionistischen Denken tief verwurzelt und findet sich sogar bei Berl Katznelson, einem der Helden des sozialistischen Zionismus (der »für die meisten frühen Pioniere allmählich den Status eines säkularen ›Rabbi‹ erlangte«[75]). Katznelson dachte allerdings eher an Syrien und den Irak als Zufluchtsorte für die palästinensische Bevölkerung.[76]

Ähnliche Ideen sind von Chaim Weizmann, David Ben-Gurion und vielen anderen vorgetragen worden. Für Ben-Gurion, der einer weitverbreiteten Überzeugung Ausdruck verlieh, war daran »nichts moralisch Falsches«, auch wenn der Transfer erzwungen werden müßte, also Ausweisung bedeutete,[77] war er doch der Meinung, daß die einheimische Bevölkerung (von der er offenbar wenig wußte und hielt) keine »emotionalen Bindungen« an das Land hegte.[78] Heute hört man die gleichen Ansichten. General Aharon Jariv, ehemaliger

Leiter des militärischen Geheimdienstes, bezog sich auf »weithin vertretene Auffassungen«, denen zufolge eine zukünftige Kriegssituation genutzt werden könnte, um siebenhundert- bis achthunderttausend Araber auszuweisen; ein solcher Plan, sagt Jariv, existiert und die Mittel zu seiner Durchführung sind gegeben.[79] Ein anderer ehemaliger Geheimdienstchef, General Schlomo Gazit (mittlerweile Präsident der Ben-Gurion-Universität) warnte in einem Vortrag an der Hebräischen Universität davor, daß Israel sich aus irgendeinem Teil des »historischen Eretz Israel« zurückziehen solle. Alle diese Gebiete müßten »gänzlich unter jüdischer Kontrolle bleiben«, weil sie die »Grundlage des jüdischen Staats« bilden. Man muß sich also dem »Problem der Araber im historischen Eretz Israel« stellen, das »ein humanitäres, kein politisches Problem ist, woraus folgt, daß die Lösung für die Araber außerhalb des historischen Eretz Israel gefunden werden muß«.[80]

Ähnliche Gedanken äußert Michael Walzer im Hinblick auf die arabischen Bürger in Israel selbst: Weil die ursprünglichen Einwohner »für die Nation marginal sind«, könnten ihre Probleme durch eine wohlmeinende Politik, die »denen, welche das Land verlassen müssen, dabei Hilfestellung leistet«, zumindest »entschärft« werden.[81]

All das folgt der Auffassung von Zionisten jeglicher politischen Couleur (von Ausnahmen abgesehen), daß die Araber keine wirklichen Bindungen an Palästina haben und wahrscheinlich froh sind, außerhalb von »Eretz Israel« leben zu können.

Arbeiterschaft und Arbeiterpartei

Wie viele israelische Kriegsgegner erwartet und befürchtet hatten, führte der Krieg von 1967 zu tiefgreifenden Veränderungen in Israel: zu wachsender Anwendung von Gewalt, zum Bündnis mit »Pariastaaten« wie Südafrika, zunehmendem Chauvinismus und religiösem Fanatismus[82] und pompösen Entwürfen einer globalen Mission Israels. Ebenfalls absehbar war die stärkere Abhängigkeit von den USA und deren weltpolitischen Interessen und die Verbindung mit einigen der reaktionärsten Strömungen in der amerikanischen Gesellschaft.

Zugleich gab es innenpolitische Veränderungen. Menachem Begin gelang es, einen Großteil der sephardischen und orientalischen Juden –

mittlerweile die Mehrheit der Bevölkerung – für seine chauvinisti-
sche und aggressive Politik zu gewinnen, wobei es jedoch eine unzu-
lässige Vereinfachung wäre, den sephardischen »Falken« die aschkenasischen (»okzidentalen«) »Tauben« entgegenzustellen. Für viele
Sepharden und Orientalen stellte die Arbeiterpartei mit ihren Organisationen eine schikanöse Bürokratie dar, einen Managementsektor,
der zusammen mit den gleichfalls verhaßten Kibbuzim Reichtum
und Luxus signalisierte, während die orientalischen Juden in den
»Entwicklungsstädten« – die für ihren Mangel an Entwicklung
berüchtigt waren – als Arbeitskräfte für die Kibbuz-Industrie dienten. Die Sepharden und Orientalen warfen den Kibbuzim »Arroganz« und »Herrschaftsallüren« vor. Diese Gegensätze brachen in der
Wahlkampagne von 1981 zum Teil gewaltförmig auf und lenkten
den Blick der Öffentlichkeit auf das, was in den »Entwicklungsstädten« schiefgelaufen war. Man stellte fest, daß die Arbeiterpartei vor
allem von den Reichen und Gebildeten unterstützt wurde, während
die Arbeiterschaft und die unteren Schichten eher zu Begin neigten.[83]
   Verbittert sind viele Flüchtlinge aus arabischen Ländern auch über
ihre Behandlung in den israelischen *Ma'arabot* (Übergangslager für
Neusiedler). Ein gebildeter orientalischer Geschäftsmann, der 1951
aus Libyen eingewandert war und dem es »gelang, den Kreislauf von
Armut und Verzweiflung zu durchbrechen«, berichtet, daß in seinem
Lager »alle Leitungspositionen mit Aschkenasim besetzt waren. Die
Bosse waren alle Aschkenasim... Als wir im Lager ankamen, gab es
unter uns noch viele Polen und Rumänen, die aber schon nach wenigen Monaten verschwanden, während wir zurückblieben... Sie [die
Aschkenasim] behandelten uns wie Bürger dritter Klasse. Sie setzten
uns einer Gehirnwäsche aus und wollten uns von unserer Kultur und
unseren Traditionen losreißen [ein seit langem immer wieder erhobe-
ner Vorwurf]. Unser soziales Netz wurde zerstört. Das war ihre
Schuld.« Die Arbeiterpartei habe, so führt er aus, das Leben der orientalischen Juden in den Übergangslagern so organisiert, »wie sie
heute das Leben der Arabar im Gaza-Streifen organisiert«. Als die
Einwanderung der Juden aus der Sowjetunion begann, verschärften
sich diese Spannungen, weil die Immigranten gegenüber den orientalischen Juden bevorzugt behandelt wurden.[84]
   Insofern ist es kein Wunder, daß, wie Tamar Maroz herausgefun-
den hat, die überwiegend der Arbeiterschaft und den unteren Schichten angehörenden orientalischen Juden Begin als einen der ihren
betrachten, während sie für Peres und die Arbeiterpartei nur Verach-

tung übrig haben. Auch Verteidigungsminister Scharon ist für sie ein Held und der kommende Premierminister, weil sie seine unversöhnliche Haltung gegenüber den Arabern schätzen.[85]

Die Verachtung der europäisch geprägten Zionisten der Arbeiterpartei gegenüber den Orientalen und ihrer »arabischen Kultur« entspringt möglicherweise der Furcht vor der »Levantinisierung« einer Gesellschaft, die modernen europäischen Standards entsprechen soll. Überdies diente die Abwertung der arabischen Kultur und Gesellschaft als Rechtfertigung für die Rückeroberung des »Lands Israel« von seinen gegenwärtigen Okkupanten und dem Beweis dafür, daß die orientalischen Juden vom Zionismus vor einem Leben in Armut und Armseligkeit bewahrt wurden. Für diese Mißachtung des »menschlichen Staubs«, wie die Sepharden bisweilen abschätzig bezeichnet wurden, zahlt die Arbeiterpartei jetzt einen hohen Preis.

Die »Entwicklungsstädte« wurden im allgemeinen in abgelegenen, oftmals grenznahen Gebieten errichtet, wo sie vor allem zu Beginn der siebziger Jahre heimtückischen (und in taktischer Hinsicht natürlich idiotischen) Terrorangriffen der PLO ausgesetzt waren. Nach einem besonders brutalen Anschlag auf einen Schulbus in Avivim, bei dem zwölf Kinder getötet wurden (bei einem israelischen Vergeltungsschlag gegen die libanesische Stadt Bint Jubeil kamen zwanzig Zivilisten um), berichtete Michael Elkins aus dieser »Frontsiedlung«. Er beschreibt die »abfallübersäte Gosse, die Avivims Hauptstraße darstellt«, auf der er mit einem »zerlumpten, verhärmt aussehenden Kind« sprach, und die »Bruchbuden, die 1963 zusammengehauen wurden, als die Jewish Agency aufgrund der israelischen Politik der Grenzbesiedlung 60 Einwandererfamilien aus Marokko diesen ungastlichen Ort zuwies«, wo die Siedler »fernab von den meisten Israelis und von ihnen vergessen leben«. Ein Siedler sprach aus, was viele empfinden: »Wir hungern hier und werden krank. Ich will hier nicht bleiben – keiner will hier bleiben. Es ist ein schrecklicher Ort. Keiner kümmert sich um uns.« Offiziell heißt es, daß »diese negative Einstellung Folge des schrecklichen Attentats auf den Schulbus und vorübergehen wird«. Elkin jedoch hatte den Eindruck, »daß viele Israelis in den grenznahen Ortschaften mit ihrem Schicksal hadern – und zwar nicht nur wegen der Angriffe arabischer Kommandos, sondern weil sie sich von den anderen, wohlhabenderen Israelis im Stich gelassen fühlen«. Einer seiner Gesprächspartner meinte: »Die Fatah kann uns nicht von hier vertreiben . . . aber die Kaltherzigkeit unserer Landsleute in Tel Aviv – die kann uns vertreiben.«[86]

Ähnliches gilt für die größeren Städte, die für die orientalischen Juden gegründet wurden, und in denen Begin gleichfalls Rückhalt findet. Die Bitterkeit und Gewalt während des Wahlkampfs von 1981, die bei älteren Bürgern Erinnerungen an Deutschland und Österreich zu Beginn der dreißiger Jahre hervorriefen, waren Ausdruck dieser Konflikte.[87] In der nördlich gelegenen Stadt Kirjat Schemona kam der Kandidat der Arbeiterpartei, Schimon Peres, trotz eines Großaufgebots an Sicherheitskräften nicht zu Wort. Die Menge rief »Begin ist König von Israel«[88] und andere Slogans, und die wenigen Anhänger der Arbeiterpartei – »verhaßte Besucher aus den nahegelegenen Kibbuzim« – traten kaum in Erscheinung.[89]

Auch in den älteren Städten gab es Haßausbrüche gegen die Aschkenasim, besonders drastisch in einem Slumviertel von Tel Aviv, wo die Polizei mit Bulldozern anrückte, um einen nicht genehmigten Hausanbau niederzureißen, was zur tragischen Erschießung eines Familienmitglieds führte. Daraufhin wurden die Häuser wohlhabender Aschkenasim in der Nachbarschaft mit Hakenkreuzen und Slogans wie »Aschkenasim nach Auschwitz, Treblinka und Dachau« oder »die sephardische Revolution hat begonnen« beschmiert. In Tiberias stieß Leah Etgar auf eine Gruppe von etwa 300 jungen Männern marokkanischer Herkunft, die gegen ihre arabischen und jüdischen Arbeitgeber zur Gewalt, möglicherweise auch zum Mord, bereit sind. Sie »lieben Begin, weil er ein großer Mann ist, und hassen die Arbeiterpartei, die während ihrer Herrschaft nichts für die Marokkaner getan hat, während es jetzt zumindest Essen, Fernsehen und Radioapparate gibt«. Auch hier richtet sich der Haß gegen die Kibbuzim, in erster Linie jedoch gegen die Araber, die Konkurrenten auf dem Arbeitsmarkt, die auch geringbezahlte oder von den Juden abgelehnte Arbeiten übernehmen oder am Sabbat tätig sein können. »Nur die Araber haben Geld und können ins Kino gehen, und da bricht dir das Herz.« Und es bricht auch, wenn man mit dem Bus fahren muß, während die Araber ein Auto haben. Andere beklagen sich darüber, daß die Araber ihnen nicht nur die Jobs, sondern auch die Mädchen wegnehmen. »Welches Mädchen will schon mit einem jüdischen Mann ausgehen, der keine Arbeit, keine Ehre, kein Einkommen hat? Die Schurken nehmen uns sogar unsere Frauen weg.« Man kann »den Haß in den Augen sehen«. Alle sind sich darin einig, daß es »nur eine Lösung« gibt: »die Araber auslöschen, weil sie das Leben der Juden ruinieren«. Notfalls sind diese Männer bereit, Gewalt anzuwenden. Sie haben bereits vor dem Rathaus gegen die

Zunahme der arabischen Bevölkerung in der Stadt demonstriert und wollen jetzt Waffen beschaffen oder »mit Brettern und Knüppeln den anderen [den Arabern] die Köpfe einschlagen«. Ähnliche Berichte gibt es aus Netivot, einer Stadt in der Nähe von Gaza. Auch hier werden Begin und Scharon verehrt, haben viele junge orientalische Juden keine Arbeit, hassen die Arbeiterpartei, die Friedensbewegung und die »Arabuschim« (ein verächtlicher Ausdruck für die Araber). »Ich hasse sie, weil sie an meiner Arbeitslosigkeit schuld sind«, weil sie »zum halben Lohn« und »doppelt so hart« arbeiten wie »wir«. »Für Geld tun die alles.« »Der Araber hat keine Ehre, aber der Jude, und darin liegt das Problem.« »Ich könnte sie alle mit meinen eigenen Händen töten, sie sind Tiere«, sagt einer, während die anderen lachen. »Ein toter Araber ist ein guter Araber«, skandieren sie.[90]

Nur selten berichtet die israelische Presse von Angriffen auf Araber. So wurde in Gedera ein arabischer Krankenwärter von zwei bewaffneten Männern zusammengeschlagen, die ihm androhten, »noch viel schlimmere Dinge zu tun, wenn er Gedera nicht verließe«.[91] Vielfach wurde beobachtet, daß die Jugend eher zu reaktionären Einstellungen neigt – in den Universitäten z. B. herrschen Studentengruppen vor, die mit Knüppeln und Ketten Veranstaltungen von Arabern stören.[92] Es ist nicht auszuschließen, daß Chauvinismus und Gewalt in den folgenden Jahren zunehmen werden. Die Ursachen dafür liegen auf der Hand.

Die Methoden der Eroberer

Das Westjordanland

Die religiösen Siedler im Westjordanland genießen die Unterstützung der Armee und sind stolz darauf, bei den Arabern eine pogromähnliche Atmosphäre zu erzeugen. »Wir müssen ihnen zeigen, daß wir stark sind.« Und wie? »Wir gehen in ein Dorf, schießen ein bißchen auf die Fenster, warnen die Bewohner und kehren in unsere Siedlung zurück. Wir entführen keine Leute, aber es kann passieren, daß wir einen Jungen mitnehmen, der mit Steinen geworfen hat. Wir prügeln ihn ein bißchen durch und überlassen ihn dann der Armee.« Der interviewte Siedler erklärte auch, wie Ermittlungsbeamte Juden schützen, die (auch auf Kinder) schießen, um zu treffen und zu töten.[93]

Die Siedler reden ganz offen über die Maßnahmen, die sie gegen die Araber ergreifen. Die Rechtfertigung für ihr Vorgehen finden sie in den religiösen Gesetzen und den Schriften der Weisen. So entdecken wir in der Zeitschrift der Siedler z. B. einen Artikel mit der Überschrift: »Diejenigen unter uns, die für eine humanistische Haltung gegenüber unseren [arabischen] Nachbarn eintreten, lesen die Halacha [das religiöse Gesetz] selektiv und übersehen bestimmte Anordnungen.« Der gelehrte Verfasser zitiert Passagen aus dem Talmud und erläutert, daß es Gott leid tut, die Ismaeliten geschaffen zu haben, und daß die Nichtjuden »ein eselgleiches Volk« sind. Das Gesetz betreffend »eroberte« Völker ist ganz eindeutig, sagt er und zitiert Maimonides, dem zufolge diese ihren jüdischen Eroberern »dienen« müssen und »in Israel nicht ihr Haupt erheben dürfen, sondern ... vollständig zu unterwerfen sind«. Nur dann können die Eroberer sie auf »humane Weise« behandeln. »Es gibt«, behauptet der Verfasser, »keine Beziehung zwischen dem Gesetz Israels [*Torat Jisrael*] und dem modernen, atheistischen Humanismus.« Wiederum führt er Maimonides an, der sagt, »daß man in einem gottgewollten Krieg [*milhemet mitzvah*] Männer, Frauen und Kinder zerstören, töten und beseitigen muß«. »Die ewigen Grundsätze verändern sich nicht«, und »»humanistische« Erwägungen sind fehl am Platz«.[94] Dieses Phänomen ist im gesamten Nahen Osten verbreitet.

Neuerlich werden Siedler, die Araber angreifen, geschützt, indem die Untersuchung über illegalen Waffengebrauch von der Polizei auf die Armee übertragen wird. Die Siedler weigern sich einfach, mit der Polizei zusammenzuarbeiten, die es ihrerseits »nicht wagt, jüdische Verdächtige zu verhören oder festzunehmen«, selbst wenn »das Fernsehen zeigt, wie sie in eine Menge von demonstrierenden Arabern geschossen haben, während die Soldaten hinter ihnen standen, ohne ihre Waffen einzusetzen«.[95]

Wenn Palästinenser von Siedlern geschlagen oder verschleppt werden, ist auch die arabische Polizei oft machtlos. »Palästinensische Anwälte sagen, die Siedlungen seien so furchteinflößend, daß Polizei oder Gerichte es nicht wagen, Vorladungen auszusprechen oder Durchsuchungen vorzunehmen, so daß die Siedler bei Konflikten mit Arabern außerhalb des Gesetzes stehen.« Das verdeutlicht auch ein Vorfall, der sich im März 1982 in einem arabischen Dorf ereignete. Vier Siedler behaupteten, ein Stein sei gegen ihren Wagen geworfen worden. Sie feuerten »in die Luft« und verletzten dabei einen Jungen am Arm. Ein anderer Junge wurde entführt, geschlagen, in den

Kofferraum des Wagens gesteckt, zu einer jüdischen Siedlung gefahren und in ein Zimmer gesperrt, wo er »im Laufe des Tages immer wieder« geschlagen wurde. Dann wurde er zum Quartier der Militärregierung in Ramallah gebracht und dort festgehalten, während die Siedler ihrer Wege gingen.[96] Ein bekannter Witz aus den besetzten Gebieten lautet, die Araber sollten aufhören zu fliegen und lieber zu Fuß gehen, damit sie nicht so oft getroffen werden, wenn Siedler in die Luft schießen.[97]

Kinder und Jugendliche sind die häufigsten Opfer, weil sie sich vielfach an Protesten und Demonstrationen beteiligen. Danny Tsidkoni aus Gaza berichtet von einem Vorfall in einem arabischen Dorf, den Informanten ihm zugetragen haben. Dort hatten einige Kinder einen Wagen voller bewaffneter Siedler mit Steinen beworfen. Diese hatten daraufhin »Vergeltung« geübt: Einem Jungen wurde das Bein, einem Mädchen die Hand gebrochen.[98] Ein Soldat berichtet, daß dreißig Kinder im Alter von zwölf, dreizehn Jahren in Hebron in einer sehr kalten Nacht fünf Stunden lang mit erhobenen Händen an eine Wand gestellt und getreten wurden, wenn sie sich bewegten. Der Soldat rechtfertigte die Bestrafung, weil diese Kinder keine »unschuldigen Lämmer« seien: »Sie legen Brände und werfen Steine und nehmen an Demonstrationen teil, und sie sind nicht weniger gefährlich als ihre Eltern.« Danach wurden die Kinder in ein Armeelager gebracht und ins Gefängnis gesteckt.[99]

Die Gewalt richtet sich auch gegen alte Leute. »Fünf Tage lang lag eine ältere arabische Frau bewußtlos in einem Jerusalemer Krankenhaus, nachdem sie in der kleinen Wohnung im muslimischen Viertel der Altstadt, wo sie mit ihrem Mann wohnt, brutal zusammengeschlagen worden war.« Sie war von orthodoxen Juden einer nahegelegenen *Jeschiwa* (Religionsschule) angegriffen worden, während ihr 85jähriger Mann in der Al-Aqsa-Moschee betete. Als er hörte, jüdische Siedler hätten seine Frau umgebracht, eilte er nach Hause, konnte aber die Wohnung nicht betreten, weil, wie er angab, »die Juden auf dem Dach des Gebäudes standen und mit Steinen und Flaschen warfen«. Ein arabischer Jugendlicher, der der Frau zu Hilfe eilen wollte, wurde ebenfalls krankenhausreif geschlagen. Er »identifizierte die Angreifer als die jüdischen Eiferer aus der Jeschiwa«, die sich kaum Mühe gaben, den Angriff zu leugnen. Einer von ihnen führte an, es sei nötig, das Gebiet von »Terroristen« zu säubern. Die Gruppe »ist der Polizei unter dem Namen »Segen Abrahams« bekannt; es handelt sich um eine Jeschiwa, die zumeist aus Juden europäischer und ameri-

kanischer Herkunft besteht. Sie verbinden die Rückkehr zum alten
Glauben mit dem brennenden Bedürfnis, an die Araber verlorene
Territorien zurückzugewinnen.« Sie hatten die Jeschiwa vor einigen
Jahren in einem alten arabischen Viertel eingerichtet; seitdem sind
achtzehn arabische Familien ausgezogen, und nur das alte Ehepaar
war übriggeblieben. Die jüdischen Eiferer wollten nun »Wohneigen-
tum ›freikaufen‹, das zuletzt im 16. Jahrhundert im Besitz von Juden
gewesen war«. Das Ehepaar hatte Geldangebote abgelehnt, woraufhin mit Gewaltanwendung gedroht wurde; »zweifellos wurden die
Drohungen dann in die Tat umgesetzt«. Die Polizei verhaftete einige
der jüdischen Extremisten, denen aber nur »aufrührerisches Verhalten« vorgeworfen wird. »Der Angriff auf Frau Majalleh und die Tatsache, daß sie und ihr Mann jetzt obdachlos sind, scheint von der Polizei als *fait accompli* akzeptiert zu werden«, ein für die »duldsame Haltung der Behörden« typisches Beispiel. »Der bösartige Angriff wurde
in der lokalen Presse kaum erwähnt.«[100]

Der gewöhnlichen Ausgabe einer palästinensischen Wochenzeitschrift seien zwei Berichte auf der Titelseite entnommen. Der erste
beschäftigt sich mit dem wochenlangen Ausgehverbot, das über das
Flüchtlingslager Dheischeh verhängt wurde, nachdem ein israelischer Beobachtungsposten in Flammen aufgegangen und ein israelisches Fahrzeug mit Steinen beworfen worden war. Es sei zu Nah-
rungsmangel und Hausdurchsuchungen gekommen, bei denen
Bücher, Zeitschriften und Musikcassetten mit nationalen Liedern
beschlagnahmt worden wären, während die Männer während der
kalten Nächte vor der Polizeistation warten mußten. Soldaten hätten
das Haus eines vor zwei Monaten verstorbenen Mannes durchsucht
und »seine Privatbibliothek und die Schulbücher seiner Kinder ver-
brannt«. Der zweite Bericht zitiert *Ha'aretz* (Zvi Barel, 31. Okt.):
»Zwei arabische Jugendliche wurden durch die Explosion einer israelischen Zeitbombe auf den Stehplätzen der Fußballanlage der Hus-
sein-Schule in Hebron verletzt ... Die Explosion ereignete sich
unmittelbar vor Spielbeginn ... Die israelische Armee fand bei der
Durchsuchung der Anlage eine weitere Zeitbombe.«[101] Die nahegelegene jüdische Siedlung, von der oftmals Gewalt und rassistisches
Bandenunwesen ausgingen, wird keinem Ausgehverbot oder sonstigen Kollektivstrafen unterworfen. Man fragt sich, ob es überhaupt
eine Untersuchung gegeben hat. Andere Berichte sind noch bedrük-
kender, wie etwa die Angabe eines Knessetmitglieds der Kommunistischen Partei (Rakah), es gebe »bestätigte Informationen« über das

Verschwinden, die Folterung und Ermordung von Sträflingen in verschiedenen Gefängnissen,[102] oder die detaillierten Erinnerungen von Gefangenen, die, oftmals unter Mitwirkung von medizinischem Personal, jahrelang bei Verhören gefoltert worden sind.[103]

Diese Berichte sind in den USA im allgemeinen genauso wenig beachtet worden wie die Aussagen palästinensischer Flüchtlinge. Natürlich muß ihre Herkunft und Glaubwürdigkeit sorgfältig geprüft werden, aber ernstnehmen sollte man sie in jedem Fall. Das sind Binsenweisheiten, die immer dann ignoriert werden, wenn Flüchtlinge oder Gefangene eine propagandistisch verwertbare Geschichte zu erzählen haben: Berichten sie Greueltaten, die in das Freund-Feind-Schema passen, glaubt man ihnen alles, belasten sie einen Bündnispartner, nimmt man sie nicht zur Kenntnis.[104]

Im Fall der palästinensischen Gefangenen in Israel ist in den USA sorgfältig darauf geachtet worden, daß nicht allzu viel bekannt wird, obwohl es mit den Jahren schwerer geworden ist, die Tatsachen zu leugnen. Ein interessantes Beispiel war die umfassende Untersuchung eines Teams der *London Sunday Times*, das zahlreiche Beweise für den weitverbreiteten und systematischen Einsatz der Folter fand und zu der Folgerung kam, daß diese Vorgehensweise »auf einer bestimmten Ebene als politisches Mittel befürwortet wird«, vielleicht, um »die Araber in den besetzten Gebieten davon zu überzeugen, daß es weniger gefährlich ist, sich passiv zu verhalten«.[105] Die Untersuchung wurde der *New York Times* und der *Washington Post* zur Veröffentlichung angeboten, doch die Zeitungen lehnten ab und berichteten auch sonst kaum darüber. Ein Report (vom Juni 1977) der schweizerischen Liga für Menschenrechte, der ähnliches Material enthielt, fand ebenfalls keine Beachtung. Desgleichen fallen einschlägige Veröffentlichungen israelischer Journalisten unter den Tisch.

Besonders interessant sind in diesem Zusammenhang Versuche US-amerikanischer Intellektueller, die Folterung von Arabern zu rechtfertigen. Es ist vielleicht gar nicht so erstaunlich, daß Seth Kaplan in der Zeitschrift *New Republic*, dem Aushängeschild des amerikanischen Liberalismus, zu dem Schluß kommt, daß die Frage, wie eine Regierung mit der von ihr kontrollierten Bevölkerung verfahren solle, »nicht einfach auf absolutistische Weise, etwa durch die Verurteilung der Folter, beantwortet werden kann. Im Kampf gegen eine terroristische Bewegung, zu deren Taktik die Tötung von Menschen gehört, mögen extreme Maßnahmen – die man ›Folter‹ nennen kann – angemessen sein.«[106] Das ist meines Wissens die erste explizite

Verteidigung der Folter in einem westlichen Land, abgesehen von den Wahnideen der Ultrarechten in Frankreich während des Algerienkriegs.[107]

Ebenso interessant war die Reaktion der israelischen Justiz. Als Amnesty International die Frage aufwarf, ob die bemerkenswert hohe Zahl von Geständnissen arabischer Gefangener ein Indiz für unmenschliche Behandlung sein könnte, antwortete Mosche Etzioni, Richter am Obersten Gerichtshof, daß »die Araber in jedem Fall – wenn sie verhaftet werden – sehr schnell ein Geständnis ablegen. Das gehört zu ihrer Natur.« Allerdings scheint der den Arabern zugeschriebene genetische Defekt ansteckend zu sein, weil mittlerweile auch jüdische Gefangene nach polizeilichen Vernehmungen Taten gestehen, die sie nicht begangen haben, insbesondere, wenn sie von Beamten verhört wurden, die von Arabern als Folterer identifiziert wurden.[108]

Im übrigen ist Amnesty International seit seinem (eher milden und untertriebenen) Bericht von 1979 über die Behandlung von Verdächtigen und Gefangenen nicht mehr allzu beliebt. Ein Kommentar in *Ha'aretz* befand, die Organisation habe sich »durch die Veröffentlichung des Dokuments zum Werkzeug arabischer Propaganda gemacht« und kritisierte u. a. die Bezugnahme auf den »entstellenden und bösartigen Bericht« in der *Sunday Times*. Die Zeitschrift der linksgerichteten Mapam setzte etwas andere Akzente: »Die Erfahrung sagt uns, daß es äußerst schwierig ist, sich wirkungsvoll gegen Terroristen oder auch nur gewöhnliche Kriminelle zu verteidigen, ohne auf Verdächtige großen Druck auszuüben, damit sie überhaupt vor Gericht gebracht werden können.« Die Zeitschrift empfiehlt »beständige Wachsamkeit«, um sicherzugehen, daß es bei dem »großen Druck« nicht zu »Exzessen« kommt.[109]

Abgesehen von den Foltervorwürfen leben die politischen Gefangenen in der Haft unter katastrophalen Bedingungen, was angesichts der Verhaftungswellen in den besetzten Gebieten nicht erstaunlich ist: Bislang haben an die 200 000 Personen, fast 20 Prozent der Bevölkerung, israelische Gefängnisse von innen kennengelernt, was zu »grauenhafter Überfüllung« und »entsetzlichen Zuständen« geführt hat.[110]

Hin und wieder kommt es zu Gerichtsverhandlungen aufgrund von Übergriffen israelischer Soldaten. Die Zeugenaussagen können ein Licht auf die in den besetzten Gebieten übliche Praxis der Gewalt werfen. Einige mit der israelischen Friedensbewegung verbundene

Reserveoffiziere drohten damit, an die Öffentlichkeit zu gehen, wenn es keine Untersuchung der gegen Soldaten erhobenen Vorwürfe gebe. So kam es zu einer Gerichtsverhandlung, bei der »Beweise für die systematisch brutale Behandlung von Stadtbewohnern« im Frühjahr 1982 erbracht wurden. Die Nachrichtenagentur Reuters berichtete, daß laut Aussage von Major David Mofaz, damals stellvertretender Militärgouverneur von Hebron, »israelische Soldaten den Befehl erhielten, palästinensische Einwohner zu schikanieren und zu schlagen« und daß sie »wehrlose junge arabische Gefangene geprügelt und getreten« hätten. Ihm sei persönlich »vom militärischen Befehlshaber des Westjordanlands befohlen worden, Araber zusammenzuschlagen«, wobei »die Befehle von weiter oben, vom Staatschef kamen«. »Die Armee hatte den Befehl erhalten, die Bevölkerung insgesamt zu schikanieren, nicht nur Personen, die an anti-israelischen Demonstrationen beteiligt waren.« Ein Hauptmann sagte aus, er selbst habe palästinensische Gefangene geschlagen, das sei im Westjordanland Routine gewesen und mit dem Einvernehmen höherer Offiziere geschehen.[111]

Die israelische Presse gibt die Aussage des Vizekommandeurs der Region Judäa wieder, der berichtet, daß General Scharon bei einem Treffen mit dem Chef der Zivilverwaltung Anweisungen gegeben habe, wie mit Demonstranten zu verfahren sei: »Schneidet ihnen die Eier ab.« Wie Abraham Burg, der Sohn des Innenministers, bezeugt, habe Stabschef Eitan Soldaten an der Nordfront erklärt: »Nur ein toter Araber ist ein guter Araber.« Der Vizekommandeur berichtet ferner, daß sein Vorgesetzter, General Hartabi, Truppen in eine Schule in Hebron habe eindringen lassen, wo sie die Schüler mit Knüppeln verprügelten. Des weiteren habe Hartabi nach einem Steinwurf auf seinen Wagen im Lager Dheischah eine Ausgangssperre verhängt und seinen Soldaten befohlen, u. a. auf die solarbeheizten Wassertanks auf den Hausdächern zu schießen. Eine weitere Ausgangssperre wurde am 30. Januar über das Lager Dharijeh südlich von Hebron verhängt, nachdem eine Israelin von einem Stein getroffen und später ihren Verletzungen erlegen war. Drei Wochen später war die Sperre noch nicht aufgehoben, weil sie, einer militärischen Quelle zufolge, »für die Untersuchung notwendig ist... Sie hindert die Leute zwar daran, arbeiten zu gehen und führt so zu finanziellen Verlusten. Aber sie bietet ihnen auch einen Anreiz, uns bei der Suche nach den für den Angriff Verantwortlichen zu helfen. Je eher wir sie finden, desto eher ist das alles hier vorbei.« Die Einwohner dürfen ihre Häuser für zwei Stunden am Tag verlassen, die Schulen sind geschlossen, die Arbeiter beschäftigungslos. In der Presse unerwähnt blieb die Tatsache, daß zwei Wochen vor den Steinwürfen die israelischen Militärbehörden umfangreiche Ländereien, auf dem Obst und Korn angebaut wurde, enteignet hatten.[112]

Die Verhandlung gegen die Soldaten vor einem Militärgericht beschäftigte die Öffentlichkeit, vor allem, als die Verteidigung anführte, die Befehle zur brutalen Behandlung von Gefangenen und zur Verhängung von Kollektivstrafen seien direkt von Stabschef Eitan gekommen. Er wurde in den Zeugenstand beordert und bestätigte, daß er Bestrafungen angeordnet habe. Es habe sich dabei um Ausweisung, Schikanierung von Unruhestiftern, die Errichtung von Haftlagern »ohne reguläre Gefängnisbedingungen« (die schon schlimm genug sind) und eine Vielzahl von Kollektivstrafen gehandelt, gerichtet gegen Ortschaften, wo es Widerstand (zumeist Steinwürfe) gegeben habe, sowie gegen Familien von Schülern, die »Aufruhr verursacht« hätten (»das zieht bei Arabern«, sagte er).

Eitan wandte sich dagegen, Führer politischer Gruppen einzubestellen, um Warnungen auszusprechen. »Damit würdigen wir uns nur selbst herab. Wir sollten keine Konversation betreiben, sondern Verhaftungen vornehmen.« Jüdische Siedler müßten bewaffnet sein und das Feuer bei Angriffen (z. B. durch steinewerfende Kinder) eröffnen können. Das Militärgericht verurteilte vier Soldaten zu einigen Monaten Gefängnis,[113] hielt aber Eitans Befehle für rechtmäßig.

Major Mofaz, der höchstrangige der angeklagten Offiziere, wurde freigesprochen. Seine Anwälte hatten – offenbar zu Recht – angeführt, daß er und andere »nur die von den Vorgesetzten angeordneten Richtlinien und Befehle befolgt« hätten, berichtet Edward Walsh. Den Delinquenten wurde vorgeworfen, arabische Inhaftierte und Zivilisten geschlagen zu haben, andere Personen wurden gezwungen, auf allen Vieren zu laufen und zu bellen, Loblieder auf Begin und die Grenzschutztruppen zu singen oder einander zu schlagen (Kindern wurde befohlen, ihre Eltern zu schlagen) – alles Strafen, die »bei Arabern ziehen«. Mofaz befahl Soldaten, anläßlich des Holocaust-Gedenktags Nummern auf die Arme von Gefangenen zu schreiben, was er vor Gericht als Scherz ausgab (jedoch wurde der Befehl ausgeführt).[114]

Aharon Bachar schreibt über »Dinge, die in meinem Namen und in eurem geschehen sind«: »Wir werden der Verantwortung nicht entrinnen, nicht sagen können, wir hätten nichts gesehen und gehört.« Er beschreibt ein Treffen, bei dem führende Politiker der Arbeiterpartei Menachem Begin »detaillierte Darstellungen terroristischer Handlungen [gegen Araber] in den eroberten Gebieten« vorlegten. Unter anderem ging es um »kollektive Bestrafungen in der Ortschaft Halhul«:

> »Ab Mitternacht wurden die Männer, nur mit Pyjamas bekleidet, aus den Häusern beordert. Die Notabeln und andere Männer mußten sich auf dem Hof der Moschee versammeln und dort in der kalten Nacht bis zum Morgen ausharren. Währenddessen drangen Angehörige der [für ihre Graumsamkeit berüchtigten] Grenzschutztruppen in die Häuser ein und schlugen, Schreie und Flüche ausstoßend, die Bewohner. Die Männer im Hof der Moschee wurden gezwungen, einander mit Kot und Urin zu besudeln, die *Hatikva* [die israelische Nationalhymne] *zu singen und zu rufen:* »*Lang lebe der Staat Israel*«. *Wiederholt wurden Personen geschlagen und gezwungen, auf dem Boden zu kriechen; einige mußten den Staub auflecken. Im Morgengrauen kamen vier Lastwagen, um die Männer – etwa einhundert pro Fahrzeug – zum Hauptquartier der Militärverwaltung in Hebron abzutransportieren.*
>
> *Am Holocaust-Gedenktag wurden Inhaftierte gezwungen, eigenhändig Nummern auf ihre Arme zu schreiben, in Erinnerung an die Juden in den Vernichtungslagern.*«

Weiter schildert der Bericht Mißhandlungen und Folterungen von Gefangenen, an denen sich Siedler beteiligen durften, sowie die brutale Behandlung der lokalen Bevölkerung durch die Siedler, die ungestraft bleiben, selbst wenn sie, wie in einem Fall, einen Araber töten. Die Identität des Mörders ist bekannt, aber er wurde nicht verhaftet.[115]

Eine Woche später veröffentlichte Joram Peri erneut Teile dieses Berichts. In der Knesset waren, wie er anmerkt, dazu keine Fragen gestellt worden und auch sonst hatte diskretes Schweigen geherrscht. Aber warum, fügt er hinzu, sollte man deswegen überrascht sein? »Wer sind denn schließlich die Opfer? Arabuschim, zweibeinige Tiere« (so hatte Begin die »Terroristen« bezeichnet). Die »erschreckende Verwandlung, die über uns kommt ... stellt die gerechte Sache der zionistischen Bewegung in Frage und damit die Grundlage für die Existenz dieses Staats«. Man müsse erkennen, daß es »eine aufgeklärte Besatzung ebensowenig geben kann wie eine liberale Militärverwaltung«. Mittlerweile wüßten drei Viertel von einer Million junger Israelis, die in der Armee gedient haben, daß deren Aufgabe »nicht nur darin besteht, den Staat in der Schlacht gegen einen äußeren Feind zu verteidigen, sondern auch die Rechte unschuldiger Menschen mit Füßen zu treten, nur weil sie als Arabuschim in Gebieten leben, die uns von Gott verheißen wurden«.[116]

Die Arme von Gefangenen mit Registriernummern zu versehen, ist eine offenbar weitverbreitete Praxis. Der Friedensbewegung angehörende Offiziere berichten, daß Soldaten regelmäßig die Handgelenke arabischer Gefangener mit deren Personalausweis-Nummern beschriften. Zudem seien arabische Gefangene, die die Unterkünfte der israelischen Soldaten reinigen mußten, »nachts in eine kleine Zelle gesperrt und so geschlagen worden … daß viele von ihnen nicht mehr aufstehen konnten – Jugendliche … von denen die meisten noch nicht verurteilt worden waren und die aus Mangel an Beweisen freigelassen werden.« In der Zeitschrift *Davar* klagt Aharon Geva: »Einige von uns Israelis benehmen sich wie jene schlimmste Art von Antisemiten, deren Name hier nicht genannt werden kann, wie die Leute, die den Juden als untermenschliche Kreatur darstellten …«[117]

Die Golanhöhen

Bis zum Dezember 1981 waren den Golanhöhen diese Verhältnisse erspart geblieben. Während der Eroberung 1967 waren mehr als 90 Prozent der Bevölkerung geflohen oder vertrieben worden. Dann wurden israelische Siedlungen errichtet, wobei die Drusen, wie eine führende israelische Menschenrechtsorganisation berichtete, »die Oberhoheit und Rechtsprechung der Militärverwaltung akzeptierte«.[118] Am 14. Dezember verabschiedete die Knesset ein Gesetz, das die Golanhöhen der zivilen Gerichtsbarkeit und Verwaltung unterstellte. Das bedeutete praktisch die Annektion. Im Januar wurde verfügt, daß die Bewohner israelische Personalausweise erhalten sollten. Dagegen erhob sich Widerstand. Am 13. Februar wurden vier führende Mitglieder der Drusengemeinschaft unter Arrest gestellt. Daraufhin wurde der Generalstreik ausgerufen und von der »überwiegenden Mehrheit« der Bevölkerung unterstützt. Das israelische Militärkommando riegelte das Gebiet ab, verbot den Bewohnern das Verlassen der Ortschaften und ließ keine Journalisten, Anwälte oder Ärzte hinein. Solidaritätskundgebungen in Galiläa und dem Westjor-

danland wurden aufgelöst und die Organisatoren unter Hausarrest
gestellt. Die Einfuhr von Versorgungsgütern wurde gestoppt, das
Telefonnetz lahmgelegt. Bewohner, die in einem »summarischen
Gerichtsverfahren« verurteilt wurden, erhielten keinen Rechtsbeistand. Bevor die Abriegelung im April aufgehoben wurde, mußten
die Dorfbewohner drei Tage lang »in ihren Häusern bleiben und
durften nicht einmal außen gelegene Toiletten aufsuchen«. Noch
nach Aufhebung der Sperre wurde einer Frau die Einlieferung in ein
Krankenhaus verweigert, als sie es ablehnte, einen israelischen Ausweis zu akzeptieren. Es gab Berichte über Schießereien und physische
Gewaltanwendung. Als die israelische Menschenrechtsorganisation
das Gebiet endlich betreten durfte, fanden sie in den Krankenhäusern Verletzte und durch Gewehrkugeln verwundete Personen vor.

In der Presse ließen sich weitere Einzelheiten finden, wie etwa der
Fall eines dreijährigen Jungen, der von einem Soldaten geschlagen
wurde, nachdem er einen israelischen Ausweis auf den Boden geworfen hatte; seine Mutter wurde erschossen, als sie ihm zu Hilfe eilen
wollte. Jüdische Siedlungen (darunter auch Kibbuzim) beschwerten
sich, weil ihnen die Drusen als Arbeitskräfte fehlten.[119] Ein Leitartikel in der *Ha'aretz* wies darauf hin, daß sich in der Knesset, abgesehen
von den Kommunisten, keine Proteste erhoben hätten und das Ein-
reiseverbot für Journalisten bei Zeitungsverlegern keinen Einspruch
hervorgerufen hätte. »Die jüdische Öffentlichkeit in Israel reagiert
mit erschreckender Gleichgültigkeit. Nur ein paar hundert Meter
entfernt von der belagerten Ortschaft der Drusen genießen junge
Israelis die Sonne und den Schnee, machen Fotos und plaudern miteinander. Auf der einen Seite Menschen hinter Stacheldraht, auf der
anderen Seite Menschen in Skilifts. Dazwischen die israelische
Armee.«[120] Chaim Cohen, ehemaliger Richter am Obersten
Gerichtshof, nannte die Gesetze für die Golanhöhen »barbarisch«.[121]
Die Drusen protestierten auch deshalb gegen die Einverleibung, weil
sie »die Enteignung ihrer Ländereien befürchteten«. Sie »wissen
genau, daß der Landbesitz der israelischen Drusen [deren Loyalität
gegenüber dem Staat so fraglos ist, daß sie in der Armee dienen] zu
großen Teilen in jüdische Hände übergegangen ist«.[122]

Der Angriff auf die palästinensische Kultur

Während dieser ganzen Zeit waren vor allem die arabischen Intellektuellen Angriffen ausgesetzt, verfolgte Scharon doch das Ziel, »die besetzten Gebiete vollständig unter israelische Kontrolle zu bringen, und darum alle Hinweise auf einen arabischen Nationalcharakter zu beseitigen«.[123] Insbesondere hatte er die Bir-Zeit-Universität im Westjordanland im Visier, wo »in den Schlafsälen und Wohnungen von Studenten und Fakultätsmitgliedern nächtliche Razzien durchgeführt wurden«, der Unterricht wegen Störungen durch das Militär abgebrochen werden mußte oder Ausweise einbehalten wurden, wodurch die Studenten nicht verreisen konnten; weitere Demütigungen und Pressionen machten »das normale Funktionieren der Universität schwierig« – was eher eine Untertreibung sein dürfte.[124]

Kürzlich sind viele der ausländischen Fakultätsmitglieder ausgewiesen worden, weil sie sich weigerten, eine Erklärung zu unterzeichnen, der zufolge sie nichts tun werden, um die PLO zu unterstützen. Das führte immerhin zu einem Protest des US-Außenministeriums.[125] George Shultz verurteilte diese Maßnahme als »Einschränkung der akademischen Freiheit« und als für die Sicherheit Israels »total überflüssig« – offensichtlich eine Reaktion auf eine entsprechende Protestnote von zweihundert israelischen Akademikern.[126] Die Ausweisung ist besonders hart, weil »viele talentierte Westjordanier, die im Ausland ausgebildet wurden, von den Israelis keine Arbeitserlaubnis erhalten«.[127]

David Richardson macht die Problematik am Fall des Politologen Mohammad Schadid deutlich, der an der al-Nadscha-Universität lehrte. Schadid verlor das Recht, ins Westjordanland zurückzukehren, weil er bei der Volkszählung von 1967 in den USA studiert hatte; Anträge seiner Angehörigen auf »Familienzusammenführung« wurden ignoriert, und so ist Schadid heute amerikanischer Staatsbürger. Die Zivilverwaltung in den besetzten Gebieten will, laut Richardson, die einheimischen Intellektuellen unterdrücken und ihre Erklärungen gegen die PLO – so sie denn unterzeichnet werden – politisch nutzen. Darüber hinaus ist ein Studienabschluß für Westjordanier das »Reisepapier für die Emigration«, weil »die meisten jungen Graduierten in ihrer Heimat keine Arbeit finden«, wofür die israelische Besatzungspolitik schon Sorge trägt.[128] Nach Shultz' Protest wurde die Anti-PLO-Kampagne technisch »zurückgezogen« und de facto auf die allgemeine Arbeitserlaubnis übertragen.[129]

Schadids Schicksal traf auch den Präsidenten der al-Nadscha-Universität, Dr. Salah, der im Oktober ausgewiesen worden war. Salah, in Nablus geboren, studierte 1967 ebenfalls im Ausland und wird daher von der israelischen Regierung als »Ausländer« betrachtet; in ihrem kurzen Bericht über seine Ausweisung bezeichnet ihn die *New York Times* als »Jordanier«. Das ist formell zwar richtig, übersieht aber einen wichtigen Punkt. In einer am Morgen seiner Abschiebung abgehaltenen Pressekonferenz bemerkte Salah:

> »Israels Strategie besteht darin, die Infrastruktur der Universitäten wie auch der palästinensischen Gesellschaft zu zerstören. Das fing mit den Gemeinden an, und nun, nachdem das gescheitert ist, wird ein zweiter Versuch unternommen. Das Ziel besteht darin, jegliche Infrastruktur im Heimatgebiet der Palästinenser zu zerstören.«[130]

Danny Rubinstein berichtet, daß die meisten »ausländischen Akademiker« an der Universität »nicht wirklich »Ausländer«, sondern im Westjordanland geborene Palästinenser sind, die keine (von der Militärverwaltung ausgestellten) israelischen Ausweispapiere haben. Dadurch können die Behörden ihre Aufenthaltsgenehmigungen widerrufen und die »Ausländer« ausweisen.« Bei israelischen Akademikern stoßen diese Vorgänge auf nur geringes Interesse.[131]

David Richardson berichtet auch über die Gleichgültigkeit von israelischen Journalisten gegenüber ihren unterdrückten Kollegen im Westjordanland und erwähnt in diesem Zusammenhang die Tatsache, daß dort »drei Zeitungsherausgeber fast zwei Jahre lang ihre Heimatorte nicht verlassen durften und so an der Ausübung ihres Berufs gehindert wurden«. Boaz Evron hat, ungeachtet des Einreiseverbots, die Herausgeber aufgesucht. Für das Reiseverbot wurde, so berichtet er, keine Begründung angegeben. Keiner von ihnen war je eines Verbrechens beschuldigt worden, und der Sicherheitsdienst weigerte sich, ihren Anwälten irgendwelche Auskünfte zu geben. Sie sind zwar verantwortlich für das, was in ihren Zeitungen, die in Jerusalem erscheinen, steht, können sie aber nicht einsehen, weil ihre Distribution im Westjordanland verboten ist. »Würde das in Israel passieren, gäbe es einen allgemeinen Aufschrei. Aber hier wird es einfach hingenommen. Was ist denn Schreckliches geschehen? Ist jemand umgebracht worden?«[132]

Das Schicksal der Herausgeber der Zeitschrift *Al Fadschr* (*The Dawn*, Jerusalem) zeigt, wie die Besatzungsmacht reagiert, wenn arabische Intellektuelle sich zu weit vorwagen. Einer wurde von der Polizei aufgegriffen und siebzehn Tage in Einzelhaft gesteckt. Er mußte 24 Stunden mit gefesselten Armen und verhülltem Kopf stehen, bis er in Ohnmacht fiel. Danach beschuldigte man ihn des Besitzes zweier Ausgaben einer PLO-Zeitschrift. Ein zweiter durfte ein Jahr lang die besetzten Gebiete, wo Familie und Freunde leben und wo er seiner journalistischen Tätigkeit nachgeht, nicht besuchen. Ein dritter verbrachte eine Woche im Gefängnis, weil er seinen neuen Wagen nicht rechtzeitig angemeldet hatte. Ein vierter durfte zweieinhalb Jahre lang Ramallah nicht verlassen. Die Zeitschrift ist rigider Zensur unterworfen und bekommt oft Schwierigkeiten, wenn sie Materialien aus der hebräisch-sprachigen oder gemäßigteren arabischen Presse abdrucken will. Auch die Berichterstattung über Tatsachen wie die Wiedereröffnung einer Schule oder Vorgänge in den besetzten Gebieten wird ihr häufig verwehrt. Ihre Mitarbeiter werden verhört, bedroht, erniedrigt, verhaftet. »Wenn das euren Journalisten passieren würde«, sagte ein Herausgeber einem israelischen Reporter, »wäre alle Welt empört. Ihr regt euch über die Unterdrückung von Intellektuellen in der Sowjetunion auf, aber vor dem, was in eurer unmittelbaren Nachbarschaft geschieht, schließt ihr die Augen.«[133]

Michal Meron, der dies alles berichtet, schreibt, *Al Fadschr* sei »kein Beispiel für freien Journalismus«. Ihre Mitarbeiter »verfolgen einen nationalen Auftrag und stellen ihre Feder nur in den Dienst der palästinensischen Sache«. In der Tat verschweigen die Herausgeber nicht, daß »wir in der PLO unseren einzigen Repräsentanten sehen und daher deren Sichtweise unterstützen. Wir befürworten die Errichtung eines palästinensischen Staats, der neben Israel existiert.« Was sollte man von aufrechten Journalisten erwarten, die unter militärischer Besatzung arbeiten und an einem Ort leben, den sie – und nahezu die gesamte Welt einschließlich der USA – als besetztes Ost-Jerusalem betrachten?

Noch andere Fragen lassen sich stellen. Während Meron *Al Fadschrs* Eintreten für »die palästinensische Sache« kritisierte, feierte die auch außerhalb Israels hochangesehene *Jerusalem Post* ihr 50jähriges Bestehen. In einem Artikel der Jubiläumsausgabe erklärte der Herausgeber, Erwin Frenkel, Ziel der Zeitung sei nach wie vor »die Erfüllung des Zionismus«. Ihre Vorgängerin, die *Palestine Post*, sei noch unter britischem Mandat »zu einem politischen Zweck« gegründet worden. Allerdings waren die Bedingungen weit weniger drückend als die der arabischen Zeitungen unter israelischer Besatzung. Die *Jerusalem Post* hat auch Selbstzensur geübt. Wer die israelische Presse studiert, wird bemerken, daß die anglophone *Post* bei ihren Veröffentlichungen vorsichtiger ist als die hebräischsprachigen Publikationen. Frenkel nennt die Gründe: »Innerhalb und außerhalb der Zeitung wurde generell angenommen, daß Hebräisch einzig die Sprache der Juden ist, in der sie miteinander reden ... Das Englische dagegen gehörte der Öffentlichkeit. Es ermöglichte den Zugang für die Nichtjuden und den arabischen Feind. Was also auf Hebräisch geschrieben wurde, mußte nicht notwendigerweise auch auf Englisch gesagt werden.« Diese Haltung änderte sich, so Frenkel, in den sechziger Jahren.[134] Ich glaube nicht, daß das stimmt, und gehe dabei von meiner eigenen (begrenzten) Kenntnisnahme der englisch- und hebräischsprachigen Presse aus. Eine systematische Untersuchung würde diese Vermutung wahrscheinlich bestätigen. Aber selbst wenn Frenkel recht hätte, bliebe die *Post* doch, wie er selbst sagt, der Sache des Zionismus verpflichtet, während *Al Fadschr* sich offensichtlich nicht der palästinensischen Sache annehmen darf, d. h. der Sache eines eroberten und unterdrückten Volks.

Ein paar Tage zuvor war der Kongreß jüdischer Journalisten aus der Diaspora mit 60 Teilnehmern aus 14 Ländern eröffnet worden. Der stellvertretende Vorsitzende des Zionistischen Kongresses in Israel, Jitzhak Koren, informierte die Versammlung, »daß heute die Antisemiten jeden Juden, wo immer er lebt, für die Aktionen Israels verantwortlich machen. Insofern ist es für die jüdische Presse äußerst wichtig, die israelische Politik in einem positiven Licht zu zeigen.«[135]

Auch als israelischen Staatsbürgern wird Arabern häufig das Recht auf kulturelle Entfaltung verwehrt. So hat z. B. erst vor kurzem der Hohe Gerichtshof eine Entscheidung der Regierung bestätigt, der zufolge Nawja Makhul, Dozent an der Hebrew University (der seinen Doktortitel am Massachussetts Institute of Technology erworben hat), aus nicht weiter erläuterten »Sicherheitsgründen« die Erlaubnis verweigert wird, eine politisch-literarische Zeitschrift herauszugeben, die »als Forum seriöser Analysen der palästinensischisraelischen Gesellschaft gedacht war und auch allgemeinere Artikel zum Schwerpunkt »Dritte Welt« aus wissenschaftlicher, marxistischer und feministischer Perspektive enthalten sollte«. Es wäre die einzige Publikation dieser Art in Galiläa gewesen, wo die meisten israelischen Staatsbürger arabischer Abstammung leben und hätte – in Israel spärlich gesäte – Arbeitsmöglichkeiten für arabische Intellektuelle geschaffen.[136] Der Skandal fand weder in Israel, noch in den

USA größere Beachtung, obwohl die Tatsachen seit langem bekannt waren.

Der Protest blieb auch aus, als dem populären palästinensischen Dichter Mahmud Darwisch, der von der UNICEF zu einer Lesung eingeladen worden war, »aufgrund eines Paragraphen des Einwanderungsgesetzes, das dem US-Außenministerium erlaubt, Personen aus bestimmten ideologischen Gründen die Einreise zu verweigern«, kein Visum ausgestellt wurde. Würde das einem israelischen Schriftsteller geschehen, bräche ein Aufstand los; in diesem Fall jedoch gab es keine Reaktion. Als israelische Zensoren das Schauspiel »The Patriot« von Hanoch Levin verboten, gab es erhebliche Proteste in Israel, die hier als weiterer Beweis für die Lebendigkeit der israelischen Demokratie gewertet wurden. Einige Monate zuvor war ebenfalls ein Stück verboten worden, das von dem drusischen Schriftsteller Salman Natour stammte und das Leben und die Ansichten eines jungen israelischen Arabers schilderte. Der Regisseur wurde verhaftet. Die Reaktion in Israel und den USA war gleich Null. Ebenso, als Anfang 1983 ein Araber aus Nazareth verhaftet wurde, weil er »ohne Genehmigung eine Zeitschrift veröffentlicht hatte« – vier Informationsbroschüren. Er wandte sich an den für Galiläa zuständigen Regierungsbeauftragten, Israel Koenig, doch seine Petition wurde abgewiesen.[137]

»Die Möglichkeit, in Israel zu arbeiten«

Erwartungsgemäß sind die Erfahrungen derjenigen, die »die Möglichkeit haben, in Israel zu arbeiten«, auch nicht immer erfreulich. So sind sie u. a. mit dem Problem konfrontiert, die Nacht nicht innerhalb der israelischen Grenzen verbringen zu dürfen. Weil die Arbeitgeber oft nicht die Kosten für den Transfer übernehmen wollen, schließen manche die Arbeiter über Nacht in der Fabrik ein. Diese Praxis wurde der Öffentlichkeit bekannt, als es nach dem Brand in einer kleinen Fabrik in Tel Aviv Tote gegeben hatte. Andere wurden, bewacht von bewaffneten Wächtern, in fabrikeigene Internierungslager gesperrt, von denen eines der sozialistischen Gewerkschaft Histadrut gehörte. Das führte zu Protesten, und in *Ha'aretz* hieß es: »Wir können arabische Arbeiter nicht so behandeln, wie einst Amerika die schwarzen Sklaven in den Baumwollfeldern.« Soweit ich weiß, gab es in den USA, bis auf einen Leserbrief von mir, keine Äußerungen zu diesem Problem.[138]

Es gibt noch weitere Schwierigkeiten. Kürzlich hat die Moschaw-Bewegung (die halbkollektive landwirtschaftliche Betriebe vertritt) zwei ihrer Siedlungen gerügt, weil sie für die Saisonarbeiter »anständige Unterkünfte« bereitstellten, statt sie, wie es das Gesetz erfordert, jeden Morgen und Abend 200 Kilometer zu transportieren, so daß sie von drei Uhr morgens bis acht Uhr abends auf den Beinen waren. Der Ausdruck »anständige Unterkünfte« stammt aus der anglophonen Presse, in hebräischer Sprache las sich das anders: Bei den Unterkünften handelte es sich um Scheunen, Warenlager, leerstehende Gebäude, alte Busse. Eine Titelzeile in *Haolam Haze* lautete: »In den Obstplantagen versteckt, stehen Schafpferche für die Knechte bereit. Selbst ein Staat wie Südafrika würde sich dessen schämen.« Amos Hadar, Generalsekretär der Moschaw-Bewegung, ist gegen eine nächtliche Unterbringung der Araber. Wenn man damit anfängt, sagt er, »werden sie nach kurzer Zeit ihre Familien holen und sie in Lagern unterbringen. Dann hätten wir arabische Siedlungen auf Ländereien, die dem Jüdischen Nationalfonds gehören. Das darf nicht sein.« Der Journalist Arjeh Rubinstein fügt sarkastisch hinzu: »Die Kinder helfen bei der Ernte, und die Frau des Arbeiters putzt im Haus des »Herren«.« Hadar wurde gefragt, ob er arabische Arbeitskräfte nur unter der Prämisse unmenschlicher Bedingungen zulassen wolle. »Richtig«, antwortete er, gab aber zu, daß es »ein schwieriges Problem« sei. »Wir haben keine andere Wahl.« Die Arbeiter müssen morgens aus dem Gazastreifen geholt und abends dorthin zurückgebracht werden. »Es ist hart, es ist kostspielig, es ist wirtschaftlich bedenklich – aber es gibt keine andere Lösung, solange die Juden im Staat Israel die Orangen und Trauben nicht selbst ernten wollen.« Dies Problem wird wahrscheinlich bald gelöst sein, weil die Grenztruppen den Befehl zur Evakuierung der für die Arbeiter eingerichteten Lager erhalten haben.[139]

Ein weiteres Problem betrifft die Kinderarbeit. Sechs- bis Siebenjährige werden morgens um vier von Arbeitsvermittlern in Lastwagen zu privaten oder kollektiven landwirtschaftlichen Siedlungen gefahren, wo sie »für einen Hungerlohn« arbeiten, um den sie »oft noch betrogen« werden. Arabische Gewerkschaften sind zwar zugelassen, werden aber immer wieder repressiven Maßnahmen unterworfen. So wurde im Dezember 1982 der Klub der Gewerkschaft in Ramallah auf Anordnung des Militärgouverneurs geschlossen. Alle schriftlichen Unterlagen wurden beschlagnahmt, der Sekretär, Bassem Barguti, einen Monat lang in Untersuchungshaft gehalten und dann zu zwei Monaten Gefängnis verurteilt, weil er verbotene Materialien politischen Charakters in seinem Besitz hatte, darunter, so die Anklage, literarische »Obszönitäten« (eine Publikation in den Farben der PLO-Fahne) und Diffamierungen der israelischen Armee (einen Kalender mit der Forderung, Gefangene freizulassen, die im libanesischen Sammellager Ansar festgehalten wurden).[140]

Über diese und ähnliche Vorgänge gibt es in den USA so gut wie keine Berichterstattung, aber auch die israelischen Journalisten werden, durch Zensur und Selbstzensur, an einer wirklich umfassenden Darstellung von Ereignissen in den besetzten Gebieten gehindert. Fernsehjournalisten beklagen sich darüber, daß sie von 90 Prozent aller ernstzunehmenden Demonstrationen ferngehalten werden und kaum filmen dürfen, was vor sich geht (etwa wenn Soldaten auf Demonstranten schießen usw.).[141] »Nur ein kleiner Teil der Aktionen von Siedlern, mögen sie nun Uniform tragen oder nicht, dringt zur israelischen Presse durch«, bemerkt Amnon Kapeliuk. »Tatsachen über die Schikanierung und Mißhandlung von Palästinensern werden nicht veröffentlicht.« Manches ist, wie die Herausgeber von *Al Hamischmar* meinen, »kaum erträglich«: »Einmal haben Siedler einem alten Mann, der protestierte, weil ihm sein Land weggenommen wurde, den Bart abrasiert – was früher polnische Antisemiten mit Juden taten.«[142] Der Vorfall gelangte nicht in die Presse.

Viele Informationen über Menschenrechtsverletzungen, vor allem in den besetzten Gebieten, sind von der israelischen Liga für Menschen- und Bürgerrechte verbreitet worden. Israel Schahak, der die Organisation seit 1970 leitet, ist wie kein zweiter um die Aufdeckung von Tatsachen über die israelischen Besatzungspolitik bemüht. Viele Berichte stammen aus der hebräischsprachigen Presse, in der einige herausragende Journalisten immer wieder versuchen, die Lage ohne Beschönigung zu schildern. Die Liga war eine Tochterorganisation der in New York beheimateten Internationalen Liga für Menschenrechte gewesen, 1973 jedoch ausgeschlossen worden, als die damals regierende Arbeiterpartei den Versuch unternahm, die israelische Organisation zu übernehmen und aufzulösen. Sie ging dabei jedoch so grobschlächtig vor, daß israelische Gerichte der feindlichen Übernahme einen Riegel vorschoben.

Das Zeugnis der Samidin

Die oben angeführten Berichte stammen zumeist aus israelischen Quellen, obwohl auch die Opfer Zeugnis von dem ablegen, was ihnen widerfährt. Das wird im Westen und auch von westlichen Besuchern Israels nicht wahrgenommen.[143] Diese Ignoranz gegenüber arabischen Quellen ist Ausdruck einer rassistischen Einstellung, die so tief sitzt, daß sie kaum noch registriert wird, und die dafür verantwortlich ist, daß israelische Juden mit einem anderen Maßstab gemessen werden als palästinensische Araber.

Ich habe die Berichte arabischer Gefangener erwähnt, die nur dem wirklich entschlossenen Forscher zugänglich sind und von den wissenschaftlichen und journalistischen Publikationen des Mainstream nicht erwähnt werden. Ähnliches gilt für die Schriften palästinensischer Intellektueller. So bieten etwa die Memoiren von Fuzi el-Asmar tiefe Einblicke in das Leben israelischer Araber.[144] Es ist eine bedeutsame und, wie ich meine, erschreckende Tatsache, daß solche Materialien in den USA, die neben Israel die Hauptverantwortung für das tragen, was mit der einheimischen Bevölkerung des ehemaligen Palästina geschieht, nicht erhältlich ist. Das gilt auch für Veröffentlichungen palästinensischer Intellektueller aus den besetzten Gebieten, wie z. B. die aufschlußreiche Untersuchung Radscha Schehadehs, die unter dem Titel *The Third Way* sein Leben im Westjordanland beschreibt.

Schehadeh unterscheidet drei Möglichkeiten oder »Wege«, auf die Besatzung zu reagieren. Die erste ist »blinder Haß«, die zweite »stumme Unterwerfung«. Für die palästinensische Bevölkerung repräsentiert der Freiheitskämpfer den ersten, der Quisling den zweiten Weg. Der Eroberer unterscheidet zwischen »Terroristen« und »Gemäßigten«. Sein Zahlmeister übernimmt diese Sichtweise natürlich. Was aber ist der »dritte Weg«? Ihn beschreitet der *Samid*, der »Standfeste«, der sieht, wie seine Heimat zum Gefängnis wird. »Du, *Samid*, bist freiwillig im Gefängnis geblieben, weil es deine Heimat ist und weil du fürchtest, daß dein Wärter dir nicht erlaubt, zurückzukehren, wenn du fortgehst. Also mußt du fortwährend den beiden Versuchungen widerstehen, entweder in dumpfer Verzweiflung dich in die Pläne des Wärters zu fügen oder dich im Haß auf deinen Wärter und dich selbst, den Gefangenen, zu verzehren.« Was heißt es, ein *Samid* zu sein?

»Es ist so, als wenn du mit deiner Familie in einem kleinen Zimmer wohnst. Du hast Türen und Fenster verriegelt, um Fremde fernzuhalten. Aber sie kommen trotzdem – dringen durch die Wände ein, als wären sie nicht vorhanden. Dein Zimmer, so sagen sie, gefällt ihnen. Sie bringen ihre Familien und Freunde mit. Ihnen gefällt das Mobiliar, das Essen, der Garten. Du drückst dich in eine Ecke und tust so, als ob sie nicht da wären, machst deine Arbeit, bist ein rebellischer Sohn, ein strenger Vater oder eine ängstliche Mutter. Du kriechst umher, als wäre alles normal, als würde dir das Zimmer auf ewig gehören. Die Gesichter deiner Angehörigen werden blaß und mager und häßlich grau, weil die Luft in den Zimmerecken allmählich knapp wird.

Die Fremden haben reichlich frische Luft, sie kommen und gehen, wie es ihnen beliebt. Ihre Wangen sind rosig, ihre Stimmen laut und hallend. Aber du verläßt deine Ecke nicht, weil du sonst vielleicht nicht mehr zurückkehren darfst.«

Schehadeh berichtet von seinem Leben als *Samid* und als Anwalt, der den hoffnungslosen Versuch unternahm, in einem Rechtssystem zu arbeiten, das seine Versuche, für die Besiegten einzutreten, zum Scheitern verurteilen mußte. Da ist der Fall des »Kriminellen, der lebenslänglich erhielt und schon bald darauf von den Israelis entlassen und mit einem Gewehr versehen wurde«, der also, ganz wie »Israels Zeuge im Gerichtssaal«, den zweiten Weg gewählt hatte. Da sind die israelischen Soldaten, die demonstrierende Studenten in einen Bus pferchen, ihnen dann den Schädel in der Mitte von vorn bis hinten rasieren, um sie zu brandmarken – jeder von ihnen »ein neuer *fida'i*« (»Feddajin«: »Freiheitskämpfer« oder »Terrorist«, je nachdem). Oder die Soldaten, die eine mit Slogans bedeckte Hauswand entdecken und »mitten in der Nacht alle Leute in der Straße aufwecken, damit sie die Slogans abwaschen... zumeist alte Leute in Morgenmänteln, die frieren, verwirrt sind und Flüche ausstoßen«, weil sie mit Gewalt aus ihren Häusern geholt wurden. Da ist der Militärgouverneur, der eine palästinensische Kulturausstellung an der Universität von Bir Zeit – Kunstwerke, Theater, Mode – schließen ließ, weil er sie für eine »gefährliche politische Handlung« hielt. Und es gibt die arabischen Polizisten an einer der zahllosen Straßensperren, denen das israelische Militär den Befehl gegeben hat, »jede jüdische Frau, die mit einem Araber gesehen wird, zu Vernehmungszwecken festzuhalten«. Sind die Straßensperren mit israelischen Soldaten besetzt, nutzen diese des öfteren die Gelegenheit,

Araber zu demütigen oder Gewalt anzuwenden. Schehadehs Onkel wurde gleich nach dem Ende des Sechs-Tage-Kriegs von Soldaten angehalten, auf ein nahegelegenes Feld gebracht und mit seinem Begleiter erschossen. Die Leichen wurden in Brand gesetzt und erst nach Tagen gefunden.

Dann ist da noch der Fall des arabischen Anwalts, den Verkauf von Land an den Jüdischen Nationalfonds anzufechten. Dessen Repräsentanten hatten in einer Ortschaft eine alte Frau dazu gebracht, entsprechende Dokumente zu unterzeichnen (das Land wurde mit Hilfe karitativer, steuerabzugsfähiger Gelder von Amerikanern erworben und dann für die Nutzung durch Juden reserviert). Der Anwalt wurde von der Militärverwaltung gewarnt, er solle die Finger von dem Fall lassen. Als er sich weigerte, verdächtigte man ihn des »Fahrens ohne Führerschein«. Er kam in Untersuchungshaft und erhielt dann sechs Monate Gefängnis zuzüglich einer Geldstrafe von 7500 israelischen Pfund. Der Jüdische Nationalfonds wurde von einem westjordanischen Anwalt vertreten, der, wie andere, den »zweiten Weg« gewählt hatte, »damit niemand behaupten kann, das Land wurde uns gegen unseren Willen genommen«. Da ist der Klient, der »zweifellos schwer gefoltert wurde«, und viele andere Fälle, die die Welt des *Samid* bestimmen.

Und es gibt Erfahrungen, die den *Samid* dazu veranlassen könnten, den »ersten Weg« zu beschreiten (was der Eroberer begrüßen würde, um sich des lästigen Eindringlings in das Land Israel entledigen zu können). Da ist Hani, der während einer Demonstration angeschossen wurde. Sie richtete sich gegen den rassistischen amerikanischen Rabbi Meir Kahane, der offen dazu aufruft, die Araber aus dem Land der Juden zu vertreiben, und bei seinen Auftritten vor Soldaten in den besetzten Gebieten seinen Teil dazu beiträgt. Hani gibt an, nicht an der Demonstration teilgenommen zu haben, wurde aber, weil er angeschossen war, per definitionem zum Mittäter, der »Steine und Benzinbomben auf Soldaten geschleudert« haben soll, wie ein Soldat dem Verwundeten mitteilte. Ein Krankenwagen wollte ihn zum Hospital in Ramallah bringen, aber die Soldaten bestanden darauf, mit dem Blutenden zur Vernehmung ins Hauptquartier zu fahren. Danach ließen sie ihn in ein israelisches Krankenhaus in Jerusalem bringen, wo jedoch in der Notaufnahme kein Platz für ihn war. Schließlich nahm ihn das Hadassah-Krankenhaus am anderen Ende der Stadt auf, sieben Stunden, nachdem er verwundet worden war. Für den Aufenthalt dort muß seine Mutter große Summen bezahlen, obwohl die Militärverwaltung die Übernahme der Kosten versprochen hatte. Im Krankenhaus »verbargen die Schwestern ihre Feindseligkeit nicht«, vielleicht, weil nach der Demonstration in Hebron auf Juden geschossen worden war. Hanis Bitten blieben unbeantwortet, und er »erhielt tagelang nichts zu essen«. Hanis Mutter hat Angst, sich auf die Entscheidung des israelischen Militärs, es gebe »keine Beweise, um irgend jemanden zu inkriminieren«, zu berufen und Anklage zu erheben, weil ihr Sohn dann »wegen der Beteiligung an der Demonstration gegen Kahane« oder einer anderen Sache belangt und von Soldaten zusammengeschlagen wird. All dies gehört zum Leben eines *Samid*.

Der *Samid* sieht »viele Gesichter von Israelis vorüberziehen«, aber drei bleiben im Gedächtnis:

> »Zum einen das etwas dickliche, bebrillte Gesicht des aschkenasischen Intellektuellen, umgeben von seinen sephardischen und drusischen Nachahmern. Sie sehen mich mit der Überheblichkeit von Kolonisatoren an. In ihren Augen spiegelt sich mit Überraschung gemischter Ärger darüber, daß ich, der Eingeborene, zu verstehen glaube, worum es ihnen geht. Dann das grobe, fast faltenlose Gesicht Ariel Scharons und seiner Verbrecherbande: eine angsteinflößende Kombination von mentaler Zurückgebliebenheit und Macht. Sie wollen das Böse und mit Erfolg. Und schließlich, besorgniserregender als die anderen, das willensschwache Gesicht des »schönen Israelis«, dem die Besatzung Sorgen bereitet, nicht weil sie böse ist, sondern weil sie sein Aussehen ruiniert. Und er ist zu recht besorgt, denn die Falten in seinem Gesicht sind häßlich: Es sind diejenigen eines verwöhnten Narzißten, der im Spiegel seine Schönheit schwinden sieht und nun einen Flunsch zieht.«

Es ist nicht schwer, mit diesen Gesichtern Namen zu verbinden. Allerdings kennt und beschreibt Schehadeh auch andere Israelis. Einem von ihnen verdanke ich ein Exemplar von *The Third Way*.

Der bewundernde Besucher aus den USA sieht zweifellos andere Gesichter. Für Saul Bellow etwa ist Israel ein Land, »in dem fast alle vernünftig und tolerant sind, und wo es kaum Groll auf die Araber gibt«, wo die Menschen »sich viele Gedanken machen … wenn sie Ödland bebauen und industrialisieren, Städte errichten, eine Gesellschaft formen, forschen, philosophieren, Bücher schreiben, eine große moralische Tradition erhalten und dazu noch eine Armee zäher

Kämpfer aus dem Boden stampfen«.[145] Am richtigen Ende des
Knüppels sehen die Dinge eben anders aus.

Der Teufelskreis: Besatzung, Widerstand, Unterdrückung und moralischer Verfall

Diese Entwicklungen in Israel und den besetzten Gebieten waren
eine direkte Folge des gewonnenen Kriegs von 1967. Viele israelische
Beobachter sahen schon damals eine langfristige Niederlage für die
von ihnen befürwortete Gesellschaft voraus. Sie stimmten Eric Rou-
leau zu, der schon zu Beginn der Besatzungszeit in *Le Monde* die
»klassische Kettenreaktion« beschrieb: »Besatzung, Widerstand,
Unterdrückung, weiterer Widerstand«. 1968 meinte der israelische
Journalist Victor Cygielman: »Eins ist sicher: Der Terrorismus wird
nicht Israel, aber vielleicht die israelische Demokratie ruinieren.« Er
bezog sich auf die demoralisierenden Auswirkungen von »Kollektivstrafen wie das Sprengen von Häusern, Massenverhaftungen und
Abschiebung an den Jordan«. Zur gleichen Zeit bemerkte Uri Avneri:
»Die enge Spirale von Terror und Gegenterror, Tötungsakten und
Vergeltungsmaßnahmen, Sabotage und massenweiser Deportation ... wird das palästinensische Volk ins Elend stürzen ... und Israel
in ein bewaffnetes und bedrohtes Heerlager verwandeln«, was
schließlich mit dem »Selbstmord der Semiten« enden könne.[146]

Der Aufstieg des religiösen Chauvinismus

Der Teufelskreis von Unterdrückung, Terror und Gewalt bereitet vielen Israelis Sorge, gerade wenn sie der älteren, an Europa orientierten
Bevölkerung angehören. Die ersten Warnungen kamen von Prof.
Jeschajahu Leibowitz, einem der renommiertesten Gelehrten Israels,
der sich wiederholt gegen die Besatzung und den Libanonkrieg ausgesprochen, aber damit wenig Freunde gewonnen hat. Amnon
Rubinstein, ehemaliger Dekan der juristischen Fakultät der Universität von Tel Aviv und Mitglied der Knesset, verweist auf Aktionen
»extremistischer und rassistischer Elemente« und meint, es sei mittlerweile schwer geworden, »zwischen den aberwitzigen Randerscheinungen und dem Mainstream unseres politischen Lebens zu unterscheiden«. Er beschreibt anti-arabische Ausschreitungen von Studen-

tenführern an der Hebrew University, Angriffe »unbekannter Feiglinge von Kirjat Arba [einer religiös fundierten Siedlung bei Hebron] auf das Haus einer arabischen Witwe«, die ausbleibende Reaktion der Behörden, die Weigerung einer Baufirma in Jerusalem, einem christlichen Ehepaar eine Wohnung zu vermieten, die Einstellung der israelischen Jugend, die Araber müßten ausgewiesen werden usw. Als im Gefolge des Libanonkriegs die inneren Spannungen in Israel sich verschärften, warnte er – neben vielen anderen – vor den Folgen des »SS-ähnlichen Vorgehens… krimineller Gewalttäter«, das jetzt durch eine »politische Gewaltideologie« unterfüttert werde, die von der Regierung stillschweigend geduldet und von Rabbis aus Gusch Emunim öffentlich mit der »Aufstachelung zur Tötung arabischer Zivilisten« unterstützt wird. »Große Bereiche in Israel sind für Personen, die nicht dem Likud-Block angehören, gar nicht mehr zugänglich«, weil die Anhänger von Begin und Scharon Andersdenkende mit Gewalt unterdrücken und sie angreifen, wenn sie Materialien verteilen wollen. Die Urheber solcher Gewalttaten »werden selten gefaßt«.[147]

Rubinstein und andere befürchten einen Bürgerkrieg, der faschistische Züge zeigen könnte. Aber abgesehen vom Umfang der verbalen und physischen Gewaltäußerungen und ihrer sozioökonomischen, ethnischen und religiös-kulturellen Wurzeln gibt es noch andere Hinweise darauf, daß diese Tendenzen nicht auf die »aberwitzigen Randerscheinungen« des politischen Lebens beschränkt sind.[148] Der Generaldirektor der israelischen Rundfunkbehörde (Radio und Fernsehen), »ein langjähriger Bewunderer Südafrikas, das er häufig besucht«, veröffentlichte 1974 einen »emotionalen Artikel«, in dem er erklärte, warum er Südafrika den Vorzug vor Schwarzafrika gebe und »zitierte aus Forschungen, die die genetische Unterlegenheit von Schwarzen nachweisen« – eine Sichtweise, der »offenbar viele Angehörige der israelischen Elite anhängen«. Die Zeitschrift der Mapam (des linken Flügels der Arbeiterpartei) publiziert einen Bericht über die angebliche Überlegenheit israelischer Piloten und beruft sich auf US-amerikanische Forschungen, die bewiesen hätten, daß Schwarze (und damit wohl auch Araber) über ein geringeres Maß an »komplexer, kognitiver Intelligenz« verfügten (weshalb »amerikanische Schwarze nur bei Kurzstreckenläufen Erfolg haben«). Ferner finden wir zwei ganze Seiten voll rassistischen Schwachsinns, auf denen die genetischen Unterschiede zwischen Juden und Nicht-Juden auf Abraham zurückgeführt und die angebliche kulturelle Überlegenheit der USA über Europa mit der Veränderung der jüdischen Bevölkerungsanteile erklärt werden. Zwar beginnt der Artikel mit der Bemerkung, daß »die heute im Heiligen Land herrschende Atmosphäre sogar rassistische Doktrinen möglich macht«, zeichnet dann aber ein eher sympathisches Porträt des Autors, dessen Beispiele zur Diskussion gestellt werden und gibt dem interessierten Leser Hinweise auf weitere Informationen zum Thema. In der Zeitschrift der Arbeiterpartei lesen wir von »genetischen Experimenten«, die belegt hätten, daß »die genetischen Unterschiede zwischen jüdischen Gemeinschaften [angeführt werden Polen und der Jemen] geringer sind als die zwischen Juden und Nichtjuden« (der Korrespondent berichtet über Forschungen an der Universität von Tel Aviv), während das Bildungsministerium einen Kongreß von Kreationisten unterstützt, der von orthodox-gläubigen Wissenschaftlern der Ben-Gurion-Universität veranstaltet wurde. Ihnen galt die Evolutionstheorie als »Spekulation«, »säkulare Lehre« und »Mythos«, während die meisten Teilnehmer ihrem »Glauben an die göttliche Schöpfung« Ausdruck verliehen.[149] Es kann also nicht überraschen, daß Israels christlich-maronitische Verbündete im Libanon eigentlich von syrischen Juden abstammen[150] – wobei man nicht weiß, ob das nach den Massakern von Beirut auch noch der Fall sein wird.

Allerdings findet sich ein derartiger »Khomeinismus« (wie diese Einstellung in Israel bisweilen genannt wird) vorwiegend in religiösen Kreisen, deren Einfluß im Gefolge der bereits erwähnten sozialen und demographischen Verschiebung ständig zunimmt. Außerdem scheint Israel Versuche zu unternehmen, den islamischen Fundamentalismus in den besetzten Gebieten auf Kosten säkularer Formen des palästinensischen Nationalismus zu fördern. Danny Rubinstein berichtet, daß die Militärbehörden, die sonst Demonstrationen mit eiserner Faust niederschmettern, ganze Busladungen mit »islamischen Fanatikern« durch die Straßensperren gelotst haben, damit sie sich Demonstrationen an den Universitäten von al-Nadscha und Bir Zeit anschließen konnten. Offenbar sollen dadurch linke und »nationalistische« (d. h. PLO-orientierte) Bewegungen geschwächt werden.[151]

»Die Vereinigung des religiösen Fanatismus mit extremem Nationalismus ist in den letzten Jahren in Israel häufiger zu beobachten«, bemerkt Eliahu Salpeter und zitiert als Beleg die Äußerungen eines jungen Rabbis über den »Schmutz« gemischter Ehen und der daraus hervorgehenden »hybriden Kinder«; ein »Dorn im Fleisch der jüdischen Gesellschaft in Israel«, der katastrophale Auswirkungen haben kann, wenn keine Gegenmaßnahmen ergriffen werden. Der Rabbi empfiehlt die totale schulische Segregation und den Ausschluß von Arabern aus den Universitäten, bestreitet jedoch, gegen Araber voreingenommen zu sein; er habe »enge arabische Freunde« – eine Bemerkung, die Juden vertraut ist. Salpeter gibt noch weitere Beispiele des gefährlichen Gebräus aus Religiosität und Nationalismus, wie etwa die terroristischen Angriffe auf arabische Bürgermeister (die Täter wurden nicht gefaßt), die unterschiedliche Behandlung von steinewerfenden Arabern und religiösen Juden, die gegen Autofahrer am Sabbat ebenfalls mit Steinen vorgehen.[152]

In früheren Jahren hatte das Rabbinat sich auf die Bibel berufen, um die Vertreibung oder gar Vernichtung der Araber (ein »fremdes Element«) zu rechtfertigen, und unter Berufung auf das religiöse Gesetz wurde die Tötung von Zivilisten bei Razzien oder Kriegshandlungen gutgeheißen.[153] Nach dem Krieg von 1973 bedauerte der angesehene Lubawitscher Rabbi (New York), daß Damaskus nicht eingenommen wurde.[154] Er warnte auch davor, die besetzten Gebiete im Stich zu lassen und verurteilte all jene, die »des elenden Geldes und der Ehren halber und vor allem, weil sie das Ansehen des großen Gojs [ein Ausdruck für den Nichtjuden] in Washington genießen möchten, bereit sind, die Sicherheit des Heiligen Lands in Frage zu stellen, indem sie gegen den Rat von Militärexperten Territorien aufgeben«, was »gegen die jüdische Religion« ist.[155] Ein anderer amerikanischer Rabbi – Isaac J. Bernstein – erklärte, das religiöse Gesetz ermächtige Israel, die Araber in den besetzten Gebieten zu »enteignen«: »Solange der Krieg, der die Eroberung einleitete, unter der Befehlsgewalt der israelischen Regierung geführt wurde, die aufgrund der Halacha [dem religiösen Gesetz] die gleiche Macht besitzt wie der biblische König, gehören alle im Verlauf dieses Kriegs eroberten Gebiete Israel.« Das Argument, daß damit die Gefahr eines weiteren Kriegs gegeben sei, läßt Bernstein nicht gelten, vielmehr besage die Halacha, daß »wir einen Krieg beginnen müssen, um die Möglichkeit einer dauerhaften Besiedlung unserer grenznahen Gebiete« [durch Araber] zu verhindern.[156] Nach Sadats Besuch in Jerusalem wiesen führende Rabbis und religiöse Autoritäten in den USA und Israel die Regierung darauf hin, daß es »verboten« sei, dem Land Israel zugehörige Territorien zurückzugeben,[157] und der Oberste Rabbinerrat in Israel wiederholte dieses Urteil unter Berufung auf Bibel und Halacha.[158]

Die obersten Rabbis befürworteten auch die Libanoninvasion als mit der Halacha vereinbar und erklärten die Beteiligung am Krieg »in all seinen Aspekten« für eine religiöse Pflicht. Das Militärrabbinat verteilte an Soldaten ein Dokument mit einer Karte des Libanon, auf der die Städte biblische Namen erhalten hatten, was damit erklärt wurde, daß große Teile dieses Landes dem hebräischen Stamm der Ascher gehört hätten. Sie verfaßten auch eine strategische Analyse des Libanonkriegs unter der Überschrift: »Josua, Sohn des Nun, über die Beseitigung der Nester der Feinde im Libanon«, die sich auf den biblischen Bericht über die Eroberung Kanaans bezog.[159] Die Wendung »Beseitigung der Terroristennester« umschreibt Operationen gegen die palästinensische Bevölkerung. Ein Militärrabbi erläuterte vor Soldaten im Libanon die biblischen Quellen, die rechtfertigen, »daß wir den Krieg eröffnet haben und hier sind; wir erfüllen damit unsere religiöse Pflicht als Juden«.[160]

Solche und ähnliche Äußerungen sind nicht neu und werden spätestens seit 1973 zunehmend ernstgenommen. 1974 schrieb Menachem Barasch im Massenblatt *Jediot Ahronot* mit bewundernden Worten über die Lehren von Rabbi Mosche Ben-Zion Uschpizai aus Ramat-Gan, der anhand biblischer Texte und religiöser Kommentare erklärte, wie Israel mit den Palästinensern – »eine schon in der Bibel erwähnte Heimsuchung« – verfahren solle. Man müsse dabei den Lehren Josuas folgen (der ganze Völkerschaften ausrottete): »Der biblische Auftrag besagt, das Land Israel in seinen bestimmten Grenzen zu erobern, in Besitz zu nehmen und zu besiedeln ... In diesem Land gibt es neben dem Volk Israel keinen Platz für andere Nationen. Praktisch bedeutet [der Befehl], das Land zu besitzen, die darin wohnenden Völker zu vertreiben.« Mit ihnen kann es keine Kompromisse, keine Friedensverträge, keine Verhandlungen geben. »Ihr sollt sie zerstören, ihr sollt keinen Vertrag mit ihnen eingehen, ihr sollt kein Mitleid mit ihnen haben, ihr sollt euch nicht mit ihnen verheiraten«, so will es das religiöse Gesetz. Wer sich uns in den Weg stellt, muß vernichtet werden, folgert der Rabbi mit (so Barasch) »überzeugender Logik« und beruft sich dabei auf zahlreiche Autoritäten aus der jüdischen Tradition.[161]

Nach den Massakern von Beirut im September 1982 unterstützten religiöse Kreise erneut die militärischen Anstrengungen. Die einflußreiche Gruppe Gusch Emunim, die bei der Besiedlung des Westjordanlands eine führende Rolle einnimmt, veröffentlichte eine Erklärung, in der Begin, Scharon und Stabschef Eitan gelobt wurden, während der Krieg als »großer Akt der Heiligung des Namens Gottes«

galt. Ferner war die Rede von »der Rückkehr des Territoriums der Stämme von Naphtali und Ascher in die Grenzen Israels« und von Israels »Verantwortung, bis an die Grenzen seiner Möglichkeiten zu gehen, um das Böse in der ganzen Welt zu vernichten«.[162] Zwei Monate zuvor hatte Rabbi Elazar Valdman von Gusch Emunim in der Zeitschrift *Nekudah*, dem Organ der religiösen Siedler im Westjordanland, festgestellt:

> »Wir werden mit Gewißheit im Nahen Osten und in der Welt für Ordnung sorgen. Und wenn wir diese Verantwortung nicht auf uns nehmen, sündigen wir nicht nur gegen uns, sondern gegen die ganze Welt. Denn wer kann für Ordnung in der Welt sorgen? All diese westlichen Führer mit ihrem schwachen Charakter?«[163]

In Israel nimmt man Verlautbarungen von Gusch Emunim nicht auf die leichte Schulter. Einer der Begründer der Bewegung, Jehuda Ben-Meir, verurteilte die Äußerungen von Valdman scharf: »Gusch Emunim zufolge müßten wir nicht nur Syrien und die Türkei erobern, sondern mit dem Blut unserer Kinder zum Wächter der gesamten Welt werden.«[164] Es mag seltsam erscheinen, daß Auffassungen wie die von Gusch Emunim ernstgenommen werden, aber angesichts des sich ausbreitenden »Khomeinismus« in der viertgrößten Militärmacht der Welt wird ihr Gewicht von seriösen israelischen Kommentatoren nicht unterschätzt.[165] Manche sind angesichts dieser Entwicklungen sogar verzweifelt. Für Boaz Evron ist »das wahre Symbol des Staats nicht die Menora [der siebenarmige Leuchter], sondern die Faust«.[166] Dazu paßt Stabschef Eitans Bemerkung anläßlich des Einmarschs in West-Beirut: »Was zerstört werden muß, werden wir zerstören. Wer eingesperrt werden muß, wird eingesperrt.«[167]

Innerisraelische Konflikte

Während des Libanonkriegs wurden die Spannungen zwischen den aschkenasischen und den sephardisch-orientalischen Juden stärker. Letztere, zu denen große Teile der Jugend und auch religiös-chauvinistisch eingestellte Gruppen gehörten, von denen viele aus den USA und der UdSSR eingewandert waren, unterstützten mehrheitlich den Krieg, während die vorwiegend aus Aschkenasim sich rekrutierende, gebildete und wohlhabende Elite ihn ablehnte, sich aber dadurch von der Gesamtgesellschaft weiter entfremdete, wie der Soziologe Benjamin Beit-Halahmi von der Universität Haifa in einer Untersuchung über die Protestbewegung gegen den Krieg feststellte. Was den Krieg selbst angeht, so wird »der Preis für den militärischen Sieg und die politische und menschliche Unterdrückung von den Siegern ebenso bezahlt wie von den Besiegten«.[168]

Neben diesem schon lange schwelenden Konflikt gibt es noch einen anderen, tiefergehenden. Für seine jüdischen Bürger ist und bleibt Israel eine lebendige Demokratie nach westlichem Muster, die indes mit einem grundlegenden Widerspruch behaftet ist. Israel ist ein jüdischer Staat mit einer Minderheit nicht-jüdischer Bürger. Es ist nicht der Staat seiner Bürger, sondern des jüdischen Volks, sei es in Israel oder in der Diaspora. Es gibt keine israelische Nationalität. Zwar wird gemeinhin behauptet, Israel sei nur in dem Sinne jüdisch, wie Großbritannien britisch ist, so daß jene, die (vergeblich) auf den Tatsachen beharren, dem jüdischen Nationalismus sein Recht absprechen, aber das ist einfach falsch. Ein Bürger Großbritanniens ist britisch, aber ein Bürger Israels muß nicht jüdisch sein; das ist eine alles andere als triviale Tatsache, die auch durch Rhetorik nicht verdeckt werden kann.[169]

Diese Prinzipien schlagen sich in den Rechtsstrukturen und administrativen Verfahrensweisen von Staat und Gesellschaft nieder – ebenfalls eine Tatsache, die in der voluminösen Literatur über Israel ebenso unterschlagen wird wie von linksliberalen Bewunderern oder von Israelis, die für ein amerikanisches Publikum schreiben. So versichert Amos Oz: »Bis heute sind nur fünf Prozent des Landes in Privatbesitz; alles andere ist, in der einen oder anderen Weise, öffentliches Eigentum«, auch die Ländereien des Kibbuz, in dem er lebt. Er zieht daraus den Schluß:

> »Israel hätte ein beispielhafter Staat werden können, eine offene, argumentative, engagierte Gesellschaft mit einzigartigen moralischen Maßstäben und einer zukunftsorientierten Zielsetzung, ein kleines Laboratorium für den demokratischen Sozialismus – oder, wie die Altvordern es ausdrückten, »ein Leuchtfeuer für die Nationen«. Aber als alles für eine solche Entwicklung bereit schien, setzte die Krise ein.«[170]

Die »Vision« ist verlorengegangen, könnte aber »durch ein wachsendes Streben seitens junger Israelis« wiederbelebt werden (was angesichts der tatsächlichen Verhältnisse ein frommer Wunsch sein dürf-

te), um sich auf »die ideologischen, ethischen und politischen Vorstellungen der frühen Zionisten« zurückzubesinnen.

Aber Oz und andere, die so argumentieren, unterschlagen viele
Vorstellungen der frühen Zionisten (wie etwa den Transfer von
Nichtjuden) und sagen auch nicht, wie es um die »eine oder andere
Weise« des öffentlichen Landbesitzes bestellt ist. Dafür ist nämlich
der Jüdische Nationalfonds zuständig, der gemeinnützige Spenden
so verwaltet, daß sie »direkt oder indirekt Personen jüdischer Religion, Herkunft oder Rasse zugutekommen«. Über einen Großtteil der
Entwicklungsgelder verfügt die Jewish Agency, die ähnliche Verpflichtungen hat. Diese und andere »nationale Institutionen« dienen
den Interessen der Juden, nicht aber israelischen Bürgern allgemein,
von denen 15 Prozent keine Juden sind. Die Folgen für die nicht-
jüdischen Bürger sind erheblich,[171] abgesehen von den Aktivitäten
der erwähnten Institutionen in den besetzten Gebieten. Ähnliche
Vorkehrungen in einem »Staat der Weißen« oder »Staat der Christen«
würden wir wohl kaum als Paradigmen für »einzigartige moralische
Maßstäbe« und »demokratischen Sozialismus« werten. Die berüch-
tigte UN-Resolution, die den Zionismus als Form des Rassismus verurteilte, kann getrost als heuchlerisch bezeichnet werden, wenn man
sich die Staaten ansieht, die sie (wie auch die arabischen) unterstützten. Zudem nahm sie auf den Zionismus an sich bezug, nicht aber auf
die konkrete Politik Israels, aber wenn man sie darauf beschränkt,
kann ihr ein Wahrheitsgehalt nicht abgesprochen werden.

Bisweilen werden bemerkenswerte Tricks angewandt, um die
Funktionalität der Diskriminierung zu gewährleisten. So sichert der
Staat großen Familien materielle Unterstützung zu, aber es muß ein
Weg gefunden werden, um die Araber von solchen Vergütungen auszuschließen. Üblicherweise wird also die Unterstützung den Familien
derjenigen gewährt, die in der Armee gedient haben; da aber religiöse
Juden davon ausgenommen sind, sorgt eine weitere Klausel dafür,
daß der Besuch oder die Tätigkeit in einer Jeschiwah Berücksichtigung findet. Es gibt viele ähnliche Beispiele. Außerdem ist Israel
wahrscheinlich die einzige Demokratie, in der auch Juden legal dis-
kriminiert werden können. So lehnte die Knesset 1983 erneut ein
Gesetz zur rechtlichen Gleichstellung reformorientierter und konser-
vativer mit orthodoxen Juden ab, was angesichts der Bedeutung des
Rabbinats für das bürgerliche Leben in Israel von erheblicher Bedeutung ist.[172]

Schon die Grundsätze auf denen der Staat beruht, machen die

Unterscheidung zwischen Juden und Nicht-Juden zu einer Sache von höchster Wichtigkeit. »Die Beamten des Innenministeriums verhalten sich gegenüber Mitgliedern israelischer Minderheiten, die ihren Namen ändern wollen, äußerst ungnädig, denn sie fürchten, daß diese in der Öffentlichkeit als Juden auftreten und dadurch Mischehen herbeiführen könnten, was Gott verhüten möge«, heißt es in einem Artikel, der sich kritisch mit solchen Praktiken auseinandersetzt. Zu wiederholten Malen sind Araber gerichtlich belangt worden, weil sie vorgaben, Juden zu sein. 1977 wurde ein Einwohner von Kafr Kassem aus diesem Grund zu einem Jahr Gefängnis verurteilt. Er hatte eine jüdische Frau heiraten wollen und zuvor erfolglos versucht zu konvertieren.[173] Das Urteil hätte angesichts der Geschichte von Kafr Kassem eigentlich für Bestürzung sorgen müssen, waren doch 1956 hier 47 Araber von israelischen Grenztruppen umgebracht worden.[174] Das hielt man sogar in Israel für ein Verbrechen: Der vom Gericht für die Befehle verantwortlich gemachte Offizier erhielt wegen »technischen Versehens« eine Geldstrafe von einem Piaster (etwa 10 Cent). Gabriel Dahan, der 43 Araber in einer Stunde getötet hatte, verbrachte ein Jahr im Gefängnis (die höchste Strafe, die bis dahin verhängt worden war) und konnte hinterher als Offizier für arabische Angelegenheiten in Ramle arbeiten. Das Verbrechen wurde mithin als ebenso schwer bewertet wie der Täuschungsversuch des Arabers 21 Jahre später.

Ein weiteres Beispiel: Die Stadt Denver (Colorado) hat eine israelische Patenstadt namens Karmiel (Galiläa). Besucher aus Denver, die sich im Park von Karmiel erholen, wissen wahrscheinlich nicht, daß ihre Patenstadt israelische Bürger arabischer Herkunft ausgeschlossen hat; selbst ein drusischer Veteran, der zwanzig Jahre lang bei den israelischen Grenztruppen gedient hatte, durfte hier kein Geschäft eröffnen. Außerdem ist dieses – so ein Bewunderer – »großartige Beispiel für erfolgreichen Zionismus«[175] auf den Ländereien eines arabischen Dorfs erbaut worden, die Mitte der sechziger Jahre mit einem zynischen Trick enteignet worden waren.[176] Die Bürger von Denver sind also Opfer eines Propagandatricks, der aufgrund der »ideologischen Unterstützung« für Israel verfängt.

Allerdings war die utopische Vision von Anfang an mit Makeln behaftet. Amerikaner, die jetzt mit Bedauern Israel als »verlorenes Paradies«[177] darstellen, geben sich der Selbsttäuschung hin und sitzen zugleich einer wirkungsmächtigen Propaganda auf, wobei ihr Gefühl sie nicht trügt, daß vieles, was an der israelischen Gesellschaft lobenswert und einzigartig war, als Folge des gewonnenen Kriegs von 1967, unwiederbringlich dahin ist. Mag man dies auch mit guten Gründen der arabischen Unversöhnlichkeit anlasten, so muß man ehrlicherweise jedoch zugeben, daß die eigentliche Ursache in der Politik der Arbeiterpartei und des Likud und natürlich in der Unterstützung dieser Politik durch die Vereinigten Staaten zu suchen ist.

Der grundlegende Widerspruch, der in der Idee eines demokratischen *und* jüdischen Staats liegt, tritt mit der zunehmenden Integration der besetzten Gebiete immer deutlicher zutage. Deshalb war die Arbeiterpartei, die stärker um das Image eines demokratisch-sozialistischen Israel besorgt ist als Likud, immer dagegen, die Araber der besetzten Gebiete in den Staat einzugliedern. In der Frühzeit des Zionismus wurden diese Probleme noch direkt angesprochen; erst 1942 verpflichtete sich die zionistische Bewegung zur Errichtung eines jüdischen Staats. Zuvor hatten die führenden Persönlichkeiten – Ben-Gurion und andere Politiker aus der Arbeiterbewegung, die die Jischuw (Siedlungsbewegung) in Palästina dominierten – einem solchen Konzept widersprochen, weil sie die »Herrschaft einer nationalen Gruppe über die andere« für illegitim hielten.[178] Erst der Zweite Weltkrieg und die Schoah ließen diese Strömung in den Hintergrund treten, die mit der UN-Resolution von 1947 ihr Ende fand.

Die zionistische Bewegung und die PLO

In der vorstaatlichen Periode waren die Vorläufer der beiden gegenwärtigen politischen Gruppierungen in oftmals harte, z. T. klassenbedingte Auseinandersetzungen verstrickt. Die Arbeiterpartei vertrat die jüdischen Arbeiter (nicht jedoch die Arbeiter insgesamt; tatsächlich widerstrebte sie Bemühungen der Mandatsregierung, die Bedingungen der arabischen Arbeiter zu verbessern, indem sie auf einen Boykott ihrer Tätigkeiten und Produkte drängte),[179] während die Revisionisten, die Vorläufer von Begins *Herut*, Abkömmlinge des europäischen Faschismus waren und einer Ideologie des Führerprinzips huldigten, sich als Streikbrecher betätigten, einen chauvinistischen Fanatismus vertraten und auch sonst die weltanschaulichen Versatzstücke der rechten Bewegungen der dreißiger Jahre im Gepäck hatten.[180]

Die Grenzen der zionistischen Bestrebungen«

Als die Aussichten für einen jüdischen Staat realistischer wurden, verfolgten die beiden Fraktionen ganz verschiedenen Taktiken. Der führende Kopf der Arbeiterpartei, Ben-Gurion, unterstützte einen britischen Teilungsvorschlag von 1937, bemerkte dazu jedoch:

> »Wenn wir die Teilung akzeptieren, müssen wir deshalb nicht Transjordanien aufgeben; man verlangt von keinem Menschen, daß er seine Visionen begrabe. Wir werden einen Staat in den heute festgelegten Grenzen akzeptieren, aber die Grenzen der zionistischen Bestrebungen sind Sache des jüdischen Volks, und kein äußerer Faktor wird sie beeinflussen können.«[181]

Mit ähnlichem Pragmatismus reagierte die große Mehrheit der zionistischen Bewegung auf den Teilungsvorschlag von 1947.

Im Gegensatz dazu erklärte Begin noch nach der Staatsgründung von 1948:

> »Die Teilung des Heimatlands ist illegal. Sie wird niemals anerkannt werden. Die Unterschriften auf dem Teilungsvertrag sind ungültig. Sie haben für das jüdische Volk keine bindende Kraft. Jerusalem war und wird immer unsere Hauptstadt sein. Eretz Israel [das Land Israel] wird dem jüdischen Volk zurückerstattet werden. Alles. Und für immer.«[182]

Die Echos dieses Konflikts hallen bis heute nach.

Ben-Gurions »Vision« zog die »Grenzen der zionistischen Bestrebungen« sehr weit; sie umfaßten den Südlibanon, Südsyrien, das heutige Jordanien, das gesamte Cisjordanien und die Sinai-Halbinsel.[183] Auf dieses Thema kam Ben-Gurion immer wieder zu sprechen. 1938 konstatierte er in einer parteiinternen Diskussion:

> »Wenn wir durch die Gründung des Staats zu einer starken Macht geworden sind, werden wir die Teilung aufheben und uns auf ganz Palästina ausdehnen... Der Staat wird nur ein Stadium bei der Verwirklichung des Zionismus sein und seine Aufgabe darin bestehen, durch ein jüdisch-arabisches Abkommen den Boden für unsere Ausdehnung auf ganz Palästina zu bereiten... Der Staat muß die Ordnung nicht nur durch Moralpredigten, sondern, wenn notwendig, auch durch Maschinengewehre aufrechterhalten.«

Das »Abkommen«, an das Ben-Gurion dachte, sollte mit König Abdallah von Jordanien geschlossen werden, den man dazu bewegen wollte, Teile Cisjordaniens, die unter seiner Kontrolle standen, abzutreten, während viele arabische Einwohner sie verlassen würden.[184] Zuvor hatte Ben-Gurion arabischen Gesprächspartnern erklärt, daß »unser Land« Transjordanien einschlösse und sich vom Sinai bis zur »Jordanquelle« erstreckte.[185] In internen Erörterungen betonte er, daß »wir nicht schon jetzt das Endziel verkünden«, das »weitreichend« sei, ja, noch weitreichender als das der Gegner des Teilungsplans. »Ich möchte … die große jüdische Vision, die endgültige Vision nicht aufgeben«, fügte er hinzu. Diese Vision, deren Ausmaß er offen ließ, »ist eine organische, spirituelle und ideologische Komponente meines Jüdisch-Seins und meiner zionistischen Bestrebungen«.[186]

Bisweilen waren die führenden Köpfe des Zionismus auch in öffentlichen Veranstaltungen ganz freimütig. Der 20. Zionistenkongreß, der 1937 in Zürich abgehalten wurde, vertrat offiziell die Position, daß »das von der [britischen Peel-] Kommission vorgeschlagene Teilungsschema unakzeptabel« sei, unterstützte den Vorschlag jedoch in einem gewissen Maß. Vor allem Weizmann und Ben-Gurion sprachen sich dafür aus. In einem Presseinterview erklärte Ben-Gurion:

> »Die Debatte wurde nicht für oder gegen die Unteilbarkeit von Eretz Israel geführt. Kein Zionist wird auch nur den kleinsten Teil von Eretz Israel abtreten. Die Diskussion ging darum, welcher der beiden Wege schneller zum gemeinsamen Ziel führen würde.«

Thema der Debatten war, ob man die Teilung ablehnen oder befürworten und dann davon ausgehen sollte, daß die spätere Entwicklung eine Ausweitung der Grenzen möglich machen würde. Chaim Weizmann antwortete auf die Frage, warum der vorgesehene Staat nicht die Negev-Wüste umfasse: »Die wird uns nicht davonlaufen.«[187]

In einem Brief an seinen Sohn schrieb Ben-Gurion:

> »Ein jüdischer Teilstaat ist nicht das Ende, sondern erst der Anfang … Ich bin sicher, daß man uns nicht an der Besiedlung anderer Landesteile hindern wird. Wir können das durch ein Abkommen mit den arabischen Nachbarn *oder durch andere Mittel erreichen* … [Wenn die Araber es ablehnen], *müssen wir in einer anderen Sprache mit ihnen reden. Aber wir werden nur dann über diese Sprache verfügen, wenn wir einen Staat haben.«*

Im Mai 1948 verließ sich Ben-Gurion auf die militärische Überlegenheit Israels und setzte seinen Generalstab von folgenden strategischen Zielen in Kenntnis:

> »Wir sollten uns darauf einstellen, zur Offensive überzugehen und den
> Libanon, Transjordanien und Syrien zu vernichten... Der schwache
> Punkt in der arabischen Koalition ist der Libanon, denn das muslimische
> Regime ist künstlich und leicht zu unterminieren. Es sollte ein christlicher
> Staat errichtet werden, dessen Südgrenze der [im Libanon gelegene Fluß]
> Litani bildet. Wir werden mit diesem Staat ein Bündnis eingehen. Wenn
> wir die Stärke der Arabischen Liga zerschlagen und Amman bombardie-
> ren, können wir auch Transjordanien eliminieren, und dann wird Syrien
> fallen. Wenn Ägypten es wagt, weiter zu kämpfen, werden wir Port Said,
> Alexandria und Kairo bombardieren.«

Interessante und ominöse Ankündigungen.

Nach der Unterzeichnung des Waffenstillstandsabkommens im
Februar 1949 entschloß sich Ben-Gurion, weitere Tatsachen zu
schaffen. Er beorderte zwei Brigaden nach Eilat am Golf von Aqaba,
das ohne Widerstand am 10. März eingenommen wurde. Wie der
Angriff auf die Golanhöhen von 1967 zeigt, war die Verletzung von
Waffenstillstandsvereinbarungen eine gängige Praxis israelischer
Regierungen. Kurz danach bereiste Ben-Gurion die Grenze mit
einem jungen General, den er fragte: »Wie würden Sie diese Hügel
einnehmen?« Er meinte die Berge von Edom jenseits der jordanischen Grenze. Der General machte einige Vorschläge und bemerkte
dann: »Warum diese Frage? Wollen Sie die Hügel erobern?« Ben-
Gurion antwortete: »Ich? Nein. Aber *Sie* werden sie erobern.« Er hielt
auch (so sein offizieller Biograph) an seinem »Traum von der Annektion der Sinai-Halbinsel« fest. Nachdem diese 1956 erobert worden
war,[188] verkündete Ben-Gurion die Gründung des »Dritten König-
reichs Israel« und unterrichtete die Knesset darüber, daß »unsere
Armee nicht auf ägyptisches Territorium vorgedrungen ist... Unsere
Operationen betrafen nur die Sinai-Halbinsel.«[189]

Gemäßigte und Extremisten

Der Zionismus der vorstaatlichen Periode weist erstaunliche Ähnlichkeiten mit den unterschiedlichen PLO-Strömungen auf, deren eine jeden Kompromiß ablehnt, während die Hauptfraktion um Jassir Arafat sich dem internationalen Konsens, der eine Zwei-Staaten-Regelung vorsieht, angeschlossen hat, ohne deshalb den »Traum« eines einheitlichen, demokratisch-säkularen Staats aufzugeben, der durch friedliche Verhandlungen mit Israel verwirklicht werden müsse. Gerade dieses Festhalten am »Traum« wird jedoch regelmäßig als Argument für die Unmöglichkeit von Verhandlungen mit der PLO benutzt. So beschreibt David Krivine, »was die jüdischen Israelis im Augenblick auf der Suche nach einer Lösung für das Palästinenserproblem durchleiden«, weil sie keinen Gesprächspartner haben; nicht einmal Meir Pails Plan für eine Zwei-Staaten-Regelung »hatte eine Chance, von den Arabern akzeptiert zu werden«. Das ist nachweislich falsch: Ein ähnlicher Plan wurde bereits im Januar 1976 von der PLO »vorbereitet«, kam in der UN zur Abstimmung, wurde von Israel zurückgewiesen und von den USA mit einem Veto bedacht. Das Problem liege darin, daß »alle Fraktionen der PLO nur ein Ziel haben: nämlich ganz Palästina zurückzugewinnen, und das heißt, das jüdische Staatswesen abzuschaffen«.[190]

Mit dieser Logik hätten britische Antisemiten 1947 argumentieren können (und haben es vielleicht auch getan), daß mit den »gemäßigten« Zionisten angesichts ihres »Traums« keine Verhandlungen möglich seien.

Übrigens hat Krivine in einem anderen Zusammenhang mehr Ehrlichkeit bewiesen:

> »Tatsächlich ist diejenige Gruppe, mit der wir nicht reden wollen, die PLO – aber nicht, weil es bösartige Leute wären. Das Hindernis ist das Thema, das auf der Tagesordnung steht. Es kann dabei nur um die Schaffung eines palästinensischen Staats im Westjordanland gehen, und dem können wir nicht zustimmen.«[191]

Allgemein gesprochen, besitzt die PLO die gleiche Art von Legitimität wie die zionistische Bewegung in der vorstaatlichen Periode, was in Israel zweifellos vielen bewußt ist und, wie ich meine, den Haß auf diese Organisation erklärt, die von den Palästinensern mehrheitlich als »ihr einziger Repräsentant« angesehen wird. Die Kriegsgegner in

Israel haben das durchaus erfaßt: »Wer nach dem kollektiven Rausch ernüchtert aufwacht, wird zugeben müssen, daß die Palästinenser die Juden unserer Epoche sind: ein kleines, verfolgtes Volk, wehrlos und hilflos, allein gegen ein Arsenal bester Waffen... die ganze Welt ist gegen sie.«[192]

Der Einsatz von Terror

Die Ähnlichkeiten erstrecken sich auch auf den Einsatz terroristischer Mittel. Noah Lucas bemerkt, daß die PLO sich damit »in der Welt zwar keine Sympathien erworben, aber ihre Sache erfolgreich als Streben eines zum Opfer gemachten Volks nach nationaler Selbstbestimmung dargestellt hat, während sie früher als vernachlässigtes Flüchtlingsproblem betrachtet wurde... Die Analogie mit dem Zionismus der späten vierziger Jahre ist augenfällig.«[193] Erinnern wir uns daran, daß Begin und Scharon ehemalige Kommandeure terroristischer Einheiten sind, zu deren zahlreichen Greueltaten die Tötung von Juden,[194] Briten und Arabern gehörte. Oder Schmuel Lahis, bis 1981 Generalsekretär der Jewish Agency, hat während der Landnahmeoperationen von 1948 in einem libanesischen Dorf ohne Not mehrere Dutzend arabischer Zivilisten getötet; er wurde zu sieben Jahren Gefängnis verurteilt und gleich darauf amnestiert. Eine zweite Amnestie »hob die Bestrafung wie auch die Anklage auf«. Später gewährte ihm der israelische Rechtsrat eine Anwaltslizenz, weil seine Tat ihn »nicht stigmatisierte«.[195]

Auch die in der Arbeiterbewegung wurzelnden Selbstverteidigungstruppen (die Haganah) übten – allerdings in geringerem Umfang – terroristische Gewalt aus: gegen Araber, aber auch gegen oppositionelle Juden. Ein religiöser Jude, der den Widerstand der großenteils antizionistisch eingestellten jüdischen Einwohner Palästinas organisierte, wurde im Juni 1924 beim Verlassen einer Synagoge von zwei Agenten der Haganah getötet. Die offizielle Geschichte der Haganah rechtfertigt diese »Sonderaktivität« mit dem »pathologischen Charakter« der antizionistischen Handlungen des »Verräters« (der angeblich homosexuell gewesen sein soll). Für David Pryce-Jones, den Palästina-Experten der *New Republic*, ist die Tatsache, daß König Abdallah von Jordanien »nach dem Freitagsgebet in der Omar-Moschee von Jerusalem getötet wurde«, ein Beweis für die unausrottbare Bösartigkeit der Palästinenser (wenn nicht der Araber insgesamt).[196]

Die Liste der Untaten ist, wie bei den meisten nationalistischen Bewegungen, lang und blutig; so tötete die Irgun allein im Juli 1938 76 Araber mit Bomben auf Marktplätzen und ähnlichen Mitteln.[197] Die offizielle Geschichte der Irgun macht kein Geheimnis daraus, daß es sich dabei um Vergeltungsaktionen handelte. So wurden z. B. 27 Araber ermordet, um eine Feier anläßlich des britischen Weißbuchs, das die Einwanderung von Juden einschränkte, zu verhindern. Weitere 52 Araber wurden nach der Verhaftung eines Irgun-Mitglieds durch die britische Polizei umgebracht usw.[198] Auch in den Jahren nach der Staatsgründung gab es terroristische Aktivitäten von Israelis (einige Beispiele haben wir angeführt).

Wie sich an Begin, Schamir und Lahis illustrieren läßt, werden Ex-Terroristen in Israel geehrt; ihren Mordtaten haftet »kein Stigma« an – auch das ist ein Charakterzug nationalistischer Bewegungen. Es gibt noch viele weitere Fälle. Das israelische Kabinett hatte eine Briefmarkenserie zur Ehrung zionistischer Helden herausgegeben, zu denen auch Schlomo Ben-Josef zählt, der von den Briten gehängt wurde, weil er auf einen arabischen Bus geschossen hatte; ferner die Mörder von Lord Moyne (der 1944 umgebracht wurde) sowie zwei Männer »die für ihre Beteiligung an dem Mißgeschick von Kairo im Jahr 1955 exekutiert wurden«[199] – eine sehr züchtige Umschreibung für Bombenattentate (die in Wirklichkeit 1954 stattfanden), deren »Mißgeschick« darin bestand, daß die Aktivisten gefaßt wurden.

Da der Terrorismus in Israel als ehrenhafte Beschäftigung gilt, kann es nicht erstaunen, daß die Täter von höchsten Regierungskreisen gedeckt wurden. So war einer der mutmaßlichen Mörder des UN-Vermittlers Graf Bernadotte ein enger Freund Ben-Gurions, der die Tatsache, daß dieser Freund ihm den Mord gestanden hatte, geheimhielt.[200] (Barnea und Rubinstein schreiben: »Der allgemein akzeptierten Version zufolge gehörte Jitzhak Schamir zu denjenigen, die den Mord geplant hatten.« Sie weisen auch darauf hin, daß Schamir sich wiederholt geweigert hat, seine Rolle in dem Mord an Eliahu Giladi zu erklären, einem Offizier der LEHI, der 1943 vom LEHI-Kommando zum Tod verurteilt worden war. Schamir befehligte damals die LEHI.) Auch das »Mißgeschick« von 1954 sollte vertuscht werden; die israelische Regierung wies alle Anschuldigungen der Ägypter gegen die gefaßten Terroristen zurück und sprach von einem »Schauprozeß ... gegen eine Gruppe von Juden ... die Opfer falscher Beschuldigungen« geworden seien. Die Zeitschrift der damals regierenden Arbeiterpartei sprach von einer »Nazi-inspirierten« Politik der ägyptischen Regierung, obwohl die Tatsachen höchsten Orts bekannt waren.[201]

Das vielleicht bemerkenswerteste Beispiel für die Fähigkeit, Greueltaten vergessen zu machen, ist Deir Jassin, wo im April 1948 Begins Irgun und die LEHI 250 Zivilisten umbrachten. Ein Jahr später berichtete *Ha'aretz* von einem »Festival« für religiöse Siedler, die »in dem ehemaligen Dorf Deir Jassin« Givat Schaul Beth (das jetzt zu Jerusalem gehört) gründeten. »Präsident Chaim Weizmann sandte schriftliche Grüße . . . die Oberrabbis und Minister Mosche Schapira nahmen an der Zeremonie teil . . . Das Orchester einer Blindenschule spielte . . .«[202] 1980 wurden die restlichen Ruinen abgeräumt, um Platz für eine Siedlung orthodoxer Juden zu schaffen. Straßen wurden nach den Irgun-Einheiten, die das Massaker verübt hatten, benannt. Sie sollten, so die israelische Presse, »am Schauplatz verewigt werden«.[203] Später wurde der Friedhof größtenteils beseitigt, damit eine Schnellstraße zu einer neuen jüdischen Siedlung gebaut werden konnte.[204]

Nahum Barnea schreibt: »Zuerst wurde Deir Jassin vergessen. Jetzt wird es gefeiert.« Er hatte eine von der Gesellschaft für den Naturschutz organisierte Reise dorthin mitgemacht und bemerkt bitter: »Die Natur war das einzige, was am 9. April 1948 nicht zerstört wurde.« Die (jährlich stattfindende) Tour wurde von einem ehemaligen Irgun-Mitglied geleitet, der die Operation vor einem vorwiegend passiven Publikum reinwusch. Dort, wo das Dorf stand, befindet sich jetzt ein Hospital für geistig Kranke; auch das Gefängnis von Akko, dem weiteren Schauplatz einer Irgun-Operation, dient nun diesem Zweck.[205]

Solche Geschehnisse sind nicht nur für die jüdische Nationalbewegung typisch. Überdies kann man sie anhand der Bedingungen, unter denen sich die zionistische Bewegung entwickelte und ihre Siege errang, erklären. Vor allem aber läßt sich daran erkennen, wie zynisch es ist, einzig der PLO ihren Terrorismus, die Einschüchterung »gemäßigter Kräfte« und ihre Verbrechen gegen Unschuldige vorzurechnen. Vielmehr können wir die Gefühle und Einstellungen von Palästinensern besser verstehen, die geflohen oder vertrieben worden sind oder unter militärischer Besatzung leben oder als Bürger zweiter Klasse in einem Land bleiben, das vor nicht allzu langer Zeit noch das ihre war. Erklären heißt nicht rechtfertigen, aber wenn man den Terrorismus von Zionisten vor und nach der Staatsgründung anhand der Begleitumstände erklären kann, dann gilt das auch für diejenigen, die sich nicht ohne Grund als Opfer des zionistischen Erfolgs betrachten.

Die aktuelle Problemlage

Oft wird behauptet, es sei heuchlerisch, wenn Europäer oder US-Amerikaner Israel wegen des Umgangs mit den Palästinensern verurteilen, weil die europäische Kolonisation sehr viel barbarischer war als alles, was den jüdischen Siedlern vorgeworfen werden kann. Wenn wir dieser Argumentation einen Wert zubilligen, dann müßte das auch für entsprechende Methoden anderer Staaten gelten. So könnten sich die japanischen Imperialisten bei ihren verbrecherischen Aktivitäten in der Mandschurei vor dem Zweiten Weltkrieg auf das europäische Modell berufen. Oder nehmen wir an, Israel würde die arabische Bevölkerung versklaven und dieses Vorgehen damit rechtfertigen, daß die amerikanischen Kolonisten nach ihrer Unabhängigkeit ein Jahrhundert lang die Sklaverei geduldet hätten. Welchen Wert der Vorwurf der Heuchelei auch haben mag, bleibt doch die Tatsache zu berücksichtigen, daß die unmenschlichen Methoden der europäischen Kolonisierung damals toleriert wurden, was heute nicht mehr der Fall ist. Israelis beschweren sich oft darüber, daß an sie höhere Maßstäbe angelegt werden als an andere. Wenn sie dabei an jene denken, die Indianer massakrierten und Schwarze versklavten, haben sie recht, auch wenn das Argument nicht viel taugt. In der heutigen Welt jedoch sind sie, zumindest in den USA, von ernstzunehmender kritischer Analyse verschont geblieben. Hier nämlich kennt man die wahre Geschichte kaum; hier gelten sie als Befürworter hoher moralischer Prinzipien und als ein von Barbaren eingekesseltes Volk, deren Ziel die Ermordung Unschuldiger und die Vertreibung der Juden aus ihrer rechtmäßigen Heimat ist.

Der Palästina-Konflikt ist bisweilen als einer dargestellt worden, in dem »Recht gegen Recht« steht. Das ist eine, wie ich meine, vertretbare Position, auch wenn sie von den Palästinensern natürlich nicht als moralisch gültig angesehen werden dürfte. Allerdings ist nicht klar, ob es Gewinn bringt, diese Frage weiter zu verfolgen. Israel ist eine Realität, die nur noch von wenigen bestritten wird, obwohl die zahlreichen Unterstützer und Apologeten sich alle Mühe geben, das Gegenteil zu beweisen. Von den Palästinensern kann dergleichen nicht behauptet werden, denn ihr Recht auf nationale Selbstbestimmung wird ihnen von Israel und den USA, der Führungsmacht im Nahen Osten, vorenthalten. Diesem Problem müssen die Vereinigten Staaten sich stellen.

Anmerkungen

1 Die reichhaltige Literatur zu diesem Thema ist zumeist von zionistischen Sichtweisen geprägt. Empfehlenswert ist die Untersuchung von Noah Lucas, *The Modern History of Israel* (London 1974). Die frühen Jahre behandelt Christopher Sykes, *Crossroads to Israel: 1917–1948* (Bloomington, Ind., 1965). Zum Verhältnis von Israelis und Palästinensern vgl. Jehoschua Poraths zweibändiges Werk *The Emergence of the Palestinian-Arab National Movement; The Palestinian Arab National Movement* (London 1974, 1977); ferner Simcha Flapan, *Zionism and the Palestinians*; Khalidi (Hg.), *From Haven to Conquest*; David Hirst, *The Gun and the Olive Branch* (New York 1977); Edward W. Said, *The Question of Palestine* (New York 1979); Barry Rubin, *The Arab States & Palestine* (Syracuse 1981). Zu den frühen Jahren finden sich wertvolle Materialien in der Untersuchung der ESCO Foundation: *Palestine: a Study of Jewish, Arab, and British Policies* (Yale, New Haven, 1947), bei der viele herausragende Wissenschaftler, zumeist liberal-zionistischer Provenienz, mitgearbeitet haben. Die Bücher von Lucas und Said enthalten nützliche bibliographische Hinweise.

2 Lucas, *Modern History*, S. 101.

3 Sykes, *Crossroads*, S. 5; Hervorh. von mir.

4 Ebd., S. 109 f., 123.

5 Das Massaker ereignete sich nach einer an der Klagemauer in Jerusalem organisierten Demonstration gegen die »arabische Arroganz« – »was sogar in den Augen der jüdischen Öffentlichkeit eine erhebliche Provokation darstellte« (Flapan, *Zionism and the Palestinians*, S. 96). Ein Augenzeugenbericht findet sich bei Sheehan in Khalidi, *From Haven to Conquest*. Die Provokation war von Betar ausgeheckt worden, der Jugendbewegung von Wladimir Jabotinskys revisionistischer Organisation, der Vorläuferin von Begins »Herut«. Schon der Name »Betar« zeigt den Zynismus dieser faschistoiden Bewegung, die, wie Flapan sagt, Hitler als »Erretter Deutschlands« und »Mussolini als politischen Jahrhundertgenius« feierte und oft entsprechend handelte. Der Name ist ein Akronym von »Brith Josef Trumpeldor« (»Der Bund von Josef Trumpeldor«). Trumpeldor wurde bei der Verteidigung der Siedlung Tel Hai gegen beduinische Angreifer getötet; Jabotinsky »verweigerte sich der Aufforderung der Arbeiterpartei, den bedrohten Siedlungen durch Mobilisierung« von Streitkräften zu helfen (Flapan, S. 104).

6 Bd. I, S. 218, 221. Die Empfehlungen der Kommission sind abgedruckt in George Antonius, *The Arab Awakening* (New York 1946, App. H); desgl. in Khalidi, *From Haven to Conquest*.

7 Flapan, *Zionism*, S. 141 f.; Zitat aus einer Rede von 1938.

8 Eine sorgfältige Analyse der Revolte bei Porath, *The Palestinian National Movement.*

9 Meines Wissens ist diese Frage niemals ernsthaft untersucht worden. Konfligierende Ansichten finden sich in Frederick Morgan, *Peace and War: A Soldier's Life* (London 1961), sowie Jehuda Bauer, *Flight and Rescue: Brichah* (New York 1970). Morgan war britischer Stabschef im Oberkommando der Alliierten (1943–1944) und leitete 1945–1946 die Operationen der UNRRA (UN-Hilfs- und Aufbauadministration) in Deutschland. Er glaubt, daß der »spontane Aufbruch eines gequälten und verfolgten Volks in sein lange verlorenes Heimatland« in Wirklichkeit das Ergebnis einer ausgezeichneten zionistischen Organisation und »eisernen Disziplin« in den Lagern war. »Ich nehme an, daß tatsächlich nur wenige [der jüdischen Flüchtlinge aus Osteuropa] freiwillig in andere Länder als die USA gegangen wären.« Er wirft den Zionisten die Ausnutzung der UNRRA zu politischen Zwecken vor, was ganz ähnlich klingt wie die späteren Vorwürfe der Zionisten, die Araber würden die UNRWA (die Nachfolgeorganisation der UNRRA) zu politischen Zwecken ausnutzen. Jehuda Bauer, ein bekannter israelischer Historiker, beruft sich dagegen auf einen Fragebogen der UNRRA, dem zufolge 96,8 Prozent der Befragten Palästina den USA vorgezogen hätten. Der Bericht des US-Gesandten Earl G. Harrison an Präsident Truman über die Lage und Bedürfnisse von Vetriebenen sprach ebenfalls von einer Präferenz für Palästina, bemerkte jedoch, daß viele dorthin wollten, »weil sie erkennen, daß die Möglichkeit, in den USA oder anderen westlichen Ländern Zuflucht zu finden, begrenzt oder nicht vorhanden ist«. Dieser Bericht ist im Anhang zu Leonard Dinnerstein, *America and the Survivors of the Holocaust* (New York 1982) abgedruckt.

10 Vgl. Chomsky, *Towards a New Cold War* (i. f. *TNCW*), S. 433. Hier ist die Sachlage klar, weil es Wahlmöglichkeiten gibt. Trotz großen Drucks ziehen die meisten Emigranten jetzt die Einwanderung in die USA vor. Ein anderer Fall sind die äthiopischen Juden (Falaschas), die unter starken Verfolgungen zu leiden hatten, ohne daß Israel sich groß um ihre Rettung bemüht hätte. Simcha Jacobovici bemerkt dazu: »Mindestens sechs Jahre lang haben sich alle großen jüdischen Organisationen in seltener Einmütigkeit Israels Haltung in einer Diaspora-Frage angeschlossen: Sie haben Informationen über das Leiden der Falaschas unterdrückt und keine größeren Hilfsaktionen gestartet.« (*NYT,* 23. April 1983)

11 Saul S. Friedman, *No Haven for the Oppressed* (Wayne State, Detroit 1973, S. 222 f.); Dinnerstein, *America*, S. 223 und passim; Alfred Lilienthal, *The Zionist Connection* (New York 1978), S. 56. Eine scharfe Verurteilung der Politik der zionistischen Führung findet sich bei Mosche Schonfeld, *The Holocaust Victims Accuse: Documents and Testimony on Jewish War Criminals*, Tl. I (Neturei Karta in den USA, Brooklyn 1977). Der Herausgeber ist Mitglied der Neturei Karta von Jerusalem, der Organisation orthodoxer,

antizionistischer Juden, die in der vorzionistischen Siedlerbewegung wur-
zelt und jetzt die säkulare Demokratie unterstützt.

12 Morris L. Ernst, *So Far So Good* (New York 1948), S. 175 f.

13 Bernard Weinraub, *NYT*, 4 Jan. 1982. Zu weiteren Kontroversen um dieses
    Thema vgl. Weinraub, *NYT*, 20. Jan.; Richard Bernstein, *NYT*, 9. Feb.
    1983.

14 Lucas, *Modern History of Israel*, S. 192.

15 Simha Flapan (*Zionism and the Palestinians*) hält diese Äußerungen für tak-
    tische Manöver. Vgl. auch *TNCW*, S. 258 f., wo Nahum Goldmans einiger-
    maßen zynische Interpretation der expliziten Ablehnung eines jüdischen
    Staats durch Ben-Gurion und andere zitiert wird.

16 Es ist seit längerem bekannt, daß diese aus der Irgun hervorgegangene
    Gruppe den Nationalsozialisten angeboten hatte, mit ihnen gegen die Bri-
    ten zusammenzuarbeiten. Das Thema erregte Aufsehen in Israel, als der
    Journalist B. Michael einen LEHI-Vorschlag von 1941 veröffentlichte, der
    sich an die Nazis richtete (*Ha'aretz*, 31. Jan. und 6. Feb. 1983). Der Vor-
    schlag drückte Sympathie für die »deutsche Konzeption« einer »neuen
    Ordnung in Europa« aus und lief darauf hinaus, bei Bildung eines jüdi-
    schen Staats »auf nationaler und totalitärer Basis, die Beziehungen zum
    Dritten Reich herstellt«, zu kooperieren und die Interessen Hitler-
    Deutschlands im Nahen Osten zu schützen. Vgl. Leni Brenner, *Zionism in
    the Age of the Dictators* (Westport, Conn., 1983), sowie David Jisraeli, *The
    Palestine Problem in German Politics* (Bar Ilan Universität, Ramat Gan
    1974).

17 Interessante Erörterungen der Beziehungen zwischen den verschiedenen
    arabischen und jüdischen Parteien während dieser Zeit finden sich in Fla-
    pan, *Zionism* und Rubin, *The Arab States & Palestine*.

18 Uri Milshtein, *Davar*, 23. Okt. 1981; Sykes, *Crossroads*, S. 337. Eine neue-
    re Darstellung des Terrorismus von Irgun und LEHI vom Dezember 1947
    findet sich in Chomsky, *Peace in the Middle East?*, S. 64 f., wo ein Bericht
    des Rats für jüdisch-arabische Zusammenarbeit zitiert wird, der zu dem
    Schluß kommt, daß diese Aktionen Konflikte in friedlichen Gebieten stif-
    ten sollten. Weitere Beispiele in *TNCW*, S. 464 f.

19 Israel Segal, »The Deir Jassin File«, *Koteret Rashit*, 19. Jan. 1983; *Toldot
    Milhemet Hakomemiut*, ausgearb. von der Historischen Abteilung des
    Generalstabs der israelischen Armee (Ma'arachot, Israel, 1959; Zitat aus
    der 14. Aufl., 1966, S. 117). Englische Übersetzungen anderer Dokumente
    über Deir Jassin und weitere Massaker der Irgun finden sich in einer von
    Israel Schahak herausgegebenen Anthologie *Begin And Co. As They Really
    Are* (Jerusalem 1977, Privatdruck). Zum Massaker vgl. den Bericht vom
    Schauplatz von Jacques de Reynier, dem Leiter der Delegation des Roten
    Kreuzes in Palästina, Bemerkungen des zionistischen Historikers Jon Kim-
    che, abgedruckt in Khalidi, *From Haven to Conquest*, und den israelischen
    Militärhistoriker Meir Pail, einen Augenzeugen, zit. in *TNCW*, S. 465 und
    bei Schahak, *Begin And Co.*

20 Lucas, *Modern History of Israel*, S. 252, 460.

21 Mordechai Nisan, Professor für Politische Wissenschaft an der School for Overseas Students of the Hebrew University, in Elazar (Hg.), *Judea, Samaria and Gaza,* S. 193. Nisan ist ein Bewunderer des Einsatzes von Terror (gegen Araber). Vgl. *TNCW,* S. 304.

22 Erskine Childers, *Spectator,* 12. Mai 1961; abgedruckt in Khalidie, *From Haven to Conquest.* Vgl. auch seinen Essay in Ibrahim Abu-Lughod (Hg.), *The Transformation of Palestine* (Evanston 1971), der vorwiegend zionistische Quellen zu den Themen Terror und Vertreibung zitiert und einige der bemerkenswerten Propagandabemühungen zur Vertuschung der Tatsachen untersucht.

23 Diese zuvor unbekannte Tatsache wurde von Premierminister Jitzhak Rabin (Arbeiterpartei) enthüllt, der damals Befehlshaber in Israels Nordregion war, wo die Vertreibung stattfand. Er schätzt, daß damals 3000 bis 5000 Araber nach Syrien vertrieben wurden. Sie hatten 1951 im Zuge von Bewässerungsprojekten ihre Dörfer verlassen müssen. (Eli Tabor, *Jediot Ahronot,* 2. Nov. 1982.)

24 *Al Hamischmar,* 16. April 1982. Zu den Vertreibungen von 1948 und 1967 vgl. Hirst, *The Gun and the Olive Branch.* 1967 überquerten an die 200 000 Flüchtlinge den Jordan.

25 Joram Peri, *Between Battles and Ballots,* S. 58; Flapan, *Zionism,* S. 337, eine sehr detaillierte Darstellung; vgl. auch Rubin, *Arab States.* Michael Widlanski berichtet aus Jerusalem über kürzlich entdeckte Dokumente der britischen Diplomatie, die zeigen, daß Großbritannien damals Druck auf Transjordanien, Ägypten, Syrien und den Irak ausübte, damit es nach dem Waffenstillstandsabkommen von 1949 nicht zu formellen oder informellen Friedensverträgen kommen würde, die zu einem von Israel dominierten neutralen Block führen könnten (Israel war damals noch blockfrei). Das nämlich hätte die britischen Nahost-Interessen gestört. Außerdem soll Großbritannien die Arabische Liga dazu benutzt haben, den Einfluß der UdSSR, Frankreichs, Israels und der USA einzuschränken. Michael Widlanski, Cox News Service, *Winnipeg Free Press,* 24. Jan. 1983. Zu damaligen Konflikten zwischen den USA und Großbritannien im Nahen Osten vgl. *TNCW,* Einl. und die Kap. 2 und 11 mit den angeführten Verweisen.

26 *Shalom Network Newsletter* (Berkeley), Okt./Nov. 1981; Nachdruck aus dem Londoner *Jewish Chronicle.*

27 Abgedruckt in *Israel & Palestine* (Paris), Okt./Nov. 1981.

28 World Jewish Congress, *News & Views,* Sept. 1982; *Jewish Post & Opinion,* 17. Sept. 1982; SOUTH, Nov. 1982.

29 *New Leader,* 24. Dez. 1973. Vollständiger zitiert in *Peace in the Middle East?,* S. 187.

30 David K. Shipler, »A Crisis of Conscience Over Lebanon«, *NYT,* 18. Juni 1982. Eine solche Deutung der Geschichte erwartet man eigentlich nur von Propagandisten wie z. B. Nathan I. Nagler, dem Vorsitzenden der Anti-

Defamation League von B'nai Brith in New York, der »fünf militärische Invasionsversuche« der Araber erwähnt, »die auf Zerstörung zielten« (Leserbrief, *NYT,* 19. Juni 1982). Interessanter ist, daß seriöse Journalisten und Gelehrte häufig diese Ansicht vertreten.

31 J. Robert Moskin in einer Rezension von Chaim Herzogs Buch *The Arab-Israeli Wars* in *NYT Book Review,* 28. Nov. 1982.

32 Jacobo Timerman, *The Longest War* (New York 1982). Timerman wiederholt auch andere Standardmythen und fabriziert bisweilen sogar neue.

33 Der Angriff war die Reaktion auf eine terroristische Operation der PLO, bei der nach Kaperung eines Busses auf einer Küstenstraße während eines Feuergefechts 34 Israelis getötet worden waren. Abgesehen von der Frage der Verhältnismäßigkeit oder des Werts internationaler Rechtsprinzipien (die für UN-Mitglieder bindend sind), denen zufolge der Einsatz von Gewalt nur als Verteidigung gegen bewaffnete Angriffe erlaubt ist, war die israelische Vergeltungsmaßnahme für den terroristischen Vorfall, der sie provozierte, ohne Belang, weil die von seegestützten Kommandos ausgeführte Aktion nördlich des von Israel besetzten Gebiets gestartet worden war. Die Grenze war zuvor, abgesehen von einigen durch Israel provozierten Scharmützeln, relativ ruhig gewesen.

Der Krieg von 1973 war eindeutig ein arabischer Angriff, aber auf von Israel besetzte Gebiete, nachdem diplomatische Bemühungen um eine Beilegung des Konflikts zurückgewiesen worden waren. Insofern ist es kaum eine »unbestreitbare historische Tatsache«, daß dieser Krieg mit »der Existenz eines jüdischen Staats« zusammenhing.

34 Michael Walzer, *Just and Unjust Wars* (New York 1977), S. 292; Hervorh. von mir.

35 *Ha'aretz,* 29. März 1972; ausführlichere Zitate in Cooley, *Green March, Black September,* S. 162.

36 *Le Monde hebdomadaire,* 8.–14. Juni 1972; Kimche, *There Could Have Been Peace,* S. 258.

37 Vgl. Cooley, *Green March*; Charles Yost, *Foreign Affairs,* Jan. 1968 und viele andere Quellen.

38 Menachem Begin, Rede vom 8. August vor dem National Defense College; Auszüge in *NYT,* 21. August 1982, Abdruck aus der *Jerusalem Post.*

39 Weitere Beispiele für Walzers Argumentation in *TNCW.*

40 Vgl. *TNCW,* S. 331, 453 und die dort zitierten Quellen, insbesondere Ehud Jaari, *Egypt and the Fedayeen* (Givat Haviva 1975), das auf erbeuteten ägyptischen Dokumenten beruht; Kennett Love, *Suez: The Twice-fought War* (New York 1969, S. 92 f., 408 f.); Donald Neff, *Warriors at Suez* (New York 1981). Vgl. Rokach, *Israel's Sacred Terrorism* zu Informationen aus den Tagebüchern von Premierminister Mosche Scharett. Wichtige Materialien finden sich auch in den Memoiren der UN-Kommandeure, die im Grenzgebiet tätig waren. Sie nahmen ihre Arbeit mit viel Sympathie für Israel auf, äußerten sich später aber höchst kritisch über den Einsatz nicht-provozierter Gewalt.

41 Eine derartige Rekonstruktion unerwünschter Tatsachen ist nicht unüblich. Ein weiteres Beispiel gekonnter »Bearbeitung« gelang der *NYT,* die einen Bericht der Londoner *Times,* der eine unerwünschte Botschaft enthielt, in ihr genaues Gegenteil verkehrte. *Newsweek* nahm die *NYT*-Version mit einigen Ergänzungen auf, und diese Darstellung wurde dann zur offiziellen. Vgl. dazu N. Chomsky und Edward S. Herman, *The Political Economy of Human Rights,* Bd. I (Boston 1979), S. 135 f.

42 Ein Augenzeugenbericht (aus einer israelischen Quelle) zu Greueltaten der israelischen Armee, die andauerten, bis »Ben-Gurion selbst den Befehl gab, mit Morden und Plünderungen aufzuhören«, findet sich in Mark Gefen, *Al Hamischmar,* 27. April 1982.

43 Neff, *Warriors at Suez,* S. 420 f.; Love, *Suez,* S. 51 f.

44 Ein in den USA wenig bekanntes Beispiel: Japanischen Quellen zufolge hat die amerikanische Armee in Japan bei der Besetzung Vergewaltigungen, Plünderungen und Morde begangen; vgl. dazu Saburo Ienaga, *The Pacific War,* New York 1978, S. 236 f. Weitere Beispiele für den Umgang mit Gefangenen, Kollaborateuren usw. durch die USA und ihre Verbündeten in Chomsky und Herman, *The Political Economy of Human Rights,* Bd. II, S. 32–48.

45 Israel wollte die Kontrolle über das Jordanwasser erlangen und dessen Verbreitung in den arabischen Territorien verhindern. Das führte zum Konflikt mit den Vereinten Nationen und den Vereinigten Staaten. Das amerikanische Johnston-Projekt, das ein Arrangement für die Verteilung des Wassers vorsah, wurde von Israel unterminiert und »der Schlag gegen Syrien im Dezember 1955 bedeutete das Ende für diesen Plan« (Love, *Suez,* S. 277). Die Besetzung der Golanhöhen 1967 klärte die Sachlage.

46 Alfred Friendly, »Israel: Paradise Lost«, *Manchester Guardian Weekly,* 11. Juli 1982.

47 Carl van Horn, *Soldiering for Peace,* zitiert mit weiteren Beweismaterialien aus UN- und israelischen Quellen in Fred J. Khouri, *Arab Perspectives,* Jan. 1982. Vgl. auch Hirst, *The Gun and the Olive Branch.*

48 Mattitjahu Peled, »A burden rather than an asset«, *Ha'aretz,* 30. Okt. 1980.

49 John K. Cooley, *Christian Science Monitor,* 30. Jan. 1970.

50 Zur Dokumentation vgl. Sabri Jiryis, *The Arabs in Israel* (New York 1976). Zur möglichen Rolle des israelischen Terrorismus bei der Flucht aus dem Irak vgl. *TNCW,* S. 462. Die Darstellung dort bezieht sich auf Berichte irakischer Juden in der israelischen Presse und Wilbur Crane Evelands Erinnerungen, der zur damaligen Zeit Militärattaché an der US-Botschaft in Baghdad war (*Ropes of Sand,* New York 1980, S. 48). Vgl. auch Rabbi Moshe Schonfeld, *Genocide in the Holy Land* (Neturei Karta of the USA, Brooklyn 1980, S. 509 ff.).

51 Erörterungen und Verweise in *TNCW,* Kap. 9; desgl. Rafik Halabi, *The West Bank Story* (New York 1981) und die in Anm. 1 genannten Titel. Wichtige persönliche Darstellungen sind die Bücher von Raymonda Tawil (*My Hope, My Prison,* New York 1980) und Radscha Schehadeh (*The Third*

Way, London 1982). Schehadeh, ein westjordanischer Anwalt, ist auch der hauptsächliche Autor einer informativen Untersuchung über die Tricks und Rechtspraktiken der Militärverwaltung: Radscha Schehadeh, in Zus.arb. mit Jonathan Kuttab, *The West Bank and the Rule of Law* (Genf 1980). Vgl. auch Emanuel Jarry, *Le Monde diplomatique,* Sept. 1981, sowie Danny Rubinstein, *New Outlook,* Juni/Juli 1982. Zur Intensivierung der Unterdrückung unter Scharon und Milson vgl. *Only Do Not Say That You Did Not Know,* eine Veröffentlichung des israelischen Solidaritätskomitees mit der westjordanischen Universität von Bir Zeit, Jerusalem, Juni 1982.

52 Spezifische Verweise und weitere Erörterungen in Kapeliuk, *Israel.* Zur »Judaisierung von Galiläa« vgl. *TNCW,* Kap. 9. Die detaillierteste Untersuchung des Siedlungsprogramms stammt von William Wilson Harris: *Taking Root: Israeli Settlement in the West Bank, the Golan and Gaza-Sinai, 1967-1980* (New York 1980).

53 Elischa Efrat, »Spatial Patterns of Jewish and Arab Settlements in Judea and Samaria«, in Elazar (Hg.), *Judea, Samaria and Gaza.*

54 Kapeliuk, *Israel,* S. 65, 44 f., 296 f.

55 Amnon Kapeliuk, *Le Monde,* 15. Mai 1975.

56 *Al Hamischmar,* 22., 29. Aug. 1975; A. Drojanov, *Sefer Tel Aviv,* 1936, Bd. I, Teile wieder abgedr. in *Matzpen,* Juli 1975. Vgl. auch meinen Artikel »The Interim Agreement«, *New Politics,* Winter 1975/76.

57 *Jewish Post & Opinion,* 26. Sept. 1975.

58 Vgl. *TNCW,* S. 280 f.

59 Danny Rubinstein, *Davar,* 16. März 1981. Vgl. auch Benvenistis Vorschlag zur »gegenseitigen Anerkennung der nationalen Bestrebungen von Israelis und Palästinensern« in der *Jerusalem Post* vom 7. April 1981. Benvenisti war damals Kandidat für die Knesset auf der Bürgerrechtsliste.

60 David Richardson, »De facto dual society«, Interview mit Meron Benvenisti, *Jerusalem Post,* 10. Sept. 1982. Weitere Details zu Benvenistis Forschungen und Folgerungen in David K. Shipler, *NYT,* 12. Sept. 1982. Shipler geht davon aus, daß 55 bis 65 Prozent des Westjordanlands unter der Kontrolle der israelischen Regierung stehen. Vgl. auch Ian Black, *Manchester Guardian Weekly,* 19. Sept. 1982; Anthony Lewis, *NYT,* 1. Nov. 1982, über eine Informationsveranstaltung mit Benvenisti in Washington. Vgl. auch Lesley Hazelton, »The Israelis' ›Irreversible‹ Settlements«, *Nation,* 18. Dez. 1982, der das Ausmaß der Siedlungsprojekte beschreibt und u. a. anmerkt, daß die Arbeiterpartei »sich ebenso siedlungsbewußt gibt wie Likud«. Regierungsbeamte halten Benvenistis Daten für korrekt, berichtet Hazelton. Vgl. auch Amos Elon, »Ariel for example«, *Ha'aretz,* 11. Nov. 1982, die Beschreibung einer neuen Stadt südlich von Nablus.

61 Philip Geyelin, »On Israeli Settlements, Reagan Really Isn't Trying«, *Los Angeles Times,* 27. Dez. 1982.

62 Chaim Bermant, »Financial Influence«, *Jerusalem Post,* 19. Dez. 1982.

63 Besonders auffällig war, wie Blitzer bemerkt, die Niederlage von Kongreß-
    abgeordneten, die »von der jüdischen Gemeinschaft ins Fadenkreuz
    genommen worden waren«. Diese Lektion wurde von Senator Glenn,
    einem Präsidentschaftsaspiranten, zweifellos sorgfältig registriert, war er
    doch wegen solcher Indiskretionen wie der oben zitierten ebenfalls »ins
    Kreuzfeuer« geraten. Vgl. dazu Curtis Wilkie, »Glenn campaign gets a buf-
    feting«, *BG*, 20. Feb. 1983. Wilkie erörtert, was das *New York Magazine*
    Glenns »bedeutsames jüdisches Problem« nannte – angesichts der traditio-
    nellen jüdischen Unterstützung demokratischer Kandidaten kein triviales
    Problem, wie Wilkie hervorhebt.

64 Wolf Blitzer, »Lessons from aid victory«, *Jerusalem Post*, 24. Dez. 1982.
    Weitere Einzelheiten bei G. Neal Lendenmann, »Aid Levels to Israel«, *Ame-
    rican-Arab Affairs*, Winter 1982/83.

65 *Davar*, 11. Nov. 1982; Interview in *Trialogue*, Zeitschrift der Trilateralen
    Kommission, Winter 1983.

66 Uzi Schimoni, »The Allon-Plan – an expression of Zionist and security
    aktivism«, *Davar*, 21. Dez. 1982.

67 Anthony Lewis, *NYT*, 1. Nov. 1982.

68 Seine Position, die im wesentlichen der der Arbeiterpartei entspricht, wird
    vom US-amerikanischen zionistischen Establishment für »anti-israelisch«
    gehalten und dessen Presse fordert ihre Leser dazu auf, seine Vorträge zu
    boykottieren (*Jewish Week*, New York; Bericht in *Jewish Post & Opinion*,
    3. Dez. 1982). Dieses Verhalten, wie auch das der Anti-Defamation Lea-
    gue, zeigt den stalinistischen Charakter der zionistischen Institutionen in
    den USA. Israelische Kriegsgegner haben das bemerkt und verurteilt.

69 Und zwar gegen harte Währung. Die von Richardson genannte Zahl
    scheint zu hoch zu sein. Shmuel Sandler und Hillel Frisch (in Elazar [Hg.],
    Judea, Samaria and Gaza) nennen 12 Prozent.

70 Sasson Levi in Elazar (Hg.), *Judea, Samaria and Gaza*.

71 Bernard Nossiter, *NYT*, 3. April 1982.

72 Irving Howe, »The Campus Left and Israel«, *NYT* Op-Ed, wiederabgedr.
    in Howe und Carl Gershman (Hg.), *Israel, the Arabs, and the Middle East*
    (New York 1972).

73 Danny Rubinstein, *Davar*, 5. und 12. Nov. 1982.

74 David K. Shipler, *NYT*, 4. April 1983. Er zitiert Meir Cohens Bemerkun-
    gen vor dem Komitee für Außen- und Verteidigungspolitik der Knesset am
    16. März; Francis Ofner, »Sketching Rabin's Moves towards Peace«, *Chris-
    tian Science Monitor* (i. f.: *CSM*), 3. Juni 1974, Meldung aus Tel Aviv. Mehr
    zu Rabins Ansichten in *TNCW*, S. 234.

75 Amos Oz, »Has Israel Altered its Visions?«, *NYT Magazine*, 11. Juli 1982.

76 Vgl. *TNCW*, S. 255 f., 286 f.; dort finden sich Zitate und Verweise.

77 Vgl. Flapan, *Zionism*; ausführliche Erörterungen S. 69 f., 82, 222, 259 ff.

78 Ein weiterer bedeutender Befürworter der Vertreibung der einheimischen
    Bevölkerung war Josef Weitz, ein hoher Beamter des Jüdischen National-
    fonds, der diese Position in den frühen vierziger Jahren bekleidete. Die

geeignete Lösung war für ihn »das Land Israel, zumindest dessen Westen [Cisjordanien] ohne Araber, weil es hier keinen Raum für Kompromisse gibt«. Von den Arabern dürfe »keine Ortschaft und kein Stamm« bleiben; mögliche Ausnahmen seien lediglich Bethlehem, Nazareth und die Altstadt von Jerusalem. Die Araber müßten nach Transjordanien, Syrien oder in den Irak auswandern. Der Plan wurde von den palästinensischen Juden breit diskutiert und von der Führung abgesegnet. Vgl. Israel Schahak, »They should leave and empty out the region«, Leserbrief, *Koteret Raschit,* 16. März 1983. Schahak zitiert aus den (1965 veröffentlichten) Tagebüchern und Briefen von Weitz. Vgl. auch *TNCW,* S. 236.

79 *Ha'aretz,* 26. Mai 1980.

80 *Jediot Ahronot,* 15. Jan. 1982; *Israeli Mirror.*

81 Michael Walzer, »Nationalism, internationalism, and the Jews: the chimera of a binational state«, in Howe und Gershman (Hg.), *Israel, the Arabs and the Middle East.*

82 Beispiele in *TNCW,* s. 255 f., 286 f. und in meinen Artikeln in *New Politics,* Winter 1975/76, Winter 1978/79.

83 Allerdings hat die Entfremdung zwischen den Bewohnern der Entwicklungsstädte und denen der Kibbuzim nicht erst 1977, sondern sichtbar schon Ende der sechziger Jahre eingesetzt. Aber bereits 1953, als ich für einige Zeit in einem israelischen Kibbuz lebte, gab es, wie ich mich erinnere, Vorfälle, die ein Licht auf diesen Antagonismus warfen. –
Zum Thema vgl. Amos Elon, *Ha'aretz,* 28. Sept. 1981 (über die Entwicklungsstadt Beit Schemesch); Schevach Weiss, *Al Hamischmar,* 2. Okt. 1981; Z. Dorsini, *Davar,* 21. Sept. 1981; Avschalom Ginat, *Al Hamischmar,* 18. Sept. 1981. Weitere Informationen in Davis, *Israel: Utopia Incorporated* und *The Dawn (Al Fadschr,* Jerusalem), 5. u. 12. Nov. 1982. Ebenso die ausführlichen Erörterungen von Ellen Cantarow, »A Family Affair«, *Village Voice,* 25. Jan. 1983; und David K. Shipler, *NYT,* 6., 7., 8. April 1983.

84 Ze'ev Japhet, »No Lessons Were Learned, Nothing Was Done«, »The Exhaustion of the Kibbutz Movement«, *Ha'aretz,* 15. u. 22. Okt. 1982. Desgl. »Mapai destroyed us«, *Ha'aretz,* 15. Okt. 1982.

85 Tamar Maroz, *Ha'aretz,* 25. Feb. 1983.

86 Michael Elkins, *Newsweek,* 8. Juni 1970.

87 So bekundete Jerusalems Bürgermeister Teddy Kollek seinen »Schrecken vor dem Anwachsen des Faschismus in Israel« und fühlte sich an das Wien der dreißiger Jahre erinnert. Zudem müßten die Vorkommnisse »jedem vertraut erscheinen, der gerade aus Lateinamerika gekommen ist«. *Al Hamischmar,* 22. Juni 1981; *Israeli Mirror.*

88 Einer der Standardslogans und Ausdruck einer in weiten Kreisen verbreiteten nahezu hysterischen Zuneigung für Begin.

89 *Jediot Ahronot,* 31. Okt.; Schimon Weiss, *Davar,* 1. Nov. 1982.

90 *David K. Shipler,* »Ethnic Conflict Erupts in Israel«, *NYT,* 29. Dez.; Leah Etgar, »The Arabs took our jobs and are running Tiberias«, *Jediot Ahronot,*

10. Dez. 1982; Michal Meron, »Town without pity«, Beilage zu *Jediot Ahronot*, 11. März 1983.

91 *Ha'araetz*, 26. Nov. 1982.

92 Einige Beispiele in *TNCW*, S. 287 f.

93 Zvi Barel, »Talking to a settler«, *Ha'aretz*, 20. April 1982. Zur Immunität von Siedlern vgl. *TNCW*, S. 279.

94 Jedidia Segal, *Nedudah*, 3. Sept. 1982.

95 Amnon Rubinstein, *Ha'aretz*, 5. April 1982; *Ha'aretz*, 4. April 1982; Danny Rubinstein, *Davar*, 9. April 1982. Rubinstein merkt an, daß nach dem Abzug der Polizei und der Zivilbehörden die Siedler »tun und lassen können, was sie wollen«.

96 David Shipler, *NYT*, 21. u. 22. März 1982.

97 Barel, »Talking to a settler«.

98 Danny Tsidkoni, *Davar*, 18. Mai 1982.

99 Michal Meron, *Jediot Ahronot*, 29. März 1982; Amnon Kapeliuk, *Al Hamischmar*, 26. März 1982.

100 James McManus, *Guardian* (London), 7. April 1983.

101 *The Dawn* (*Al Fadschr*), 5. Nov. 1982.

102 Knesset-Mitglied Tawfiq Toubi; Bericht in *The Dawn* vom 3. Dez. 1982.

103 Ein neueres Beispiel enthält der Bericht von Felicia Langer, der israelischen Kommunistin und Anwältin, die viele Araber verteidigt. Sie zitiert einen arabischen Gefangenen, der ausführlich berichtet, was ihm beim Verhör im »Sarafand«-Vernehmungszenrum geschah. Er wurde so zugerichtet, daß die Gefängnisaufsicht von Nablus ihn nicht ohne Attest eines Militärarztes aufnehmen wollte (*The Dawn*, 31. Dez. 1982). Vgl. Langers Buch *With My Own Eyes* (London 1974) sowie das ausführlichere hebräische Original *Bemo Ejnaj*. Weitere Beispiele in *TNCW*, S. 447.

104 Umfassende Beispiele für beide Kategorien in Chomsky und Herman, *Political Economy of Human Rights*. Erwartungsgemäß ist unsere Forderung, Berichte von Flüchtlingen seien ernstzunehmen und in jedem Fall sorgfältig zu prüfen, wiederholt als Apologie irgendeines offiziellen Feindes interpretiert worden. Darauf einzugehen wäre Zeitverschwendung, doch könnte man einige Methoden der von Bakunin so genannten »staatsanbetenden« Intellektuellen untersuchen. Im Westen handelt es sich meist um solche, die vorgeben, Antikommunisten zu sein, selbst aber die Praktiken des Stalinismus nachahmen.

105 *London Sunday Times*, 19. Juni 1977. Weitere Beweise enthalten die Aussagen von Paul Eddy und Peter Gillman von der *Sunday Times* vor dem UN-Sonderkomitee zur Untersuchung israelischer Praktiken, die die Menschenrechte der Bevölkerung der besetzten Gebiete beeinträchtigen (A/SPC/32/L.12/11. Nov. 1977). Die Ausführungen enthalten auch eine interessante Analyse der Widerlegungsversuche von David Krivine (*Jerusalem Post*) und der israelischen Regierung. Vgl. *TNCW*, S. 447.

106 Seth Kaplan, *New Republic*, 23. Juli 1977.

107 Vgl. dazu auch Michael Levin, »The Case for Torture«, *Newsweek*, 7. Juni

1982. Der Autor, Philosophieprofessor am New Yorker City College, konstruiert einen extravaganten Fall, in dem die Folter »moralisch geboten« sein könnte – ein Terrorist hat eine Atombombe auf Manhattan Island versteckt usw. – und bemerkt dann: »Wenn man erst einmal zugesteht, daß die Folter in Extremfällen gerechtfertigt ist, hat man zugegeben, daß die Entscheidung für ihre Anwendung die Abwägung betrifft, das Leben von Unschuldigen in Beziehung zu den für ihre Rettung erforderlichen Mitteln zu setzen.« Für ihn ist die Folter »eine akzeptable Maßnahme zur Verhinderung zukünftiger Übeltaten«. Man muß solche Äußerungen im Zusammenhang mit der aufgepeitschten Hysterie sehen, die damals den »internationalen Terrorismus« betraf, der natürlich nur von unseren Feinden betrieben wurde. Vgl. dazu Herman, *The Real Terror Network.*

108 Amnesty International *Newsletter*, Sept. 1977; Martin Peretz, *New Republic*, 2. Aug. 1982; Amnon Rubinstein, *Ha'aretz*, 27. Feb. 1981; *TNCW*, S. 454.

109 *Report and Recommendations of an Amnesty International Mission to the Government of Israel*, mit der Antwort der Regierung und den Kommentaren von Amnesty (London 1980); *Ha'aretz*, 3. Sept. 1980; *Al Hamischmar*, 3.Sept. 1980 (*Israeli Mirror*).

110 Mattitjahu Peled, *Ha'aretz*, 8. Aug. 1980; vgl. die Hinweise auf die US-amerikanische, britische und israelische Presse über die Haftbedingungen *TNCW*, S. 446 f.

111 *Jerusalem Post*, 24. Dez. 1982; Reuters, *Los Angeles Times, Boston Globe*, 29. Dez. 1982; *BG*, 5. Jan. 1983.

112 *Jerusalem Post*, 12. Dez. 1982; »›Schneidet ihnen die Eier ab‹, sagte Scharon im Hinblick auf Demonstranten im Westjordanland«, *Jediot Ahronot*, 29. Dez. 1982; *Ma'ariv*, 18. Feb. 1983, wo Avraham Burg zitiert wird; zu Enteignung und Ausgangssperre *The Dawn*, 21. Jan, 4. Feb. 1983; Michael Precker, *Dallas Morning News – Boston Globe*, 17. Feb. 1983. Auf die Enteignung wies Trudy Rubin im *CSM* (4. März 1983) hin.

113 Zum Vergleich: »Ein israelisches Militärgericht verurteilte sieben Teenager aus dem Westjordanland zu Gefängnisstrafen zwischen sechs und neun Monaten und je 650 Dollar Geldbuße, weil sie einen israelischen Polizeichef in dessen Wagen im besetzten Gebiet mit Steinen beworfen hatten.« (*Washington Post – Boston Globe*, 18. März 1983.) Stabschef Eitan bemerkte später, für jedes Steinewerfen sollten zehn Siedlungen gebaut werden. »Wenn wir das Land erst besiedelt haben, können die Araber nur noch darin umherlaufen wie schläfrige Kakerlaken in einer Flasche.« Verteidigungsminister Mosche Arens wurde von oppositionellen Abgeordneten aufgefordert, Eitan wegen dieser Bemerkung zu rügen, was Arens jedoch ablehnte, weil der Stabschef in seiner Amtszeit »Großes erreicht« habe – womit wohl weder die verschärfte Unterdrückung in den besetzten Gebieten, noch die Zerstörung der palästinensischen Gesellschaft im Libanon gemeint sein dürfte. Gad Becker, *Jediot*

Ahronot, 13. April 1983; David K. Shipler, *NYT,* 14. und 20. April 1983.

114 Zvi Barel, *Ha'aretz*, 20. Jan. 1983 (*Isralefl News Service*; Barel, *Ha'aretz Weekly,* 6.–11. Feb. 1983; Edward Walsh, *Washington Post – Boston Globe*, 18. Feb.; David Richardson, *Jerusalem Post*, 18. Feb.; Barel, *Ha'aretz*, 30. Jan. (übers. in *The Dawn*, 11. Feb.); Eitan Mor, *Jediot Ahronot*, 18. Feb. 1983; Reuven Padhatzur, *Ha'aretz*, 11. März 1983, der erklärt, wie die Verteidigung »die Spielregeln durchbrach«, indem sie ihren Fall auf dem Beweis aufbaute, daß die Politik der Armee für die Greueltaten verantwortlich war. Die Verteidigung war erfolgreich, weil höhere Offiziere, die die Befehle gaben, nicht verurteilt werden konnten. Vgl. auch Marcus Eliason, AP, *BG*, 22. Jan. 1983, der sich mit Eitans Befehlen und seiner (korrekten) Aussage beschäftigt, daß die Zerstörung von Häusern von seinen der Arbeiterpartei angehörenden Vorgängern in sehr viel größerem Umfang praktiziert wurde. Vgl. auch *NYT,* 10. und 18. Feb. Deren bereinigte Version kann mit Darstellungen aus anderen amerikanischen Zeitschriften, insbesondere dem detaillierten Bericht über Eitans Aussage von Norman Kempster in der *Los Angeles Times* vom 10. Feb. 1983 verglichen werden.

115 Aharon Bachar, »Do not say: We did not know, we did not hear«, *Jediot Ahronot*, 3. Dez. 1983.

116 Joram Peri, *Davar*, 10. Dez. 1982.

117 »Peace Now officers recount atrocities«, *Al Hamischmar*, 11. Mai 1982; Aharon Geva, *Davar*, 4. April 1982 (*Israeli Mirror*).
Was viele Jahre lang in den besetzten Gebieten geschehen ist, erinnert in der Tat auch an die jüdische Geschichte.

118 »Human Rights Violations on the Golan Heights: February–May, 1982«, Bericht der Vereinigung für Bürgerrechte in Israel, israelisches Büro des Amerian Jewish Committee (1982). Meine Darstellung folgt dieser Untersuchung, und auch die Zitate stammen daher. Über die Vorgänge wurde in einigen israelischen Zeitungen berichtet, obwohl die Behörden Journalisten an der Aufdeckung der Tatsachen und sogar am Betreten des Gebiets zu hindern suchten.

119 *Ha'aretz*, 16. April; David Richardson, *Jerusalem Post*, 16. April; Emmanuel Elnekaveh, *Jediot Ahronot*, 25. Feb., Joram Hamizrahi, 25. Feb.; *Davar*, 13. April 1982.

120 *Ha'aretz* 15. März 1982.

121 *Ha'aretz, Jerusalem Post,* 16. April; vgl. auch Editorial, »Shame on the Golan«, *Jerusalem Post*, 16. April 1982.

122 Amos Elon, *Ha'aretz*, 13. April 1982.

123 Danny Rubinstein, *Davar*, 12. April 1982. Vgl. *TNCW,* S. 277 f., wo weitere Beispiele, darunter die Schließung von Kunstausstellungen, vermerkt sind.

124 *Jerusalem Post*, 13. Juli 1982; *Isralefl News Service*. Das Kesseltreiben gegen Bir Zeit begann offensichtlich mit der Regierungsübernahme durch die Likud 1977. Vgl. Manfred Ropschitz (Hg.), *Volunteers for Palestine Papers 1977–1980* (Kfar Schemarjahu 1981).

125 UPI, *BG*, 17. Nov. 1982.

126 *NYT*, 20., 23. Nov. 1982; Benny Morris, *Jerusalem Post*, 21. Nov. 1982. *Israleft News Service*, 1. Dez. 1982, enthält eine detaillierte Chronologie und Materialien aus der israelischen Presse. Vgl. die Anzeige des Ad Hoc Committee for Academic Freedom, *NYT, CSM*, 1. April 1983.

127 *CSM*, 16. Nov. 1982.

128 David Richardson, »A threat to freedom«, *Jerusalem Post*, 19. Nov. 1982; Norman Kempster, *Los Angeles Times*, 20. Nov. 1982.

129 *BG*, 22. Nov.; *NYT*, 23. Nov. 1982.

130 *NYT*, 21. Okt.; *The Dawn*, 12. Nov. 1982.

131 Danny Rubinstein, *Davar*, 19. Nov. 1982.

132 Boaz Evron, *Jediot Ahronot*, 3. Dez. 1982. Kurz danach wurden die Beschränkungen für einen der Herausgeber (und andere Leute) aufgehoben. *Jerusalem Post*, 21. Dez. 1982 (*Israleft News Service*).

133 Michal Meron, *Jediot Ahronot* (Beilage), 10. Dez. 1982.

134 Erwin Frenkel, »A newspaper's loyalties«, *Jerusalem Post Jubilee Supplement*, 1. Dez. 1982.

135 *Ha'aretz*, 29. Nov. 1982.

136 Pressemitteilung, Vereinigung für Bürgerrechte in Israel, 27. Okt. 1982; *Ha'aretz*, 28. Okt. 1982 (*Israleft News Service*, 15. Nov.). B. Michael, *Ha'aretz*, 7. Nov. 1982. *The Dawn*, 10. Dez. 1982.

137 *BG*, 27. Nov. 1982, unter »Namen und Gesichter«, wo Kurznachrichten über diverse Persönlichkeiten zu finden sind. *Al Hamischmar*, 16. Nov. 1982; *Ha'aretz*, 8. März 1983.

138 Leserbrief in *New York Review of Books*, 17. März 1977. Vgl. *TNCW*, S. 283, dort Zitate aus der israelischen, britischen und schwedischen Presse.

139 Aharon Dolav, *Ma'ariv*, 10. Dez. 1982; Ben-Tsion Tsitriv, *Haolam Haze*, 22. Dez. 1982; Jigal Bichkov, *Ha'aretz*, 9. Dez. 1982. In der anglophonen Presse findet sich eine verwässerte Version: Arjeh Rubinstein, »Sleeping scandal«, Jitzhak Oked, »Arab labourers' housing to be probed«, *Jerusalem Post*, 26. Dez. 1982.

140 Ian Black, *New Statesman*, 29. Sept. 1978 (weitere Zitate aus der hebräischen Presse in Chomsky und Herman, *Political Economy of Human Rights*, Bd. II, S. 360; *TNCW*, S. 283); Felicia Langer, Bericht der israelischen Liga für Menschen- und Bürgerrechte, 19. Jan. 1983 (Langer vertrat Barguti vor Gericht).

141 *Hotam*, 19. Feb. 1982.

142 »The Gangrene of the Occupation«, *Al Hamischmar*, 19. Feb. 1982.

143 Zwei Beispiele sind Saul Bellow und Stephen Spender; vgl. *TNCW*, S. 302, 454. Schlimmer noch sind, wie ich meine, diejenigen, die ähnliche Geschichten aufgrund angeblicher Aussagen ungenannt bleibender »arabischer Freunde« (à la *New Republic*) erzählen.

144 Fuzi el-Asmar, *To be an Arab in Israel* (London 1975; Beirut 1978); übers. aus dem hebräischen Original.

145 Saul Bellow, *To Jerusalem and Back* (New York 1976). Vgl. *TNCW*, Kap. 10; dort finden sich weitere Beispiele aus diesem klassischen Beitrag zu einem vertrauten Genre des 20. Jahrhunderts.

146 Alle Zitate aus einem Essay meines Buches *Peace in the Middle East?*, S. 61, 55.

147 »Mainstream chauvinism«, *Ha'aretz*, 19. März 1982; »This is not verbal violence«, *Ha'aretz*, 13. Feb. 1983.

148 Vgl. *TNCW*, Kap. 9 und das Nachwort.

149 Benjamin Beit-Hallahmi, »Israel and South Africa«, *New Outlook*, März/April 1983; *Hotam*, 18. April 1975, 1. Okt. 1982; *Davar*, 8. Sept. 1981; Charles Hoffman, »A monkey trial, local style«, *Jerusalem Post*, 22. März 1983. Diese Ansichten sind in religiösen Kreisen weit verbreitet. So erklärt etwa die in den USA und Israel sehr angesehene Organisation »Habad« des Lubawitscher Rabbis, daß »der Körper eines Juden von ganz anderer Art ist als der eines Nicht-Juden«, es handle sich faktisch um »zwei ganz unterschiedliche Arten« (*Likutej Sihot*, 1965). Weitere Informationen bei Israel Schahak, *Khamsin*, Nr. 8-9, 1981.

150 *Jediot Ahronot*, 14. Sept. 1982; Antwort auf eine Anfrage in der Kolumne »Soldaten fragen«.

151 Danny Rubinstein, »Religion against Nationalism«, *Davar*, 12. März 1982.

152 Eliahu Salpeter, *Ha'aretz*, 4. Nov. 1982.

153 Beispiele aus Veröffentlichungen des militanten Rabbinats in *Peace in the Middle East?*, S. 108 f.; Schahak, *Begin And Co.*; Edward Said, *Question of Palestine*, S. 91; *TNCW*, S. 305.

154 *Ha'aretz*, 16. Mai 1974.

155 *Al Hamischmar*, 4. Jan. 1978.

156 Rabbi Isaac J. Bernstein, *Dialogue* (New York), Winter 1980.

157 *Jediot Ahronot*, 9. Dez. 1977.

158 Menachem Barasch, *Jediot Ahronot*, 29. März 1979.

159 Francis Cornu, *Le Monde*, 2. Juli 1982; Joela Har-Schefi, *Al Hamischmar*, 25. Juli 1982.

160 Haim Handwerker, *Ha'aretz*, 15. Juli 1982. Zum Charakter solcher *hasbara* vgl. Kap. II.

161 Menachem Barasch, *Jediot Ahronot*, 20. Dez. 1974.

162 *Ma'ariv*, 3. Okt. 1982.

163 Zit. n. Danny Rubinstein, *Davar*, 8. Okt. 1982, in einem Artikel, der Besorgnis über die Absichten der Bewegung ausdrückt.

164 *Jediot Ahronot*, 4. Okt. 1982.

165 Ähnliches wurde im Gefolge des Siegs von 1967 geäußert; vgl. *Peace in the Middle East?*, Kap. 4 und bes. Kapeliuks *Israel*, das detailliert untersucht, wie Israels übersteigertes Selbstbild zur Beinahe-Katastrophe von 1973 beitrug.

166 »Strength, Strength, Strength«, *Jediot Ahronot*, 10. Sept. 1982.

167 Der Militärkorrespondent Ze'ev Schiff: »War Crime in Beirut«, *Ha'aretz*,

20. Sept. 1982. Der Artikel wurde in der US-Presse häufig zitiert, nicht aber diese bemerkenswerte Äußerung des Stabschefs.

168 Benjamin Beit-Hallahmi, »The Consensus that Never Was«, *Migvan*, Aug. 1982. Eine gekürzte Version erschien in *New Outlook*, Okt. 1982.

169 Zur Erörterung einiger Beispiele aus dem linksliberalen Spektrum vgl. *Peace in the Middle East?*, S. 132 f., 172 ff.; *TNCW*, S. 240 f.

170 Oz, »Has Israel Altered its Visions?«

171 Vgl. dazu Ian Lustick, *Arabs in the Jewish State* (Austin, Tex., 1980); *TNCW*, Kap. 9 und Nachwort und die dort zitierten Quellen, dazu Jirjis, *The Arabs in Israel*. Vgl. auch Elia T. Zureik, *The Palestinians in Israel* (London 1979).

172 *Jewish Post & Opinion*, 16. u. 30. März 1983. Die Gesetzgebung zur Familienförderung wird gerade vor Gericht verhandelt.

173 *Jediot Ahronot*, 20. April 1979; *Ha'aretz*, 28. Juli 1977. Wäre dem Araber die List geglückt, hätte er Bigamie begangen, aber es ist deutlich, daß sich die Anklage nicht in erster Linie darum drehte. In einem anderen Fall wurde »ein Bewohner des Westjordanlands verurteilt, weil er vorgegeben hatte, Jude zu sein«. Auch er wollte eine jüdische Frau heiraten (*Ma'ariv*, 27. April 1976). Die Anklage wurde *nicht* erhoben, weil er vorgegeben hatte, Israeli zu sein.

174 Einzelheiten zu den Vorgängen und dem Prozeßverlauf bei Jirjis, *The Arabs in Israel*, Kap. 6.

175 Prof. Raphael Jospe, »Report on Visit to Karmiel as Scholar in Residence«, Bericht an die American Zionist Federation, 1. April 1982, verbreitet vom Zionist Academic Council als Teil seines Ausbildungsprogramms an amerikanischen Universitäten.

176 Zu einigen Tatsachen über Karmiel vgl. *TNCW*, S. 247 f. und die dort zitierten Quellen.

177 Alfred Friendly, »Israel: Paradise Lost«.

178 Zitate und weitere Hinweise in *TNCW*, S. 257 f. Vgl. auch oben, Anm. 14.

179 Vgl. dazu *TNCW*, S. 439. Wenige Führer der vorstaatlichen Arbeiterpartei waren so um Gerechtigkeit für die Araber besorgt wie Chaim Arlosoroff, der 1933 (angeblich von Revisionisten) ermordet wurde. Es ist daher interessant, seine Bemerkungen zur Arbeiterfrage näher zu betrachten. In einem Memorandum von 1932 für Chaim Weizmann schrieb er, es sei ein großes Problem, daß die britische Verwaltung »den Gefühlen der Araber und Muslime gegenüber sehr aufgeschlossen ist«. Es wäre für die Briten »sehr schwer, von dieser Praxis abzuweichen, um auf unsere Forderungen eingehen zu können«. Ein anderes Problem waren mögliche »Maßnahmen zum Schutz von Pachtbauern« usw. Arlosoroff schlug also eine »Übergangsperiode« vor, in der »die jüdische Minderheit eine organisierte revolutionäre Herrschaft ausüben« würde. Zum großen Einfluß bolschewistischer Ideen auf die Arbeiterpartei (und besonders Ben-Gurion) vgl. Joram Peri, *Between Ballots and Bullets*. Der linke Flügel der Arbeiterpar-

tei, die Mapam, war bis Mitte der fünfziger Jahre stalinistisch orientiert. Das Memorandum von Arlosoroff wurde 1948 in der Zeitschrift der Arbeiterpartei *Jewish Frontier* veröffentlicht; vgl. Khalidi (Hg.), *From Haven to Conquest.*

180 Zitate aus zeitgenössischen Dokumenten in *Peace in the Middle East?*, S. 88. Vgl. auch Flapan, *Zionism and the Palestinians*, Kap. 2

181 Rede von 1937, zit. n. *New Outlook* (Tel Aviv), April 1977, aus Ben-Gurions *Memoirs.*

182 Menachem Begin, *The Revolt* (New York 1951), S. 335. Vgl. Schahak, *Begin And Co.*, wo anhand offizieller Quellen die von Begins terroristischer Armee (Irgun Tsvai Leumi) und der daraus gebildeten politischen Partei (Herut) vertretenen Positionen ausführlich dokumentiert werden.

183 Bericht an den Weltrat von Poalei Zion (der Vorläuferin der Arbeiterpartei), Tel Aviv 1938, zit. n. Schahak, *Journal of Palestine Studies*, Frühjahr 1981.

184 Flapan, *Zionism and the Palestinians*, S. 265 f.

185 David Ben-Gurion, *My Talks with Arab Leaders* (New York 1973), S. 27, 52, wo er über Gespräche berichtet, die er 1934 und 1936 mit Musa Alami und George Antonius geführt hat.

186 Rede vom 13. Okt. 1936, Ben-Gurion, *Memoirs*, Bd. 3, 1936, S. 467 (Hebr.).

187 Sykes, *Crossroads*, S. 174 f.

188 Menachem Begin »schwor« vor der Knesset, daß Ben-Gurion die Eroberung des Westjordanlands 1956 in einer Diskussion mit dem französischen Premier Guy Mollet, einem Sozialisten, vorgeschlagen hatte. Mollet, der sich an dem Angriff auf Ägypten beteiligt hatte, schien dafür empfänglich zu sein. Vgl. Mordechai Basok, »Begin's »scoop««, *Al Hamischmar*, 9. Sept. 1982. Sollte das wahr sein, wurde die Operation vermutlich aufgrund der scharfen Kritik Eisenhowers an dem Angriff auf Ägypten abgeblasen.

189 Michael Bar-Zohar, *Ben-Gurion: A Biography* (New York 1978), S. 91 f., 166, 186 f., 249 f. (Hervorh. i. O.)

190 David Krivine, »The Palestinian puzzle«, *Jerusalem Post*, 20. Feb. 1981.

191 David Krivine, Leserbrief, *Economist*, 10. Juli 1982.

192 »Liberated Territory No. 20«, *Ha'aretz*, 13. Juni 1982, Anzeige.

193 Lucas, *Modern History of Israel*, S. 437. Obwohl seine Analogie z. T. richtig ist, glaube ich nicht, daß die Verwendung von Terrormethoden der zionistischen Bewegung dieses Image verschafft hat.

194 Norman Barnea und Danny Rubinstein schreiben, daß »die Haganah-Archive die Namen von 40 Juden enthalten, die von Männern der Irgun und LEHI (Stern-Gruppe) im Verlauf ihrer Untergrundarbeit oder im Zusammenhang mit internen Auseinandersetzungen getötet wurden« (*Davar*, 19. März 1982). Des weiteren wurden Juden bei terroristischen Angriffen, die anderen galten, getötet, wie etwa bei der Bombardierung des King-David-Hotels. Die offizielle Geschichte von Begins Irgun

erwähnt die Ertränkung eines Mitglieds, das bei der Ergreifung durch die Polizei möglicherweise »gesungen« hätte; vgl. Schahak, *Begin And Co.* Die Sondereinheiten der Haganah unternahmen »Strafaktionen gegen Informanten innerhalb der jüdischen Gemeinschaft« (Bar-Zohar, *Ben-Gurion*, S. 99). Ein Haganah-Gefängnis in Haifa enthielt eine Folterkammer für Verhöre von Juden, die der Kollaboration mit den Briten verdächtigt wurden. Das enthüllte die Wochenzeitschrift *Haschavua Bair* in ihrer Jubiläumsausgabe zum 35jährigen Bestehen (April 1983) im Interview mit einem hohen Offizier der Haganah.

195 *Al Hamischmar*, 3. März 1978; *Jerusalem Post*, 28. Feb. 1978 (eine leicht bereinigte Version).

196 *Toldot Hahaganah*, Bd. II (Ma'arachot, S. 251 f.); vgl. *TNCW*, S. 461 f.; David Pryce-Jones, *New Republic*, Ausgabe zum Jahresende 1982.

197 Eine kleine Auswahl von Beispielen in *TNCW*, S. 463 f. und die dort angegebenen Verweise, darunter eine eher bewundernde Darstellung der Irgun-LEHI-Greueltaten durch J. Bowyer-Bell (*Terror out of Zion*, New York 1977). Vgl. auch die bereits zitierten Bücher von Hirst, Sykes u. a., und für die späteren Jahre Rokach, *Israel's Sacred Terrorism*. Ferner Flapans Bemerkung über die Irgun als Modell für den Terrorismus der PLO.

198 Vgl. Schahak, *Begin And Co.*, dort Übersetzungen des hebräischen Originals.

199 *Jerusalem Post*, 15. Feb. 1982.

200 Bar-Zohar, *Ben-Gurion*, S. 180 f.

201 Rokach, *Israel's Sacred Terrorism*.

202 Zit. n. Barnea, *Davar*, 9. April 1982.

203 Angaben in *TNCW*, S. 465.

204 *The Dawn*, Jerusalem, 24. Sept. und 1. Okt. 1982.

205 *Davar*, 9. April 1982, am Jahrestag des Massakers.

II. Ein Krieg und seine Folgen

Ein Kapitel aus der jüdischen Geschichte

»Am Vortag des Osterfests von 1903 wurden in Kischinjow [der Hauptstadt Bessarabiens] geheimnisvolle Gerüchte über die Ermordung eines christlichen Dienstmädchens in Umlauf gebracht, dessen Tod man den Juden anlastete... Die Vorgänge in Kischinjow deuteten auf die umtriebigen Aktivitäten einer Geheimorganisation, die einen so ausgefeilten wie teuflischen Plan ausgeheckt hatte... Überall in der Stadt tauchten gedruckte Handzettel auf, die der Bevölkerung mitteilten, ein Ukas des Zaren erlaube während der drei österlichen Feiertage die »blutige Bestrafung« der Juden. Die Polizei unternahm nichts gegen diese Pamphlete, weil sie, wie später herauskam, an der Verschwörung beteiligt war... Noch am selben Tag wandten sich die Vertreter der jüdischen Gemeinde an den Gouverneur und den Polizeichef und baten um Schutz, erhielten aber nur die kühle Antwort, daß die notwendigen Anweisungen bereits erfolgt und die für ihre Sicherheit erforderlichen Maßnahmen getroffen worden seien.

Ungehindert konnten die Aufwiegler ihre Vorbereitungen treffen, um dann im vorgesehenen Augenblick loszuschlagen. Am Ostersonntag, dem 6. April, der zugleich der siebte Tag des jüdischen Passahfests war, begannen am Mittag die Kirchenglocken zu läuten. Daraufhin versammelten sich russische Stadtbewohner in großer Zahl und griffen in ganz Kischinjow die Häuser und Geschäfte der Juden an. Die Vorhut bildeten Straßenjungen, die die Fensterscheiben mit Steinen einwarfen. Als die aufwieglerischen Banden merkten, daß die Polizei nicht eingriff, brachen sie in die Läden und Häuser ein und warfen das Mobiliar auf die Straße, wo die Menge in Festtagslaune alles zerstörte oder plünderte. Da die Polizisten und Soldaten dem Treiben weiterhin ungerührt zusahen, kam der Mob zu dem Schluß, daß die Gerüchte um den zaristischen Ukas offensichtlich nicht aus der Luft gegriffen waren. Schon bald zog der angetrunkene Pöbel in großer Zahl durch die Straßen und rief: ›Tod den Jidden! Schlagt die Jidden!‹

Am Abend gingen die Plünderungen in ungehemmte Gewalttätigkeit über. Die Russen griffen die Juden sogar in deren Häusern auf

mörderische Weise mit Knüppeln und Messern an und verwundeten
sie schwer, bisweilen tödlich. Die Polizei griff nur ein, um eine Gruppe von Juden, die mit Stöcken gegen die Mörder vorgehen wollte, zu
entwaffnen.

Um zehn Uhr abends hörten die Übergriffe plötzlich auf. Gerüchte
besagten, daß der Generalstab der Aufwiegler bei einer Zusammen-
kunft über den Plan einer militärischen Operation berate und Vorbereitungen für ein systematisches Gemetzel treffe. Die »Armee« erhielt
schon bald die entsprechenden Befehle, und Kischinjow wurde vom
Morgen bis zum Abend des 7. April zum Schauplatz von Greueltaten,
die selbst in der Geschichte der barbarischsten Zeitalter nicht
ihresgleichen finden... Den ganzen Tag über wurden verwundete
und erschlagene Juden auf Wagen geladen und in die als Feldlazarette
eingerichteten Krankenhäuser gebracht. Und immer noch griff die
Polizei nicht ein... Der Gouverneur von Bessarabien, von Raaben,
der am Morgen des zweiten Pogromtags von einer jüdischen Abord-
nung um Schutz gebeten wurde, erwiderte, er könne nichts tun, da er
aus St. Petersburg keine Anweisung erhalten hätte.

Um fünf Uhr nachmittags traf endlich ein Telegramm von Plehve
[dem russischen Innenminister] ein, und eine Stunde später zeigten
sich bewaffnete Truppen auf den Hauptstraßen. Sofort löste sich die
Menge auf, ohne daß ein einziger Schuß abgegeben worden wäre...
Man muß nicht darauf hinweisen, daß in Kischinjow kein Jude getötet
und kein Haus zerstört worden wäre, wenn Polizei und Militär von
Anfang an ihre Bereitschaft, gegen die Aufwiegler einzuschreiten,
unter Beweis gestellt hätten. So aber gewährte man den Mördern und
Plünderern zwei Tage lang freie Hand, was dazu führte, daß fünfundvierzig Juden umgebracht, sechsundachtzig schwer verwundet oder
verstümmelt und fünfhundert leicht verletzt wurden. Die Anzahl der
Vergewaltigungen ließ sich nicht beziffern... Dem gegenüber hatte
der blutberauschte Pöbel lediglich zwei Opfer zu beklagen.«[1]

»Schrecken breitete sich in Rußland und den mehr oder weniger
zivilisierten Ländern der Welt aus, als die Einzelheiten des Gemetzels
von Kischinjow bekannt wurden.« Leo Tolstoi empfand

> »brennendes Mitleid für die unschuldigen Opfer der von der Bevölkerung
> begangenen Greueltaten, Fassungslosigkeit über die Bestialität all dieser
> sogenannten Christen, Abscheu vor all diesen sogenannten zivilisierten
> Leuten, die den Mob anstachelten und mit seinen Aktionen sympathisier-
> ten. Besonderes Entsetzen empfand ich jedoch vor dem Hauptschuldi-

gen, unserer Regierung mit ihrem Klerus, der in den Menschen bestialische Gefühle und Fanatismus entfacht, und mit ihrer Horde mörderischer Beamter. Das Verbrechen von Kischinjow ist eine direkte Folge jener von Lügen und Gewalt durchwirkten Propaganda, die von der russischen Regierung mit solchem Nachdruck betrieben wird ... Wie die türkische Regierung zur Zeit der Massaker in Armenien verharrt sie gegenüber den schrecklichsten Untaten in absoluter Gleichgültigkeit, solange ihre Interessen davon nicht berührt werden.«

Unterdessen »setzten die Enthüllungen in der Auslandspresse Europa und Amerika in Erstaunen«. Es gab eine gerichtliche Untersuchung, aber die Verhandlung wurde »unter Ausschluß der Öffentlichkeit« geführt. »Damit weigerte sich die blutbefleckte russische Regierung von vornherein, sich vor den Augen der zivilisierten Welt, die in ihr die Urheberin der Katastrophe erblickte, zu rehabilitieren.« Verurteilt wurden nur die »gedungenen Mörder und Plünderer der unteren Klassen«, während die »Organisatoren des Gemetzels und die Anführer des Mobs der Justiz entkamen«, auch wenn einer von ihnen »vor der Verhandlung sich eine Kugel in den Kopf jagte«. Manche wurden zu »Zwangsarbeit oder Straflager verurteilt«, aber die wahren Drahtzieher in der Regierung, Armee und Polizei mußten vor keinem Gericht erscheinen, was die »zivilisierte Welt« erneut schockierte.[2] Und natürlich kamen auch die anderen »Hauptschuldigen«, der Klerus und all jene, die mit ihrer »von Lügen und Gewalt durchwirkten Propaganda« den Mob anstachelten, ungeschoren davon, überzeugt von ihrer moralischen Aufrichtigkeit und von der Gesellschaft geehrt und geachtet.

Die Katastrophe von Kischinjow war für die russischen Juden von nachhaltiger Bedeutung. »Weder die Pogrome zu Beginn der achtziger, noch die Moskauer Greueltaten zu Beginn der neunziger Jahre lassen sich in ihren verstörenden Auswirkungen auf das russische Judentum mit dem Massaker von Kischinjow vergleichen«, schreibt Dubnow. Es war eine der Hauptursachen für die große Auswanderungswelle der folgenden Jahre, die viele Russen in die Vereinigten Staaten, aber auch nach Palästina brachte, unter ihnen die »noch ganz jungen Gründungsväter Israels«.[3]

Der bedeutendste Dichter der nationalen Wiedergeburt des Judentums, Chajim Nachman Bialik, verfaßte eine Reihe von nachmals berühmten Gedichten, in denen er »den Leidenskampf seines Volkes beschrieb, die dumpfe Schicksalsergebenheit der Opfer gei ßelte und den Zorn des Himmels herabflehte«,[4] um seiner Angst und Verzweiflung angesichts dieses Massakers Ausdruck zu verleihen. In einem dieser Gedichte heißt es:

> »Und wenn es Gerechtigkeit gibt – so zeige sie sich gleich! Aber wenn sie sich zeigt, nachdem ich ausgelöscht ward unter dem Himmel – so sei ihr Thron umgeworfen auf ewig. Möge der Himmel verfaulen im Pesthauch des ewig Bösen! Und ihr, die Überheblichen, wandelt einher in eurer Gewalt, lebt von eurem Blutvergießen und reinigt euch dadurch.
> Und verflucht sei, der da schreit: Rache! Keine solche Rache – Rache für das Blut eines kleinen Kindes – ward je von Satan erdacht. Möge das Blut den Höllenschlund durchbohren! Möge das Blut in die Tiefen der Finsternis sickern und dort, im Düster, sich fortfressen und die faulenden Fundamente der Erde zum Einsturz bringen.«[5]

Die Wendung »Keine solche Rache ward je von Satan erdacht« ist in Israel zu Beginn der achtziger Jahre von Menachem Begin und vielen anderen häufig wiederholt worden, wenn sie auf die terroristischen Handlungen der »zweibeinigen Bestien« anspielen wollten.

Schon bald nach dem Ende des Libanonkriegs wurden in Israel Erinnerungen an das Massaker von Kischinjow wach,[6] nicht jedoch in den Vereinigten Staaten, die den »um Schutz bittenden« Menschen in den Flüchtlingslagern von Sabra und Schatila versichert hatten, »daß die notwendigen Anweisungen bereits erfolgt und die für ihre Sicherheit erforderlichen Maßnahmen getroffen worden seien«. Und ganz gewiß nicht beim Klerus und den Intellektuellen, die mit ihrer »von Lügen und Gewalt durchwirkten Propaganda« seit langem schon »bestialische Gefühle und Fanatismus entfacht hatten«, während die amerikanischen Friedenstruppen unter Verletzung ihres Versprechens, die schutzlose Bevölkerung vor Übergriffen zu bewahren, abzogen, woraufhin die israelische Armee sofort in West-Beirut, ebenfalls unter Verletzung ihres Versprechens, einmarschierte und ihre Lakaien entsandte, die unter den Palästinensern ein Gemetzel anrichteten, das zu beschreiben Worte nicht ausreichen, wenn die feige und brutale Ermordung von fünfundvierzig Juden in Kischinjow tatsächlich ein Ereignis war, »das selbst in der Geschichte der barbarischsten Zeitalter« nicht seinesgleichen findet. Vielmehr hielten die »Hauptschuldigen« sich bedeckt oder beschuldigten andere (sogar die Palästinenser selbst) oder bemühten die Presse, um der Welt zu versichern, daß *sie* nun wirklich nichts getan hätten, was diese Ereignisse provoziert haben könnte. In Israel selbst bekundeten gewisse Teile der Bevölkerung aufrichtige Angst, was den Trend zur Militarisierung der israelischen Gesellschaft und zur Beherrschung der besetzten Gebiete noch verstärkte. Allerdings tragen die Vereinigten Staaten die Hauptverantwortung für diese Ereignisse, denen wir uns jetzt zuwenden.

Ein ruhmreicher Sieg

Die Errungenschaften der Operation »Frieden für Galiläa«

Gegen Ende August 1982 konnte die israelische Regierung mit einiger Befriedigung auf das bislang Erreichte zurückschauen. Die gegnerischen Stimmen im Lande schwiegen, und Menachim Begins Popularität war so groß wie nie zuvor. »Nichts ist erfolgreicher als der Erfolg«, bemerkte die oppositionelle Arbeiterpartei säuerlich, war doch ihre Politik durch die verbreitete Annahme, die USA hätten »grünes Licht« gegeben, weitgehend neutralisiert. Selbst wer – und das waren nicht wenige – Bedenken hatte, wollte die Regierung nicht schärfer kritisieren als deren Geldgeber es taten; allerdings gab es einige, die dem Krieg auch weiterhin mit respektheischendem Mut entgegentraten und sich weigerten, in den furchtbaren Konzentrationslagern oder im Libanon überhaupt Militärdienst zu leisten. In den besetzten Gebieten gab es weiterhin scharfe Proteste und erheblichen Widerstand gegen die zu erwartende Ausweitung des israelischen Hoheitsgebiets, aber die Regierung hoffte, auch weiterhin damit fertig werden zu können. Immerhin hatte man während der fünfzehnjährigen Besatzungszeit gezeigt, zu welch brutalen Unterdrückungsmaßnahmen man fähig war; bedeutsamer war jedoch die disziplinierte Unterwürfigkeit der veröffentlichten Meinung in den USA, wo man die israelische Politik keineswegs kritisiert, sondern sogar als gutwilliges Experiment in der arabisch-jüdischen Zusammenarbeit gelobt und als Beispiel einzigartiger Großzügigkeit Israels auf dem Weg zur Verwirklichung des Traums von demokratischen Sozialismus gepriesen hatte.

Die US-Regierung stellte sich, obwohl sie dies gelegentlich bestritt, fest hinter die israelischen Aktionen, was sich auch in der Verstärkung militärischer und wirtschaftlicher Hilfeleistungen niederschlug. In der öffentlichen Meinung war nicht alles so, wie es sein sollte, aber die wichtigsten Bastionen wankten nicht. In Europa dagegen herrschte vielfach Entsetzen. Die Sozialistische Internationale, die in den zurückliegenden Jahren nichts unversucht gelassen hatte, um Israel zu unterstützen,[7] schickte eine Delegation nach Beirut, die nach ihrer Rückkehr die dortigen Verhältnisse scharf kritisierte. Der Leiter der Delegation, Portugals Ex-Premierminister Mario Soares, beschrieb die »schrecklichen Eindrücke«, die Beirut vermittelt hatte, und fügte hinzu, daß »die Wirklichkeit schlimmer ist als die im französischen Fernsehen gezeigten Bilder« aus einer Stadt, die von Israel als »Experimentierfeld für... neue Bombardierungstechniken« benutzt worden sei. Der französische Abgesandte, seines Zeichens Generalsekretär der pro-israelischen Sozialisten, bemerkte, man könne sich »in Frankreich, in Europa nicht vorstellen, was die Bombardements in Beirut angerichtet haben«. Er hatte den Eindruck, daß die Bomben im Rahmen einer »methodischen« Strategie »selektiv« auf bestimmte Gebäude wie die Residenz des französischen Botschafters und Unterkünfte von Journalisten und Politikern abgeworfen worden seien.[8] Aber die französischen Sozialisten kehrten schon bald zu ihrer ursprünglichen Haltung gegenüber Israel zurück, und insgesamt ist Europa nicht so wichtig, solange die öffentliche Meinung in den USA diszipliniert bleibt.

Auch die Lage im Libanon selbst bot der israelischen Regierung Anlaß zur Zufriedenheit. Mit der Schützenhilfe israelischer Kanonen war gerade ihr Lieblingskandidat, Baschir Gemajel [Führer der christlichen Milizen], zum Präsidenten gewählt worden. Mit der Vertreibung der PLO aus Beirut und der Zerschlagung des politischen und kulturellen Zentrums des palästinensischen Nationalismus könnte die »wirkliche Katastrophe« – das Problem einer zunehmend deutlicher werdenden Mäßigung der PLO – einer Lösung nähergebracht werden. Möglicherweise war sogar die Hoffnung gerechtfertigt, die PLO würde zur Taktik von Flugzeugentführungen und terroristischen Bombenattentaten zurückkehren, was dann wiederum der israelischen Regierung als Rechtfertigung für ihr Vorgehen dienen könnte. Außerdem wäre es so einfacher, die Loyalität der *Samidin* im Westjordanland gegenüber der PLO und ihre Auffassung, daß der Weg zu einer vertraglichen Regelung der Siedlungsfrage über Beirut führen müsse, als *quantité négligeable* zu behandeln. Die wenigen von der Besatzungsarmee noch geduldeten Politiker wie Elias Freij könnten zwar weiterhin bekräftigen, daß »die PLO die offizielle Vertreterin der palästinensischen Araber« sei, würden aber angesichts einer in Auflösung befindlichen Befreiungsorganisation unbeachtet bleiben, solange sie in den Vereinigten Staaten kein Gehör fänden.[9]

Aber die Situation im Libanon bot noch mehr Anlaß zur Selbstzufriedenheit. Während des Bürgerkriegs war ein Gleichgewicht zwischen der Koalition aus muslimischen und palästinensischen Vertretern einerseits und den von Israel unterstützten Maroniten und den Anhängern von Georges Haddad andererseits entstanden. Die Vertreibung der PLO zerstörte dieses Gleichgewicht, und die Macht lag nun in den Händen der pro-israelischen Kräfte. Jetzt mußte man nur noch die Reste der muslimisch-palästinensischen Koalition vernichten, was kurz nach dem Abzug der PLO-Kämpfer mit der Besetzung von West-Beirut geschah. Diese Besetzung stand im Widerspruch zum Abkommen, das den Abzug der PLO regelte. Israels Satelliten würden, so hoffte man, ihre Ziele mit Hilfe jener Methoden durchsetzen, die sie in Karantina, Khijam und Tel al-Zaatar schon angewendet hatten. Damit schien die von Israel angestrebte »neue Ordnung« im Libanon auf den Weg gebracht und die Gefahr der palästinensischen Selbstbestimmung in den besetzten Gebieten – der gefürchtete »gegen das Herz Israels gerichtete Dolch« – überwunden.

Die Regierung des (nach offizieller Diktion) befreiten Landes sprach von knapp 20 000 Toten und mehr als 30 000 Verwundeten, davon fast 7000 in Beirut mit seinen 80 bis 90 Prozent Zivilbevölkerung. Höchstwahrscheinlich sind diese Schätzungen zu niedrig ausgefallen. Zu den Verwundeten gehörten eine große Zahl von Amputierten und viele Opfer von Cluster- und Phosphorbomben, die Amerika reichlich zur Verfügung gestellt hatte. Viele tausende Palästinenser und Libanesen waren in Sammellagern *(concentration camps)* im Libanon und in Israel untergebracht, wo man ihnen in aller Ruhe eine höchst brutale Behandlung angedeihen lassen konnte. Im Südlibanon waren die Flüchtlingslager durch Bombardierungen zerstört oder nach der Vertreibung der Flüchtlinge von Bulldozern eingeebnet worden. Wieder einmal hatte man zweibeinigen Bestien, die das Gebiet seit 1948, als sie geflohen oder vertrieben worden waren, verseuchten, demoralisiert und in alle Winde zerstreut. Nach der Zerstörung der Dörfer und der Deportation der Männer blieben die übrigen ohne Schutz und Unterstützung, ohne gesundheitliche und soziale Versorgung zurück. Die Besatzungsarmee hatte zu der Zeit nur den Plan, sie »gen Osten zu treiben«. So jedenfalls drückte es der für das Gebiet verantwortliche Regierungsbeamte Ja'akov Meridor aus, der im übrigen alle Hände voll damit zu tun hatte, den US-amerikanischen und europäischen Medien »Linientreue gegenüber der PLO« und »Lügen« über Kriegsopfer und Zerstörungen vorzuwerfen. Um das Schicksal der ihm unterstellten Bevölkerung konnte er sich so natürlich nicht kümmern. Viele waren tatsächlich schon nach Osten getrieben worden. Auch in dieser Hinsicht durfte man zufrieden sein.

Unterdessen hatten israelische Truppen Stellungen nördlich von Beirut bezogen, von wo aus sie Angriffe gegen die Restbestände palästinensischer und libanesischer »Terroristen« und die im Norden und Osten noch verbliebenen syrischen Truppen führen konnten. Es blieb nicht unbemerkt, daß Damaskus sich in Reichweite der israelischen schweren Artillerie befand. Im September zerstörten weitere Bombardierungen die strategisch wichtige Verbindungsstraße von Beirut nach Damaskus hinter den syrischen Linien, so daß die »syrischen Truppen westlich des Zentralgebirges vom Nachschub so gut wie abgeschnitten waren«.[10] Nun konnten die Vertreibung der Flüchtlinge und die Ausweitung der regionalen Macht in die nächste Runde gehen. Allerdings wurden die israelischen Pläne schon bald durch unvorhergesehene Ereignisse umgeworfen.

Die syrische Phase des Kriegs

In der israelischen Zeitschrift *Ha'aretz* hat der Militärspezialist Ze'ev Schiff eine Reihe von detaillierten Artikeln veröffentlicht, die sich mit der syrischen Phase des Libanonkriegs beschäftigen. Er hält die Behauptung, Syrien habe einen Angriff gegen Israel geplant, dem man zuvorgekommen sei, für nicht stichhaltig. Das war eine »neue Erfindung«, mit der die Operation »Frieden für Galiläa« nachträglich gerechtfertigt werden sollte. Entsprechende Behauptungen von Verteidigungsminister Scharon entbehrten, so Schiff, jeglicher Grundlage. Das syrische Kommando hatte, »wie heute bekannt ist«, keine derartigen Pläne, sondern setzte auf »Verteidigungsmaßnahmen«. Vorstöße der christlichen Phalangisten hatten die syrischen Streitkräfte veranlaßt, ihre Kommunikationsverbindungen zu schützen, was für eine Armee unter den gegebenen Umständen selbstverständlich ist. Der israelische Geheimdienst war der Ansicht, daß diese

»Provokationen« der Phalangisten das Ziel verfolgten, »uns [Israel] in einen militärischen Konflikt mit den Syrern zu treiben«. Weitere Konflikte verursachte Scharons »großer Plan«, der vorsah, seine »neue Ordnung« im Libanon »durch die Vertreibung der dort ansässigen Syrer« durchzusetzen und Baschir Gemajel, den Anführer der Phalangistischen Streitkräfte im Libanon, zum Präsidenten zu machen, um so Syriens Versuch, den eigenen Gewährsmann, den ehemaligen maronitischen Präsidenten Suleiman Frandschieh, an die Macht zu bringen, wie es schon sechs Jahre zuvor mit Elias Sarkis durchexerziert worden war. Die Wahl war für August/September angesetzt und ganz sicher ein Faktor, der die Terminierung der israelischen Invasion bestimmte. »Syrien bemühte sich, den Konflikt [mit Israel] zu vermeiden«, was jedoch aufgrund von Scharons »großem Plan« nicht gelang. Dieser Plan wurde sofort in die Tat umgesetzt, was der oppositionellen Arbeiterpartei, auch wenn sie sich angesichts von Begins »Doppelzüngigkeit« schockiert gab, wohl bekannt war.

Schiff zufolge hätte Israel den Konflikt mit Syrien leicht vermeiden können, indem es seine Angriffe auf die PLO auf den westlichen Sektor beschränkte; ein Vorgehen, das er für legitim zu halten scheint. Die Syrer hätten dann, wie zuvor, in den von ihnen kontrollierten Gebieten »die Terroristen im Zaum gehalten«. »Vor dem Krieg hatten sie die Terroristen aufgefordert, Aktionen zu unterlassen, die Israel in Konflikt [mit Syrien] bringen könnten«, und diese Politik hätten sie auch weiterhin verfolgt. Der Krieg wurde jedoch ausgeweitet, weil Scharon gemäß seinem »großen Plan« die Syrer »aus dem Libanon vertreiben wollte«. Als Israel »die syrische Armee im Bekaa-Tal einkreiste«, mußte Syrien auf die Angriffe reagieren, »wie es jede andere Armee unter diesen Umständen auch getan hätte«. Tatsächlich begriff das syrische Oberkommando nicht, daß es Israel darum ging, die syrischen Streitkräfte anzugreifen. »Erst zu spät ging ihnen auf, daß der Krieg nicht nur um den südlichen, sondern um den gesamten Libanon geführt wurde« und sich nicht »auf Angriffe gegen terroristische Ziele beschränkte«. Seine Reserven mobilisierte Syrien erst am 9. Juni, und bis dahin galt auch der Befehl, israelischen Granatenbeschuß nicht zu erwidern. Israelische Truppen, die gegen syrische Stellungen vorrückten, wurden zunächst gar nicht mit Artillerie beschossen. »Die Syrer blieben von Anfang an in Verteidigungsstellung, und mit gutem Willen hätten wir den ausgedehnten Bodenkampf gegen sie vermeiden können.« Begins Behauptung in der Knesset, Syrien habe Israels Waffenstillstandsersuchen zurückgewiesen und damit

eine Reaktion notwendig gemacht, entbehrte jeglicher Wahrheit.[11]
Syrien sah sogar davon ab, seine Raketen gegen die israelische Luftwaffe einzusetzen. Bis zum direkten Angriff am 9. Juni wurde »gegen
unsere Luftwaffe«, deren Flugzeuge im Libanon »in großer Zahl« frei
operierten, »keine einzige Rakete abgeschossen«. Der israelische
Angriff gegen die syrischen Luftabwehrstellungen war nicht provoziert, sondern von Scharons »großem Plan« bestimmt worden, um
den Bodentruppen Rückendeckung zu geben. »Die militärische
Logik, die dem zugrundeliegt, ist die Logik von Scharons Strategie,
die Syrer mitsamt der PLO aus dem Libanon zu vertreiben und
Baschir Gemajel an die Macht zu bringen.« Es sei daran erinnert, daß
sich die Syrer unter einem Mandat der Arabischen Liga im Libanon
aufhielten. Dieses Mandat sollte im Juli 1982 auslaufen und war
anfänglich von den USA und Israel zumindest stillschweigend
begrüßt worden, weil die Syrer gegen die Koalition aus PLO und
muslimischen Kräften kämpften.[12]

Im Hinblick auf Schiffs Analyse seien zwei Punkte hervorgehoben.
Zum einen gilt Schiff als Israels bestinformierter Militärkorrespondent und ist ein hervorragender Militärhistoriker, der die israelische
Armee von Anfang an aus nächster Nähe beobachtet hat. Politisch
zählt er zu den »Gemäßigten«; der Journalist Nahum Barnea weist
darauf hin, daß Peres und Begin anläßlich einer Fernsehdiskussion
im Wahljahr 1977 Schiff zum Moderator erkoren. Zum anderen
betrachtete Schiff den Krieg im Libanon als Katastrophe für den israelischen Staat. Seiner Ansicht nach »ruiniert« Scharon Israel. Der
Verteidigungsminister mag vielleicht ein geeigneter Kommandant
»für die Tataren« sein, die unter Dschingis Khan Asien und Osteuropa überrannten, aber nicht für Israel.[13]

Der Westen vollzieht den Schulterschluß

Ende August 1982 war die Lage in den Vereinigten Staaten weniger
günstig, als die politische Führung in Israel gehofft haben mochte.
Zwar hatten die USA »grünes Licht« signalisiert und in Anerkennung
der israelischen Leistungen die Aufstockung der Unterstützungs-
maßnahmen in Aussicht gestellt, doch wurden die Aktionen nicht
mehr ganz so vorbehaltlos gedeckt und die Greueltaten nicht mehr
ganz so bereitwillig übersehen, was in Kreisen, die an fragloseren
Gehorsam gewöhnt waren und der Doktrin einer möglichst vollkom-

menen Meinungskontrolle huldigten, beträchtlichen Ärger hervorrief. Für diese Kreise waren schon geringe Abweichungen von der
offiziellen Sichtweise der Dinge oder selbst die reine Berichterstattung über Tatsachen Indiz für eine »Doppelmoral«, wo nicht gar
direkt antisemitischer Einstellungen. Insgesamt jedoch hatte man die
Lage unter Kontrolle. Die grundlegenden Aussagen der israelischen
Propaganda wurden weitgehend akzeptiert: Israel hatte das Recht,
den Libanon »aus Gründen der Selbstverteidigung« zu besetzen,
palästinensische Bevölkerungszentren zu zerstören, alle Personen zu
verhaften, deren Verhaftung erforderlich war, die Restbevölkerung in
alle Winde zu zerstreuen und Beirut zu bombardieren, um die PLO-
Flugzeugentführer, die sich der Zivilbevölkerung als Geisel bedienten, zu vertreiben. Das weitere Schicksal dieser Bevölkerung stieß in
den USA auf wenig Interesse. Schuld an dem harten israelischen Vorgehen war die PLO, die von ihrem Ziel, Israel zu zerstören und den
internationalen Terrorismus anzuheizen, niemals abgewichen war
und alle Angebote Israels und der Vereinigten Staaten für ein faires
politisches Abkommen abgelehnt hatte. In den besetzten Gebieten
konnte Israel nun ohne die Einschüchterungsversuche der PLO
»gemäßigte« Politiker fördern. In den USA artikulierte sich Kritik in
einem bisher nicht gekannten Ausmaß, aber nur an den Rändern des
politischen Spektrums.

Tatsächlich erteilte der Westen im allgemeinen Israel jenen Dis-
pens, den er sich sonst nur für eigene Gewalttaten einräumt. So gab
es, um ein Beispiel zu nennen, kaum erstaunte Fragen, als Henry Kissinger in der Londoner Zeitschrift *The Economist* auf seine charmant-
hohlköpfige Weise erklärte, daß dank des Kriegs einige »vernünftige
Palästinenser«, sicherlich jedoch nicht die PLO, schließlich »wie
Sadat zur Einsicht gelangen können, daß sie in irgendeiner Form mit
Israel koexistieren müssen«. Allerdings war die PLO schon vor Jahren
zu dieser Einsicht gekommen, was Kissinger ebensowenig begriff wie
Sadats Friedensangebot von 1971 oder die Haltung der arabischen
Staaten zu jener Zeit, als er Bemühungen des US-Außenministeri-
ums um eine politische Lösung erfolgreich blockierte. Was nun die
PLO angehe, so dürfe, meinte Kissinger, der Reagan-Plan nicht »zu
einem Vorwand werden, sie zu rehabilitieren« oder sie »in ihrer
gegenwärtigen Form und mit ihren gegenwärtigen Vorschlägen im
Westjordanland hoffähig zu machen« (wo diese »Vorschläge« in
Übereinstimmung mit dem internationalen Konsens auf eine Zwei-
Staaten-Regelung hinauslaufen). Besonders verwerflich sind die fort-

währenden Versuche der PLO, »das Gleichgewicht im Westjordanland zu kippen«, d. h. sich der israelischen Besetzung, die von Kissinger gefördert wurde, zu widersetzen, was den »Radikalismus« der
PLO augenfällig mache. Natürlich sollten wir »der überwältigenden
Mehrheit der Araber, die im Westjordanland und im Gaza-Streifen
leben, eine politische Führung zurückgeben, mit der sie die Zukunft
bewältigen können«, die PLO jedoch, die selbst gemäßigte Kräfte wie
Elias Freij als Repräsentanten der Araber anerkennen, darf nicht
»rehabilitiert« werden. Das läuft auf eine Selbstbestimmung gemäß
der US-amerikanischen Tradition hinaus, denn die Form bestimmen
wir, weil wir nun einmal die einzig wahren Repräsentanten der Palästinenser sind – sowie der Filipinos, der Nicaraguaner, der Griechen,
der Vietnamesen, der Chilenen, der Salvadorianer und vieler anderer,
die sich des Privilegs unserer wohlmeinenden Aufmerksamkeit
erfreuen durften.

Kissinger warnte auch davor, »die Opposition gegen Israel zu
einem Erbfaktor unserer Außenpolitik« zu machen, was, wie alle
erkennen können, eine unmittelbar bevorstehende Gefahr ist. Wir
sollten den Arabern nicht den Eindruck vermitteln, daß es bei uns
»eine breitgefächerte, gewissermaßen automatische Gegnerschaft zu
Israel gibt«, was die Palästinenser unschwer an der US-amerikanischen Waffenhilfe erkennen können. Wir könnten Israel »in den
emotionalen und psychischen Zusammenbruch treiben«, wenn wir
ihm nicht »Mitgefühl und vielleicht gar Zuneigung entgegenbrin-
gen, statt unaufhörlich Druck auszuüben«. Außerdem scheinen
»einige Araber [jetzt] zu glauben, daß sie ihr Maximalziel [die Zerstörung Israels] als Gegenleistung für die einfache Anerkennung Israels
erreichen können« – was offensichtlich heißen soll, daß einige Araber
glauben, die Zerstörung Israels allein schon durch seine Anerkennung zu erreichen; ein faszinierendes Konzept. Diesen und anderen
Verlautbarungen folgte Kissingers feinsinniges internationales Publikum mit zumindest gespielter Ernsthaftigkeit.[14]

Kissinger meint ferner, daß wir uns »der Schaffung eines weiteren
radikalen Staats, der gegenüber Israel und Jordanien irredentistische
Ziele vertritt«, entgegensetzen sollten; ein von der PLO dominierter
palästinensischer Staat sei »mit der Stabilität im Nahen Osten nicht
zu vereinbaren«. Eine realitätsnähere Haltung vertrat Nicholas Veliotes, Staatssekretär im Außenministerium. Seiner Meinung nach würde ein palästinensischer »Kleinstaat Jordanien und Israel als Super-
mächte betrachten«[15] – wobei er aus dieser zu Kissinger im Gegensatz

stehenden Auffassung den gleichen Schluß zieht: ein derartiger Kleinstaat schade der »Stabilität«, jedoch aufgrund seiner Schwäche, nicht aber seiner irredentistischen Bestrebungen. So schön kann politische Orthodoxie sein (und das gilt auch für bestimmte andere religiöse Doktrinen): Da die erstrebten Folgerungen notwendig wahr sind, können sie aus jeder beliebigen Prämisse abgeleitet werden.

Während die Unterstützung für Israel auf allen drei Ebenen – der diplomatischen, der materiellen und der ideologischen – unvermindert stark blieb, begriff man zumindest in bestimmten Kreisen die Gründe für die Invasion recht gut. In *Foreign Affairs* schrieb der israelisch-amerikanische Militärhistoriker und Strategieexperte Amos Perlmutter:

> »Begin und Scharon träumen den gleichen Traum, wobei Scharon die Rolle dessen übernommen hat, der die Dreckarbeit erledigt. Der Traum läuft darauf hinaus, die PLO zu vernichten, ihre Verbündeten und Kollaborateure im Westjordanland niederzuwerfen, die dort lebenden Palästinenser nach Jordanien zu vertreiben und ihre nationalistische Bewegung einzudämmen, wo nicht gar zu zerstören. Das war für Begin und Scharon der eigentliche Beweggrund des Libanonkriegs.«

Er läßt unerwähnt, daß zu diesem Traum auch die Niederwerfung der überwiegenden Bevölkerungsmehrheit im Westjordanland (die Verbündeten und Kollaborateure der PLO) gehört, aber vielleicht ist das in seinen Bemerkungen impliziert. Außerdem wird, was viele gern übersehen, der »Traum« in seinen Grundzügen von der israelischen Arbeiterpartei geteilt und wurde von ihr in die Tat umgesetzt.

In derselben Ausgabe von *Foreign Affairs* schreibt Harold Saunders, ehemals Mitglied des Nationalen Sicherheitsrats mit dem Arbeitsbereich Mittlerer Osten und danach Staatssekretär für nahöstliche und südasiatische Angelegenheiten im US-Außenministerium:

> »Angesichts einer substantiell geschwächten PLO würde – so rechnete sich die politische Führung Israels aus – die palästinensische Bevölkerung im Westjordanland und im Gaza-Streifen bei fehlender moralischer Unterstützung von außen die dauerhafte israelische Kontrolle schließlich akzeptieren, während die Israelis große Teile dieser Bevölkerung dazu bewegen (oder nach und nach zwingen) könnten, über den Jordan nach Jordanien auszuwandern ... Mithin ging es im israelisch-palästinensischen [Libanon-]Krieg vor allem darum, ob eine organisierte politische

Bewegung der Palästinenser überleben würde, die Friedensverhandlungen zwischen Israel und Palästina als gleichberechtigten Völkern führen könnte. Der Krieg sollte nicht nur entscheiden, wie viele palästinensische Kämpfer sich wo im Libanon aufhalten sollten . . . Die israelische Invasion sollte, noch einmal gesagt, die Hoffnung der Menschen im Westjordanland und im Gaza-Streifen auf eine erfolgreiche Konstituierung des palästinensischen Volks zu einer Nation ein für alle Mal zerstören. Die Invasion sollte jeglichen Widerstand gegen die totale israelische Kontrolle brechen und das Leben für alle, die ihre Freiheit und politische Selbstbestimmung wertschätzten, so schwierig machen, daß sie letztlich nach Jordanien auswandern würden.«

Ende der siebziger Jahre, so fügt er hinzu, »unterstützte die palästinensische Bevölkerung ganz ohne Frage in ihrer Mehrheit einen aus dem Westjordanland und dem Gaza-Streifen bestehenden Staat, so wie es auch der palästinensische Nationalkongreß [der PLO] vorgesehen hatte«. Diese Position ist durch den Libanonkrieg »noch bestärkt« worden.[16]

Perlmutter hält eine Teilung des Libanon für möglich, wobei eine von Israel gestützte Allianz zwischen den christlichen Phalangisten und den Anhängern Georges Haddads zwei Drittel kontrollieren würde, während der Rest an Syrien fiele. Es gäbe dann eine »längerfristige militärische Präsenz Israels«, weil »die Christen als politische Kraft nicht ohne israelische Protektion und Präsenz überleben können«. Dadurch ergäbe sich »die Gelegenheit zu einer Annäherung zwischen Syrien und Israel«. Syrien ist, wie seine passive Haltung gegenüber der Okkupation des Libanon zeigt, »am Status quo interessiert«. In der Tat hatte die Arbeiterpartei, als sie unter Rabin an der Regierung war, Syrien »mit leichtem Widerstreben« dazu ermutigt, Teile des Libanon zu besetzen und »sich der Nordgrenze Israels zu nähern«, um so »die israelisch-libanesische Grenze auf ähnliche Weise zu befrieden wie die israelisch-syrische Grenze nach 1973«. Scharon wiederum ordnete den Rückzug israelischer Siedler aus dem Sinai-Gebiet an, »weil die Zurückhaltung Ägyptens pragmatischerweise notwendig war, wenn man im Libanon freie Hand haben wollte«. Als er das Verteidigungsministerium übernahm, »waren israelische Generäle schon eifrig mit einer umfassenden Invasion des Libanon beschäftigt« und planten von Anfang an, Beirut zu erobern.

So standen die Dinge im späten August. Insgesamt konnte die israelische Regierung mit der Entwicklung im eigenen Land, im Libanon und in den Vereinigten Staaten zufrieden sein. Die Euphorie sollte jedoch nicht lange währen, und die Ereignisse der folgenden Wochen erzwangen zumindest eine Änderung des Zeitplans, wenn nicht gar längerfristiger Planungen für die »Neue Ordnung im Libanon und im übrigen Nahen Osten«.

Der Triumph wird schal

Die Ereignisse vom September 1982 waren so vielschichtig wie traumatisch. Was Ende August noch so gut ausgesehen hatte, begann, zumindest zeitweilig, zu zerfallen. Präsident Reagans am 1. September verkündete Friedensiniative schien der israelischen Regierung die Früchte des Siegs aus der Hand zu reißen. Gefordert wurden ein Besiedlungsstopp, eine vage, an Selbstbestimmung grenzende Form der Autonomie für die Bewohner der besetzten Gebiete und eine Lösung für Jordanien. Diese Vorschläge standen im Widerspruch zu einem der Hauptziele der israelischen Regierung, das die Ausweitung der Oberhoheit über diese Gebiete vorsah. Zudem gab es Konflikte zwischen Israel und Baschir Gemajel, der kurz darauf ermordet wurde. Israel marschierte sofort in West-Beirut ein und verletzte damit das mit Philip Habib ausgehandelte Abkommen, aufgrund dessen die PLO abgezogen war. Das rief in den USA lediglich milde Kritik hervor; die Zusicherung an den Libanon und die PLO, daß Israel sich von Beirut fernhalten werde, war schnell vergessen. Allerdings wurden die der Besetzung folgenden Massaker scharf verurteilt. Die schwächelnde oppositionelle Arbeiterpartei in Israel hoffte auf ein neuerliches Erstarken, und US-amerikanische Freunde Israels polierten ihr Image als Bewahrerin von Frieden, Gerechtigkeit und Versöhnung kräftig auf. Wenn man sich Begins und Scharons, die das »wunderschöne Israel« zerstört hatten, entledigen könnte, wäre alles gut. Wir wollen nun diese entscheidenden Ereignisse und ihre Bedeutung näher untersuchen.

Reagans Friedensplan

Der Plan sah, wie gesagt, einen Siedlungsstopp vor und bekundete, die USA würden während der Übergangsperiode den Bau neuer Siedlungen nicht unterstützen. Der Übergang sollte zu einer Art von

»Autonomie« führen, bei der die »innenpolitische Autorität . . . von Israel auf die palästinensischen Bewohner des Westjordanlandes und des Gaza-Streifens« übergehen sollte. Wie man in Israel schnell bemerkte, würde die Forderung nach einem Siedlungsstopp bestenfalls von begrenzter Bedeutung sein, was an dem Charakter des Siedlungsprogramms lag, das zum Teil mit Reagans Initiative eingerichtet worden war.[17]

Reagans Plan sah explizit den Ausschluß der PLO vor, verweigerte den Bewohnern der besetzten Gebiete also das Recht, ihre politischen Repräsentanten selbst zu wählen, was im Widerspruch zu der verkündeten »Selbstbestimmung« stand. Er wandte sich auch gegen »die Errichtung eines unabhängigen palästinensischen Staats im Westjordanland und im Gaza-Streifen«. Damit erteilte er dem internationalen Konsens ebenso eine Absage wie der nahezu einmütigen Auffassung der Bewohner der besetzten Gebiete, zu der sich sogar Israels Quislinge bekannten. Der Plan behauptete auch, daß die USA »die Annektierung oder dauerhafte Kontrolle seitens Israels nicht unterstützen werden« – aber genau das hatten die Vereinigten Staaten bisher unterstützt und fuhren damit auch nach dem 1. September in Form von neuerlich aufgestockter Militär- und Wirtschaftshilfe fort. Die »Selbstbestimmung« würde »im Bündnis mit Jordanien« erlangt werden. Die Grenzprobleme blieben im wesentlichen ungeklärt.[18] Reagans Vorschläge wiesen eine gewisse Analogie zu einem hypothetischen Angebot von 1947 auf, das der jüdischen Gemeinschaft in Palästina »Autonomie« versprach, aber ohne einen Staat oder die Beteiligung der zionistischen Organisation vorzusehen. Außerdem sollte diese Autonomie unter der Herrschaft irgendeines europäischen Staats stehen, in dem die Juden alles andere als glückliche Erfahrungen gemacht hatten. Dennoch war der Reagan-Plan für die Palästinenser günstiger als die bislang von den eigentlichen Vormächten der Region – den USA und Israel – vorgetragenen Alternativen. Angesichts der von den Vereinigten Staaten verordneten Einschränkungen ließe sich vielleicht sagen, daß es für die Palästinenser am klügsten gewesen wäre, den Vorschlägen zuzustimmen. Sie hätten dann zwar nationalen Selbstmord begangen, aber der vollständigen israelischen Übernahme der besetzten Gebiete doch einige Steine in den Weg legen können.

Der Reagan-Plan wurde von der Regierung Begin verärgert zurückgewiesen. Sie wollte damit nichts zu tun haben. Insofern wären die Vorschläge von Anfang an nur dann lebensfähig gewesen, wenn die USA entschiedenen Druck auf Israel ausgeübt, genauer gesagt, Israels Siedlungsprogramm in den besetzten Gebieten die materielle Unterstützung entzogen hätten. Aber die Vereinigten Staaten machten sofort deutlich, daß sie dazu nicht bereit waren. Tatsächlich weiteten sie die Maßnahmen kurze Zeit später noch aus und behielten auch die einzigartige Regelung bei, die es Israel gestattete, die Hilfeleistungen ohne US-amerikanische Überwachung und damit auch für die besetzten Gebiete zu verwenden (was im Widerspruch zur US-amerikanischen Gesetzgebung stand). Kurz gesagt: Der Reagan-Plan wurde von Israel und den USA gleich nach seinem Entstehen begraben.

Offensichtlich führen die Tatsachen nicht zu einer akzeptablen historischen Version. Vielmehr müssen – umso schlimmer für die Tatsachen – die Araber und insbesondere die PLO daran schuld gewesen sein, daß dieses noble Unterfangen der USA fehlschlug, obwohl die herrschende Lehrmeinung es auch gestattet, einen Teil der Verantwortung dem ungehobelten Begin und seiner jüdisch-orientalischen Wählerschaft zuzuweisen. Unbefleckt stehen nur die Vereinigten Staaten und die westlich orientierte Arbeiterpartei da, die das Erbe des »wunderschönen Israel« bewahrt. Diese Aufgaben wurden mit der üblichen Eleganz und Schnelligkeit erledigt. In den folgenden Monaten bürdeten die USA die Last der Auseinandersetzung der PLO und König Hussein von Jordanien auf. Man nahm einfach an, das Schicksal des Reagan-Plans beruhe auf der Genehmigung der PLO für die Teilnahme Husseins an Verhandlungen über den Plan, den Israel mit amerikanischer Rückendeckung verworfen hatte. Die notwendigen Folgerungen wurden ohne besondere Schwierigkeit gezogen, während die Tatsachen an den ihnen vorbehaltenen Platz wanderten, nämlich in Orwells Vernichtungsmaschinerie.

Ein paar klärende Bemerkungen mögen hier am Platz sein. Erstens wäre die israelische Regierung höchst erfreut gewesen, wenn Hussein an Verhandlungen über den von ihr verworfenen Plan teilgenommen und damit stillschweigend das Prinzip akzeptiert hätte, daß die Palästinenser keine nationalen Rechte haben und, wie israelische Gerichte entschieden, »im Konflikt keine eigenständige Partei darstellen« und, wie Abba Eban von der Arbeiterpartei, der zum Flügel der »Tauben« zählt, formulierte, in einem Friedensabkommen »keine Rolle spielen«. Israel hätte dann, mit Hilfe der USA, die Gebiete übernehmen können, während die Verhandlungen end- und sinnlos sich hinzögen. Vielleicht hätte die Ausweitung des Souveränitätsgebiets sogar in irgendeiner Weise ratifiziert werden können. Ein anderes Ergebnis war angesichts der fortwährenden US-amerikanischen Unterstützung eines Groß-Israel auch gar nicht möglich. Zweitens wäre darauf hinzuweisen, daß die PLO sich zwar etwas wirkungsvoller den Normen der westlichen Heuchelei hätte anpassen und einen intelligenteren diplomatischen Kurs verfolgen können, was jedoch die Aufgabe der US-amerikanischen Propagandisten, nämlich zu zeigen, daß das Scheitern des Plans den Arabern und der PLO anzulasten sei, nur geringfügig erschwert hätte. Ihre Probleme wären denen vergleichbar gewesen, die Sadats Friedensangebot von 1971 oder die von der PLO und den arabischen Staaten im Januar 1976 vorgeschlagene Zwei-Staaten-Regelung dargestellt hatten. Man hätte ein bis zwei Tage gebraucht, um mögliche Abweichler wieder auf Kurs zu bringen. Ein anderes Ergebnis ist, trotz manchen Unsinns, der über die Sache zu Papier gebracht wurde, kaum vorstellbar. Betrachten wir nun die folgenden Ereignisse, die ihren vorhersehbaren Verlauf nahmen.

Reagans Vorschläge waren zwar mit dem Likud-Programm schlichtweg unvereinbar, aber einer Interpretation zugänglich, die zumindest teilweise mit der ablehnenden Haltung der Arbeiterpartei gegenüber der PLO in Einklang gebracht werden konnte und von ihr mit vorsichtiger Zustimmung aufgenommen wurde. Wohl machten auch die Spitzen der Arbeiterpartei deutlich, daß Reagans Plan für sie völlig unannehmbar war, aber diese Haltung fand ihren Ausdruck nur in der hebräischen Presse oder in Redewendungen, die, wie man richtig annahm, von der gut disziplinierten amerikanischen Öffentlichkeit ignoriert werden würden. Auch bei einer Reihe arabischer Staaten und der PLO fand der Plan zumindest teilweise Anklang. Der palästinensische Nationalrat, das Regierungsorgan der PLO, erzielte bei einem Treffen im Februar 1983 in dieser Sache einen Kompromiß. Die *New York Times* zitierte einen hochrangigen PLO-Vertreter, der die Haltung des Nationalrats zum Reagan-Plan als »Zustimmung bei gleichzeitiger Ablehnung« charakterisierte. Der PLO-Sprecher Achmed Abdel Rachman meinte, die PLO würde weiterhin den im September 1982 in Fes verabschiedeten arabischen Friedensplan unterstützen, der gemäß dem internationalen Konsens eine Zwei-Staaten-Regelung sowie die friedliche Koexistenz zwischen Israel, Palästina (Westbank und Gaza) und den anderen Staaten der Region forderte. Der Nationalrat erklärte auch, daß er »die zukünftige Beziehung zu Jordanien als Konföderation zweier unabhängiger Staaten für möglich« halte.[19]

De facto war die Reaktion der PLO nicht viel anders als die der Arbeiterpartei in Israel: Der Plan wurde weder direkt akzeptiert noch direkt verworfen. Beide wollten Handlungsfreiheit, um die Bestimmungen der Reagan-Vorschläge ihren eigenen Wünschen anzupassen – dem internationalen Konsens im Falle der PLO, dem Allon-Plan (der ebenfalls keine Beteiligung der PLO vorsah) im Falle der Arbeiterpartei. Zwar scheint die Position der PLO dem Wortsinn des Reagan-Plans näherzustehen, doch ist er so vage, daß sich dies nicht mit Sicherheit sagen läßt.

In den Vereinigten Staaten reagierte man auf die Vorschläge des Präsidenten mit großer Zustimmung. Wie manch andere Reaktion, war auch die der *New York Times* vorhersehbar. Sie erklärte ihren Lesern, die US-amerikanische Regierung arbeite jetzt daran, die arabischen Staaten und »Palästinenser, die bereit sind, zuzuhören«, davon zu überzeugen, »daß die PLO mit ihrem Terrorkampf und der Ablehnung Israels in eine blutige Sackgasse geraten« sei und solche Extremisten »von der Arabischen Liga nicht länger als die »einzigen« Unterhändler für die Rechte der Palästinenser ausgegeben werden dürfen«. Ein Blick ins Archiv der Zeitschrift hätte den Herausgebern die intellektuelle und moralische Dürftigkeit dieser Bemerkungen enthüllt. Sie versicherten aber, daß Israels »wahrer Geist zutage treten« werde, wenn die arabischen Staaten »Israel feste Sicherheitsgarantien im Austausch gegen ein nicht bedrohliches palästinensisches Herrschaftsgebiet im Westjordanland und im Gaza-Streifen bieten«. Dabei unterschlagen die Herausgeber jedoch, daß diese Vorstellungen von den zwei führenden israelischen Parteien ebenso unzweideutig abgelehnt wurden wie von den USA, die im Januar 1976 gegen eine entsprechende, von den »gegnerischen Staaten« und der PLO gestützte Resolution ihr Veto einlegten. Wenn wir dem gegenwärtigen israelischen Staatspräsidenten, der 1976 UN-Botschafter war, Glauben schenken wollen, hatte die PLO höchstselbst diese Resolution vorbereitet. In der *New York Times* heißt es dann noch: »Die Israelis, die in den Libanon einmarschierten, haben das Wort »Frieden« bislang nur von Ägypten gehört.« Das ist genauso falsch wie die übrigen Behauptungen.

In der *New York Times* wurde Israels Expansionspolitik am schärfsten von Anthony Lewis kritisiert. Ihm zufolge hat Reagans »weise und scharfsinnige« Initiative »den Frieden auf die Tagesordnung gesetzt« und sollte auf die »sensible israelische Demokratie« anziehend wirken, was sich auch daran zeige, daß sie von dem Vorsitzenden der Arbeiterpartei, Schimon Peres, »unverzüglich begrüßt« wurde. Unerwähnt bleibt, daß Peres dem Programm in der von Lewis skizzierten Form – palästinensische Selbstbestimmung im Westjordanland und im Gaza-Streifen »ohne israelische Kontrolle über diese Gebiete« – völlig ablehnend gegenüberstand und sie »für eine Bedrohung der Existenz Israels« hielt.

Das hinderte in den USA niemanden daran, Reagans Vorschläge, was immer sie genau bedeuten mochten (»Kümmern wir uns nicht um die Einzelheiten«, meinten die Herausgeber der *New York Times*), als Grundlage für die weitere Diskussion unter rechtlich denkenden Menschen zu betrachten und so den internationalen Konsens mit seiner untragbaren Annahme, Palästinenser könnten dieselben Menschenrechte wie Juden genießen, ebenso vom Tisch zu wischen wie die Tatsache, daß Likud, Arbeiterpartei und, was entscheidend ist, die Vereinigten Staaten sich stets gegen die PLO und das Selbstbestimmungsrecht der Palästinenser ausgesprochen hatten.

Im Februar tagte der Nationalrat der PLO und gab seine offizielle Haltung zum Reagan-Plan bekannt, und im April ließ Jordanien verlauten, es sei von der PLO nicht ermächtigt worden, die Palästinenser zu repräsentieren und werde sich daher nicht an den Verhandlungen beteiligen. Diese Vorgänge boten den Medien weitere Gelegenheit zur Verbreitung ihrer Annahmen und Einsichten. Die *New York Times* warf dem Nationalrat unter der Überschrift »Die PLO gegen die Palästinenser« vor, die Befreiungsorganisation kämpfe »gegen die Realität, gegen die Diplomatie und, wie immer, gegen Israel«. Sie habe aufs neue die Sache der Palästinenser »verraten«. Ein Palästinenserstaat in den besetzten Gebieten ist, »wenn überhaupt jemals, so mit Sicherheit nicht jetzt möglich ... Indem sie das Unmögliche fordert, unterläuft die PLO weiterhin das Machbare: Selbstbestimmung für eine Million Palästinenser.« Was letzteres heißen soll, verrät die *New York Times* nicht (»Kümmern wir uns nicht um die Einzelheiten«, insbesondere, wenn es um das Leben anderer Menschen geht). Der internationale Konsens wird somit für »unmöglich« erklärt – was er angesichts der US-amerikanischen Haltung denn auch ist. Die Zeitung fügt hinzu, daß »eine kleine, neue palästinensische Nation sich, selbst wenn ihre Existenz erstrebenswert wäre, nur mit der Zeit entwickeln kann« – es gibt also keine palästinensische Nation, wie Likud und Arbeiterpartei ebenfalls behaupten, während arabische Extremisten (und die Behauptungen der *New York Times* klingen fast wie eine Parodie darauf) Israel das Recht auf eine eigene Nation streitig machen (eine »kleine, neue jüdische Nation ist nicht unbedingt erstrebenswert«, könnte ein Antisemit erklären). Die PLO ist »bedeutungslos«, weil sie dem, was die Vereinigten Staaten wünschen, nicht willfährt.[20]

Was die *New York Times* verschweigt, ist ebenso enthüllend wie das, was sie sagt. So ist Israel nicht »bedeutungslos«, obwohl seine Regierung den Reagan-Plan sehr viel heftiger ablehnt als die PLO. Auch die Arbeiterpartei ist nicht »bedeutungslos«, sondern vielmehr die zukünftige Hoffnung, obwohl sie auf den Reagan-Plan ähnlich reagierte wie die PLO, und die von der *New York Times* befürwortete »Selbstbestimmung für eine Million Palästinenser« unzweideutig verwirft. Die Vereinigten Staaten wiederum sind nicht »bedeutungslos«, obwohl sie dem Reagan-Plan durch die fortgesetzte und sogar ausgeweitete Unterstützung für die Besiedlung der besetzten Gebiete den Gnadenstoß gaben.

Als sinnvoll läßt sich die Argumentation der *New York Times* nur dann begreifen, wenn man sie unter dem Aspekt staatlicher Propaganda betrachtet: Die US-Regierung hat entschieden, Israel als »strategischen Aktivposten« zu nutzen, während die Bewohner der eroberten Gebiete keinen gültigen Anspruch auf die der jüdischen Bevölkerung eingeräumten Menschenrechte besitzen. Im Licht dieses Grundsatzes ist die Reaktion der *New York Times* völlig logisch, weil ihr Maßstab darin besteht, der Außenpolitik der Vereinigten Staaten zu dienen.

Am 10. April 1983 teilte Jordanien, nachdem die Ermächtigung durch die PLO ausgeblieben war, mit, daß man es »der PLO und dem palästinensischen Volk überläßt, die Mittel und Wege für die Errettung des Landes und seiner Bewohner und für die Verwirklichung der von ihnen benannten Ziele zu wählen«. Die *New York Times* erklärte, der Reagan-Plan sei auf »so ehrenvolle wie tragische Weise gescheitert«. »König Hussein hat nicht Israel, sondern der PLO die Koexistenz aufgekündigt« und »gezeigt, daß Jassir Arafat zum Kompromiß nicht fähig ist.« Israel, das »Mr. Reagans Plan von Anfang an für undurchführbar gehalten hatte ... fühlt sich nun in seinem Widerstand gegen Verhandlungen über das Westjordanland gerechtfertigt«. Im Nachrichtenteil, wo Meinungsmache wirksamer betrieben werden kann, weil sie sich hinter der Maske objektiver Berichterstattung verbirgt, erklärte David Shipler, es gebe »keine greifbare Alternative zu dem Entschluß der [israelischen] Regierung, das Westjordanland auch zukünftig besetzt zu halten«. Verschiedene Politiker der Arbeiterpartei werden mit den Worten zitiert, daß es »niemanden gebe, dem man die Westbank überlassen kann« und daß es »Jordanien noch nicht gelungen sei, sich von den Extremisten in der arabischen Welt loszusagen« usw. Auf Mäßigung bedachte arabische Stimmen hätten sich kein Gehör verschaffen können, folgert Shipler, und in israelischen Regierungskreisen gebe es »eine bitter-ironische Befriedigung darüber, daß man schon immer und viel deutlicher, als es den Amerikanern jemals möglich ist, begriffen hat, daß die Araber zu haßerfüllt sind, um ernsthafte Verhandlungen anzustreben und Israel anzuerkennen«. Begin ist gerechtfertigt: »Im Augenblick gibt es nichts, was ihn in Frage stellen könnte. Er ist von einem Vakuum umgeben.«

Offensichtlich will man in der *New York Times* nicht sehen, daß es durchaus jemanden gibt, »dem man die Westbank überlassen kann« (und ebenso den Gaza-Streifen, den die *New York Times* lange stillschweigend den Israelis zugeschlagen hat), nämlich die Bevölkerung, die klar und deutlich bekundet hat, daß sie sich von der PLO repräsentiert sieht. Verschwiegen wird ferner, daß der Reagan-Plan nicht, wie Shipler meint, an der »unversöhnlichen Haltung der Araber« gescheitert ist, sondern von den USA selbst zu Fall gebracht wurde, die sich Israels ablehnende Einstellung sofort zu eigen machte.

Die *New York Times* fügte auch eine Lektion in politischer Theorie und Geschichte hinzu. »Israels Angriff auf den Libanon«, so die Herausgeber, »hat die Ohnmacht der PLO augenfällig gemacht«, jedoch bleibe die Befreiungsorganisation »weiterhin der Wunschvorstellung eines Siegs über Israel, der in einen palästinensischen Staat mündet, verhaftet.« Wie alle Araber, sei auch Sadat zunächst »als wahrhafter Erbe Nassers der Sache des Pan-Arabismus« treu gewesen und habe aufgrund dieser »ideologischen Verpflichtung« 1973 den Krieg begonnen. »Erst dann konnte er dem ideologischen Würgegriff der PLO entrinnen und mit der Arabischen Liga brechen.« Aber die anderen arabischen Staaten und vor allem die PLO wollen keine andere Lösung als den »Sieg über Israel«, so daß die »Amerikaner, trotz ihres Bemühens« um politischen Ausgleich, nichts tun können. Das sind nun einmal die offiziellen »Tatsachen«, angesichts derer es bedeutungslos ist, daß Sadat 1971 Israel ein Friedensangebot machte, in dem er, obwohl er doch damals dem »ideologischen Würgegriff« der PLO noch nicht entronnen war, die nationalen Rechte der Palästinenser nicht erwähnte. Unterstützt von den USA, lehnte Israel das Angebot ab. Ferner begann Sadat 1973 den Krieg, nachdem er wiederholt darauf hingewiesen hatte, daß ihm aufgrund der Siedlungsprojekte, die die Arbeiterpartei im Nordosten des Sinaigebiets vorantrieb, und der Verweigerung einer politischen Lösung seitens Israels und der Vereinigten Staaten, keine andere Wahl bliebe. In den darauffolgenden Jahren machten die arabischen Staaten und die PLO wiederholt Verhandlungsangebote, wie etwa im Januar 1976 die Zwei-Staaten-Regelung, die von Israel schroff abgelehnt und von den USA blockiert wurde usw.

Immerhin erwähnt die *New York Times* Israels Zurückweisung des Reagan-Plans, während die Zeitschrift *New Republic* das Scheitern dieser »kühnen amerikanischen Initiative« gänzlich der PLO und der Feigheit König Husseins anlastet. Natürlich muß dabei die Interpretation dieses Plans durch die Arbeiterpartei unerwähnt bleiben (die zu verstehen nur eine Minute Nachdenkens erfordern würde), aber es ist interessant, daß selbst die Ablehnung des Plans durch die israelische Regierung verschwiegen wird. Auch zum Verhalten der USA findet sich keine Zeile der Kritik. Die Herausgeber erklären ferner, daß nur eine »absichtliche Mißdeutung der Tatsachen« zu der »paradoxen« Vorstellung führen könne, daß die USA »Wirtschaftssanktionen« verhängen sollten, »um den Bau israelischer Siedlungen im Westjordanland zu stoppen« (im Klartext: daß die USA aufhören sollten, diese Siedlungen zu finanzieren). Die Siedlungen sind »kein Hindernis für den Frieden im Nahen Osten«, sondern »für Hussein der hauptsächliche *Anreiz*, Verhandlungen aufzunehmen«. Daraus folgt offenbar, daß wir Israel in dieser Hinsicht noch großzügiger unterstützen sollten, um den Anreiz zu verstärken.[21]

Diese Äußerungen verdeutlichen in etwa das gängige Spektrum der Reaktionen der Medien auf das Scheitern eines Plans, der von Israel mit tätiger Beihilfe der USA zu Fall gebracht wurde. Immerhin war der Versuch, die Ereignisse schönzuschminken, durchaus erfolgreich.

Die israelische Reaktion

Kehren wir zum 1. September 1982 zurück. Es stand zu erwarten, daß Israel einiges unternehmen würde, um die Vorschläge Reagans nicht ernsthaft in Erwägung ziehen zu müssen und mögliche Versöhnungsgesten seitens der Araber rechtzeitig zu unterbinden. Es gab

zwei unmittelbare Reaktionen, von denen die eine in den Medien
sehr umfassend, die andere fast gar nicht diskutiert wurde.

Die Vereinnahmung der besetzten Gebiete

Im Gegensatz zu dem, was der Reagan-Plan vorsah, entschied die
Regierung Begin, »in Judäa und Samaria« sofort mit der Errichtung
neuer Siedlungen zu beginnen.[22] Schon wenige Tage später war in der
Zeitung *Ha'aretz* die Schlagzeile zu lesen: »Genehmigung für die
Errichtung von sieben neuen Siedlungen in Judäa und Samaria«. Der
dazugehörige Artikel berichtet von dem geplanten »Bau einer neuen
Siedlung im nördlichen Gazastreifen«. Ein Zusammenhang mit dem
Reagan-Plan bestehe nicht. Am 2. September kündigte Amos Levav
in *Ma'ariv* an: »In Samaria werden vier Ortschaften und eine Stadt
entstehen.« Kurz vor dem Bekanntwerden des Reagan-Plans hatten
»die Minister Joram Aridor (Finanzen) und Professor Juval Ne'eman
(Entwicklung) Methoden erarbeitet, um 500 Millionen Schekel für
Entwicklungsaktivitäten in Judäa und Samaria zusammenzubekom-
men«. Parallel dazu entschied der Richter M. Ravid kategorisch, »daß
israelische Unternehmen, die in Israel registriert sind, aber vorwiegend in den besetzten Gebieten arbeiten, keine Steuern zahlen müssen«. Des weiteren sollten zwei neue Siedlungen (eine davon ein Kibbuz) auf den Golanhöhen und fünf neue Nahal-Siedlungen (parami-
litärischer Provenienz) in Samaria entstehen.[23]

Außerdem berichtete Levav von Plänen der Siedlungsabteilung der
Zionistischen Organisation, denen zufolge die neuen Ortschaften in
Samaria im Jahr 2010 von 400 000 Juden bewohnt werden sollen.
1982 waren es 5000. Die arabische Bevölkerung wird, so schätzt
man, auf bis zu 700 000 Personen anwachsen. Zum Entwicklungs-
plan gehören sechs Schnellstraßen, die das Gebiet durchschneiden
und arabische Städte wie Nablus umgehen. Das Wohngebiet der Araber wird auf einen »begrenzten Bereich mitten in der Region« festgelegt; das Wachstum ihrer Städte und Dörfer soll durch Maßnahmen
wie Straßenbau, Einschränkung von Neubauten und Landkauf für
jüdische Siedlungen verhindert werden. Ein mit Siedlungsangelegen-
heiten betrauter Beamter des Verteidigungsministeriums bestätigte,
daß diese Pläne in Judäa und Samaria bereits in die Tat umgesetzt
würden.

Einige Monate später verkündete die Regierung einen weiteren
Schritt zur Verwirklichung dieser Pläne: die Ausweitung der »Grünen

Patrouillen« auf das Westjordanland.[24] Diese Patrouillen waren von der Regierung Rabin eingerichtet worden und dienten vorgeblich ökologischen Zwecken. Sie unterstanden der »Behörde für Naturschutz«, die von dem Reservegeneral Avraham Joffe, einem Anhänger der groß-israelischen Idee, geleitet wurde. Unter Ariel Scharon während seiner Zeit als Landwirtschaftsminister in der ersten Regierung Begin waren sie wegen ihrer Grausamkeit berüchtigt, als sie die Beduinen in der Negev-Wüste mit Terrormaßnahmen davon abhielten, in »nationale Landgebiete« (das sind solche, die nur von Israelis genutzt werden sollen) einzudringen. In Zusammenarbeit mit Polizei und Grenzpatrouillen vertrieben sie gewaltsam Beduinen aus ihren Heimatgebieten in Regionen, wo sie zusammengefaßt werden sollten. Sie terrorisierten Frauen und Kinder, erschossen Haustiere, zerstörten Zelte und standen, was Brutalität und Blutvergießen angeht, der Karriere Scharons, die in den fünfziger Jahren begonnen hatte, in nichts nach.[25] Nun sollten sie auch im Westjordanland aktiv werden, wo sie sich, so der Journalist Zvi Barel, »mit illegalen arabischen Bauvorhaben in staatlichen Ländereien oder Gebieten, die für [jüdische] Siedlungen vorgesehen sind«, beschäftigen werden. Diese Ländereien sind von Israel mit legalen Tricks (damit US-Bürgerrechtler nicht unzufrieden werden) übernommen worden. Kurz darauf verkündete die Regierung, daß die neu gebildete »Landpatrouille«, ähnlich wie die »Grüne Patrouille«, »Maßnahmen ergreifen wird, um ohne Baugenehmigung errichtete Gebäude zu zerstören« (Baugenehmigungen werden den Arabern mit schöner Regelmäßigkeit verweigert) und die »zunehmende arabische Besiedlung von staatlichen Ländereien... in Judäa und Samaria« zu verhindern. Absehbarerweise werden diese Patrouillen, wenn sie wie üblich verfahren, das bewirken, was die offiziellen Geschichtsdarstellungen als »freiwilligen Landverkauf« durch bislang widerspenstige Araber bezeichnen, und im allgemeinen sicherstellen, daß Israel von den hilflosen *Samidin* alles bekommt, was es will, während die US-Regierung schweigt und zahlt.

Im israelischen Rundfunk verkündete Verteidigungsminister Scharon gleich nach Bekanntwerden des Reagan-Plans: »Israel wird ihn nicht akzeptieren, es wird ihn noch nicht einmal erörtern.« Die Vereinigten Staaten hätten sich »viele Peinlichkeiten und Enttäuschungen ersparen können«, wenn sie die Vorschläge gar nicht erst lanciert hätten. »Am Ende wird ihnen nichts übrigbleiben, als den Plan zurückzuziehen, da er nicht in die Tat umgesetzt werden kann.« Stimmen aus Jordanien und der PLO bekundeten zwar vorsichtiges

Interesse, äußerten sich aber skeptisch über die Entschiedenheit der
US-Regierung. Ein Jordanier faßte die Haltung der Regierung in
Amman so zusammen:

> »Entscheidend ist, ob Mr. Reagan den Willen und die Macht hat, seinen
> Worten Taten folgen zu lassen. Wenn Scharon morgen eine Reihe neuer
> Siedlungen errichten läßt, wird Washington dann die Waffenlieferungen
> oder die finanziellen Hilfen an Israel aussetzen, vor den Sicherheitsrat
> gehen und die PLO anerkennen?«[26]

Die Frage war natürlich rhetorisch und wurde sehr schnell beantwortet. Israel ließ »eine Reihe neuer Siedlungen errichten« und dokumentierte auch so seine Verachtung für den Reagan-Plan, während
Reagan nicht nur die Ausweitung der Hilfeleistungen befürwortete,
sondern auch das Arrangement, dem zufolge die Gelder für die
Besiedlung der besetzten Gebiete verwendet werden durften, unan-
getastet ließ. Liberale Kongreßabgeordnete setzten sich sogar noch
für die Verbesserung der Bedingungen ein, unter denen die Hilfeleistungen gewährt wurden. Ein paar Wochen später kommentierte die
Jerusalem Post diese Vorgänge: »Die amerikanische Regierung hat die
von ihr kritisierte Politik mit einer Unbeirrbarkeit finanziert, daß
man kein Araber sein muß, um sich zu fragen, ob die Kritik ernstgemeint ist.«[27] Die folgenden Monate führten zu einem rhetorischen
Schlagabtausch zwischen Israel und der US-Regierung und in Beirut
sogar zu gelegentlichen militärischen Konfrontationen zwischen US-
Marinesoldaten und der israelischen Armee. Zugleich erklärte die
US-Regierung, das hohe Niveau der 1983 geleisteten Militärhilfe
werde auch im folgenden Haushaltsjahr beibehalten, womit sie, trotz
aller verbalen Kritik, ihre wahren Absichten offenkundig werden
ließ, während der Kongreß wie üblich, die Leistungen noch aus-
weitete.

Damit die Amerikaner auch wirklich begriffen, worum es ging,
ließ die israelische Regierung dem Reagan-Plan eine wahre Flut von
Ankündigungen über neue Siedlungen und andere Entwicklungsprojekte in den besetzten Gebieten folgen. Ende 1982 verkündete der
Leiter der Siedlungsabteilung in der Jewish Agency, Mattitjahu
Drobles, daß die jüdische Bevölkerung in Judäa und Samaria bis
2010 auf 1,3 Millionen anwachsen und damit, wenn man die zu
erwartende »Auswanderung von Arabern aus diesen Gebieten« in
Rechnung stellt, die Mehrheit bilden werde. Anfang Dezember ver-

lautbarte die Regierung den geplanten Bau von 35 weiteren städtischen Siedlungen in Judäa und Samaria; kurz darauf erhöhte der stellvertretende Landwirtschaftsminister Michael Dekel diese Zahl auf 42. Sie sollten in den nächsten vier Jahren entstehen.[28] Juval Ne'eman, Minister für Wissenschaft und Entwicklung, kündigte an, Samaria zu einem israelischen Silicon Valley zu machen. Dort sollten die »fortgeschrittensten Sektoren der israelischen Industrie« angesiedelt und nahe der neuen Stadt Ariel ein Wissenschafszentrum urbanen Ausmaßes errichtet werden. Das alles im Herzen von Samaria, wo der größte Teil der arabischen Bevölkerung lebt. Auch ausländische Investoren, wie z. B. eine von Franzosen finanzierte Elektronikfabrik, »strömen nach Samaria«, weil die Regierung dort günstige Kredite und sogar Subventionen gewährt, die letztlich von den USA bezahlt werden. Amnon Rubinstein wies zwar nach, daß all dies »im Widerspruch zur von Israel unterzeichneten vierten Genfer Konvention steht«,[29] aber solche Erwägungen bleiben denen überlassen, die in Israel jetzt als »schöne Seelen« verspottet werden.

Andere Regionen wurden dabei keineswegs vernachlässigt. Anläßlich des ersten Jahrestags der faktischen Annektierung der Golanhöhen bemerkte *Ha'aretz*, daß sich dort bereits 1000 Siedler niedergelassen hatten. Weitere 5000 sollten in vier mittlerweile geplanten Siedlungen folgen. Für den Gaza-Streifen sind innerhalb der letzten sechs Jahre etwa 800 Millionen Schekel aus dem Nationalhaushalt für acht Siedlungen mit insgesamt 300 Einwohnern aufgewendet worden; eine neunte, zu der auch ein großes Touristenzentrum gehören soll, befindet sich in Planung. Als David Levi, Minister für Wohnungsbau, bei einer Pressekonferenz gefragt wurde, warum für so wenige Siedler so hohe Investitionen getätigt würden, antwortete er: »Es gibt nationale politische Ziele, bei denen die Investitionskosten nicht unbedingt von der Anzahl der Siedler, sondern von der Notwendigkeit abhängen, diese Gebiete in unserem Land zu entwickeln.«[30] Das läßt sich mit Hilfe eines großzügigen Geldgebers natürlich noch leichter bewerkstelligen.

Bei der Diskussion um die besetzten Gebiete bleibt das Schicksal des Gaza-Streifens zumeist unerwähnt, wohl weil man ihn klammheimlich bereits Israel zugeschlagen hat. Er wurde zu Beginn der siebziger Jahre von Ariel Scharon und der regierenden Arbeiterpartei mit außerordentlicher Brutalität »befriedet« und wird seitdem mit eiserner Faust regiert. So haben die Militärgerichte zwischen April 1980 und März 1981 3853 neue Fälle verhandelt, während sie im Vorjahr

3458 Personen schuldig sprachen, gegenüber 180 Freisprüchen. Die im Rahmen der »zivilen Verwaltung« operierenden Militärgerichte haben eine außerordentlich weit gefaßte Zuständigkeit, die sich z. B. auch auf Kaufleute erstreckt, die sich weigern, bestimmte Mehrwertsteuern zu zahlen, weil sie darin einen israelischen Souveränitätsanspruch erblicken. Die Hälfte der arbeitenden Bevölkerung – an die 40 000 Personen – verdient ihren Lebensunterhalt in Israel.[31] Manche haben einen Arbeitstag, der von drei Uhr morgens bis acht Uhr abends dauert, weil Araber zwar im jüdischen Staat gegen extrem niedrige Entlohnung die »Dreckarbeiten« verrichten (die Bedingungen lassen ihnen kaum Alternativen), aber dort nicht übernachten dürfen. Abgesehen davon sind diese offiziellen Zahlen, wie gelegentliche Untersuchungen über illegale Kinderarbeit zeigen, höchstwahrscheinlich zu niedrig angesetzt.

Der Gaza-Streifen ist übervölkert, und die Einwohnerzahl wächst rapide. Für die Entwicklung werden keine Gelder bereitgestellt, und was an Land noch verfügbar war, ist von der israelischen Regierung enteignet worden. Überlebenschancen hat nur, wer sich in Israel billig verdingt, und weil es unmöglich ist, täglich zu pendeln, übernachten viele Arbeiter in Tel Aviv und anderswo illegal. In der Hauptstadt wird jeder Illegale ein paar Mal im Jahr von der Polizei aufgegriffen. Die Araber schlafen unter Verkaufsständen auf den Märkten, oder in Kellern und verfallenden Räumen in Slumgebieten, oftmals eng nebeneinander von der einen Wand zur anderen, ohne sanitäre Anlagen oder die Möglichkeit, die Kleidung zu wechseln, immer in Erwartung einer polizeilichen Durchsuchung. Schätzungen zufolge leben Tausende von Arabern auf diese Weise, aber die genaue Zahl ist unbekannt. Die Polizei kann die Arbeiter daran hindern, in Tel Aviv zu übernachten, aber Gesetze, die ihre Arbeitsbedingungen festlegen, gibt es nicht.

Im Gaza-Streifen selbst ist die Wasserversorgung das Hauptproblem. Lokale Vorkommen sind bereits so übernutzt, daß Versalzung und andere Verschmutzungen drohen. Um die absehbare Katastrophe zu verhindern, wird der Wasserverbrauch streng kontrolliert, und Araber, die gegen die Rationierungsvorschriften verstoßen oder Brunnen graben, werden bestraft. Dieses Gesetz betrifft jedoch, wie Rafael Gaon berichtet, »nur die arabischen Einwohner. Was die neuen Siedler [Israelis] angeht, so liegen die Dinge hier gänzlich anders.« Für ihre Projekte, wie etwa den gewinnträchtigen Anbau von Früchten für den europäischen Markt, werden Wassermengen bewilligt, von denen die arabische Landwirtschaft nur träumen kann. Abgesehen vom Nutzen für die israelische Wirtschaft haben diese Projekte noch andere Vorteile. Zum einen zwingen sie die dort lebenden Araber, sich zu Niedrigstlöhnen in israelischen Unternehmen (und Kibbuzim) ausbeuten zu lassen, zum anderen dürfen ausländische Besucher Israels Fortschritte bei der Begrünung der Wüste bestaunen.[32]

Nicht nur die Industrie fühlt sich nach »Judäa und Samaria« hingezogen. Viele Israelis machen am Sabbat Ausflüge dorthin und verstopfen die Straßen mit ihren Autos. Es gibt dort viele arabische Dörfer, aber keinen Grund für irgendwelche Ängste. »In Kalkilia wurde einmal ein Stein geworfen«, sagt einer dieser Ausflügler in einem Bericht von Leah Etgar. »Danach wurde ihr Markt für eine Woche geschlossen. Jetzt schauen sie nicht einmal mehr aus dem Fenster.« Es sind eben nur *Samidin*, die festzuhalten suchen, was ihnen geblieben ist, während die Fremden durch ihre Häuser spazieren. Abgesehen davon sind genügend Grenzsoldaten präsent, so daß der hübsche Familienausflug ungestört bleibt.

Viele Familien wollen in den neuen Siedlungen, die überall entstehen, ein Haus oder Grundstück erwerben. Oftmals sind diese Dörfer noch auf keiner Karte verzeichnet, so daß sie sich von ortskundigen Arabern den Weg zeigen lassen müssen. Ein besonderer Anziehungspunkt ist die auf einem Hügel gelegene Villa von Mosche Ser, dem wohlhabenden Zögling einer religiösen Jugendbewegung. Touristen beobachten die »arabischen Arbeiter, die ganze Berge von Zement von einem Ort zum anderen schleppen«. Die Rabbis haben sicherlich eine stichhaltige Entschuldigung gefunden, um diese Lasttiere auch am Sabbat arbeiten zu lassen. Hier und in den umliegenden Gebieten werden Käufer von der Regierung subventioniert. »Wenn uns das Geld ausgeht, besucht uns der Verteidigungsminister mit einer Gruppe von Amerikanern«, erklärt ein Makler in der neu errichteten Siedlung Karnei Schomron. »Er steigt mit ihnen auf den Hügel von Mosche Ser und zeigt ihnen, daß Natanja [in Israel] in unmittelbarer Reichweite der [feindlichen] Raketen liegt. Das überzeugt sie, und sie zücken die Scheckbücher.«[33]

Unterdessen berichteten israelische Soldaten über ihre Aktivitäten und die Haltung ihrer Offiziere: willkürliche Durchsuchungen und Verhaftungen, Plünderungen, Bestrafungen, Erniedrigungen, ständige Belästigung der Bevölkerung. Ein Offizier mit sehr kultivierten Neigungen teilt seinen Untergebenen über die Araber folgendes mit:

»Es gibt nur zwei Alternativen: mit ihnen zu leben, oder sie zu vernichten. Ich persönlich hasse sie. Sie stinken. Sie haben mit unserer Kultur nichts gemein. Sie schlafen mit Ziegen. Man muß sie eindampfen, in ein Gas verwandeln.«[34]

Es ist ein merkwürdiger, fast pathologischer Drang, die Haltung derer, »die wir nicht beim Namen zu nennen wagen« (wie Abba Eban es einmal formulierte), bis zur grotesken Karikatur nachzuahmen.

Die USA reagierten auf all diese Vorkommnisse mit der Aufstokkung der Hilfeleistungen, die sie ermöglichten. Jeanne Kirkpatrick, damals UN-Botschafterin der Vereinigten Staaten, erklärte, warum das, was in den besetzten Gebieten geschieht, nicht wirklich geschieht: Im Gegensatz zu den Berichten der israelischen Presse fand sie, daß »die Siedlungen im vorwiegend von Palästinensern bewohnten Westjordanland den Charakter der Region nicht verändern«.[35] Und natürlich müssen wir, um noch einmal Kissinger zu zitieren, Israel unser »Mitgefühl«, wo nicht gar unsere »Zuneigung« zeigen. Zum Glück sind die *Samidin* eine zähere Rasse, die solche Empathie nicht nötig haben.

Der Marsch auf West-Beirut

Es gab noch eine zweite israelische Reaktion auf Reagans Friedensinitiative, die in kurzfristiger Hinsicht sehr viel bedeutsamer war als die Ausweitung der Siedlungsvorhaben. Am 3. und 4. September überschritten israelische Truppen die Waffenstillstandslinien und verletzten damit das gerade mit Georges Habib erzielte Übereinkommen, aufgrund dessen die PLO aus Beirut abgezogen war. Die Truppen marschierten auf die »Flüchtlingslager« Sabra und Schatila zu, bei denen es sich faktisch um Wohngegenden handelte, die mittlerweile von den gewachsenen Vorstädten Beiruts umgeben waren. Die Streitkräfte räumten Minen fort und errichteten Beobachtungsposten, von denen aus sie die durch die Bombardements von Anfang Juni schwer beschädigten Lager kontrollieren konnten. »Beobachter bemerkten, daß die Räumungsoperation möglicherweise den Anmarschweg für eine spätere bewaffnete Kolonne ebnen sollte.«

Am 2. September hatte die libanesische Staatspolizei fast ganz West-Beirut friedlich unter ihre Kontrolle gebracht, nachdem linksgerichtete Milizionäre sich freiwillig zurückgezogen hatten. »Libanesische Streitkräfte dröhnten mit Lastwagen durch die ausgebombten

Straßen und sammelten Waffen und Munition ein, die in den Depots der Palästinensischen Befreiungsfront verblieben waren.« Einige dieser Depots waren an die aus libanesischen Muslimen bestehende Murabitun-Miliz übergegangen. Ihr Kommandant, Ibrahim Koleilat, teilte mit, er habe dem Abzug seiner Milizen zugestimmt, »um der nationalen Versöhnung eine Chance zu geben«, wenngleich seine Männer ihre Waffen erst nach dem Rückzug der Israelis aus dem Libanon abgeben würden.[36] Schon bald stellte sich heraus, daß der israelische Vorstoß weitergehende Ziele verfolgte. Er fand damals jedoch ebensowenig Beachtung wie in der Rekonstruktion der Ereignisse nach den darauffolgenden Massakern und wird z. B. auch nicht in dem Bericht der israelischen Kahan-Regierungskommission erwähnt, auf den wir noch zurückkommen.

Israel war mit den neuen Gegebenheiten in West-Beirut nicht zufrieden:

»Israelische Regierungsbeamte haben verlangt, daß die Murabitun, die größte paramilitärische Organisation der Muslime vor Ort, die libanesische Hauptstadt verlassen muß, weil sie der zuverlässigste Verbündete der PLO sei... Die Muslime reagierten auf diese Forderung empört und schlugen sich auf die Seite der Murabitun. Muslimische Führer, darunter Gemäßigte wie der frühere Premierminister Saeb Salam, meinten, Israel wolle die muslimischen Einwohner aus dem Libanon vertreiben.«[37]

Salams Behauptung ist übertrieben, in der Sache aber zutreffend. Israel wollte die »Terroristen« – worunter man jetzt alle Palästinenser und die mit ihnen verbündeten Libanesen verstand – der Herrschaft seiner libanesischen Satelliten, also den mörderischen Phalangisten, Haddadisten, »Zedernwächtern« und Chamunisten überlassen. Ohne die PLO war das Gleichgewicht der Kräfte zerbrochen und die muslimische Bevölkerung ihren Feinden ausgesetzt. Israels Forderung, auch noch diese paramilitärische Kraft der »Terroristen« zu entwaffnen, würde das letzte Hindernis beiseite räumen, erneut Massaker zu begehen wie die in Karantina und Tel al-Zaatar 1976 oder in Khijam 1978, das direkt unter israelischer Militärbesatzung verübt wurde. Die Forderung, »Verbündete« der PLO sollten Beirut verlassen, zeigt, worum es Israel im Libanon ging: Die Rolle der mit Israel verbündeten christlichen Minderheiten sollte gestärkt werden. Dieses Ziel war schon mit der Errichtung des Staats verbunden.

Die potentiellen Opfer begriffen durchaus, worauf Israel hinauswollte. Die von Sunniten beherrschte »Nationale Bewegung« war der Auffassung, ihre Waffen würden benötigt, »um die israelische Okkupation zu beenden«. Nahib Berri, dem Führer der schiitischen Amal-Milizen zufolge, »werden wir die neuen Palästinenser sein, die gegen Israel kämpfen«. Ein von israelischen Kanonen erzwungener Friedensvertrag werde »zur Teilung des Libanon führen«. Der geistige Führer der Schiiten, der größten religiösen Gemeinschaft im Libanon, »erließ ein Edikt, das die Kollaboration mit Israel zum Sakrileg erklärte«.

Undankbare Vasallen

Unterdessen gab es Verstimmungen zwischen Israel und dem von ihm favorisierten Präsidentschaftskandidaten Baschir Gemajel. Dieser verstand sich in erster Linie als libanesischer Nationalist und wollte die Position seines Landes in der arabischen Welt bewahren. Schon seit langem waren die Maroniten im Libanon in der Frage eines Bündnisses mit der zionistischen Bewegung gegen die muslimische Mehrheit zerstritten; ein Riß, dessen Ursprünge vierzig Jahre zurückdatierten und der im August 1982 erneut zu Tage trat. Obwohl die Phalangisten den israelischen Einmarsch begrüßt hatten, war ihnen an einer direkten Beteiligung daran nicht gelegen, wofür sich zwei Gründe anführen lassen. Zum einen war es bequemer und sicherer, sich auf die israelischen »Söldner« (so der Ausdruck von Ze'ev Schiff) mit ihrem überlegenen Waffenarsenal zu verlassen, als die palästinensischen Kämpfer direkt anzugreifen; ihren Mut konnten sie beweisen, nachdem die kämpfenden Truppen abgezogen waren. Zum anderen wollte Gemajel – so bekundete er es jedenfalls – den Libanon mit muslimischer Unterstützung einigen. Die israelische Regierung hatte Gemajel an die Macht gebracht und hielt ihn für »ihren Mann«; Anfang September jedoch, nur wenige Tage nach seiner Wahl zum Präsidenten, war man, wie die israelische Presse berichtete, von ihm bereits »enttäuscht«, denn er hatte sich nicht nur geweigert, einen aufgezwungenen Friedensvertrag zu unterzeichnen, sondern auch damit gedroht, Major Saad Haddad, Israels Marionette im Süden, wegen Fahnenflucht aus der libanesischen Armee vor ein Kriegsgericht zu stellen.[38]

Diese Drohung sei, so berichtet Ze'ev Schiff unter Berufung auf »informierte geheimdienstliche Quellen«, ein »Hinweis darauf, daß die neue Regierung unter Baschir Gemajel von Israels Plänen, im

Südlibanon militärisch präsent zu sein oder die Enklaven Major Haddads, über die Israel eine indirekte Herrschaft ausübt, zu erweitern, überhaupt nichts hält«. Die Phalangisten kritisierten Israels Vorhaben, Haddads Machtbereich zu erweitern und »die phalangistischen Truppen daran zu hindern, in den Süden vorzudringen«. Israel mußte davon ausgehen, daß Gemajel in dieser Sache einen Konflikt nicht scheuen würde, der »seine Position bei muslimischen Kreisen im Libanon und den gemäßigten arabischen Regierungen stärken wird«.[39]

Regierungsbeamte in Jerusalem sprachen von einer »harten« Auseinandersetzung zwischen Begin und Gemajel, bei der es »um die Weigerung der libanesischen Regierung ging, in nächster Zukunft einen Friedensvertrag zu unterzeichnen und, was am wichtigsten war, der Einrichtung einer von Saad Haddad kontrollierten Sicherheitszone in einem vierzig bis fünfzig Kilometer langen Streifen im Südlibanon zuzustimmen«. Begin stellte klar, daß Israel nicht daran dächte, Haddad nach seinen »bedeutsamen Aktivitäten« von der »politischen Bühne des Libanon« zu entfernen. Die Regierungsbeamten bestätigten ferner, daß Israel »beabsichtigt, den Süden, wie schon vor der Operation Frieden für Galiläa, unter der Kontrolle von Saad Haddads Truppen zu belassen, denen Israel Unterstützung gewährt, ohne selbst das Kommando zu führen oder in der Region militärisch präsent zu sein«.[40] Genau diese Bedingungen mußte die libanesische Regierung einige Monate später akzeptieren. Die Diskussion zwischen Begin und Gemajel fand, dem israelischen Rundfunk zufolge, in der nordisraelischen Stadt Naharija statt. Offensichtlich wurde Gemajel zu dem Treffen geladen – was man später durchsickern ließ, um ihm Schwierigkeiten zu machen (er nämlich leugnete, daß das Treffen stattgefunden hatte), nachdem er sich geweigert hatte, den neuen Herren zu dienen.[41]

Kurz nach seiner Wahl zum Präsidenten hatte Baschir Gemajel ein »historisches« und offensichtlich erfolgreiches Treffen mit dem ehemaligen Premierminister Saeb Salam, der jetzt die muslimische Koalition anführte. Weil »Ex-Präsident Suleiman Frandschieh und Ex-Premierminister Raschid Karami [beide mit Syrien verbündet] das neue Regime strikt ablehnten, wurden sie von den Muslimen praktisch verstoßen«.[42] Gemajel gelang es, viele muslimische Führer dazu zu bringen, »den Sieg der Phalangisten um des Libanons willen zu akzeptieren«.[43]

Am 4. September verkündete Scharon – zweifellos als Reaktion auf diese Entwicklungen –, daß Israel im Südlibanon eine Sicherheitszone mit »Sonderstatus« einrichten könnte, falls Gemajel sich weigerte, einen Friedensvertrag zu unterzeichnen. Kurz darauf teilte Major Haddad mit, »daß seine von Israel unterstützten Milizen einen dreißig Meilen breiten Gebietsstreifen nördlich der israelischen Grenze kontrollieren würden, solange die Regierung in Beirut noch keinen Friedensvertrag mit Israel unterzeichnet hätte«. Er fügte hinzu, daß in dieser Zone »keine regulären libanesischen Armeeeinheiten« und keine phalangistischen Milizen zugelassen seien.[44]

Diese Regelungen waren schon während der Kämpfe selbst offenkundig geworden. Mitte Juli hieß es, Haddads Streitkräfte würden das Gebiet bis zum Awali-Fluß nördlich von Sidon, 55 Kilometer von der israelischen Grenze entfernt, kontrollieren. Haddad hatte sein Büro bereits in den Räumen der früheren libanesischen Verwaltung für die Region Sidon untergebracht. Einige Wochen später berichtete Jehuda Tsur in *Al Hamischmar*, daß Israel dem Major nicht nur hilft, die Kontrolle über dieses Gebiet zu übernehmen, sondern auch »die Phalangisten daran hindert, dort einzudringen«. Das gehöre »zum Kampf für die Errichtung einer neuen Ordnung im Libanon«. (Selbst in dieser Zeitung, die den linken, friedliebenden Flügel der Arbeiterpartei repräsentiert, wird der Begriff »neue Ordnung« ohne Kommentar verwendet.) Tsur vermerkt ferner, daß Haddads Streitkräfte die einzigen im Libanon sind, die bei den Kämpfen mit Israel zusammengearbeitet haben. »Man sollte darauf hinweisen, daß während der ersten Tage der Belagerung von Beirut die Phalangisten den Versuch unternahmen, eine Position der Terroristen anzugreifen. Sie wurden jedoch zurückgeschlagen, wobei einige von Gemajels Soldaten den Tod fanden. Von da an weigerten sie sich, in die Kämpfe aktiv einzugreifen.«[45] Ihre Stunde sollte erst noch kommen.

Somit war Major Haddad, »ein Geschöpf Israels, vollständig abhängig und daher zuverlässig«, während der Kämpfe zum »Oberherrn des gesamten Südlibanon südlich des Awali« geworden. Israel hatte die libanesische Zivilverwaltung in Haddads Territorium belassen, »weil sie zwar nicht funktioniert... aber Haddads Autorität stärkt. In den südlichen Ortschaften wurden libanesische Truppen aus ihren Kasernen geholt, entwaffnet und durch Haddad-Milizen ersetzt.« Kein Wunder also, daß es zwischen Gemajel und seinem »israelischen Sponsor« zu »Spannungen« kommt.[46]

Die Invasion von West-Beirut

Die Ermordung von Baschir Gemajel

Am Samstag, dem 11. September 1982 wurden die letzten Einheiten der US-Marinesoldaten, die nach dem Abzug der PLO die Sicherheit der Palästinenser garantieren sollten, zwei Wochen vor Ablauf ihres dreißigtägigen Mandats zurückbeordert (woraufhin auch der Rest der internationalen Streitkräfte Beirut verließ). Am 14. September, einem Dienstag, starb Baschir Gemajel durch eine Bombe, die das Hauptquartier der Phalange zerstörte. Muslimführer bestritten die Beteiligung an der Ermordung ebenso wie Gemajels maronitische Feinde. Der Londoner *Economist* berichtete, das Gebäude sei »der am schwersten und bis vor kurzem auch am wirksamsten bewachte Ort in ganz Beirut« gewesen, so daß »die Mörder auf die Hilfe eines Insiders angewiesen waren«. In Sichtweite befand sich ein großes israelisches Truppenkontingent. Der *Economist* spekulierte, daß eine vielleicht der Phalange angehörige maronitische Gruppe, die stärker an Israel orientiert ist als Gemajel, die Bombe gelegt haben könne. Andere machten, so Helena Cobban, Phalangisten verantwortlich, die der »Achse Israel-Haddad-Chamun« nahestehen. Verdächtigungen gab es mehr als genug. Die Phalangisten meldeten schließlich, daß der Mörder gestanden habe und »unspezifizierte Verbindungen zum Ausland«, vielleicht zu Syrien, Libyen, der Sowjetunion oder den Palästinensern besitze. Anderen Berichten zufolge soll er dem Sicherheitsapparat der Phalangisten angehört haben, während die Phalange selbst offenbar zu dem Schluß gekommen ist, er habe im Auftrag Syriens gehandelt. Die Untersuchung wurde von Elie Hobeika durchgeführt, den Israel als den für das Massaker von Beirut verantwortlichen Offizier bezeichnete.[47] Ein schlüssiges Urteil läßt die Beweislage nicht zu. Die Wahrheit wird vielleicht nie ans Tageslicht kommen.

»Um Blutvergießen und Racheakte zu vermeiden«

Am Dienstag um 17 Uhr erhielt Israel die Nachricht von der Explosion und gegen 22 Uhr 30 die Bestätigung vom Tod Gemajels. Zeugenaussagen vor der offiziellen israelischen Kahan-Untersuchungskommission zufolge gab Premierminister Begin sofort den

Befehl, daß israelische Truppen in West-Beirut einrücken sollten, »um Racheakte der Christen gegen die Palästinenser zu verhindern«. Am Abend setzte Verteidigungsminister Scharon seinen Stabschef, Rafael Eitan, davon in Kenntnis, daß nicht die IDF, sondern phalangistische Truppen in die palästinensischen Flüchtlingslager eindringen würden. Mittwoch nacht um 3 Uhr 30 informierte Eitan - die Phalangisten über die Invasionspläne und die ihnen dabei zugedachte Rolle. Eineinhalb Stunden später begann der Einmarsch, und um 8 Uhr erhielten die Phalangisten von Scharon den Befehl, in die Lager einzudringen. Um 9 Uhr 30 unterrichtete Begin den US-Gesandten Morris Draper über das israelische Vorgehen, das, wie er sagte, dazu diente, »Blutvergießen und Racheakte zu vermeiden«. Um 10 Uhr traf sich Generalmajor Amir Drori, der Oberkommandiere der israelischen Truppen im Libanon, mit den Führern der Phalangisten, um die endgültigen Schritte festzulegen. Vor der Untersuchungskommission sagte er aus, er habe die Anweisung gegeben, »menschlich zu handeln und Frauen, Kinder und alte Leute zu verschonen«.[48]

Was sich in zahlreichen Untersuchungen und Erklärungsversuchen als Kern der Ereignisse herausgeschält hat, ist folgendes: Israel marschierte in West-Beirut ein, um Gewalttätigkeiten der Phalange gegen die Palästinenser zu verhindern und war darum von Anfang an entschlossen, phalangistische Truppen in die schutzlosen Flüchtlingslager zu schicken. So unverfroren waren nicht einmal der Zar und der Gouverneur von Bessarabien.

Am 16. September gab Israel die offizielle Begründung für die Invasion bekannt: Man habe West-Beirut besetzt, »um Gewalt, Blutvergießen und Anarchie zu verhindern«.[49] Bis dahin hatte es all das nicht gegeben, und die libanesische Regierung bekundete ihre feste Überzeugung, den Frieden mit Hilfe ihrer Armee aufrechterhalten zu können. Diese hatte, Scharon zufolge, vom libanesischen Premierminister den Befehl erhalten, »auf israelische Soldaten, die nach West-Beirut eindringen, das Feuer zu eröffnen«.[50] Das tat sie jedoch wohlweislich nicht. Ein israelischer Oberst bemerkte: »Wenn sie auf uns schießen, werden wir sie töten.«[51] Eine weitere Phase der Befreiung beginnt.

Beiruts gemäßigte Muslime baten Washington darum, zu intervenieren. Premierminister Wazzan sagte: »Wir warten, die ganze Welt wartet.« Saeb Salaam, der »in enger Zusammenarbeit mit den Vereinigten Staaten den Plan ausgearbeitet hatte, der zum Rückzug der

PLO aus Beirut führte, schickte Präsident Reagan einen persönlichen Brief, in dem es hieß: »Wir bitten Sie dringend, der israelischen Armee Einhalt zu gebieten und die Bevölkerung von Beirut zu schützen««. Salam und Wazzan war, wie sie sagten, von Washington zugesichert worden, »daß Israel, sobald Jassir Arafat und seine Truppen Beirut verlassen hätten, nicht in West-Beirut einmarschieren und auch die Palästinenser in den Flüchtlingslagern unbehelligt lassen würde«.[52] Offenbar waren sie naiv genug, diesen Versicherungen Glauben zu schenken.

Angesichts der internationalen Reaktion auf die dann folgenden Ereignisse überschlugen sich die Erklärungsversuche geradezu. Man sollte sich also daran erinnern, daß die israelische Regierung den Einmarsch in West-Beirut ursprünglich damit begründete, daß es ihr einzig um die Aufrechterhaltung der Ordnung nach dem Attentat auf Gemajel gehe. »Das hat nichts mit den dort noch verbliebenen Terroristen zu tun«, bemerkte ein Regierungsbeamter: »... soweit es Israel betrifft, war die Evakuierung beendet, als das letzte Boot den Hafen verließ«.[53] Bei den »noch verbliebenen Terroristen« handelte es sich um angebliche 2000 PLO-Kämpfer, die hin und wieder in der israelischen Propaganda und in Presseberichten auftauchten, jedoch nirgendwo sonst.

Diese Version wurde aufgegeben, als man nach den Massakern hektische Versuche der Selbstrechtfertigung unternahm und bemüht war, die Verantwortung abzuschieben. Scharon nannte die bereits zitierte Regierungsverlautbarung »eine Tarnung für etwas anderes« und behauptete: »Unser Einmarsch in West-Beirut diente dem Krieg gegen die von den Terroristen zurückgelassene Infrastruktur« (worunter man wohl die Reste der palästinensischen Gemeinschaft und ihre muslimischen Verbündeten verstehen muß). Scharons Eingeständnis sorgte in Israel für beträchtliches Aufsehen und »brachte die Regierung in Verlegenheit«, nicht weil es falsch war, sondern weil es undiplomatisch ist, solche Wahrheiten öffentlich zu verkünden.[54] Im übrigen wurde Scharons Begründung auch von dem Oberkommandierenden Amin Drori ganz nüchtern wiederholt.[55]

Die israelische Armee eroberte das Gebiet sehr schnell und tötete oder zerstreute die leichtbewaffneten, größtenteils jugendlichen Verteidiger, wobei, der unabhängigen libanesischen Zeitschrift *An-nahar* zufolge, 88 Personen getötet und 254 verwundet wurden – Schätzungen, die eine Untersuchung der *New York Times* bestätigte.[56] Die Befehle waren eindeutig. »Was zerstört werden muß, werden wir zerstören. Wer verhaftet werden muß, den werden wir verhaften.« So die Worte von Stabschef Eitan.[57]

Danach entwaffnete man die muslimischen Milizen und »hob die Terroristennester aus«, wie Scharon es vor dem israelischen Parlament ausdrückte. Die libanesische Regierung forderte den Abzug der israelischen Truppen, ebenso – und zwar einstimmig – der UN-Sicherheitsrat, der besonders auf die Verletzung der Waffenstillstandsbedingungen und früherer Resolutionen hinwies. Der israelische Delegierte »machte deutlich, daß sein Land nicht beabsichtige, der Forderung des Sicherheitsrats nachzukommen« (eine Praxis, die Israel seit 1948 verfolgt) und stellte fest, daß die israelischen Truppen »ihre Positionen in West-Beirut räumen werden, sobald die libanesischen Streitkräfte bereit sind, in Abstimmung mit den israelischen Streitkräften die Kontrolle über diese Positionen zu übernehmen, um die öffentliche Ordnung und Sicherheit zu garantieren«. Er bemerkte auch, unter Verweis auf die mysteriösen 2000 Terroristen, daß nicht Israel, sondern die PLO die mit Habib getroffenen Vereinbarungen verletzt habe.[58] Mittlerweile war die erste offizielle Begründung für die Invasion in aller Stille begraben worden.

Am 1. August hatte Israel unter dem Schutz von vierzehnstündigen Land-, See- und Luftangriffen versucht, in West-Beirut einzudringen. Diese Beschießungen und Bombardements waren die bislang heftigsten in diesem Krieg gewesen und erfolgten, als »die Verhandlungen für den Abzug der Guerilla Fortschritte machten«, so der maronitische Präsident Elias Sarkis. Die Israelis rückten mit Panzern gegen die Flüchtlingslager vor, wurden aber nach wenigen hundert Metern »durch eine aus palästinensischen Guerillakämpfern, syrischen Truppen und schiitischen Milizen, die an der Seite der Palästinenser kämpften«, aufgehalten.[59] Der offiziellen Sprachregelung zufolge waren das alles »Terroristen«. Am 4. August gab es den erneuten Versuch eines Bodenangriffs, der jedoch nach schweren Verlusten (u. a. kamen 19 israelische Soldaten ums Leben) abgebrochen wurde. Danach hielt man sich an Taktiken, die mehr Sicherheit versprachen: Die Stadt wurde bombardiert und mit Granaten beschossen. Nun aber hatte die PLO Beirut verlassen, und die israelischen Truppen konnten in eine Stadt einmarschieren, die »kaum noch verteidigt« wurde, und wo sie auf »nur geringe Gegenwehr« stießen.[60] Zudem hielten sie das Konsulatsgebäude der sowjetischen Botschaft bis Freitagabend besetzt[61] – eine grundlose Provokation, die in den USA ein bißchen zu sehr als Nebensache abgetan wurde. Ferner wurden die

Lager von Sabra und Schatila umstellt, in denen die Bevölkerung jetzt völlig schutzlos war.

Zusammen mit dem dritten großen Lager, Bourj el-Brajneh, waren Sabra und Schatila vom 4. Juni an gnadenlos bombardiert worden. Zunächst wurden die beiden letztgenannten Lager einem vierstündigen Angriff unterworfen, bei dem es viele Opfer gab. Angeblich war es ein Vergeltungsschlag für den Versuch einer Anti-PLO-Gruppe, die noch nicht einmal ein Büro im Libanon besaß, Israels britischen Botschafter zu ermorden. »Die Flüchtlingslager von Sabra und Schatila sind während der letzten drei Monate durch israelische Angriffe so stark beschädigt worden, daß die meisten der dort Lebenden sie für unbewohnbar hielten.« Trotzdem waren Tausende »in ihre zerstörten Behausungen zurückgekehrt«.[62] Am 12. August flog die israelische Luftwaffe zehn Stunden lang Angriffe auf Schatila und Bourj el-Brajneh, wobei »hochexplosive Bomben abgeworfen wurden«. Offensichtlich war es »der Versuch, die Lager zu zerstören, bevor palästinensische Guerillakämpfer mit der Evakuierung beginnen konnten«. Es war kaum vorstellbar, daß jemand »diese Angriffe überleben konnte«, die mit Bomben geführt wurden, »wie man sie über so dicht besiedelten Wohngebieten noch nie gesehen hatte. Die von der Luftwaffe abgeschossenen Projektile explodierten im Abstand von fünfzehn Metern am Himmel, wobei sie offenbar kleinere Bomben in einem weiteren Radius abwarfen.« Die Angriffe waren so heftig, daß der Nachrichtensprecher des libanesischen Rundfunks »bei der Mitteilung der morgendlichen Vorfälle zusammenbrach und schrie: »Die Israelis sind neue Nazis und ermorden unser Volk!«« Premierminister Wazzan, der gemeinsam mit dem Präsidenten an Ronald Reagan appelliert hatte zu intervenieren, rief aus: »Wenn die Israelis uns alle umbringen wollen, sollen sie es tun, damit es endlich vorbei ist!«[63] Man sollte sich daran erinnern, daß eben diese Menschen laut Conor Cruise O'Brien und anderen, die für die *New Republic*, die *New York Times* und weitere Zeitschriften Artikel verfaßten, ihre Befreiung begrüßten. Allerdings waren sie undankbar genug, den Befreiern die Früchte ihrer humanitären Rettungsaktion zu verweigern.

Offiziell wurden die Angriffe auf die Lager mit der Notwendigkeit gerechtfertigt, die PLO aus Beirut zu vertreiben, was in den USA als legitimes Vorrecht der israelischen Armee gilt. Allerdings bemerkten viele Journalisten, daß es sich dabei, selbst wenn man dieses höchst bemerkenswerte Vorrecht akzeptiert, um eine zynische Lüge handelte, weil die Verhandlungen sich bereits dem Ende näherten. Premierminister Wazzan sagte: »Wir haben alle von uns für den Abzug der PLO verlangten Konzessionen eingeräumt und sogar die Routen für diesen Abzug festgelegt.«[64] Schatila und Bourj el-Brajneh wurden für unbewohnbar erklärt, wobei das zweitgenannte Lager fast völlig zerstört worden war. »Das bedeutet, daß die 24 000 dort ansässigen Palästinenser entweder tot oder – was für die überwiegende Mehrzahl gilt – im Nordwesten von Beirut untergetaucht sind.« Aber auch dort waren sie heimtückischen Bombardements durch israelische Piloten ausgesetzt, die in den USA wegen ihres Heldenmuts bei der Bombardierung ungeschützter Wohngebiete sehr bewundert werden.

Auch die kleineren Lager blieben nicht verschont. Colin Campbell berichtet, daß ein Lager bei Mar Elias, bewohnt von palästinensischen Christen, die 1948 aus ihren Wohngebieten geflohen oder vertrieben worden waren, mehr oder weniger zufällig am 15. September von israelischen Streitkräften auf dem Vormarsch nach Beirut angegriffen wurde. Panzer beschossen ein Schulgebäude und zerstörten die Häuser von 35 Familien, die »in einer fast völlig demolierten Kaserne der libanesischen Armee Zuflucht suchten«, nachdem die Befreier weitergezogen waren. Auch dies ist ein typisches Beispiel für die »Reinheit der Waffen« der israelischen Armee. Priester der nahegelegenen griechisch-orthodoxen Kirche und eine israelische Patrouille bestätigten Berichte der Lagerbewohner, denen zufolge es bei ihnen weder Guerillakämpfer noch Waffen oder Munition gegeben habe; auch sei auf die anrückenden Truppen kein Feuer eröffnet worden. Die Flüchtlinge hatten nach dem Angriff kein Wasser, keine Elektrizität und nur noch für wenige Tage Lebensmittelvorräte. Sie mußten Besucher um Hilfe bitten. Unter ihnen befanden sich Opfer des von Israel unterstützten Angriffs auf Tel al-Zataar, wo 1976 Tausende getötet worden waren.[65] Zumindest in dieser Hinsicht hatten die Bewohner von Mar Elias Glück.

Ein Kapitel aus der palästinensischen Geschichte

In den Ruinen von Bourj el-Brajneh, wo die libanesische Armee die Kontrolle übernommen hatte, scheint nichts weiter passiert zu sein. Anders in Sabra und Schatila, die von israelischen Truppen »abgeriegelt« wurden, so daß »niemand hinein- oder herausgelangen konnte«. Zudem sorgten nahegelegene israelische Kommandoposten für eine direkte Beobachtung.[66] Die umfassende und detaillierte Berichterstattung vieler Journalisten ermöglicht folgende Rekonstruktion der Ereignisse.

Am 16. September, einem Donnerstag, drangen Lastwagen voller Soldaten der phalangistischen und haddadistischen Truppen in die Lager ein. Sie waren hinter den israelischen Linien stationiert gewesen, fuhren dann zu einem von Israel festgelegten Bereitstellungsraum und folgten sorgfältig vorbereiteten und markierten Routen. Die Phalangisten stammten offenbar größtenteils aus der Brigade Damouri, die seit Juni hinter den israelischen Linien operiert hatte. Diese Einheiten gehörten zu den »extremistischer eingestellten Teilen der christlichen Milizen« und waren »für ihre an der palästinensischen Zivilbevölkerung verübten Greueltaten bekannt«. Sie kamen aus Dörfern, die unter brutalen Vergeltungsmaßnahmen der PLO im Gefolge der phalangistischen Massaker von 1976 gelitten hatten. Die Haddad-Milizen »sind praktisch Bestandteil der israelischen Armee und operieren unter ihrem Kommando«.[67]

Die von Israel mobilisierten Streitkräfte wurden in die nunmehr schutzlosen Lager geschickt, um »aufzuräumen« und sie, so Scharon, »von Terroristennestern zu säubern«. Wer auch nur ein bißchen mit den Umständen vertraut war, konnte sich vorstellen, was geschehen würde, und am Abend des 16. September zeichnete sich ab, daß diese Erwartungen erfüllt würden. Es gab hinlänglich Beweise dafür, daß dort ein Massaker stattfand. Während der Nacht wurden die Lager von israelischen Scheinwerfern erhellt, während die Milizen die Bewohner systematisch abschlachteten. Das Massaker dauerte bis zum Samstagmorgen. Es spielte sich unter den Augen des israelischen Militärs ab. Die Leichen wurden mit Bulldozern zusammengekehrt und abtransportiert oder unter Müll begraben. Ein »extra ausgehobenes Massengrab« befand sich direkt unterhalb eines israelischen Kommandozentrums, von dessen Dach aus man »auf das Grab und das dahinterliegende Lager« hinunterblicken konnte. Israelische Truppen, die »nicht einmal einhundert Meter weit entfernt stationiert waren, hatten weder auf das Geräusch fortwährenden Gewehrfeuers noch auf den Anblick von Lastwagen voller Leichen, die aus den Lagern abtransportiert wurden, reagiert«, sondern westlichen Journalisten mitgeteilt, daß sich »nichts Ungewöhnliches« abspiele. Bisweilen mischten sie sich unter die Phalangisten, die sich in den Lagern von ihrer Tätigkeit ausruhten.[68]

Am Freitagnachmittag trafen sich Stabschef Eitan und die Generäle Drori und Jaron mit dem phalangistischen Kommando. Eitan gra-

tulierte den Milizen zu ihrer »guten Arbeit«, bot ihnen einen Bulldozer an, von dem die Kennzeichen der IDF entfernt worden waren,
und genehmigte ihnen einen Aufenthalt von weiteren zwölf Stunden
in den Lagern. Die Tötungsaktionen wurden fortgesetzt. Am Sonn-
tagmorgen gegen fünf Uhr verließen die Mörder den Schauplatz, und
nach 36 Stunden war das Massaker vorbei. Später am Morgen »betraten Reporter das Lager, lange vor den israelischen Soldaten«,[69] und
allmählich erfuhr die Welt von den Vorgängen. Scharons Bericht vor
der Knesset zufolge waren israelische Soldaten sogar erst am Sonntag
in Sabra präsent, während sie Schatila gänzlich unberührt ließen, was
die israelische Regierung nicht daran hinderte, sich offiziell dafür zu
rühmen, dem Massaker Einhalt geboten zu haben, als die internationale Staatengemeinschaft auf die Vorfälle zu reagieren begann.

Die Umstände und die Stationierung der Truppen lassen erkennen, daß das israelische Militär genau wußte, was in den Lagern
geschah, hatte es doch die Mörderbanden selbst organisiert und dorthin entsandt. Ebenso war der zaristischen Polizei und Armee
bekannt, was im jüdischen Viertel von Kischinjow vor sich ging. Der
Militärkorrespondent Hirsh Goodman von der *Jerusalem Post* berichtete: »Das Oberkommando der IDF wußte Donnerstag nacht, daß
im Flüchtlingslager Schatila Zivilpersonen von phalangistischen
Truppen getötet wurden.« General Jaron empfing von dem phalangistischen Kommandeur aus Schatila über Funk die Nachricht, daß
»300 Zivilisten und Terroristen umgebracht worden sind«, was in
»direktem Widerspruch« zu Verlautbarungen von Eitan und Scharon
steht, es habe bis Samstagmorgen nur »Mutmaßungen« gegeben.[70]
Weitere Beweise dafür, daß Jaron schon am Donnerstagabend von
dem Massaker wußte, lieferte die Kahan-Untersuchungskommission, auf die wir noch zurückkommen. Der *Jerusalem Post* zufolge lieferte der US-amerikanische Geheimdienst »gesicherte Informationen... die bestätigten, daß israelische Offiziere in Beirut von den
brutalen Tötungsaktionen schon einige Stunden vor dem Betreten
der Lager durch israelische Soldaten Kenntnis besaßen«, und vor den
Soldaten waren die Journalisten bereits dort gewesen. »Sie rührten
sich einfach nicht«, heißt es in einer vertrauenswürdigen US-amerikanischen Quelle, was sich auf hochrangige israelische Militärs
bezog, die vor den Lagern warteten. »Sie taten nichts, um das Gemetzel aufzuhalten.« US-Regierungsbeamte bemerkten, Scharon und
Eitan hielten die Operation für »gerechtfertigt«, weil die »Notwendigkeit, die libanesische Hauptstadt von allen Terroristen zu »säu-

bern«, schwerer wiege. Wenn dabei Unschuldige sterben, ist das der Preis, den jeder Krieg nun einmal kostet«.[71] Vielleicht hegten die Offiziere des Zaren ähnliche Gedanken.

Am Donnerstag um 22 Uhr berichtete medizinisches Personal aus einem Krankenhaus, daß 2000 verängstigte Zivilisten dort Zuflucht gesucht hätten. Sie schrien:»Phalangisten, Haddad, Israel« und deuteten durch Handbewegungen an, daß im Lager Menschen die Kehle durchgeschnitten würde. Am Freitagmorgen gegen 5 Uhr 30 erhielt der israelische Geheimdienst die Nachricht, daß 300 »Zivilisten und Terroristen« getötet worden seien. Die Information wurde an das Verteidigungsministerium weitergeleitet. Um 8 Uhr setzten israelische Soldaten ihre Vorgesetzten davon in Kenntnis, sie hätten beobachtet,»daß phalangistische Soldaten Zivilpersonen in deren Wohnungen umbrachten«, während andere geschlagen und getreten würden. Sie erhielten die Antwort:»Wir wissen, daß dies nicht nach unserem Geschmack ist, aber wir sollen uns da raushalten.«[72]

Am Freitag berichteten Journalisten über die Greueltaten. Loren Jenkins schrieb in der *Washington Post*:»Obwohl die israelische Armee einen Sicherheitskordon errichtet hatte, um Beobachter von den Flüchtlingslagern fernzuhalten, berichteten Zivilisten, denen die Flucht gelang, von gewaltsamen Repressalien seitens der Milizen« und gaben Details an.[73] In der *New York Times* veröffentlichte Colin Campbell am Freitag einen Artikel, in dem es hieß:

> »Während israelische Panzer vor den Lagern Wache hielten, drangen phalangistische Milizionäre zu Fuß und mit Jeeps in die zerschossenen Lager von Sabra und Schatila ein. Der Lärm automatischer Waffen war draußen zu hören, und in der Innenstadt von West-Beirut tauchten hysterisch weinende Frauen auf, die sagten, daß bewaffnete Phalangisten ihre Ehemänner und Söhne mit sich genommen hätten.«[74]

Am Freitagmorgen erfuhr Ze'ev Schiff von den Vorgängen und setzte Regierungsbeamte davon in Kenntnis, nicht jedoch die Öffentlichkeit. »Es ist nicht wahr«, schrieb er später, »daß uns, wie offizielle Quellen behaupten, das Verbrechen erst am Samstagmittag nach Berichten ausländischer Korrespondenten in Beirut bekannt wurde. Als ich am Freitagmorgen von dem Gemetzel in den Lagern erfuhr, gab ich die Information an einen hochrangigen Beamten [den Minister Mordechai Zipori] weiter, der, wie ich weiß, sofort handelte« – d. h., er informierte Außenminister Schamir, der vor der Kahan-Kommission angab, die

Nachricht nicht verstanden zu haben. Schiff fügte hinzu: »Diese Affäre wird uns verfolgen. Man wird behaupten, wir hätten die Murabitun und die linken Milizen entwaffnet und die palästinensischen Männer inhaftiert, um den Phalangisten die widerstandslose Vernichtung ihrer Kinder, Frauen und Alten zu ermöglichen.«[75]

Während der Massaker konnten nur die Soldaten in den israelischen Beobachtungsposten sehen, was in den Lagern vor sich ging. Friedman weist darauf hin, daß die Massengräber von den »mit Fernrohren und Feldstechern ausgestatteten Beobachtungsposten aus« mit bloßem Auge zu erkennen waren, aber »ob die Israelis tatsächlich einen Blick auf die Geschehnisse warfen, blieb unklar«. Klar ist allerdings, daß israelische Soldaten »herumlungerten... Zeitschriften lasen und Songs von Simon und Garfunkel hörten... Unklar ist, ob die Israelis irgendeinen Schimmer davon hatten, was in den Lagern passierte, obwohl es von ihren Beobachtungsposten aus nicht schwer war, sich ein Bild zu verschaffen, zumal aus den Lagern Gewehrfeuer und Schreie zu hören waren.«[76] Unklar ist auch, ob diese Bemerkungen ironisch gemeint sind.

Ray Wilkinson, Korrespondent von *Newsweek*, bemaß die Entfernung zwischen dem israelischen Kommandoposten und den Lagern auf 250 Schritte. Dieser Kommandoposten befand sich auf dem Dach eines siebenstöckigen Gebäudes, von wo aus die Lager mit Feldstechern »bis ins kleinste Detail« beobachtet werden konnten. Außerdem gab es noch einen Außenposten der libanesischen Armee, von dem aus man »direkten Einblick nehmen konnte«. Dort standen die israelischen Soldaten und sahen zu, »wie die Mörder ein etwa 50 qm großes Massengrab aushoben und die Leichen von Palästinensern hineinwarfen«, während Bulldozer »Sabra verließen, ihre Schaufeln gefüllt mit Leichen«.[77]

Während des Massakers wurde der *Newsweek*-Korrespondent James Pringle von israelischen Soldaten und Haddad-Milizionären daran gehindert, Sabra zu betreten.

»Als im Lager Gewehrfeuer knatterte, fragte Pringle einen von Haddads Leuten, was da vor sich gehe. »Wir schlachten sie ab«, erwiderte der Milizionär gutgelaunt. Ein israelischer Oberst, der sich nur mit »Eli« vorstellte, sagte, daß seine eigenen Truppen sich in die »Säuberung des Gebiets« nicht einmischen würden. Auf die Frage, ob er befürchte, daß Haddads Soldaten Greueltaten begehen könnten, entgegnete er: »Wir hoffen, daß sie so etwas nicht machen.««[78]

Loren Jenkins von der *Washington Post* stand auf einem Massengrab und blickte zum israelischen Beobachtungsposten empor.

»Das war ein Ort, wo sie vor ihrem Vormarsch in die Stadt riesige Fernrohre zum Aufspüren von Heckenschützen installiert hatten. Als ich an diesem Samstagmorgen nach oben schaute, blickten sechs Israelis direkt auf mich herab. Sie standen da und schauten dieser ganzen Tragödie zu: Menschen wurden hierher gebracht, erschossen, in dieses Grab geworfen und dann zugeschaufelt. Es war ein im Prinzip schutzloses Lager für Zivilisten.«

Vertreter des Internationalen Komitees des Roten Kreuzes und libanesische Armeesoldaten stellten ebenfalls fest, es sei nicht vorstellbar, daß die israelischen Soldaten »übersehen konnten, was hier geschah. Es spielte sich direkt vor ihren Augen ab.« Andere berichteten, daß am Donnerstagabend Palästinenserinnen »ihnen voller Verzweiflung sagten, daß die Phalangisten ihre Kinder erschießen und die Männer auf Lastwagen verfrachten würden«. Als der befehlshabende Offizier davon unterrichtet wurde, antwortete er: »Das geht in Ordnung, macht euch keine Sorgen.«[79]

Wir sollten uns an diese Augenzeugenberichte erinnern, wenn wir uns später dem vielgelobten Bericht der Kahan-Untersuchungskommission zuwenden.

Eine Nachforschung durch die ABC-Nachrichtenredaktion ergab, daß am Freitagnachmittag wenigstens 45 israelische Offiziere von dem Massaker wußten – also zu eben jener Zeit, da der Stabschef den Phalangisten erlaubte, mit ihrer »guten Arbeit«, zu der er sie beglückwünscht hatte, fortzufahren, und zu eben jener Zeit, als palästinensische Frauen, die aus den Lagern geflohen waren, dabei gefilmt wurden, wie sie israelische Soldaten anflehten, einzugreifen und das Gemetzel zu beenden. Die Soldaten antworteten jedoch, sie dürften ihre Posten nicht verlassen, und die Frauen wurden ins Lager zurückgeschickt. Einige Stunden zuvor hatte der norwegische Journalist John Hambro versucht, ein Lager zu betreten, war jedoch von einem Bulldozer, dessen Schaufel mit Leichen gefüllt war, daran gehindert worden. Ein israelischer Offizier bestätigte: »Es ist zweifelsfrei erwiesen, daß am Freitagnachmittag jeder Bescheid wußte. Zu dieser Zeit war, wie ich selbst weiß, bereits bekannt, daß in Schatila Menschen umgebracht wurden.« Aus dem nahegelegenen Gaza-Krankenhaus berichtete ein Arzt, daß »die Patienten – die Opfer – fast ausschließlich Frauen und Kinder sind«, die durch Schüsse verletzt worden waren.[80]

Vor der offiziellen Untersuchungskommission beschrieb General Amos Jaron die Auswechslung der phalangistischen Truppen, die am Freitagnachmittag stattfand, und »verwies darauf, daß Eitan den Milizen ohne Zögern erlaubte, bis zum nächsten Morgen in Sabra und Schatila zu bleiben. Er sagte aus, daß den Phalangisten am Samstag, dem 18. September, nicht aus Furcht vor dem Tod von Zivilisten der Rückzug befohlen wurde, sondern weil ungenannte amerikanische Regierungsbeamte auf die Israelis Druck ausübten.«[81]

Das stimmt. Kurz nach dem Abzug der Phalangisten und bevor die Journalisten die Lager betraten, forderte der US-Sondergesandte Morris Draper:

> »Ihr müßt den Massakern Einhalt gebieten. Sie sind obszön. Ich habe einen Offizier ins Lager geschickt, um die Leichen zu zählen. Ihr solltet euch schämen. Die Lage ist grauenhaft. Sie bringen Kinder um. Ihr habt die absolute Kontrolle über das Gebiet und seid daher dafür verantwortlich.«

Am Abend zuvor hatte Draper vor »schrecklichen Folgen« gewarnt – die bereits eingetreten waren –, falls den Phalangisten das Betreten der Lager erlaubt würde.[82]

In seiner Aussage vor der Untersuchungskommission verwies General Jaron darauf, daß die israelische Armee durchaus den Versuch unternommen habe, Menschen vor dem Massaker zu bewahren. Er bekundete, daß er am Samstagmorgen gegen sechs Uhr gesehen habe, wie eine Gruppe von Leuten »mit blonden Haaren« – Ärzte und Krankenschwestern aus dem Gaza-Hospital – von Phalangisten weggebracht werden sollten. »General Jaron lief hinüber und befahl ihnen, die Gefangenen sofort freizulassen.«[83] Es wäre also ganz unfair, wenn nicht gar offener Antisemitismus, zu behaupten, daß die israelischen Truppen keinen Versuch unternommen hätten, dem Gemetzel Einhalt zu gebieten.

Ohne die Sache hier weiter zu verfolgen (und wir haben bestenfalls die Oberfläche angekratzt), sei nur bemerkt, daß die Ähnlichkeit mit dem Massaker von Kischinjow geradezu unheimlich ist. Nur gab es in Sabra und Schatila erheblich mehr Opfer, abgesehen von den vorangegangenen zehnwöchigen Bombardements, denen gegenüber das spätere Gemetzel nahezu bedeutungslos erscheint.

Wie groß war der Umfang der Operation, und wie hoch waren die Verluste? Nach vielen falschen und irreführenden Angaben gestand die israelische Regierung endlich ein, Phalangisten in die Lager geschickt zu haben und bezifferte die Anzahl auf 100 bis 150; der Kahan-Kommission zufolge waren es 150. Offiziell begründet wurde die Aktion damit, daß die Lager von 2000 schwerbewaffneten Terroristen »gesäubert« werden sollten, die von der PLO unter Verletzung des mit Habib ausgehandelten Abkommens dort zurückgelassen worden waren. In *Ha'aretz* kommentierte B. Michael: »So heldenhaft sind die christlichen Kämpfer!« Edward Walsh gibt Begins Antwort an die Kommission wieder, in der dieser »erneut versicherte, daß ein Massaker nicht vorhersehbar gewesen sei und behauptete, die Regierung habe ›gesicherte Informationen‹ darüber gehabt, daß etwa 2000 palästinensische Kämpfer in dem Gebiet konzentriert seien«. Walsh kommentiert: »Bislang hat allerdings noch niemand öffentlich erklärt, wie 100 bis 130 Phalangisten eine solche Übermacht besiegen sollten.« Robert Suro vom Magazin *Time* hatte die Lager ein paar Tage vor dem Angriff besucht und dort keine militärische Präsenz ausgemacht.[84] Es ist also höchst unklar, wo diese Terroristen geblieben sein könnten.

Natürlich lassen sich noch andere Fragen stellen. Wenn die Behauptung, die Phalangisten sollten die israelischen Truppen bei den zu erwartenden schweren Kämpfen vor Verlusten schützen, aufgrund der geringen Zahl der Milizionäre als barer Unsinn abgetan werden kann, was bleibt dann als plausible Erklärung übrig? Israel hat die Phalangisten in die Lager geschickt mit dem Wissen darum, was diese Truppen in der Vergangenheit getan hatten und wieder tun würden. Und erinnern wir uns an die ursprüngliche offizielle Behauptung, man habe West-Beirut besetzt, um die Palästinenser vor dem Terror der Phalangisten zu schützen.

Die 2000 schwerbewaffneten Terroristen scheinen sich jedenfalls höchst ungeschickt angestellt zu haben, denn die Phalangisten meldeten zwei getötete Milizionäre – genau die Zahl der Opfer, die die Mörder in Kischinjow zu verzeichnen hatten; ein makabrer Zufall.[85] Allerdings ist nicht klar, ob die beiden Soldaten getötet oder nur verwundet wurden.

Wenden wir uns der Zahl der Opfer zu, die es unter den 2000 Terroristen gab. Scharon berief sich bei seiner Aussage auf »Zahlen des militärischen Geheimdienstes«, dem zufolge 700 bis 800 Personen getötet worden sind,[86] zwanzigmal so viel wie beim Massaker von

Kischinjow, 375 Terroristen für einen Phalangisten. Diese Zahl wurde von der Kahan-Kommission als wahrscheinlichste Schätzung eingestuft, wobei jedoch libanesische Quellen unberücksichtigt blieben. Die libanesische Regierung gab an, daß man 762 Leichen geborgen habe, während weitere 1200 Tote von ihren Angehörigen privat bestattet worden seien. Damit läge die Zahl der Opfer bei 2000, und vielleicht sind das die »2000 Terroristen«, die in der israelischen Presse und Propaganda immer wieder auftauchten.[87]

Thomas Friedman fand später heraus: »Mittlerweile ist deutlich geworden, daß zumindest ein Viertel, möglicherweise sehr viel mehr [der Opfer] schiitische Moslems aus dem Libanon waren« und daß die meisten Palästinenser 1948 aus Obergaliläa und Jaffa hierher gekommen waren – was bedeutet, daß man sie mit Gewalt vertrieben hat. Unter den Getöteten befanden sich auch neun jüdische Frauen.[88] Friedman fügt, unter Berufung auf palästinensische und unabhängige ärztliche Quellen, hinzu, daß während der Massaker mehrere hundert Männer zusammengetrieben und in das israelische Gefangenenlager in Ansar gebracht worden seien. Hinweise darauf hatte es bereits früher gegeben.

Als die Massaker beendet waren, zeigte das israelische Militär sofort jene Effizienz, derer es bei Bedarf fähig ist und wandte seine Aufmerksamkeit denjenigen zu, die das Gemetzel irgendwie überlebt hatten. Am frühen Samstagmorgen forderten israelische Truppen, Berichten zufolge, die Überlebenden mit Lautsprechern auf, ein nahegelegenes Stadion aufzusuchen, wo sie, »wie Zeugen beobachten konnten, in kleine Gruppen eingeteilt und verhört wurden«. Die meisten wurden danach freigelassen, »einige jedoch, die im Verdacht standen, PLO-Mitglieder zu sein, wurden in Gewahrsam genommen«. Einige Tage später wies das US-Außenministerium darauf hin, daß »die Regierung mit Besorgnis von Berichten gehört hat, denen zufolge ... israelische Streitkräfte in West-Beirut eine große Anzahl arabischer Männer unter dem Verdacht, es seien palästinensische Kämpfer, zusammengetrieben und sie in Gefangenenlager im Südlibanon verbracht hätten«. Israel bestätigte dies: »Ja, es hat Verhöre gegeben, und, ja, eine große Anzahl von Personen wurde festgehalten.« Zugleich hieß es: »Schwere Waffen, die der israelischen Armee bei der Invasion West-Beiruts in die Hände fielen, werden jetzt den christlichen Milizen übergeben, deren Einheiten bei dem Massaker an palästinensischen Zivilisten in den Flüchtlingslagern von Sabra und Schatila beteiligt gewesen sein sollen.«[89]

Man fragt sich, ob der Zar sein Problem mit ähnlicher Eleganz gelöst hätte.

Ze'ev Schiff berichtet von einer »genehmigten Untersuchung« nach den Massakern, die belegt habe, daß es sich dabei nicht um »Racheakte« für die Ermordung von Gemajel handelte (was ohnehin nicht plausibel ist, da es wohl kaum die Palästinenser gewesen sein dürften, die den Premier ermordeten), sondern um »einen geplanten Angriff, der eine Massenflucht von Palästinensern aus Beirut und dem gesamten Libanon bewirken sollte«. David Shipler merkt an, daß schon Mitte Juni »israelische Regierungsbeamte privatim einen von Scharon erwogenen Plan erwähnten, der vorsah, den Phalangisten zu erlauben, in West-Beirut und den Lagern gegen die Palästinensische Befreiungsorganisation vorzugehen. Man rechnete damit, daß die Phalangisten, die noch offene Rechnungen zu begleichen hatten und detaillierte Informationen über die palästinensischen Kämpfer besaßen, rücksichtsloser und möglicherweise auch effektiver vorgehen würden als die Israelis.«[90] Wie bereits erwähnt, wagten die Phalangisten einen derartigen Vorstoß, zogen sich jedoch, genau wie die israelischen Truppen, angesichts massiven Widerstands sofort zurück. Man darf annehmen, daß Scharons Plan in die Tat umgesetzt wurde, als das Haupthindernis, der bewaffnete Widerstand gegen den Terror, beiseitegeräumt war.

Als am Samstag, dem 18. September, die ersten Berichte von Journalisten über die Greueltaten die Öffentlichkeit erreichten, reagierte Israel mit dem lapidaren Ausspruch eines Militärsprechers: »Wir wissen nichts von diesen angeblichen Massakern.« Die Verärgerung in den USA wurde in Jerusalem als »Heuchelei« empfunden. Danach gab es, wie bereits erwähnt, eine ganze Reihe unterschiedlicher Rechtfertigungsversuche (die Phalangisten hätten die Lager über ein nicht unter israelischer Kontrolle stehendes Gebiet erreicht usw.), aber schon bald wurde deutlich, daß es zu viele glaubwürdige Augenzeugen gab, und so nahm man von derlei Erklärungen Abstand. Die Weltöffentlichkeit reagierte mit Entsetzen. Die UN-Generalversammlung verurteilte das Massaker mit 147 gegen 2 Stimmen bei keiner Enthaltung, wobei die Gegenstimmen, wie üblich, von Israel und den USA kamen.[91] Aber auch in diesen beiden Ländern gab es gewichtige Proteste, wie etwa die Großdemonstration in Israel, an der 400 000 Personen teilnahmen. In den USA wurde diese Kundgebung ausgenutzt, um die Unterstützung für Israels neue Siedlungen in den besetzten Gebieten und für die Militäraktionen im Libanon zu erweitern.

Allerdings ist der von israelischen Regierungssprechern erhobene Vorwurf der Heuchelei nicht unberechtigt. Die mit dem 4. Juni einsetzende mörderische Bombardierung der Lager, die weitaus mehr Opfer zur Folge hatte als die phalangistischen Massaker, rief, wie auch der Libanonkrieg selbst, keine nennenswerte Reaktion hervor. Und das gilt auch für frühere Greueltaten, wie etwa in Gaza 1956, obwohl in diesem Fall die Tötungsaktionen von der israelischen Armee betrieben worden waren. Insofern ist zunächst schwer zu begreifen, warum das Gemetzel von Beirut ein derartiges Erschrecken hervorrief. Seiner Größenordnung nach ist es mit anderen Greueltaten jüngeren Datums vergleichbar, die im Westen keineswegs für einen Aufschrei des Gewissens sorgten. Da gab es z. B. das Massaker von Kassinga in Namibia, bei dem 1978 mehr als 600 Personen durch Bomben aus Mirage-Kampfflugzeugen französischer Herkunft und durch paramilitärische Einheiten, die in US-amerikanischen Hercules-Truppentransportern befördert wurden, ums Leben kamen.[92] Da gab es ferner im Mai 1980 das Massaker am Rio Sumpul in El Salvador, mit dem der Massenmord an Bauern seinen Anfang nahm; eines der letzten Kapitel der Menschenrechtspolitik von Präsident Carter.[93] Dann war da das Massaker vom August 1982, ebenfalls in El Salvador, als US-amerikanische Kampfbomber und in den Vereinigten Staaten ausgebildete Antiterror-Einheiten in der Provinz San Vincente 300 unbewaffnete Dorfbewohner, darunter Kinder, Frauen und Alte, niedermetzelten. Überlebende sprachen von einem »Leichenberg«.[94] Und schließlich das Massaker vom 17. Juli 1982, als guatemaltekische Truppen 300 Indianer ermordeten. Sie kamen zu Fuß und in Helikoptern (die stammten, wie ihre Berater, aus Israel) und brachten sämtliche Bewohner eines Dorfes um, ausgenommen drei Männer, denen es gelang, sich im Wald zu verstecken.[95] Alle diese Fälle blieben so gut wie unbeachtet.

Der Grund dafür liegt auf der Hand. Israel hatte eine wichtige Regel der internationalen Etikette verletzt: Wenn man ein Massenmorden veranstalten will, sollten sich nicht allzu viele Reporter in der Nähe aufhalten, und zudem müssen die einheimischen Publikationen die Kunst des Schweigens beherrschen. Wenn Israel den Westen der Heuchelei bezichtigt, hat es die Tatsachen auf seiner Seite. Ganz zu schweigen von der Reaktion der UdSSR, deren Truppen in Afghanistan wüten, oder der Empörung der arabischen Staaten wie etwa Syrien, das gerade Tausende in Hama ermordet hatte, oder Irak oder Khomeinis Iran.

Die Vorgänge in West-Beirut lassen sich, noch einmal gesagt, wie folgt zusammenfassen: 100 bis 150 Milizionäre wurden in die Lager geschickt, um 2000 schwerbewaffnete palästinensische Terroristen zu bekämpfen. Am Freitagnachmittag wurden die Soldaten ausgetauscht, damit frische Einheiten die Aufgabe vollenden konnten. Wie die Milizen im einzelnen zusammengesetzt waren, ist umstritten, weil keine der bekannten Gruppierungen dabeigewesen sein möchte. Kaum bezweifelbar ist, daß die Truppen hauptsächlich aus Phalangisten bestanden, während ein Drittel oder ein Viertel der Angreifer vielleicht von Haddad-Milizen gestellt wurde. Aber in dieser Hinsicht gibt es höchst unterschiedliche Berichte. Israel hat wiederholt beteuert, daß diese Kräfte, die praktisch Bestandteil der israelischen Armee sind, nicht an dem Massaker beteiligt waren, während Überlebende die Verbrechen gerade diesen Milizen vorwarfen.[96]

Die genaue Wahrheit wird sich vermutlich nicht mehr rekonstruieren lassen. Bewiesen ist, daß die Greueltaten von Milizionären begangen wurden, die Israel in die Lager gelassen hatte. Darüber hinaus besaßen diese Streitkräfte »eine gut dokumentierte Vorgeschichte an Gewalttaten gegen palästinensische Zivilisten« – was, wie Generalmajor Amir Drori einräumt, zu »Fragen« Anlaß gibt.[97]

Davon abgesehen ist die genaue Zusammensetzung kaum von entscheidender Bedeutung. So bemerkt auch David Bernstein in der *Jerusalem Post*: »Letztlich ist die Frage irrelevant, weil sowohl Haddad als auch die Phalangisten in gewisser Weise Produkte Israels sind, insofern sie während der letzten acht Jahre von der israelischen Armee ausgebildet und bewaffnet wurden.«[98] Daß sie unter israelischer Kontrolle standen, als sie in die Lager eindrangen, kann nicht ernsthaft bezweifelt werden.[99]

Wer ist verantwortlich?

Die Rahmenbedingungen der offiziellen Untersuchung

Als die Nachrichten vom Massaker an die Öffentlichkeit drangen, leugnete Israel zunächst, irgend etwas von den Vorgängen gewußt zu haben, um daraufhin mit umso größerer Entrüstung jegliche Verantwortung von sich zu weisen. Die offizielle Stellungnahme der Regierung erfolgte am 19. September und erschien in verschiedenen amerikanischen Zeitungen in Form einer ganzseitigen Anzeige mit der Überschrift »BLOOD LIBEL«, was auf die alte antisemitische Anschuldigung des Ritualmords verweist.[100] Es ist ein gewohnheitsmäßiger Reflex, Kritiker Israels als Antisemiten hinzustellen, womit sich eine rationale Erörterung der Probleme höchst wirksam vermeiden läßt.

Inhaltlich versicherte die Regierung, daß es in dem Gebiet, wo »eine libanesische Armee-Einheit ein Flüchtlingslager betrat, um dort versteckte Terroristen aufzugreifen ... keine Stellung der israelischen Armee« gegeben habe. Weiter wurde behauptet: »Sobald die IDF von den tragischen Ereignissen erfuhren, machten israelische Soldaten dem Gemetzel ein Ende und zwangen die libanesische Einheit, das Lager zu verlassen.« Diese schamlos erlogenen Angaben wurden später stillschweigend fallengelassen. Vor allem die zweite steht nicht nur im Widerspruch zu Augenzeugenberichten zahlreicher Journalisten, sondern auch zu Scharons Aussage vor der Knesset, die er einige Tage später machte.[101] Die israelische Armee drang, wie bereits erwähnt, in Sabra erst lange nach dem Ende des Massakers ein und betrat Schatila überhaupt nicht. Die einzige von Scharon erwähnte »Intervention« war ein am Freitag dem phalangistischen Verbindungsoffizier übermittelter Befehl, die Tötungsaktionen einzustellen; aber selbst wenn man Scharons Aussage glaubt, wird die Verantwortung der IDF nur noch größer, weil der Stabschef zu einem späteren Zeitpunkt der Phalange für ihre »gute Arbeit« dankte und sie in die Lager zurückschickte, damit sie die Aufgabe zu Ende führen konnten. Die Behauptung, es habe in dem Gebiet »keine Stellung der israelischen Armee« gegeben, muß angesichts der Tatsachen nicht weiter kommentiert werden. Das Gebiet war völlig von israelischen Truppen umstellt, und die Soldaten konnten nicht nur sehen, was vor sich ging, sondern müssen zudem »die Schreie der Opfer die ganze Nacht gehört haben«.[102] Auch die Ausrede, die Lager seien nicht vollständig eingekreist gewesen, so daß die Milizionäre heimlich durch den unbewachten Ostsektor eindringen konnten, hielt angesichts der überwältigenden Gegenbeweise nicht lange stand, und schon bald ließen sich die grundlegenden Fakten nicht mehr leugnen.[103]

Weiteren Aufruhr gab es, als die Regierung Begin sich weigerte, eine vollständige, unabhängige Untersuchung zuzulassen. Scharon bezichtigte die oppositionelle Arbeiterpartei, die dies gefordert hatte, des politischen Taktierens, wobei die Kritik der Opposition an den Vorfällen in West-Beirut sein Urteil zu bestätigen scheint. Der Oppositionsführer, Schimon Peres, begründete seine Forderung nach einer Untersuchung nämlich so:

>Und im Namen der Einheit der Nation rufe ich alle Mitglieder dieses Hauses dazu auf, die Israelischen Verteidigungskräfte aus dieser Diskussion herauszuhalten. Lassen wir unsere Söhne, die ihrer Nation treu dienen, aus dem Spiel. Ziehen wir die große und bedeutsame Organisation, die Befehle ausführt und von Schuld unbefleckt ist, nicht in diese schmerzliche politische Auseinandersetzung hinein. Wir sind sicher, daß die Israelischen Verteidigungskräfte an diesem Blutvergießen unbeteiligt waren.«[104]

Mithin sollte die »vollständige, unabhängige Untersuchung«, für die die Arbeiterpartei sich stark machte, die a priori schuldlose israelische Armee aussparen und sich auf die »politische Auseinandersetzung«, also die Rolle der Likud-Partei beschränken. Das aber wäre keine Untersuchung, sondern nur der Versuch, der Regierungspartei an den Karren zu fahren. Allerdings wurde die ablehnende Haltung beider Parteien gegenüber einer ernstzunehmenden Untersuchung innerhalb weniger Tage durch die politische Entwicklung in Israel hinweggefegt und eine vom Obersten Richter Jitzhak Kahan geleitete Kommission ins Leben gerufen. Wir kommen auf deren Bericht und die damit verbundenen Reaktionen zurück.[105]

Im übrigen ging es nicht darum, ob das israelische Militär an den Massakern direkt beteiligt war. Gelegentlichen Berichten aus dem Libanon, die unterstellten, daß israelische Soldaten mitgemacht hätten, wurde keinerlei Glaubwürdigkeit beigemessen. Nur Martin Peretz, ein Apologet der israelischen Politik, sah das anders: »Ich ärgere mich über die Bereitwilligkeit, mit der manche Leute die Tatsachen so verdreht haben, daß es scheint, die Israelis hätten die Morde begangen und nicht die Christen.«[106] Wenn man in Schwierigkeiten ist, kann es sich als nützlich erweisen, einen Gegner zu konstruieren, der sich leicht widerlegen läßt. Ähnlich lassen sich Gegner einer strategischen Aufrüstung mit Argumenten gegen einseitige Abrüstung erledigen. Aber die Arbeiterpartei wollte der Untersuchung weit engere Grenzen setzen, als das von Peretz aufgeworfene (Nicht-)Problem es gestattet hätte; eine Tatsache, die in der auf Begin und Scharon fixierten Empörung übersehen wurde.

Die Anschuldigungen

Die israelische Regierung wies die Schuld an den Massakern den Phalangisten zu. In seiner Aussage vor der Knesset führte Scharon an, daß Israel sich seine »Nachbarn im Nahen Osten nicht aussuchen« könne; wenn es sich bei ihnen um Barbaren handelt, ist das nicht Israel anzulasten. Begin faßte diese Haltung in einem vielzitierten Satz zusammen: »Gojim töten Gojim und hängen dafür die Juden«,[107] ein weiterer Beweis für den anscheinend unausrottbaren Antisemitismus der Weltöffentlichkeit. Die US-Regierung gab die Schuld den christlichen Milizen und wiesen Israel eine indirekte Verantwortung zu, weil es nicht genug getan habe, um die Massaker zu beenden. Die Arbeiterpartei beschuldigte Begin und Scharon; amerikanische Israel-Anhänger schlossen sich diesem Votum an. Die arabischen Staaten und die PLO gaben den USA die Schuld, die Israel gewähren ließen und damit praktisch zum Kollaborateur seiner Verbrechen wurden. Die Bemühungen der israelischen Regierung, sich von den Untaten seiner Söldner zu distanzieren, wurden bereits erörtert. Die anderen Schuldzuweisungen verdienen eine nähere Betrachtung.

Zuvor jedoch sei darauf hingewiesen, daß alle diese Schuldzuweisungen einen eindeutigen Zweck verfolgten. Die Arbeiterpartei wollte die Likud diskreditieren und unterstützte deswegen die große Protestdemonstration nach den Massakern, während sie sich bei den früheren Gemetzeln weitgehend zurückgehalten hatte. Israel-Anhänger, die ähnliche oder schlimmere Greueltaten in der Vergangenheit mit Schweigen bedacht und die Palästinenser für deren Unterdrückung verantwortlich gemacht hatten, mußten ihre Langmut, die zu dieser ungewöhnlich sichtbaren Untat das ihre beigetragen hatte, irgendwie rechtfertigen. Die amerikanische Regierung hoffte, daß die Arbeiterpartei an die Macht zurückkehren würde und die arabischen Staaten zum Einlenken zu bewegen seien, damit Reagan den US-amerikanischen Plan für die Region, darunter auch den bereits erwähnten »Friedensplan«, in die Tat umsetzen und damit den lange erstrebten strategischen Konsens unter der Vormacht der Vereinigten Staaten befestigen könnte. Die arabischen Anschuldigungen jedoch treffen, zumindest in diesem Fall, ungemütlich genau ins Schwarze.

»Wir« und »sie«:
Die Schändung des »Schönen Israels«

Der Versuch, Begin und Scharon die Schuld zuzuweisen, nahm verschiedene Formen an. Die *New York Times* äußerte sich ganz begeistert über die Tatsache, daß »die Israelis den Widerstand ihrer Regierung gegen eine vollständige und faire Untersuchung gebrochen
haben«, ignorierte dabei aber den Versuch der Arbeiterpartei, eben
dieses vorbeugend zu verhindern. Die Israelis hätten nun, fuhr die
Zeitung fort, »ihre Menschlichkeit unter Beweis gestellt ... die Mörder ihrer Kinder beschämt ... [und] die Heuchelei vieler Kritiker an
den Pranger gestellt«.[108] Wir haben bereits gesehen, wie der Abscheu
vieler Israelis vor der Verstrickung ihrer Regierung in die Massaker
von US-amerikanischen Anhängern Israels dazu ausgenutzt wurde,
die Besiedlung der besetzten Gebiete und die Militarisierung der israelischen Gesellschaft voranzutreiben. Kommentare nach Art der *New
York Times* trugen weiteres zu diesem Prozeß bei.

Schon bald nach dem Bericht über das Massaker wurde die US-
amerikanische Presse mit Briefen und Stellungnahmen von Persönlichkeiten überschüttet, die alle vorherigen Angriffe und Übergriffe
akzeptiert hatten, auch wenn sie hier und da beunruhigt gewesen sein
mochten, als Begin und Scharon die Unterdrückungspolitik der
Arbeiterpartei in den besetzten Gebieten noch verschärften. Daniel
Bell, Irving Howe, Seymour Martin Lipset und Michael Walzer
schrieben: »Wir alle müssen der Regierung Begin-Scharon jetzt
sagen: »Ihr fügt dem Namen Israels, der so lange mit Demokratie,
Versöhnung und Frieden verbunden war, großen Schaden zu.««[109] Am
selben Tag fügte Howe in einer eigenen Erklärung hinzu: »Meine
Haltung gegenüber Israel hat sich nicht geändert, aber meine ablehnende Haltung gegenüber der Regierung von Begin und Scharon ist
bestätigt und bekräftigt worden.« Am darauffolgenden Tag veröffentlichte Howe noch eine dritte Stellungnahme, wiederum in der *New
York Times*. Diesmal erklärte er den Unterschied zwischen »Wir« (den
Gegner von Begin und Scharon) und »Sie« (die beiden Bösen):

»»Wir< glauben an den Sinn von Verhandlungen mit allen Palästinensern,
die offen die legitime Existenz Israels anerkennen, in der Hoffnung auf
ein Abkommen, das Israels Grenzen sichert und den Palästinensern Rechte gewährt. ›Sie‹ betrachten die Palästinenser einfach als den Feind, der
zerschlagen und »weggewischt« werden muß. Solche Differenzen verwei-

sen auf grundlegende Meinungsverschiedenheiten in den Reihen der Juden. Wir sind Zeugen eines Konflikts zwischen den Werten der demokratischen Versöhnung und dem Ziel imperialer Herrschaft, zwischen der Vision eines durch Chaim Weizmann personifizierten liberalen Zionismus und dem ultranationalistischen Zionismus Wladimir Jabotinskys. Wir befinden uns in einem Kampf um das Wesen des jüdischen Lebens in Israel und in der Diaspora ... Die schlechte Politik und das Fehlverhalten von Begin und Scharon sind für die Feinde Israels die willkommenste Hilfe ... Hier also stehen einige von uns: Wir sind enge Freunde Israels und offene Kritiker von Begin und Scharon.«[110]

Kurz vor den Massakern hatte Nat Hentoff, ein scharfer Kritiker der Libanon-Invasion und des Schweigens der amerikanischen Juden zu dieser Aktion, geschrieben:

»Seit Gründung des jüdischen Staats hatte es in den israelischen Streitkräften eine Tradition namens *tohar haneschek* (»Reinheit der Waffen« oder »Moralität der Waffen«) gegeben. Bislang mußten israelische Soldaten sehr, sehr vorsichtig sein, wenn es darum ging, Zivilisten zu verwunden oder gar zu töten.«[111]

Ein Leitartikel im *Boston Globe* erklärt:

»Es wird kaum verstanden, wie sich Begins rechtsgerichteter, revisionistischer Zionismus von dem Zionismus eines David Ben-Gurion oder selbst eines Militärs wie Mosche Dajan unterscheidet. Der traditionelle Zionismus suchte den Frieden zwischen Arabern und Juden und sympathisierte mit der Forderung der Palästinenser nach einer politischen Heimat.«[112]

Nach dem Massaker äußerte sich Schimon Peres vor der Knesset:

»Aber der Premierminister und der Verteidigungsminister blieben stumm. Ihr Schweigen war laut und schmerzte. Das Schicksal Israels, sagte David Ben-Gurion, hängt von seiner Stärke und seiner Gerechtigkeit ab. Gerechtigkeit muß unsere Taten bestimmen, nicht einfach nur Stärke.«[113]

Als Peres' Äußerungen in der *New York Times* abgedruckt wurden, riefen sie nicht Erschrecken oder Erstaunen hervor, sondern Respekt –

und allgemeine Bestürzung über das Dahinscheiden von David Ben-Gurions gerechtem Israel.

Daß Äußerungen wie die eben zitierten möglich sind und ernstgenommen werden, zeigt wieder einmal, wie erfolgreich unser Indoktrinationssystem, die von Walter Lippmann so genannte »Herstellung von Konsens«, die Intellektuellen beeinflußt. Sie betreiben dieses System und sind häufig auch dessen leichtgläubige Opfer. Man muß die Behauptung, der Name »Israel« sei mit »Versöhnung und Frieden« verbunden, ebensowenig widerlegen wie die Annahme, der Zionismus der Arbeiterpartei »sympathisiere mit der Forderung der Palästinenser nach einer politischen Heimat«, und kann nur hoffen, daß die Aufrichtigkeit eines Tages zur Erkenntnis führt, daß derart seltsame Behauptungen es der Arbeiterpartei wie auch der Likud ermöglichten, ihre Politik der Ablehnung und Unterdrückung durchzusetzen, was israelische Kriegsgegner schon seit vielen Jahren beklagen.

Was Howes »wir« und »sie« angeht, so vergißt er zu erwähnen, daß »sie« auch die von ihm so eifrig unterstützten Regierungen der Arbeiterpartei und deren gegenwärtige Opposition umfaßt. Von ihrer Weigerung, mit irgendeinem Palästinenser über irgendein politisches Problem zu verhandeln oder sich mit der PLO an einen Tisch zu setzen, wenn diese dem Terrorismus abschwört und den Staat Israel anerkennt, ist die Arbeiterpartei niemals abgewichen. Als sie an der Macht war, hat sie alle Friedensvorschläge abgelehnt, die die Hoffnung auf ein Abkommen zur Sicherung der israelischen Grenzen nähren konnten, darunter auch den von Sadat 1971, der die Rechte von Palästinensern gar nicht erwähnte. Diese Position besteht unverändert fort, und die Arbeiterpartei hat sogar Begin kritisiert, weil er die Aufgabe der von ihr gegründeten Siedlungen im nordöstlichen Sinai befürwortete. Die Arbeiterpartei ist für die Umsiedlung von Arabern nach Ostjordanien eingetreten, unterstützt die weitergehende Besiedlung der besetzten Gebiete, sofern sie mit ihren Plänen übereinstimmt, und schweigt über die dortige Unterdrückungspolitik. Mithin sind »wir« eine sehr kleine Gruppe, und man weiß nicht recht, wie der Irving Howe der Jahre 1967–82 zu ihr gerechnet werden kann.

Implizit vermittelt Howe die Botschaft, daß es am besten wäre, wenn »sie« abgelöst würden und die Arbeiterpartei an die Schalthebel der Macht zurückkehrte, damit »wir« die Vision von »Weizmanns liberalem Zionismus« (wie er ihn versteht) verwirklichen können.

Aber das ist eine Illusion, der die gesamte Geschichte der politischen Gruppierung, die Howe dem Vorgehen von Begin und Scharon entgegenstellt, ins Gesicht schlägt. Überdies hatte Weizmanns »liberaler Zionismus« bereits 1946 den letzten Atemzug getan, als er von dem 22. Kongreß der Zionistischen Weltbewegung »geschlagen und verbittert« zurückkehrte. »Es war das Ende einer Epoche. Aus einem Jahrzehnte währenden Gigantenkampf war der militante Zionismus als Sieger hervorgegangen.«[114] Dieser Kampf wurde zwischen Weizmanns »liberalem Zionismus« und Ben-Gurions »militantem Zionismus« ausgetragen, wobei Ben-Gurion jene zionistische Fraktion der Arbeiterpartei anführte, die Howe in das »Wir« einschließt. Ferner würde ein Blick hinter die Kulissen den wahren Charakter von Weizmanns »liberalem Zionismus« enthüllen: »Weizmanns Erbe«, wie ein Historiker des Zionismus, Simcha Flapan, es nennt, mit seinem »fortwährenden Einfluß« besteht nämlich darin, den Palästinensern innerhalb der Grenzen des Landes Israel jegliche Rechte zu verweigern, sofern das nicht Bestandteil eines zeitlich gebundenen taktischen Manövers ist.

Einige Aufmerksamkeit verdient Howes Forderung, als Vorbedingung für Verhandlungen solle Israels »legitime Existenz« anerkannt werden. Wenn man über diese keineswegs ungewöhnlich klingende Wortwahl etwas nachdenkt, wird man erkennen, daß sich dahinter eine weitere Finte amerikanischer und israelischer Hardliner verbirgt, mit der sie die Möglichkeit friedlicher politischer Lösungen blockieren. In diplomatischen Beziehungen und dem internationalen Recht gibt es keinen relevanten Begriff von staatlicher »Legitimität« oder dem »Recht auf Existenz«. Staaten werden anerkannt, weil sie existieren und funktionieren, nicht weil sie »Legitimität« oder ein »Existenzrecht« besitzen. Die USA würden keinesfalls erklären, daß die UdSSR in ihrer gegenwärtigen Gestalt »legitim« ist oder ein »Recht auf Existenz« hat, und das gilt auch für ihre Satellitenstaaten. Vielmehr lehnen die Vereinigten Staaten die zwangsweise Eingliederung der baltischen Staaten in die Sowjetunion bis heute ab. Dennoch erkennt sie die UdSSR und ihre Satelliten an. Es gibt andere Auffassungen, denen zufolge kein Staat ein legitimes Existenzrecht hat, aber sie würden nicht der wechselseitigen Anerkennung existierender Staaten mit allen sich daraus ergebenden Rechten, die das internationale System gewährt, widerstreiten, mit Ausnahme des abstrakten »Rechts auf Existenz«. Die Forderung, die Palästinenser sollten die »Existenz Israels« anerkennen, geht im übrigen weit über die Forderung hinaus, Israel solle die PLO als »einzig legitimen Vertreter der Palästinenser« anerkennen, wie diese es seit langem nahezu einmütig verlangen, während Israel sich natürlich weiterhin standhaft weigert, dies zu tun. Man kann anerkennen, daß eine Gruppe eine bestimmte institutionelle Struktur (einen Staat oder eine Organisation) als ihren legitimen Vertreter ansieht, ohne dadurch dieser Struktur »Legitimität« als Institution zuzusprechen. Palästinenser müssen die »legitime Existenz« Israels – d. h. die »legitime« Vertreibung aus ihren Heimatgebieten – ebensowenig anerkennen, wie Israel die »legitime Existenz« Syriens unter der Diktatur der Alawiten akzeptieren muß, oder Mexiko die »legitime Existenz« der Vereinigten Staaten, die beträchtliche Mengen mexikanischen Territoriums gestohlen haben usw. Diese bislang noch nie dagewesene Forderung ist nur eine weitere Barriere auf dem Weg zu diplomatischen Verhandlungen und politischen Vereinbarungen. Die Israelis können ihren Staat als im Augenblick »legitim« konstituierten betrachten, und die Palästinenser können die PLO für ihren »einzig legitimen Vertreter« halten, aber andere müssen diese Auffassung nicht übernehmen, obwohl sie deren Faktizität anerkennen und das Recht auf Selbstbestimmung akzeptieren, wie immer sie die institutionellen Strukturen, die aus der (zumeist unvollkommenen) Verwirklichung dieses Rechts hervorgehen, bewerten mögen.[115]

Und was ist mit der Vorstellung von Hentoff und Peres, die behaupten, vor Begin und Scharon hätten die israelischen Soldaten mit der Zivilbevölkerung sehr viel vorsichtiger verfahren müssen? Und hat Ben-Gurion wirklich die Gerechtigkeit über die Stärke gestellt, so daß er – was Peres anzudeuten scheint – Begins und Scharons Bemühungen, sich der Verantwortung für die Vorgänge in Beirut zu entziehen, verurteilt hätte? Ist das eine faire Darstellung der Epoche seit 1948, als »wir die Zivilbevölkerung bewußt angriffen, weil sie es verdiente«, wie Ze'ev Schiff die Bemerkungen des Stabschefs, der eher zur Fraktion der »Tauben« zählte, umschrieb? Was ist mit Ben-Gurions Doktrin, der zufolge es notwendig sei, bei Vergeltungsaktionen »gnadenlos« gegen Unschuldige, »einschließlich Frauen und Kinder«, vorzugehen? Amerikanische Zionisten können sich damit herausreden, von diesen Dingen nichts zu wissen, nicht aber Schimon Peres.

Peres weiß z. B., daß eine israelische Regierung nicht zum ersten Mal zu solchen Lügen greifen muß, um die Spuren der terroristischen Gewalt Ariel Scharons zu beseitigen. Der erste bekannte Vorfall ereignete sich im Oktober 1953, als die von Scharon kommandierte »Einheit 101« das jordanische Dorf Qibija angriff. Angeblich war das eine Vergeltungsmaßnahme für die Ermordung einer Mutter und zweier Kinder in einem israelischen Dorf. Jordanien hatte die Morde verurteilt und seine Zusammenarbeit bei der Ergreifung der Täter angeboten, die im übrigen keine offene oder verdeckte Beziehung zu Qibija hatten. Militärbeobachter der UNO, die den Schauplatz, zwei Stunden nachdem Scharons Einheit ihre Arbeit getan hatte, erreichten, berichteten folgendes: »Von Kugeln durchsiebte Leichen nahe den Hauseingängen und zahlreiche Geschoßeinschläge in den Türen wiesen darauf hin, daß die Bewohner gezwungen worden waren, in den Häusern zu bleiben, bis diese über ihnen in die Luft gejagt wurden ... Zeugen beschrieben übereinstimmend, eine Nacht voller Schrecken durchlebt zu haben, während derer israelische Soldaten in ihrem Dorf Gebäude in die Luft sprengten, mit automatischen Waffen in Türeingänge und Fenster feuerten und Handgranaten warfen.«[116]

Der Angriff auf Qibija wurde scharf verurteilt, und selbst die jüdische und entschieden pro-israelische Presse in den USA verglich ihn mit dem Massaker der Nationalsozialisten in Lidice. Dagegen feiert die offizielle israelische Darstellung die Ereignisse als große Errungenschaft der Fallschirmjäger; damit sei, so heißt es, die Schmach früherer Niederlagen, die dem israelischen Militär bei Vergeltungsaktionen zugefügt wurden, getilgt. Öffentlich wurde anderes bekundet. Ben-Gurion, der über die internationale Reaktion besorgt war, wies im Namen der israelischen Regierung die »lächerliche und phantastische Unterstellung« zurück, israelische Militäreinheiten hätten sich an der Razzia beteiligt; sie sei vielmehr eine spontane Vergeltungsmaßnahme von »Grenzsiedlern in Israel« gewesen, bei denen es sich »zumeist um Flüchtlinge, Leute aus arabischen Ländern und Überlebende der Nazi-KZs« gehandelt habe. Qibija sei »eines der Hauptzentren der Mörderbanden« gewesen. Es sei eine jener Vergeltungsmaßnahmen, die Israel »befürchtet« habe. Außenminister Scharett war von diesem Täuschungsmanöver gar nicht begeistert: »Kein Mensch wird eine solche Geschichte glauben, und wir werden lediglich als Lügner dastehen ... Der Makel wird an uns haftenbleiben und viele Jahre lang nicht beseitigt werden können.« Ben-Gurions Biograph Bar-Zohar hält fest: »Siebzig Leichen wurden in den Trümmern gefunden, darunter Dutzende Frauen und Kinder.« Ben-Gurion »gestand später einem seiner Vertrauten, daß er gelogen hatte«, heißt es bei Bar-Zohar weiter, er habe sein Handeln jedoch unter

Berufung auf ein literarisches Werk (von Victor Hugo) gerechtfertigt, in dem eine Nonne lügt, um einen verfolgten Häftling zu schützen. Bar-Zohar wiederholt auch die übliche Behauptung, daß es »den Fallschirmjägern niemals in den Sinn gekommen ist, sie könnten unwillentlich ein Massaker verüben«, als sie in dem ungeschützten Dorf ein Haus nach dem anderen in die Luft sprengten – so wie die politischen und militärischen Führer sich gar nicht vorstellen konnten, daß die von ihnen in die Flüchtlingslager geschickten Phalangisten sich anders verhalten könnten denn als perfekte Gentlemen.[117]

Reinheit der Waffen? Sorge um die Zivilbevölkerung? Versöhnung und Frieden? Gerechtigkeit statt ausschließlich Stärke, und »Schmerz« angesichts der Flucht vor der Verantwortung?

Qibija war die erste »bekannte« Station in Scharons terroristischer Karriere, aber es war nicht die erste. Andere lassen sich in hebräischen Quellen, wie etwa der Geschichte der Fallschirmjäger, finden, aus der wir erfahren, daß Scharon Anfang der fünfziger Jahre an der Entführung zweier syrischer Offiziere beteiligt war, und daß der »erste Angriff« seiner Einheit 101 im August 1953 stattfand. Ziel war das südlich von Gaza gelegene Flüchtlingslager El-Bureig, wo laut israelischer Darstellung 50 Flüchtlinge getötet wurden; andere Quellen sprechen von 15 bis 20 Opfern. Der UN-Befehlshaber Generalmajor Vagn Bennike beschrieb in einem Bericht an den Sicherheitsrat, daß »in die Fenster der Hütten, in denen die Flüchtlinge schliefen, Bomben geworfen wurden, und als die Bewohner flohen, wurden sie mit Kleinfeuer- und automatischen Waffen beschossen«. Auch diese Tat wurde als »Vergeltungsaktion« ausgegeben.[118]

Qibija fällt einem sofort ein – und auch Peres wird sich daran erinnert haben –, wenn Geschichten über die »Reinheit der Waffen«, über Versöhnung und Frieden, Gerechtigkeit und Ehre erzählt werden, um den Gegensatz zwischen Begin und seinen Vorgängern aus der Arbeiterpartei zu betonen. El-Bureig und Qibija standen am Anfang von Scharons Karriere; die Massaker von Beirut könnten ihr Ende bedeuten. Seine Laufbahn umfaßt viele häßliche Episoden, wie etwa die Unterdrückungsmaßnahmen im Gaza-Streifen und die brutale Behandlung der Einwohner des nordöstlichen Sinai-Gebiets unter der Regierung der Arbeiterpartei. Im Fall Qibija war die Verantwortlichkeit der israelischen Armee sehr viel deutlicher sichtbar als im Hinblick auf die Massaker von Beirut, und auch die Täuschungsmanöver waren durchsichtiger. Das gilt ebenfalls für die Greueltaten in Gaza nach dem Krieg von 1956 und vie-

les andere, und vor allem für die im Libanonkrieg begangenen Verbrechen.[119]

Scharetts Befürchtung, der Makel werde haftenbleiben, hat sich
nicht erfüllt. Vielmehr lassen die oben zitierten Äußerungen erkennen, daß der Vorgang aus dem Gedächtnis getilgt oder als Erfolgs-
meldung verkauft wurde. So beschreibt der bekannte israelisch-amerikanische Militärhistoriker Amos Perlmutter im *New York Times
Magazine* die Aktivitäten von Scharons Einheit 101 auf folgende
Weise:

> »Wenn in Israel Terroristen gefangengenommen wurden, verhörte man
> sie, um herauszufinden, woher sie stammten. Dann machte sich eine isra-
> elische Einheit auf den Weg zum Dorf der Terroristen und übte Vergel-
> tung, Auge um Auge – öfter aber noch zwei Augen für eines.«[120]

Das ist keine besonders zutreffende Beschreibung der Operation in
Qibija oder anderenorts. Überdies sind die Implikationen von Perlmutters Darstellung noch abstoßender als die Wirklichkeit. Tatsächlich wurden die Vergeltungsschläge ausgeführt, ohne daß die Israelis
sich darum bekümmerten, aus welcher Ortschaft die Terroristen
kamen. Außerdem würden sie so etwas wohl nur unter der Folter
preisgeben. Und selbst bei Perlmutter sind die Opfer der »Vergeltung« unschuldige Zivilisten.

Nach den Massakern von Beirut hieß es in *Ha'aretz*: »Der Makel
von Sabra und Schatila haftet an uns, und wir werden ihn nicht wieder los.« Das sind fast genau die Worte von Scharett. *Newsweek* zitierte den Satz aus *Ha'aretz* und fügte hinzu, daß die Tragödie von Beirut
»Israels Seele tiefer verwundet habe als die Klage über ein Massaker . . . Viele Israelis haben das Gefühl, daß ihr Land mit den Jahren
die Ideale des Zionismus aus den Augen verloren hat«, weil die militärischen Erfolge »seine moralische Autorität beschädigt und die Nation aus einem Underdog in einen Tyrannen verwandelt haben«.[121]
Newsweek bildete auch ein Foto von Ben-Gurion ab und stellte ihn,
der doch (nicht nur) das Massaker von Qibija befürwortete und mit
Lügen zu verschleiern suchte, als einen Mann des Friedens dar. Man
hat Israel keinen Dienst erwiesen, indem man diese Makel tilgte und
die Bedingungen für neue und größere schuf. Man erweist Israel keinen Dienst, wenn man vorgibt, Begin und Scharon hätten die soziale
und politische Kultur sowie die militärische Praxis Israels radikal verändert. Es gibt wichtige Unterschiede zwischen der Likud-Regierung

und ihren Vorgängerinnen, aber es sind nicht jene, die in der gegenwärtigen Diskussion in den Vordergrund gerückt werden. Indem die Anhänger Israels die tatsächliche Geschichte dieses Staats und den Beitrag der USA zu verbergen bemüht waren, haben sie genau jene Tendenzen befördert, deren Folgen sie jetzt beklagen, da die Tatsachen sich nicht mehr unterdrücken lassen.

Entscheidend ist jedoch, daß die politischen Eliten Israels schon längst begriffen haben, wie sehr sie vor der Bloßstellung in den Vereinigten Staaten geschützt werden. Und sie wissen auch, daß die USA, solange deren Interessen gewahrt bleiben, für ihre Heldentaten bezahlen werden, wie es die Herausgeber der *New York Times* wieder einmal empfahlen, während West-Beirut in Trümmer gelegt wurde. Angesichts dieser historischen Erfahrung durften Begin und Scharon annehmen, daß dieselbe Taktik erneut greifen würde, als sie die von ihnen mobilisierten Milizen in die Lager schickten. Und sie dürften recht behalten, denn Erinnerungen werden schwächer, trotz der unvermeidlichen Rekonstruktion jüngst vergangener Ereignisse. Dieser Prozeß hatte schon wenige Monate nach dem Massaker eingesetzt, wie der Bericht der Kahan-Untersuchungskommission und seine Rezeption in der Öffentlichkeit zeigt.

Über »moralischen Schwachsinn«

Die typische Reaktion in den USA auf das Massaker von West-Beirut wurde bereits beschrieben: Kritik an Begin und Scharon, Wiederbelebung von Phantasien über das »schöne Israel« (nichts anderes hatten seine Anhänger von jeher unterstützt), Euphorie, als Israel in seiner Klage über die Greueltat moralische Überzeugungen demonstrierte, und, um den Triumph der Menschlichkeit zu feiern, erhöhte Hilfeleistungen für die weitere Militarisierung der israelischen Gesellschaft und für neue Siedlungen in den besetzten Gebieten. Es gab jedoch auch andere Reaktionen. Norman Podhoretz beweinte das »Abgleiten in den moralischen Schwachsinn« bei denjenigen, die »die Juden beschuldigten«, als »Christen Moslems ermordeten, weil diese ihrerseits Christen ermordet hatten« – ähnlich hatte zur selben Zeit auch Begin argumentiert. Diese »Schwachsinnigen« würden Jassir Arafat übersehen, der »für den Tod der libanesischen Säuglinge, die als Schutzschilde für seine Streitkräfte dienten, direkt verantwortlich war«, so wie seine Gefolgsleute »israelische Säuglinge in Ma'alot ermordet hatten«. Die Hauptverantwortung für die Massaker von Sabra und Schatila trage vor allem die PLO, erst in zweiter Linie Israel.[122]

Es gab auch eine Erwiderung von Elie Wiesel, der wegen seiner Schriften über die Vernichtung der Juden und über moralische Maßstäbe weltweite Anerkennung genießt und schon oft für den Friedensnobelpreis vorgeschlagen wurde. Er vertrat folgende Auffassung: »Ich meine, wir sollten [zu den Massakern] keinen Kommentar abgeben, weil die [offizielle israelische] Untersuchung noch im Gange ist.« Dennoch empfindet er zum ersten Mal »Traurigkeit«, und er trauert »mit Israel, nicht gegen Israel«, aber offensichtlich nicht mit den Palästinensern, die ermordet wurden, oder mit den Übriggebliebenen, die entkommen konnten. »Immerhin«, fährt er fort, »haben die israelischen Soldaten nicht getötet« – wozu sie in den vorangegangenen Wochen, bei der Bombardierung der Lager, genug Gelegenheit hatten, was allerdings bei Wiesel keinerlei »Traurigkeit« hervorrief.

Wiesel ist auch nicht bereit, Israel im Ausland zu kritisieren oder zu den Geschehnissen in den besetzten Gebieten Stellung zu nehmen. »Man muß in einer Machtposition sein, um über alle Informationen zu verfügen.« Wenn wir dieses Prinzip über den Staat hinaus, für den Wiesel es gelten läßt, verallgemeinern (was wir tun können, sofern es Gültigkeit beansprucht), gelangen wir zu interessanten Folgerungen, denn dann hätte z. B. während des Zweiten Weltkriegs die nationalsozialistische Judenvernichtung nur der kritisieren dürfen, der in Deutschland über eine Machtposition und damit »über alle Informationen« verfügte.

Auf einer ganz anderen moralischen Ebene reagierte der israelische Romancier A. B. Jehoschua auf das Massaker. Auch die deutschen Soldaten, meinte er, hätten nicht gewußt, was vor sich ging:

> »Was in den Flüchtlingslagern in Beirut geschah, ist die logische Folge all dessen, was in den letzten Monaten passierte. Eine logische und nahezu unvermeidliche Folge. Was kann man sagen? Selbst wenn ich glauben könnte, daß israelische Soldaten, die einhundert Meter von den Lagern entfernt waren, nicht wußten, was dort vor sich ging, dann wäre das vergleichbar mit dem Unwissen der Deutschen, die vor Treblinka und Buchenwald standen und nicht wußten, was dort geschah! Auch wir wollten es nicht wissen.«

Andere waren gleichfalls nicht willens, sich à la Elie Wiesel aus der Verantwortung zu stehlen. So schrieb etwa Prof. Jeschajahu Leibowitz, der an der Hebräischen Universität lehrt und Herausgeber der *Encyclopedia Hebraica* ist:

> »Das Massaker wurde von uns verübt. Die Phalangisten sind unsere Söldner, so wie die Ukrainer, Kroaten und Slowaken Söldner Hitlers waren, der sie als Soldaten anheuerte, damit sie für ihn die Arbeit taten. Ebenso haben wir die Mörder im Libanon angeheuert, damit sie die Palästinenser ermorden.«[123]

Die Historikerin Barbara Tuchman äußerte sich besorgt, daß »Israels Entschlossenheit, die PLO zu vernichten«, zwar »zu rechtfertigen« sei, da die PLO eine Bedrohung darstelle, aber »auf Schwierigkeiten« stoßen könne, weil sich »die Komplikationen in der arabischen Welt von Israel nicht kontrollieren lassen«. Ihr eigentlicher Beweggrund war: »Ich sorge mich um das Überleben und die Zukunft Israels und der Juden in der Diaspora – und zu ihnen gehöre auch ich.« Rabbi Arnold Wolf dagegen war »entsetzt über das Massaker« und sagte: »Ich glaube, an unser aller Hände klebt Blut.«[124]

Das Engagement der Vereinigten Staaten

Die schutzlosen Überlebenden

Betrachten wir schließlich noch den Vorwurf, der von der arabischen Welt erhoben wurde: Schuld am Massaker seien die Vereinigten Staaten aufgrund ihrer Komplizenschaft mit Israel. Die erste Reaktion der USA auf die Besetzung West-Beiruts war verhalten. Sprecher des Weißen Hauses verurteilten das Vorgehen nicht, sondern bezeichneten es als »begrenzt und vorbeugend«, was von »israelischen diplomatischen Quellen« begrüßt wurde. »Trotz hartnäckigen Nachfragens weigerten sich US-Regierungsbeamte, das Einrücken der israelischen Truppen in West-Beirut zu kritisieren oder auf einem schnellen Rückzug zu bestehen.«[125] Präsident Reagan erklärte sogar: »Was Israel dazu bewogen hat, dort erneut vorzurücken [sic], war der Angriff von einigen linken Milizen nach der Ermordung des gewählten Präsidenten, die sich immer noch in West-Beirut aufhalten.« Diese Rechtfertigung »erstaunte Regierungsbeamte in Washington«, die inoffiziell meinten, daß nicht einmal die Israelis dergleichen behauptet hätten. Der Pressesprecher des Weißen Hauses, Larry Speakes, verwies auf »private Äußerungen« der Israelis, sie seien durch das Feuer von »Linken« »provoziert« worden. Man muß direkt Mitgefühl mit den Beamten haben, wenn sie auf diese Weise versuchen, die Fehlschüsse des Präsidenten in Treffer zu verwandeln. Auch die zeitweilige Besetzung der sowjetischen Botschaft durch israelisches Militär war für Reagan kein Thema. (»Ach, man kennt doch die Russen. Man darf nicht glauben, was sie sagen.«)[126]

Die offizielle Reaktion der USA auf das Massaker fiel ebenfalls sehr zurückhaltend aus. Israel wurde die »indirekte Verantwortung« für die Vorgänge zugeschrieben, weil man nichts getan habe, um die Tötungsaktionen zu stoppen, und Präsident Reagan bemerkte lediglich, daß der Versuch libanesischer Armeeeinheiten, die Kontrolle über West-Beirut zu gewinnen, »durch die israelische Besetzung vom Mittwoch« vereitelt worden sei.[127] Die Rolle Israels bei der Durchführung der Massaker blieb unerwähnt. In der UNO weigerten sich einzig Israel und die USA, das Verbrechen zu verurteilen.

Allerdings ist die Verhaltensweise der Vereinigten Staaten noch um einiges perfider. Während der Verhandlungen mit Habib versicherten die USA den Libanesen und Palästinensern explizit, daß die Sicherheit der Palästinenser nach dem Abzug der PLO garantiert wäre; Habib schrieb an den libanesischen Premierminister: »Meine Regierung wird alles tun, um zu garantieren, daß diese [israelischen] Zusicherungen genauestens beachtet werden.« Milton Viorst, der diesen Brief zitiert, merkt an, daß die amerikanischen Verpflichtungen »für die Zustimmung der PLO zum Abzug aus Beirut von entscheidender Bedeutung waren«. Alexander Cockburn zitiert den Text des Abkommens wie folgt:

> »Die Regierungen des Libanon und der Vereinigten Staaten sorgen für angemessene Garantien betreffend die Sicherheit ... von gesetzestreuen palästinensischen Nicht-Kombattanten in Beirut unter Einschluß der Familien derjenigen, die abgezogen wurden ... Die USA geben diese Garantien auf der Grundlage von Versicherungen seitens der israelischen Regierung und der Führer bestimmter libanesischer Gruppen, mit denen Israel Kontakt aufgenommen hatte.«[128]

Implizit sah das Übereinkommen die Verpflichtung Israels vor, Beirut nach dem friedlichen Abzug der PLO unbehelligt zu lassen.

Das US-Friedenskorps hatte die Aufgabe, den Abzug der PLO zu überwachen und die Zivilbevölkerung zu schützen. Es zog sich jedoch schon nach Erfüllung der ersten Pflicht zurück, zwei Wochen vor Ablauf des Mandats. Damit war die multinationale Verpflichtung, für den Schutz der Zivilbevölkerung zu sorgen, praktisch beendet. Die Untersuchung der ABC-Nachrichtensendung *Closeup* ergab: »Die multinationale Streitmacht ist verpflichtet, die Zivilisten 30 Tage lang zu schützen, aber die Amerikaner bestehen darauf, Beirut schon zwei Wochen vor Ablauf der Frist zu verlassen, womit die Franzosen und Italiener gezwungen sind, ihre Einheiten ebenfalls abzuziehen.« Kurz danach besetzten die Israelis Beirut, und das Massaker fand statt. Die Mörder wurden, so heißt es, »von Israel unterstützt«, kommentiert Alexander Cockburn, »aber mit gleichem Recht könnte man sagen, daß sie »von den USA sanktioniert« wurden, denn ihre Aktionen in den Lagern wurden erst dadurch möglich, daß die USA eine von ihnen zugesicherte Garantie mißachteten.«

Viorst wurde vom US-Außenministerium davon in Kenntnis gesetzt, daß die USA »keinen formellen Protest gegen die Besetzung Beiruts oder gegen die Vorgänge in Schatila und Sabra« eingelegt hatten.

Die »Hereingebrachten«[129]

Viorst zitiert noch einen zweiten, nicht weniger bedeutsamen Brief von Habib, der die humane Behandlung der palästinensischen Gefangenen fordert. »Allerdings räumen amerikanische Regierungsbeamte ein, daß in dieser Hinsicht sehr wenig getan wurde.« Viorst zufolge hat die israelische Regierung angegeben, daß es neben den 6–7000 Gefangenen im Libanon weitere 8000 in Israel gibt. Er zitiert einen Sprecher des Roten Kreuzes, der bemerkte, »daß die Israelis es nicht gestatteten, die Einrichtungen in Israel zu besuchen und auch sonst immer weniger mit dem Roten Kreuz zusammenarbeiten, so daß wir nicht wissen, was dort geschieht«. Das US-Außenministerium konnte keinen konkreten Fall einer Fürsprache bei diesem Problem nennen, was nicht verwunderlich ist, denn auch Presse, Öffentlichkeit und humanitäre Organisationen in den Vereinigten Staaten haben zu diesem Verbrechen geschwiegen, dessen genaue Ausmaße noch nicht bekannt sind und vielleicht für immer unbekannt bleiben.

Es sei darauf verwiesen, daß Monate nach dem Krieg europäische Gruppen schockierende Berichte über die Behandlung der Gefangenen veröffentlicht haben (von entsprechenden Publikationen US-amerikanischer Gruppen ist mir nichts bekannt). Sie zitieren glaubwürdige Quellen, denen zufolge nicht nur die gesamte männliche Bevölkerung der Palästinenser und viele Männer aus dem Libanon, sondern auch Frauen gefangengesetzt und möglicherweise gefoltert wurden. Das wurde enthüllt, als die israelische Rechtsanwältin Felicia Langer das Recht beanspruchte, Marjam Abdel-Jelil zu besuchen, die man am 1. November 1982 in einem Flüchtlingslager bei Tyrus, wo sie als Lehrerin und Sozialarbeiterin tätig war, inhaftiert hatte. Sie wurde zunächst in Tyrus von israelischen Militärs verhört und dann in ein israelisches Frauengefängnis verlegt. (Palästinenser, die während der Operation »Frieden für Galiläa« und danach ins Gefängnis kamen, haben nicht das Recht, einen Anwalt zu nehmen oder Besuch zu empfangen. Auch das interessiert die amerikanischen Freiheitsrechtler und Humanisten, die zur Finanzierung dieser Operationen beitragen, überhaupt nicht.) Nach Langers Anfrage, so berichten diese Quellen, wurde sie heimlich entlassen und später in einem Krankenhaus in Tyrus entdeckt. Ihr seelischer und körperlicher Zustand wies darauf hin, daß sie brutal mißhandelt worden war. Offensichtlich ist dies kein Einzelbeispiel, und in manchen Fällen waren die gefangengenommenen und deportierten Frauen die letzte Stütze für die in den Lagern zurückgebliebenen Familien.[130]

Israel Schahak, Vorsitzender der israelischen Liga für Menschen- und Bürgerrechte, hat Informationen erhalten, denen zufolge die Gesamtzahl der Gefangenen Ende 1982 etwa 20 000 betragen könnte. Drei Viertel davon sind Libanesen. Die 4000 bis 4500 Palästinenser befinden sich im Lager Ansar im Libanon, abgesehen von sieben Frauen, die im israelischen Frauengefängnis Neve Tirza festgehalten werden. Die Libanesen leben offenbar unter schrecklichen Bedingung in Lagern in schwer zugänglichen Regionen des Libanon. Einige Monate zuvor gab es, wie Viorst berichtet, in Israel Tausende von Gefangenen, die aber, von wenigen Ausnahmen abgesehen, in nicht näher lokalisierte Lager im Libanon zurückgebracht oder, nach brutalen Mißhandlungen, freigelassen worden sind. Da der Westen sich für dieses Problem nicht interessiert, weil ja bloß Palästinenser davon betroffen sind, ist eine detailliertere Darstellung nicht möglich.

Weiteres zur Heuchelei

Als Israel angesichts einiger ungnädiger (inoffizieller) Reaktionen aus den USA von »Heuchelei« sprach, traf, wie gesagt, dieser Vorwurf durchaus ins Schwarze. Schließlich hatte man Israel geradezu ermutigt, in West-Beirut einzumarschieren, und es stand zu erwarten, daß die nun schutzlose Zivilbevölkerung der einen oder anderen Maßnahme von Scharon ausgesetzt sein würde.

Meron Benvenisti, der frühere stellvertretende Bürgermeister von Jerusalem, legte den Finger in die Wunde:

> »Ist unsere Armee etwas anderes als das Produkt amerikanischer Hilfe? Ist
> es nicht so, daß Reagan die jüdischen Siedlungen im Westjordanland als
> ›nicht illegal‹ bezeichnete? Hat [US-Außenminister] Haig nicht die erste
> Phase der Invasion des Libanons gebilligt? Alles, was Israel bis jetzt unter-
> nommen hat, trägt den Stempel der amerikanischen Zustimmung oder
> wurde von der amerikanischen Regierung zumindest toleriert. Wenn der
> Geist jetzt aus der Flasche entwichen ist, hat Washington geholfen, sie zu
> öffnen.«[131]

Damit hat er recht. Wie er richtig bemerkt, ist »die Behauptung, Israel habe seine Seele verloren, zu einfach, wenn man es dabei bewenden läßt«. Es reicht nicht, wenn die Amerikaner mit dem Finger auf die Phalange zeigen, oder auf Begin und Scharon oder deren stille Teilhaber in der Opposition oder auf das israelische Vorgehen in den besetzten Gebieten. Ohne die Hilfe der USA sähe die Lage anders aus. So einfach läßt sich der Kreis der Verantwortlichen nicht einschränken, auch wenn das viel bequemer wäre.

Der israelische Schriftsteller Amos Elon bemerkt zum Massaker in Beirut:

> »Ein Mann, der eine Schlange in das Bett eines Kindes legt und sagt: ›Es
> tut mir leid. Ich habe der Schlange befohlen, nicht zuzubeißen. Ich wußte
> nicht, daß Schlangen so gefährlich sind.‹ Das ist unmöglich zu begreifen.
> Dieser Mann ist ein Kriegsverbrecher.«[132]

Wie viele andere Israelis, die sich öffentlich zu den Vorgängen geäußert haben, hält auch er Begin und Scharon für Kriegsverbrecher.[133] Aber die Folgerungen reichen noch tiefer. Was ist mit jenen, die »grünes Licht« gaben, als Israel in West-Beirut einmarschierte oder zuvor

den Libanon besetzte, um ihn »von Terroristennestern zu säubern«?
Was ist mit jenen, die diesen und früheren Unternehmungen Beifall
gezollt oder geschwiegen haben? Wußten sie nicht, daß Schlangen
gefährlich sind?

Die »Hauptschuldigen«

Angesichts des Massakers von Kischinjow weitete Tolstoi den Kreis
der Verantwortlichen auf die »Hauptschuldigen« mit ihrer »von
Lügen und Falschheit durchwirkten Propaganda« aus. Ähnlich ver-
fuhr Uri Avneri, einer der mutigsten israelischen Journalisten, als er
während der Bombardierung von Beirut schrieb: »Jedes Kind, das
jetzt in Beirut stirbt, jedes Kind, das unter den Ruinen eines beschos-
senen Hauses begraben wird, ist von einem israelischen Journalisten
ermordet worden.« Seine Argumentation gilt auch für die Vorgänge
in den Flüchtlingslagern und trifft vielleicht in noch stärkerem Maß
auf die USA zu, denn in Israel haben viele hervorragende Journalisten
über viele Geschehnisse berichtet, die hier verschwiegen oder ent-
stellt wiedergegeben wurden. Avneri weist darauf hin, daß die Palästinenser in Israel offensichtlich nicht für Menschen gehalten wurden.
Wenn die Presse verkündet, daß »in Beirut Terroristennester bombardiert und beschossen wurden«, so lügt sie willentlich und wissentlich,
denn »die Bomben trafen Zivilisten: Männer und Frauen, Kinder
und Alte«. Abgesehen davon gilt: »Terroristen haben keine »Nester«.
Tiere, wie z. B. Vögel, haben Nester. Menschen – gute oder schlechte
– haben Häuser, Büros, Hauptquartiere.«

Die »Erbsünde« der israelischen Journalisten bestand darin, überhaupt den Begriff »Terroristen« (oder genauer: den neuen Ausdruck
mehablim) benutzt zu haben, um damit zunächst »alle PLO-Kämpfer«, später »alle Mitglieder der PLO – Diplomaten, Beamte, Lehrer,
Ärzte, Krankenschwestern des palästinensischen Roten Halbmonds«
und schließlich »das gesamte palästinensische Volk« zu bezeichnen.
»Wenn wir »Terroristenlager« bombardieren, dann sind das palästinensische Flüchtlingslager, in denen sich PLO-Kämpfer befinden
oder auch nicht.« Wenn Flüchtlinge dergestalt zu »Terroristen« werden, kann man sie »bombardieren, beschießen, vertreiben, ihnen ihre
Menschlichkeit absprechen ... Die Ruinen von Beirut, unter denen
die Leichen von Frauen, Männern und Kindern begraben liegen,
sind das Mahnmal« dieser journalistischen Praxis.[134]

Ähnlich sah es A. B. Jehoschua sechs Wochen später, nach dem Massaker von West-Beirut: »Wenn sie von Ausrottung und Säuberung reden, wenn sie die Palästinenser »zweibeinige wilde Tiere« nennen – dann ist es nicht erstaunlich, daß ein Soldat sich nicht weiter um die Greueltaten kümmert, die in seiner unmittelbaren Nähe verübt werden.« Schon im Juni hatte eine Gruppe israelischer Kriegsgegner eine Anzeige in *Ha'aretz* geschaltet, die unter der Überschrift »Leben und Tod in den Händen der Sprache« derlei Wendungen erörterte wie »Terroristennester«, die »gesäubert« werden müssen (ein Ausdruck, dessen religiöse Nebenbedeutungen jeder Israeli versteht), »Ausrottung« (wie von Insekten) usw. Solche und ähnliche Ausdrücke (»zweibeinige wilde Tiere«) sollen den palästinensischen Feind seiner Menschlichkeit berauben und alles rechtfertigen, was ihm angetan wird – eine Verfahrensweise, die, mit umgekehrten Rollen, aus der jüdischen Geschichte bekannt ist.[135]

Reaktionen auf das Massaker

Während Israels Ansehen im Ausland Schaden nahm, waren die Reaktionen im Land selbst gemischt. Ende August, als die Operation »Frieden für Galiläa« höchst erfolgversprechend aussah, erfuhren Begin und Scharon beträchtliche Unterstützung. In einer Umfrage von Anfang September äußerten sich 82 Prozent der Befragten zufrieden mit Begin, 78 Prozent befürworteten das Vorgehen von Scharon. Nach den Massakern von Beirut waren es noch 72 bzw. 64 Prozent. Als Premierminister war Begin weiterhin populär und unumstritten, und auch Scharon genoß das Vertrauen des überwiegenden Teils der Bevölkerung.

Zur Massendemonstration gegen die Regierungspolitik, zu der die Arbeiterpartei aufgerufen hatte, kamen einigen Schätzungen zufolge 400 000 Teilnehmer, jedoch repräsentierten sie, wie der Historiker Jonathan Frankel bemerkte, »nicht die Spitze des Eisbergs, sondern eher seine Gesamtmasse, während ein anderer, größerer, aber kaum sichtbarer Eisberg davon unberührt blieb . . . Die Massaker beeindruckten die offizielle politische Welt – die Regierung, die Knesset, die Medien – sehr viel stärker als die »schweigende Mehrheit« der Bürger im Land.« Andere Beobachter kamen zu ähnlichen Folgerungen: »Begins Anhänger sind von den bisherigen Enthüllungen über das Massaker von Beirut nicht schockiert worden – und werden auch von weiteren Enthüllungen wohl nicht schockiert sein.«[136]

Nach den ersten Zeugenaussagen in den öffentlichen Sitzungen der Untersuchungskommission schrieb Joel Marcus unter der Überschrift: »Die Kommission wird ihre Arbeit beenden – die Regierung wird im Amt bleiben«:

> »Was Sabra und Schatila angeht, so bleibt ein größerer Teil der Bevölkerung, vielleicht gar die Mehrheit, vom Massaker selbst unbeeindruckt. Das Töten von Arabern im allgemeinen und von Palästinensern im besonderen findet breite Zustimmung oder stört zumindest niemanden. Zu meiner Überraschung habe ich mehr als einmal von gebildeten, aufgeklärten Menschen, die ›das Gewissen der Nation‹ verkörpern, die Ansicht gehört, daß das Massaker an sich, als Schritt zur endgültigen Vertreibung der Palästinenser aus dem Libanon, nicht besonders schrecklich sei. Zu dumm nur, daß wir gerade in der Nähe waren.«[137]

In einflußreichen Kreisen ist die Einstellung gegenüber den Palästinensern in Rassenhaß übergegangen. Man macht es sich, glaube ich, zu einfach, wenn man die Ursache lediglich im palästinensischen Terrorismus sucht, auch deshalb, weil der Terror der Israelis über viele Jahre hinweg von erheblich größerem Umfang gewesen ist; kein Anschlag der PLO ist, um nur ein Beispiel zu nennen, mit dem Vorgehen der israelischen Armee in Qibija zu vergleichen. Sehr wahrscheinlich liegen die Wurzeln tiefer. Solange noch eine Spur organisierter palästinensischer Präsenz zu erkennen ist, scheint die Legitimität der nationalen Wiedergeburt Israels in Frage gestellt. »Einer Symmetrie von Ansprüchen können wir nicht standhalten«, erklärt Meron Benvenisti: »Die Israelis haben das tiefsitzende Gefühl, daß ihr eigenes Recht und ihre eigene Legitimität abgeschwächt werden, wenn sie die andere Seite als legitime nationale Bewegung anerkennen.«[138] Benvenisti bedauert dieses Gefühl, das seit Jahren immer wieder öffentlich bekundet wird. Die Israelis wissen, daß Erinnerungen an das Heimatland sehr lange wachgehalten werden können, wenn es gelingt, eine organisierte gesellschaftliche Existenzform zu bewahren. Darum darf den Palästinensern so etwas nicht gegönnt werden, und darum werden selbst die Überreste der vielen palästinensischen Dörfer in Israel beseitigt und so aus der Erinnerung getilgt. In den von Israel besetzten Gebieten – und darüber hinaus – darf es keine Äußerungsformen kulturellen Lebens oder unabhängiger politischer Strukturen geben, es sei denn, sie sind für Israels Politik, im Libanon den Streit zwischen den religiösen Gemeinschaften zu schüren, von Nutzen oder dienen der Ausbeutung billiger arabischer Arbeitskräfte aus dem Gaza-Streifen und dem Westjordanland.

Ob sich die kritischen oder die den Krieg befürwortenden Stimmen durchsetzen, hängt auch diesmal wesentlich von der Reaktion in den Vereinigten Staaten ab.

Zumindest erwähnt werden sollten die Proteste arabischer Bürger Israels. Hier reagierten die Behörden etwas anders. »Eine große Anzahl von [israelischen] Palästinensern aus Um al-Fahm, Taibeh, Akra und Arrabeh, die gegen das Massaker in Sabra und Schatila protestierten, wird einen Monat nach der Protestwelle ... immer noch in Gefängnissen und Lagern festgehalten. Beschuldigt werden sie der Teilnahme an Demonstrationen, der Aufhetzung, der Steinwürfe gegen Militärfahrzeuge und der Unterstützung der PLO.«[139]

Die Kahan-Untersuchungskommission

Der Bericht der Kommission erschien am 8. Februar 1983 und löste unter den Anhängern Israels erneute Verzückung aus. Für die *New Republic* setzte dieses »große und düstere Dokument« in »diesem außergewöhnlichen Land« mit seiner »glänzenden Demokratie« einen »herausragenden Maßstab moralischen und politischen Handelns«. Mit seiner »moralischen Ernsthaftigkeit und geistigen Gewissenhaftigkeit« sei es »ein philosophischer und politischer Triumph«. Unter der Schlagzeile »Aufschrei des Gewissens« schrieb die *New York Times*: »Israel hat sich, so schmerzhaft wie überzeugend, durch die Schrecken von Sabra und Schatila gewühlt und über sich, gemäß den ›grundlegenden Prinzipien der zivilisierten Welt‹, ein hartes Urteil gefällt ... Selten ist die Nation, die ihre Rettung darin sucht, solche Schande zu enthüllen.«[140] Da nun dieser »Aufschrei des Gewissens« sich Gehör verschafft und Rettung gefunden wurde, können die USA beruhigt darangehen, die Kosten der Invasion zu bezahlen, was die *New York Times* bereits vorgeschlagen hatte, als der Angriff seinen Höhepunkt erreichte. Außerdem müssen Geldmittel für die *concentration camps* und Gefängnisse, die Siedlungen in den besetzten Gebieten und die dort stattfindende Unterdrückung und was noch alles kommen mag, bereitgestellt werden. Beiläufig bemerkt, spricht

die *New York Times* durchaus zu Recht von den »Prinzipien der zivilisierten Welt«, entsprechen sie doch denjenigen, die die Zeitung im
Hinblick auf die US-Aggression in Indochina, den Sturz der demokratischen Regierung in Guatemala und die darauf folgende Unterstützung neofaschistischer Mörder und vieles weitere vertritt. Legt
man indes wirkliche zivilisatorische Prinzipien an, dürfte das Urteil
anders ausfallen.

Die Kahan-Kommission konstatiert: »Hauptzweck der Untersuchung war es, alle wichtigen Tatsachen, die mit den Greueltaten in
Zusammenhang stehen, ans Licht zu bringen; sie gewinnt insofern
ihre Bedeutung aus der Perspektive von Israels moralischer Stärke
und seinem Funktionieren als demokratischer Staat, der die grundlegenden Prinzipien der zivilisierten Welt gewissenhaft aufrechterhält.«

Der zentrale Abschnitt der Untersuchung beschäftigt sich mit der
»direkten Verantwortung« und beginnt wie folgt: »Gemäß der oben
gegebenen Beschreibung der Ereignisse deuten alle Beweise darauf
hin, daß das Massaker von Phalangisten verübt wurde . . . Alle Augenzeugen im Bereich der Lager haben außer den Phalangisten keine
Vertreter einer anderen militärischen Streitkraft beobachtet . . . Mit
Sicherheit kann festgestellt werden, daß zur angegebenen Zeit außer
den Phalangisten keine andere organisierte militärische Streitkraft
die Lager betrat.« Die »Gerüchte«, daß Haddad-Milizen an den Vorgängen beteiligt gewesen seien, entbehrten »jeder Grundlage«. »Wir
können daher versichern, daß keine unter dem Befehl von Major
Haddad stehende Streitkraft an der Operation der Phalangisten in
den Lagern oder an dem Massaker beteiligt war.« Wir haben bereits
darauf hingewiesen, daß eine solche Beteiligung Israel in erhebliche
Schwierigkeiten gebracht hätte, weil die Haddad-Milizen praktisch
Bestandteil der israelischen Armee sind und bei der Neuen Ordnung,
die Israel im Libanon errichten will, eine zentrale Rolle spielen sollen.

Der oben zitierte Einleitungssatz ist richtig, aber irreführend. Bei
ihrer »Beschreibung der Ereignisse« wie wohl auch bei ihren Beratun-
gen war die Kommission sorgsam darauf bedacht, jene Beweise zu
umgehen, die den diesbezüglichen Behauptungen der israelischen
Regierung widersprechen. Das Problem wird in ein paar Nebensät-
zen ohne weitere Nachforschung abgetan. Es gibt jedoch, wie wir
gesehen haben, zahlreiche Hinweise auf die Beteiligung von Haddad-
Milizionären. Zudem hat die Kommission bei ihren Einzeluntersu-
chungen immer wieder feststellen müssen, daß die Behauptungen

der Regierung falsch waren und ihre »unrichtigen und ungenauen Berichte den Verdacht gegen Israel verstärkten und dem Land Schaden zufügten«. Des weiteren erwiesen sich die israelischen Zeugen als wenig verläßlich. Es wäre also angemessen gewesen, entsprechenden Aussagen nachzugehen und die Zusammensetzung der Streitkräfte, die in das Lager eindrangen, durch Befragung der Führer und der Beteiligten zu überprüfen. Diese Aufgabe hätte sich mit einiger Leichtigkeit durchführen lassen, denn »wir konnten ihnen [den Phalangisten] Befehle geben«, wie Stabschef Eitan erläuterte, während er verdeutlichte, warum die Phalange die Lager betrat, nicht aber die libanesische Armee. Die Kommission vernahm zu diesem Thema lediglich die Aussage Haddads, der natürlich die Beteiligung abstritt. Vielleicht hätte eine ehrliche Untersuchung zu dem Ergebnis geführt, daß trotz der Aussagen vieler Augenzeugen die Folgerung, Haddad-Milizen seien an den Vorgängen beteiligt gewesen, unzulässig ist. Statt dessen verzichtete die Kommission darauf, »alle wichtigen Tatsachen ans Licht zu bringen«, womit sie ihrem Auftrag nicht gerecht wurde.

Überdies bestimmte sie die Grundregeln ihrer Untersuchung mit großer Sorgfalt und nahm, bewundernswert vorsichtig, von der Folgerung Abstand, daß es sich bei dem vom israelischen Militär in West-Beirut besetzten Gebiet »aus der Perspektive des Gesetzes« tatsächlich um ein »besetztes Gebiet« handele. So ist das Militär von den Rechtsverpflichtungen, die eine Besatzungsarmee zu beachten hat, entbunden.

Auch die Anschuldigung, das israelische Militär habe »vorher gewußt«, daß es ein Massaker geben werde, hält die Kommission für unbegründet. »Zweifellos« hatten keine Personen »der politischen oder militärischen Befehlsebene in Israel« mit den Phalangisten irgendeine »Verschwörung« angezettelt, »die zum Ziel hatte, in den Lagern Greueltaten zu begehen«. Der Kommission genügte, was den Wahrheitsgehalt dieser Behauptungen angeht, das Wort dieser »Befehlsebenen«: »Wir versichern, daß mit dem Zugang der Phalangisten zu den Lagern keine Person auf israelischer Seite die Absicht verband, den Nicht-Kombattanten Leid zuzufügen, und daß die folgenden Ereignisse ohne Mitwirkung oder Einverständnis seitens irgendeiner der politischen oder zivilen Befehlsebene zugehörenden Person, die im Hinblick auf das Betreten der Lager durch die Phalangisten aktiv war, geschahen.« Man muß wohl kaum darauf hinweisen, daß diese »Versicherung« angesichts der Beweislage – Aussagen betei-

ligter Personen – ein weiteres Zeichen dafür ist, daß der Bericht
offenbar keinen Wert darauf legt, von vernünftigen Leuten ernstgenommen zu werden.

Als wolle sie das noch eigens unterstreichen, bietet die Kommission erhebliches Beweismaterial für die Annahme, daß höheren Orts
tatsächlich ein Massaker erwartet wurde. Der israelische Geheimdienst Mossad, der im engen Kontakt mit den Phalangisten stand,
»vernahm Äußerungen von Baschir Gemajel, die keinen Zweifel an
dessen Absicht ließen, das Palästinenserproblem im Libanon zu
beseitigen, sobald er an der Macht war – selbst wenn das mit dem
Rückgriff auf abweichende [*aberrant*] Maßnahmen verbunden sein
sollte... Ähnliche Bemerkungen waren von anderen Führern der
Phalangisten zu hören.« Außerdem gab es »Berichte über phalangistische Massaker an Frauen und Kindern in von Drusen bewohnten
Dörfern, und über die von der geheimdienstlichen Einheit Elie
Hobeikas betriebene Liquidierung von Palästinensern« (Hobeika
wurde vom israelischen Militär mit der Aufgabe betraut, in die
Lager einzudringen). »Diese Berichte verstärkten bei bestimmten
Personen – vor allem bei erfahrenen Offizieren des Geheimdienstes
– den Eindruck, daß die Phalangisten sich eine Gelegenheit, Palästi-
nenser zu massakrieren, nicht entgehen lassen würden.« Stabschef
Eitan erwartete »einen Ausbruch von Racheakten« und »Ströme von
Blut«. Wäre das israelische Militär nicht präsent, würde es »einen
Gewaltausbruch nie gekannten Ausmaßes geben. Ich kann in den
Blicken [der Phalangisten] bereits lesen, worauf sie warten... Sie
müssen nur noch eins tun, nämlich Rache nehmen, und die wird
schrecklich sein... Überall werden bereits die Messer gewetzt...«
Die Kommission zitiert auch Berichte des israelischen Militärjour-
nals, denen zufolge den Flüchtlingslagern »sehr wahrscheinlich
Ereignisse bevorstehen, die schlimmer sein werden als das, was in
Tel al-Zaatar geschah«. Dort fand das schlimmste Massaker des Bürgerkriegs stand. Die Kommission selbst bemerkt, daß es »keiner
prophetischen Gaben bedurfte, um die konkrete Gefahr von
Gewaltakten vorherzusagen, wenn die Phalangisten ohne israelische
Militärbegleitung in die Lager geschickt werden sollten... Allen
mit dieser Operation vertrauten Personen hätten die Gefahren
bewußt sein müssen.« Zitiert wird auch Begins offizielle Stellungnahme: Das israelische Militär sei in West-Beirut einmarschiert,
»um die Muslime vor der Rache der Phalangisten zu schützen«.
Zweifellos war man sich in der israelischen Führung darüber im kla-

ren, was geschehen würde, wenn man Phalangisten in ein Palästinenserlager schickte.

Die Kommission führt also hinreichendes Beweismaterial dafür an, daß die israelische Regierungsspitze mit einem Massaker rechnete, als sie die Phalange in die Lager schickte. Sie rechtfertigte den Einmarsch in West-Beirut mit dem Bestreben, ein Massaker der Phalangisten zu verhindern, um dann die Phalange an den Aufenthaltsort ihrer ärgsten Feinde zu schicken, indes ohne die Absicht, der Zivilbevölkerung Schaden zuzufügen. Dies alles versichert die Kommission ohne doppelten Zungenschlag. Das läßt wiederum nur den Schluß zu, daß der Bericht für die Gläubigen reinen Herzens verfaßt wurde, nicht für Leute, die eigenständiger Gedanken fähig sind.

Nebenbei legt die Kommission ihre moralischen Maßstäbe offen, wenn sie konstatiert, es sei »nicht die Pflicht des Premierministers gewesen, gegen das Betreten der Lager durch die Phalangisten Einwände zu erheben oder ihren Abzug anzuordnen«, obwohl er doch das israelische Militär nach West-Beirut geschickt hatte, um »die Muslime vor der Rache der Phalangisten zu schützen«. Obwohl also der Premierminister ein Massaker erwartete, war es nicht seine Pflicht, irgend etwas dagegen zu unternehmen. Das sind wahrlich »herausragende« moralische Maßstäbe.

Ferner traf die Kommission die »Feststellung«, daß »Vorgänge in den Lagern, in den Bereichen, die die Phalangisten betraten, vom Dach des vorderen Kommandopostens aus nicht zu sehen waren. Zudem ist verdeutlicht worden, daß diesen Ort keinerlei Geräusche erreichten, aus denen hätte geschlossen werden können, daß im Lager ein Massaker verübt wurde.« Das steht in eklatantem Widerspruch zu den bereits zitierten Berichten von Journalisten; und es gehört beträchtliche Begabung dazu, von Jerusalem aus Untersuchungen zurückzuweisen, die in Beirut vor Ort durchgeführt wurden. Wenn wir den Kommissionsbericht näher ansehen, um herauszufiltern, was wirklich »festgestellt« wurde, so finden wir eine sorgfältige Umschreibung der Tatsachen. Die Kommission stellte nämlich fest – was zweifellos richtig ist –, daß »man vom Dach des Kommandopostens aus unmöglich sehen konnte, was in den Gassen des Lagers vor sich ging«. Das ist jedoch etwas anderes als die Aussagen der Journalisten vor Ort, die zu dem – zweifellos ebenfalls richtigen – Schluß kamen, daß die militärischen Beobachter auf dem Dach des Kommandopostens sehen konnten, daß ein Massaker im Gange war, die Leichen in Massengräber geworfen wurden usw.

Nicht weniger interessant ist die Erklärung dafür, warum das israelische Militär die Phalangisten in die Lager schickte:

>»Die Entscheidung wurde in der Absicht getroffen, weitere Verluste im Libanonkrieg zu verhindern; dem Druck der öffentlichen Meinung in Israel Rechnung zu tragen, die mit Verärgerung darauf reagierte, daß die Phalangisten die Früchte des Kriegs ernteten, ohne an ihm teilzunehmen; und sich die professionellen Fähigkeiten der Phalangisten bei der Identifizierung von Terroristen und dem Aufspüren von Waffenverstecken zunutze zu machen.«

Diese Erwägungen werden später noch einmal wiederholt und als »gewichtig« bezeichnet. Vielleicht waren sie gewichtig genug, die Entsendung der Phalangisten selbst in der Erwartung eines Massakers zu rechtfertigen.

Der Ausdruck »weitere Verluste« bezieht sich auf die israelische Armee. Wie wir sahen, hatte Israel schon im August den Versuch unternommen, West-Beirut zu besetzen, sich aber nach schweren Verlusten zurückgezogen und dann auf Terrorbombardements verlegt. Schließlich marschierte man ein, nachdem die PLO-Kämpfer die Stadt mit der Garantie der USA verlassen hatten, daß West-Beirut unbesetzt bliebe und die Einwohner vor Schaden bewahrt würden. Die Zahl der in die Lager entsandten Phalangisten – 100 bis 150 – zeigt, wie bereits erläutert, daß man nicht mit ernsthaftem Widerstand rechnete. Die »professionellen Fähigkeiten« dieser Milizen bestanden, nach allem, was bekannt geworden war, in der Ermordung schutzloser Zivilisten. Andererseits hatten die Israelis gezeigt, in welchem Maße sie die palästinensischen und libanesischen Widerstandsbewegungen sowie die arabischen Gemeinschaften in Beirut und anderenorts infiltrieren und sich dadurch detaillierte Kenntnisse von den Vorgängen in der Stadt und den Lagern verschaffen konnten. Es ist kaum einzusehen, warum diese und ähnliche »professionellen Fähigkeiten« in den ungeschützten Lagern nicht ausgereicht haben sollten. Erinnern wir uns daran, daß die Phalangisten dort *zwei* Opfer zu verzeichnen hatten, von denen noch nicht einmal klar ist, ob sie getötet oder nur verwundet wurden. Und die Auffassung der Kommission von der »öffentlichen Meinung in Israel« hat einen antisemitischen Beigeschmack, unterstellt sie doch, daß der Ärger ausgeräumt werden könnte, wenn man den Fuchs in einen schutzlosen und schwer bombardierten Hühnerstall schickt, damit er dort

»Terroristennester« ausräumen kann, obwohl er sich zuvor geweigert hat, am Krieg selbst teilzunehmen.

Die Kommission stellt fest, daß die israelischen Streitkräfte bei der Besetzung West-Beiruts unter »schweren Beschuß« aus Schatila geraten und von beiden Lagern aus mit leichten Waffen beschossen worden seien. Im Widerspruch dazu stehen die von ihr kommentarlos wiedergegebene Aussage des israelischen Militärsprechers – »Der Einmarsch der israelischen Streitkräfte wurde ohne Widerstand durchgeführt« – und der Bericht des Stabschefs an Begin, es habe »in Beirut keinen Widerstand gegeben«. Sollte es für den »schweren Beschuß« und damit für die angeblichen »2000 Terroristen« Beweise gegeben haben, wären sie sicherlich vorgelegt worden. Presseberichte darüber existieren offenbar nicht, und die Kommission führt keine Beweismaterialien an. Ebenfalls ohne Beweise behauptet sie, es habe »in den Lagern bewaffnete Streitkräfte der Terroristen« gegeben, die sich »möglicherweise nicht an der allgemeinen Evakuierung beteiligt hatten«, sondern zurückgeblieben waren, »um die Zivilbevölkerung zu schützen« (ein klarer Beleg für ihre terroristischen Absichten) und ihre Aktivitäten später wieder aufzunehmen. Ebenfalls ungeklärt bleibt, warum diese bewaffneten Einheiten, die das israelische Militär unter »schweren Beschuß« nahmen, den Phalangisten keinen Widerstand leisten konnten, obwohl deren Milizen zuvor den bewaffneten Kampf strikt vermieden hatten. Wiederum muß man sich fragen, wie ernst diese Aussagen gemeint sind.

Erinnern wir uns daran, daß die Kommission trotz gegenteiliger Beweise versichert, es sei nicht beabsichtigt gewesen, der Zivilbevölkerung Schaden zuzufügen, und überdies betont, »daß die folgenden Ereignisse ohne Mitwirkung oder Einverständnis seitens irgendeiner der politischen oder zivilen Befehlsebene zugehörenden Person, die im Hinblick auf das Betreten der Lager durch die Phalangisten aktiv war, geschahen«. Hier bleibt die »militärische Ebene« ausgespart, ohne daß daraus Schlüsse gezogen werden. Andererseits versichert die Kommission, ohne ihre Behauptung näher zu spezifizieren: »Auf seiten der Israelis hatte *niemand* die Absicht, den Nicht-Kombattanten in den Lagern Schaden zuzufügen.« (Hervorhebung von mir.) Prüfen wir, wie sich die Auswahl der Beweise, auf die der Bericht sich beschränkt, auf diese Versicherungen und Ausnahmen auswirkt.

Die Kommission gibt zu, daß »der Stabschef dem Verteidigungsminister über das Verhalten der Phalangisten Dinge mitteilte, die den Verteidigungsminister zu der Überzeugung hätten veranlassen kön-

nen, daß die Phalangisten in den Lagern Mord an Zivilpersonen
begangen hatten«, obgleich er [der Stabschef] »seine Zufriedenheit
mit den phalangistischen Operationen bekundete und ihrer Bitte um
die Lieferung von Traktoren entsprach, damit sie ihre Operationen
zu Ende führen konnten«. Außerdem gestattete er ihnen (am Freitagabend, als, wie gesagt, die Massaker schon bekannt waren), in den
Lagern zu bleiben. Die Kommission fand heraus, daß am Donnerstagabend, kurz nachdem die Phalangisten das Lager betreten hatten,
der Oberkommandierende in der Sektion Beirut, Brigadegeneral
Amos Jaron, darüber informiert wurde, daß »die Phalangisten Kinder
und Frauen töteten«. Ihm wurde bekannt, »daß die Phalangisten
Tötungen begingen, die über reine Kampfhandlungen hinausreich-
ten und auch Frauen und Kinder betrafen«. Angeblich soll er phalangistische Verbindungsoffiziere gewarnt haben, »tat aber sonst nichts,
um die Tötungen zu unterbinden«. Auch wurden die Phalangisten
nicht daran gehindert, am Freitag ihre Truppen auszutauschen; der
Stabschef ordnete den Austausch am Freitagnachmittag an.

Über welche Beweise verfügte, der Kommission zufolge, General
Jaron? Am Donnerstag um 6 Uhr morgens hatten die Phalangisten
die Lager betreten. Eine Stunde später fing ein israelischer Offizier
eine Funknachricht ab, in der die Tötung von 50 Frauen und Kindern angeordnet wurde. Er gab die Information sofort an General
Jaron weiter. Noch eine Stunde später ließ ein Funkgespräch darauf
schließen, daß 45 gefangengenommene Personen getötet werden
sollten. Zur selben Zeit, um 8 Uhr, teilte ein Verbindungsoffizier der
Phalangisten »verschiedenen Personen« mit, daß bereits etwa 300
Leute umgebracht worden seien (später gab er ihre Zahl mit 120 an).
Gegen 9 Uhr gab der Divisionsoffizier des militärischen Geheimdienstes der Israelis folgenden Lagebericht:

> »Offensichtlich sind sie [die Phalangisten] nicht in allzu ernste Kampf-
> handlungen verwickelt. Sie haben Verluste, wie Sie wissen – zwei Verwun-
> dete, der eine ist am Bein, der andere an der Hand verletzt ... Und sie
> überlegen wohl, was sie mit der Bevölkerung, die sie dort vorfinden,
> machen sollen. Einerseits scheint es dort keine Terroristen zu geben; das
> Lager Sabra ist leer. Andererseits haben sie Frauen, Kinder und offenbar
> auch alte Leute zusammengetrieben.«

Er fügte den Bericht eines Phalange-Offiziers hinzu, dem zu entneh-
men war, daß diese Menschen umgebracht werden sollten. Die 2000

Terroristen waren übrigens erneut wie von Zauberhand verschwunden, womit zugleich die Annahme der Kommission, die »bewaffnete terroritische Streitkraft« sei nicht evakuiert worden, widerlegt war. Am Freitagmorgen enthüllte ein Rapport, daß die Phalangisten Zivilpersonen »abgeschlachet« hätten, woraufhin die Mörder zurückgeschickt wurden, um ihr Werk zu vollenden – tatsächlich wurden sie am folgenden Morgen erst, so der Stabschef, »auf amerikanischen Druck hin« zum Rückzug aufgefordert.

Es ist also keineswegs glaubhaft, daß die »militärische Befehlsebene« von den Vorgängen in den Lagern nichts wußte oder keine Zustimmung erteilt hatte, und auf der »politischen Befehlsebene« war der Verteidigungsminister von den Geschehnissen unterrichtet worden.

Aus dem Bericht der Kahan-Kommission ergibt sich mithin ein recht klares Bild. Alle höheren politischen und militärischen Befehlsebenen erwarteten, daß die Phalangisten, wenn man ihnen Zutritt zu den Lagern gewährte, dort Massaker verüben würden. Überdies wußten sie, daß die Lager ungeschützt waren, so daß sie etwa 150 Phalangisten entsenden konnten. Von der Phalange war bekannt, daß sie sich nur äußerst ungern auf bewaffnete Konflikte einließ. Die Phalangisten betraten die Lager um 6 Uhr morgens. Ein bis zwei Stunden später waren die israelischen Militärs auf dem Kommandoposten, der, 200 Meter von den Lagern entfernt, einen guten Einblick bot, im Besitz eindeutiger Beweise, daß Massaker verübt wurden und daß es keinen Widerstand gab. Auf dem Posten befanden sich israelische Militärs, Kommandanten der Phalange mit ihren Stäben, Geheimdienst- und Verbindungsoffiziere in ständigem Kontakt miteinander. Die Israelis sorgten dann für Scheinwerfer, um das Lager zu beleuchten. Am nächsten Tag gab es weitere Beweise für ein Massaker. Daraufhin wurden die Phalangisten erneut in die Lager geschickt und erhielten Bulldozer, die, wie die Israelis wußten, für den Transport von Leichen zum mittlerweile ausgehobenen Massengrab benötigt wurden. Die Beseitigung der Leichen war vom Kommandoposten aus zu beobachten (was die Kommission ignoriert). Die Phalangisten wurden für diese Operation ausgesucht, weil, so der Stabschef, »wir ihnen Befehle geben konnten, was bei der libanesischen Armee nicht möglich gewesen wäre«. Und tatsächlich erteilte das israelische Militär der Phalange von Anfang an Befehle: Befehle zum Durchführen der Mordoperation, zu ihrer Weiterführung am Freitag, zu ihrer Beendigung (auf Drängen der Amerikaner) am Samstagmorgen.

Dann trieben die Israelis all jene zusammen, die entkommen waren und transportierten sie zu israelischen *concentration camps* (auch das bleibt im Kommissionsbericht unerwähnt). Das ist die Geschichte, die sich aus dem Bericht ergibt. Was läßt sich vernünftigerweise daraus schließen?

Trotz schwerwiegender Beweise für die Beteiligung höchster Befehlsebenen an der Planung und Durchführung des Massakers zog die Kommission nicht die vernünftigerweise naheliegenden Schlüsse. Immerhin sprach sie von einer begrenzten »indirekten Verantwortlichkeit« und berief sich bei ihren Empfehlungen auf »die Pflichten einer jeden zivilisierten Nation«, hauptsächlich aber auf die Tatsache, daß »die Juden in vielen Ländern des Exils, und auch im Land Israel selbst, als dies unter fremder Herrschaft stand, unter Pogromen zu leiden hatten, die von Randalierern verschiedenster Art veranstaltet wurden; und die Gefahr von Ausschreitungen gegen Juden ist ganz offensichtlich noch nicht vorbei«, mithin ist es klug, auf die Verantwortung von Autoritäten hinzuweisen, die sich die Finger selbst nicht schmutzig machen.

Es ist interessant, die gemäßigte und eingeschränkte Kritik der Kommission mit den leidenschaftlichen Anklagen zu vergleichen, die gegen die Anstifter des Massakers von Kischinjow erhoben wurden, oder gegen das Verhalten der britischen Behörden während der Greueltaten von Hebron oder gegen die Nationalsozialisten, die ukrainische und kroatische Antisemiten gegen die Juden einsetzten. Oder man könnte die entzückten Reaktionen auf die Empfehlungen der Kommission mit dem Entsetzen der »zivilisierten Welt« angesichts der gerichtlichen Untersuchung der Vorgänge in Kischinjow vergleichen, deren Ziel darin bestand, »die Spuren der planmäßigen Organisation des Pogroms zu verwischen«. An diesen und ähnlichen Vergleichen läßt sich erkennen, welche Fortschritte die Zivilisation seit dem Beginn des 20. Jahrhunderts gemacht hat.

Die Kommission konstatiert, daß alle Beteiligten »sich darüber im klaren waren, daß die Kampfmoral der unterschiedlichen bewaffneten Gruppen im Libanon sich von den Normen des israelischen Militärs unterscheidet. Diese Gruppen messen dem menschlichen Leben einen weitaus geringeren Wert bei, als dies bei Kriegshandlungen zwischen zivilisierten Völkern üblich und anerkannt ist.« Es herrschte aber kein »Krieg«, als die Phalangisten in die Lager eindrangen, oder als Scharons Einheit 101 in Qibija wütete, oder als israelische Soldaten nach dem Ende der Feindseligkeiten Hunderte Personen in der Gaza-Region abschlachteten. Und welche »Normen« bestimmten die Zerstörung von Ain el-Hilweh oder die Belagerung und Bombardierung von Beirut, während zugleich eine Art »Krieg« tobte? Soviel zum Thema »zivilisierte Völker«.

Israels Verantwortung »erschöpft sich«, so die Kommission, darin, der Möglichkeit von Massakern nicht genügend Beachtung geschenkt (obwohl die bereits erwähnten »gewichtigen Erwägungen« das Entsenden der Phalangisten selbst im Lichte solcher Möglichkeiten hätten rechtfertigen können), und den Berichten über unerfreuliche Vorgänge nicht die »angemessene Aufmerksamkeit« gewidmet zu haben. Verteidigungsminister Scharon hat sich »nichts vorzuwerfen... wenn eine solche Entscheidung [die Phalangisten in die Lager zu schicken] nach Abwägung aller relevanten Faktoren getroffen wurde«, und ihm sollte auch »keine Verantwortung dafür zugeschrieben werden, daß er nicht den Rückzug der Phalangisten anordnete, als ihn die ersten Berichte über die Tötungsaktionen erreichten« – was der Kommission zufolge am Freitagabend geschah, während zahlreichen Journalisten, Offizieren und Soldaten die Vorgänge schon längst bekannt waren. Abgesehen davon war es offensichtlich auch dann nicht seine Pflicht, den Rückzug anzuordnen, als er von den Massakern unterrichtet war. Erhabene moralische Maßstäbe! Man könnte fragen, ob das israelische Militär sich ähnlich lässig verhalten hätte, wenn bekannt geworden wäre, daß PLO-Terroristen in Kirjat Schemona oder Tel Aviv Hunderte von Juden töteten.

Die Kommission empfahl Scharon den Rücktritt. Er folgte dieser Empfehlung und wurde durch Mosche Arens ersetzt, der seine grundlegenden Ansichten teilt. Scharon blieb indes als Minister ohne Geschäftsbereich im Kabinett und wurde Mitglied in zwei wichtigen Komitees: dem Lenkungsausschuß für die Verhandlungen mit dem Libanon und dem Sicherheitsausschuß der Minister. Diese Entscheidung veranlaßte *Ha'aretz* zu dem Kommentar, daß es der Regierung gelungen sei, »die wichtigste Empfehlung der Untersuchungskommission« zu sabotieren. Stabschef Eitan erhielt keine Empfehlung, weil er ohnehin schon bald in den Ruhestand gehen würde.[141] General Jaron wurde für drei Jahre vom Feldkommando entbunden und kurz danach befördert: Er übernahm die Leitung der Personalplanung und Ausbildung. Der Leiter des militärischen Geheimdienstes trat von seinem Posten zurück. Damit ist der Gerechtigkeit Genüge getan und Israel »errettet« worden.

Die Kommission erkennt durchaus, daß einige mit ihrem Bericht nicht einverstanden sein werden, diejenigen nämlich, die »Vorurteile oder ein selektives Gedächtnis haben, aber für solche Personen war die Untersuchung nicht gedacht«. Es ist sicher richtig, daß die Untersuchung nicht für Leute gedacht war, die, vorurteilsbehaftet, auf Wahrheit und Aufrichtigkeit Wert legen, aber für ihr Zielpublikum ist sie, wie die Reaktionen zeigen, bestens geeignet. Viele Kommentatoren wiesen darauf hin, daß der Bericht hilfreich ist, um die Unterstützung für Israel im US-Kongreß und der amerikanischen Öffentlichkeit zu verbreitern. Wenn sich aus der rationalen Erwartung bestimmter Folgen auf eine Absicht schließen läßt, dann hat die Kommission ihre Absicht erreicht.

Israel wäre also, diese logische Folgerung drängt sich auf, gut beraten, weitere Massaker zu arrangieren und dann einen »Aufschrei des Gewissens« der eben dargestellten Art zu inszenieren, damit die militärischen und wirtschaftlichen Hilfeleistungen in Anerkennung der erhabenen moralischen Maßstäbe noch weiter aufgestockt werden können.

Auch sonst läßt sich von dem Bericht eine Menge lernen. Besonders interessant ist der historisch orientierte Abschnitt. Hier wird der Bürgerkrieg beschrieben, der »mit Zusammenstößen zwischen Christen und palästinensischen Terroristen in Sidon begann«. Das bezieht sich vermutlich auf einen Einsatz der libanesischen Armee gegen einen Streik libanesischer Fischer in Sidon. Kurz danach kam es zu dem Vorfall, der den Bürgerkrieg tatsächlich auslöste: Im April 1975 griffen Phalangisten in einem Beiruter Vorort einen mit Palästinensern und Libanesen besetzten Bus an. Dieses Ereignis bleibt im Bericht unerwähnt. Im Krieg standen sich hauptsächlich »christliche Organisationen auf der einen Seite und palästinensische Terroristen, linksgerichtete libanesische Organisationen sowie verschiedene Organisationen der Muslime und Drusen auf der anderen Seite gegenüber«. Die Teilnehmer sind also einerseits Personen (Christen, Muslime, linke Libanesen, Drusen), andererseits »Terroristen«, d. h. Palästinenser. Auch hierin spiegeln sich Rassenhaß und Indoktrination: Für die Kommission sind Palästinenser, im Unterschied zu Christen, Drusen, Libanesen usw., keine Personen. Da diese Auffassung weitverbreitet ist, gehen die Kommentare zum Bericht auch nicht darauf ein. In ähnlicher Weise bezeichnen Israels Freunde in Guatemala die Opfer der Todesschwadronen und militärischen Terroreinsätze als »subversive Elemente«, während für die Russen in Afghanistan (wie für die Amerikaner Ende der vierziger Jahre in Grie-

chenland) die Widerstandskämpfer schlichtweg »Banditen« sind.
Auch die Juden sind in der Vergangenheit von solchen Etikettierungen nicht verschont geblieben; mit den bekannten Folgen.

Des weiteren bezieht sich der historische Rückblick der Kommission auf die Tatsache, daß es im Bürgerkrieg Massaker gab. Erwähnt wird Damur, wo Christen von Palästinensern getötet wurden. Verschwiegen wird (das ist der übliche israelische Propagandastil), daß diese Aktion eine Vergeltung für christliche Tötungsaktionen in Karantina und anderenorts darstellte. Weiter heißt es, Baschir Gemajels Einheiten seien »zum zentralen Element der christlichen Streitkräfte« geworden. Unerwähnt bleibt, wie es dazu kam (durch die Ermordung der maronitischen Opposition) und wer Gemajel unterstützte (Israel). Major Haddads Armee ist nur »eine separate bewaffnete Streitkraft« im Südlibanon; über ihre Schirmherren, ihren Ursprung oder ihre Kommandostruktur wird nichts gesagt. Zur Rolle Israels fällt kein Wort. Über den Libanonkrieg erfährt man auch sehr wenig, allerdings bemerkt die Kommission, daß während der wochenlangen Verhandlungen über die »Evakuierung der Terroristen und der syrischen Streitkräfte« aus West-Beirut dort »gelegentlich verschiedene Zielobjekte von der israelischen Luftwaffe und Artillerie bombardiert und beschossen wurden«. Allein diese Bemerkung müßte ausreichen, um den Bericht in den Augen zivilisierter Menschen heillos zu diskreditieren.

Ignoriert werden auch Geschehnisse, die sich nach dem Ende des Bürgerkriegs im Vorfeld der Massaker ereigneten. So läßt die Kommission unerwähnt, daß Anfang September israelische Streitkräfte unter Verletzung des Waffenstillstandsabkommens gegen die Lager vorrückten, Minen beseitigten und Beobachtungsposten errichteten. Die Presse berichtete darüber, und diese Vorkommnisse sind angesichts der nachfolgenden Ereignisse offenbar nicht ohne Belang.

Interessant ist auch die von der Kommission kommentarlos wiedergegebene Behauptung des israelischen Geheimdienstes, daß »der Einmarsch der israelischen Armee in West-Beirut nicht nur von den Christen, sondern auch von den Muslimen als notwendig erachtet wurde. Diese nämlich sahen in der israelischen Armee den einzigen Faktor, der Blutvergießen verhindern und die Sunniten vor den Phalangisten schützen könnte.« Das ist absurd, denn der Angriff auf West-Beirut wurde von allen Teilen des muslimischen Bevölkerung angeprangert. Offensichtlich glaubt die Kommission bereitwillig alles, was ihr hohe israelische Institutionen versichern.

Man sollte sich genau ansehen, wie die USA und der Westen allgemein auf diese trostlose Darbietung reagierten.[142] Wieder einmal wird deutlich, daß bequeme Überzeugungen am liebsten gepflegt werden. In den USA geht man gerne davon aus, daß Israel zu uns gehört, eine westliche Demokratie ist (wenngleich nicht von allen für so »brillant« gehalten wie von den Lobsängern der *New Republic*), und daher keine Fehler machen, sondern nur Irrtümern unterliegen kann. Die Palästinenser sind ein Reizthema, das am besten eliminiert wird. Angesichts dieser Fakten ist die Reaktion auf den Kommissionsbericht so vorhersagbar wie es die Reaktion auf das Russell-Tribunal zum Vietnamkrieg war. Allerdings sollte man hervorheben, daß in den ehrlicheren Blättern der israelischen Presse die offenkundige Absurdität der von der Kommission vorgetragenen Argumente nicht unbemerkt blieb. Uri Avneri kommt in einer ausgezeichneten Analyse zu dem Schluß, daß niemand »dem Märchen von den ›2000 Terroristen‹« Glauben schenkte. Die Phalangisten wurden mit der Erwartung in die Lager geschickt, daß sie Mordtaten begehen und damit eine Massenflucht von Palästinensern auslösen würden. Uri Avneri greift Amos Elons Metapher auf: »Wenn jemand eine Giftschlange in das Bett eines Kindes legt und das Kind an ihrem Biß stirbt, muß man nicht beweisen, daß dieser Jemand den Tod des Kindes herbeiführen wollte. Vielmehr muß er beweisen, daß er nicht die Absicht hatte, das Kind sterben zu lassen.« Die Kommission hat diese Beweislast nicht auf sich genommen, sondern einfach die Hypothese akzeptiert, daß derjenige, der die Schlange ins Bett legte, »unachtsam« war und es versäumte, dem, was er hätte wissen müssen, Beachtung zu schenken. Kann man, vernünftig denkend, diese Argumentation für vernünftig halten?

Trotz alldem sollte auf einen Punkt hingewiesen werden. Obwohl der Bericht der Kahan-Kommission in moralischer wie intellektueller Hinsicht schändlich ist, gibt es nur ganz wenige Staaten, die in Verbindung mit Greueltaten, für die sie verantwortlich sind oder gar selbst verübt haben, ein solches Dokument veröffentlichen würden. In den Vereinigten Staaten etwa wurde nur das Massaker von My Lai, eine Fußnote in der Geschichte amerikanischer Verbrechen, einer offiziellen Untersuchung für wert befunden, und selbst das ist mehr, als man von den meisten Nationen erwarten kann, mit Einschluß derjenigen, die sich selbst für »zivilisiert« halten.

Die Lage in anderen Gebieten des Libanon

Ein Propagandaaspekt, der die Arbeit der Untersuchungskommission begleitete, ist der immer wieder behauptete Gegensatz zwischen Israels (schließlich stattgegebenem) Verlangen nach Errettung mittels kritischer Selbstanalyse und dem vollständigen Versagen der (durch die israelischen Eroberungen an die Macht gelangten) phalangistischen Regierung, dieses Ziel ebenfalls zu erreichen. Das soll natürlich die erhabenen moralischen Qualitäten Israels im Gegensatz zum bösen Charakter der Araber illustrieren. Dabei werden jedoch einige Punkte übersehen. Angesichts der Abhängigkeit von materieller und ideologischer Unterstützung durch die USA konnte Israel eine Untersuchung unmöglich verweigern. Mehr noch, sie wurde benötigt, um einiges von dem durch das Massaker in den Lagern verlorengegangenen Prestige zurückzugewinnen. Der Erfolg machte dann die entstandenen Kosten mehr als wett. Für die Phalange-Regierung wäre es die Aufgabe gewesen, die Greueltaten der eigenen Milizen aufzudecken, was eine etwas andere Sachlage darstellt. Da diese Milizen mittlerweile die unter der Zentralregierung stehenden Gebiete des Libanon beherrschen, hätte die Auseinandersetzung mit ihren Verbrechen leicht die ohnehin geringen Möglichkeiten zur Wiederbelebung eines libanesischen Staats zerstören können.[143] Sicher lassen sich aus der Weigerung der Phalange, die Massaker zu untersuchen, Schlüsse ziehen; sie werden aber nicht, wie in amerikanischen Kommentaren üblich, auf den Gegensatz zwischen der israelischen und der libanesischen Regierung hinauslaufen.

Der Süden

In West-Beirut waren zur Zeit des Massakers viele Reporter anwesend, die auch über die sehr viel brutaleren Angriffe des israelischen Militärs in den vorangegangenen Monaten berichtet hatten. Doch nur wenige wagten sich in den Südlibanon, und dort waren auch kaum Vertreter von Hilfsorganisationen vor Ort. Im Süden war die Lage nicht viel anders als in West-Beirut nach dem Abzug der PLO und ihrer muslimischen Bündnispartner. Die wenigen Berichte, die es gibt, weisen darauf hin, daß Männer zwischen 16 und 60 kaum anzutreffen sind. Die Palästinenserlager waren von der vorrückenden israelischen Armee zerstört worden, aber viele Flüchtlinge kehrten in die Ruinen zurück, weil sie nicht wußten, wohin sonst sie sich wenden sollten. Zumindest zeitweise war die Kontrolle über das Gebiet den Streitkräften Haddads überlassen worden, die sich diese willkommene Gelegenheit nicht entgehen ließen. Zu Beginn des Kriegs berichtete die israelische Presse, daß Haddads Soldaten »in den von der israelischen Armee eroberten Dörfern von Haus zu Haus gehen und die letzten Terroristennester vernichten«. Sie waren dabei »sehr beschäftigt«, weil sie »mit dem Beginn des Kriegs »Frieden für Galiläa« zu neuem Leben erwachten... Und man frage nicht, womit sie beschäftigt waren.«[144] Nur wenige haben gefragt, und sichere Informationen gibt es nicht. Israel Schahak mutmaßt:

> »Im Libanon hat die Ermordung von Palästinensern, vor allem männlichen Geschlechts, begonnen und wird weiter betrieben. Es gibt kaum Zweifel daran, daß viele Palästinenser, die ›verhaftet‹ wurden oder ›verschwanden‹, nicht wieder auftauchen werden; ja, man wird sogar ihre Existenz leugnen.«[145]

Schahak erinnert an das Schicksal des libanesischen Dorfes Khijam, das seit 1968 wiederholt von Israel bombardiert wurde. Schließlich blieben nur noch ein paar Dutzend Einwohner übrig, die 1978 von Haddads Streitkräften umgebracht wurden, nachdem die israelische Armee das Gebiet durchquert hatte.[146] In Khijam gab es keine Reporter, so daß alles unter dem Mantel des Schweigens geschah. So hätte es auch in Sabra und Schatila ablaufen können, wenn diese Lager nicht derart exponiert gewesen wären.

Schahaks Mutmaßungen scheinen nicht allzu weit hergeholt; neun Monate nach dem offiziellen Ende des Kriegs wissen wir immer noch sehr wenig über die Palästinenser im Süden oder die Tausenden von Verhafteten, und das wenige, was durchsickert, klingt nicht besonders tröstlich. Am 7. August 1982 hatten phalangistische Soldaten im Flüchtlingslager Mija Mija nahe Sidon die Häuser von zumeist christlichen Palästinensern in Brand gesteckt; mehrere tausend Menschen flohen. Das Lager hatte dem israelischen Angriff keinen Widerstand entgegengesetzt und war unzerstört geblieben. Israelische Truppen, die sich in der Nähe befanden, »unternahmen keinen Versuch, die Phalangisten an ihrem Vorgehen zu hindern... Das Rote Kreuz und die UN-Hilfsorganisation (UNRWA) wissen von dem Angriff, sagen aber nichts. Sie werden ohnehin bei ihrer Arbeit von den Israelis behindert, die in der Region so wenig unabhängige

Beobachter wie möglich haben wollen und darum alles in ihrer Macht Stehende unternommen haben, die Präsenz internationaler Hilfsorganisationen zu beschränken. Diese wiederum fürchten, ausgewiesen zu werden, wenn sie solche Vorgänge publik machen.«[147] Auch Marvine Howe berichtet von dem Angriff. Er sagt, das israelische Militär habe Soldaten entsandt, die jedoch zu spät eintrafen (ein weiterer Fall unerklärlicher Ineffizienz), und zitiert den Mitarbeiter einer ausländischen Menschenrechtsorganisation: »Offenbar wollen die Milizen die palästinensischen Flüchtlinge aus dem Sidon-Gebiet vertreiben.«[148] Die Palästinenser suchten Zuflucht in den Ruinen von Ain el-Hilweh nahe Sidon, einem Lager, das »während des israelischen Angriffs auf die Stadt im Juni letzten Jahres praktisch dem Erdboden gleichgemacht worden war«. Dabei wurden, dem Vertreter einer religiösen Hilfsorganisation zufolge, der sich auf Berichte von Flüchtlingen berief, 8000 Personen getötet; das Rote Kreuz sprach von 1500 Toten. Eine der geflohenen Frauen, die während des Angriffs vom 7. August geschlagen worden war (die Spuren waren noch sichtbar), fragte: »Wo sollen wir hingehen? Wer kann uns jetzt schützen, da unsere Männer nicht mehr bei uns sind?«[149]

»Unter klarer, von Israel begünstigter Mißachtung des Gesetzes drangen am 2. September um zwei Uhr nachts zwei bewaffnete Männer gewaltsam in das Haus einer älteren palästinensischen Frau im Flüchtlingslager Ain al Hilweh ein.« Sie schlugen die Frau mit einem Gewehrkolben, zerrten sie zum Haus eines der Männer, um sie dort weiter zu mißhandeln und brachten sie dann zu weiteren »Befragungen« ins israelische Hauptquartier. In der Morgendämmerung schließlich wurde sie ausgesetzt, barfuß und weit von ihrer Behausung entfernt. »Die Tatsache, daß sie zum Hauptquartier gebracht wurde, läßt kaum einen Zweifel daran, daß die in Zivil gekleideten Männer mit israelischer Unterstützung handelten.« Solche Vorfälle sind im Westjordanland keineswegs selten. Einige Tage später griffen Haddad-Milizionäre unweit des Lagers Mija Mija zwei halbwüchsige palästinensische Jungen auf, die sie schlugen und folterten. Andere entführten einen 25-jährigen Libanesen »mit Verbindungen zur Linken«, der seitdem als vermißt gilt. In derselben Nacht wurden zwei der Linken angehörende Libanesen ergriffen. Einer ist verschwunden, während die Leiche des anderen in einem Krankenhaus der Phalangisten in Ost-Beirut gefunden wurde. »Ein in Diensten der Regierung stehender Arzt bestätigte, daß der Mann erwürgt worden war. Aus den Genitalien war Blut ausgetreten, und er war mit einem hei-

ßen Fleischspieß gefoltert worden.«[150] Das alles ereignete sich lange
vor den Greueltaten von Sabra und Schatila.

Der Oxfam-Projektleiter für den Libanon, Dan Connell, teilte ein
paar Wochen später mit, daß in den Monaten August und September
aus dem Südlibanon verstärkt Berichte über Entführung, Folter,
Mord und Vergewaltigung zu hören waren. Auch hier ist wenig
bekannt, da es kaum ausländische Beobachter gibt. Zur gleichen Zeit
veröffentlichte David McDowell, leitender Direktor von Oxfam im
Libanon, eine Stellungnahme, in der er internationale Organisationen dazu aufrief, Menschenrechtsverletzungen im Süden nachzugehen. Er »zitierte Fälle von Einschüchterung, Folter, Vertreibung und
widerrechtlicher Aneignung des Eigentums von Wohlfahrtsorganisationen durch die Milizen« und gab ferner an, daß das israelische Militär Phalangisten und Haddad-Milizen erlaube, »uneingeschränkt
gegen palästinensische Zivilisten vorzugehen«.[151]

Haddad leugnet natürlich, daß es unter seiner Führung Greueltaten gebe, umso mehr, als, wie er behauptet, zu seinen Truppen
100 000 Palästinenser gehören: »Ich möchte den sehen, der mir sagt,
daß einer unserer Soldaten einen palästinensischen Zivilisten getötet
hat.«[152] In derselben Ausgabe der *Los Angeles Times*, in der diese
Bekundungen abgedruckt sind, erzählt ein an der Militärakademie
von West Point lehrender Sozialwissenschaftler, der 1980/81 im Südlibanon arbeitete, eine etwas andere Geschichte. Neben gut bekannten Verbrechen der PLO »waren die Israelis [vor der Juni-Invasion]
auch an einer Reihe von Untaten beteiligt, die der öffentlichen Aufmerksamkeit entgangen sind«. Dabei diente Haddad als »nützliche
Fassade, hinter der israelische Agenten die Ereignisse dirigieren und
kontrollieren konnten«. Die Presse war nicht zugegen und die »libanesische Stadtbevölkerung von Beirut« nicht betroffen, so daß »die
von Israel unterstützten, gelenkten und ausgebildeten Haddad-Milizen Häuser zerstören, politische Gegner umbringen und Tributzah-
lungen erpressen konnten«. Israel machte dafür die »Unkontrollier-
barkeit und Unberechenbarkeit der libanesischen Milizen verantwortlich«, aber wer sich die Mühe machte, den Vorfällen auf den
Grund zu gehen, »konnte die Tätigkeit israelischer Agenten ohne
Schwierigkeiten entdecken ... Die israelische Beteiligung an früheren Verbrechen der Christen [paßt zu den Berichten] über die Verstrickung Israels in die Terrorakte von Schatila und Sabra.«[153]

Kurz vor den Ereignissen in den West-Beiruter Flüchtlingslagern
berichtete der Korrespondent einer britischen Zeitschrift, daß die

von der PLO zurückgelassenen Palästinenser jetzt »Gefahr laufen, dem Rachedurst der phalangistischen Milizen zum Opfer zu fallen ... Am größten ist das Elend im Süden, wo die Israelis zunächst die Häuser zerstörten und die Männer gefangennahmen, um dann Haddad und die Phalangisten auf die Palästinenser loszulassen ... Eine stillschweigende Arbeitsteilung weist die Dreckarbeit der täglichen Kontrolle den Phalangisten oder Haddads Leuten zu, so daß die Israelis an deren Vorgehen ganz unbeteiligt erscheinen.« Er erwähnt besonders die Ermordung einer palästinensischen Familie durch phalangistische Milizionäre; die verstümmelten Leichen dreier Frauen wurden »als düsteres Mahnzeichen nahe der Museumskreuzung zwischen West- und Ost-Beirut auf die Straße geworfen ... Die Hälfte aller jüngst [aus dem Südlibanon] bekanntgewordenen Menschenrechtsverletzungen betreffen Libanesen.« Für die Palästinenser ist die Lage noch schlimmer als 1948, »weil viele Maroniten jetzt, da die Kämpfer fort sind, die Gelegenheit zum Losschlagen suchen«.[154]

Abgesehen von der Möglichkeit gewaltsamer Übergriffe muß man fragen, was aus den Palästinensern werden soll, die von der israelischen Invasion aus ihren Lagern vertrieben wurden – über 400 000 sollen es, Schätzungen des israelischen Korrespondenten Danny Rubinstein zufolge, Anfang September gewesen sein.[155] Zunächst hat Israel jeglichen Wiederaufbau der bombardierten und von Bulldozern zerstörten Lager verhindert, später aber der Hilfsorganisation UNRWA die Aufstellung von Zelten gestattet und schließlich, nach einem politischen Richtungswechsel, auf den wir noch zu sprechen kommen, die Unterstützung bei der Errichtung fester Wohngebäude angeboten. Geldverdiener gab es in der palästinensischen Bevölkerung jetzt kaum noch, und die von der PLO geschaffenen Wirtschafts- und Dienstleistungsstrukturen waren zerschlagen worden. Deren Mitarbeiter hatte man getötet, ins Gefängnis gesteckt oder vertrieben. Im Augenblick gibt es keine Unterkünfte, keine Arbeit, keinen Schutz, keine Ausweichmöglichkeiten.

In Israel schrieb Oberst Dov Jirmiah Ende August: »Die israelische Regierung hat bislang noch nichts unternommen, um das Elend der palästinensischen Flüchtlinge, der Opfer des Kriegs, zu lindern, und der kommende Winter gibt Anlaß zur Sorge ... Der Premierminister sollte angesichts der ihm teuren Erinnerungen unseres eigenen Volkes daran denken, wie schlimm es für Familien ist, durch den Krieg auseinandergerissen zu werden und nicht zu wissen, was mit den Angehörigen geschieht.« Seine Regierung betreibe eine Politik der

»Grausamkeit um ihrer selbst willen«, indem sie sogar Familien die
Kommunikation mit inhaftierten Angehörigen verweigere.[156] Neun
Monate später hatte sich daran immer noch nicht viel geändert, aber
für Begin gibt es natürlich einen Unterschied zwischen Menschen
und Palästinensern.

Einige forderten, Israel solle aus »pragmatischen« Gründen humanitäre Anstrengungen unternehmen. Mosche Kol, Ex-Minister und
Mitglied der Unabhängigen Liberalen, hob hervor, daß die Flüchtlinge in den Lagern »unter unmenschlichen Bedingungen leben – in
Gärten, auf der Straße, in zerstörten Gebäuden, in Nischen und Kellern«. Kol schlägt vor: »Es ist jetzt nicht die Zeit, um zu erklären, daß
diese Lager Zentren der PLO waren, und deshalb von Israel zerstört
werden mußten. Israel würde sein infolge der massiven Bombardierungen arg beschädigtes Ansehen im Ausland beträchtlich aufpolieren, wenn es sich dieser humanitären Aufgabe annähme.«[157] Diese
Botschaft blieb offenbar nicht ungehört. Nach den Ereignissen vom
September, dem Abkühlen der Beziehungen zur Phalange und der
internationalen Reaktion auf Sabra und Schatila wandte sich Israel
von der Vertreibungspolitik ab. Man stellte Zement für den Wiederaufbau der zerstörten Behausungen bereit und bot sogar die Bereit-
stellung von Fertighäusern an, wobei jedoch, wie der Korrespondent
des *Economist* vermerkt, »einige israelische Hersteller für diese Häuser Preise verlangten, die kein Flüchtling bezahlen konnte«.[158]

Dennoch blieb die Lage der Palästinenser bedrohlich, wo nicht
hoffnungslos. In Ain el-Hilweh, berichtet Trudy Rubin, tauchten
»selbsternannte Führer« auf, »die auf Israel Einfluß zu haben behaupteten, von vielen Lagerbewohnern jedoch verdächtigt werden,
Opportunisten oder schlimmeres zu sein«, während »tatsächliche
Führungspersonen, die noch übrig sind, lieber im Hintergrund bleiben, um nicht der Verbindung zur PLO bezichtigt und verhaftet zu
werden«, fügte ein »geachteter Lagerbewohner« hinzu. Ein Bericht
der britischen Zeitschrift *Middle East International* geht stärker ins
Detail. Im zerstörten Lager gründete Dr. Fikri Faur ein »humanitäres
Komitee«. Faur steht im Verdacht, in der Vergangenheit Beziehungen
zum libanesischen Geheimdienst und zu Israel unterhalten zu haben.
Eine der ersten Unternehmungen des Komitees bestand darin, einen
Mitarbeiter der UNRWA zusammenzuschlagen. Er war für die
Grundstückszuteilung zuständig und als »effizient und unbestech-
lich« bekannt. Die Nähe von israelischen Einheiten »ließ eher auf
Schutz für die Angreifer, statt für das Opfer schließen«. Die UNRWA

wollte nicht mit dem ihrer Ansicht nach »selbsternannten« Komitee zusammenarbeiten. »Versuche, das Komitee den Einwohnern von Ain el-Hilweh aufzuzwingen, wurden von Drohungen, Verhaftungen und Schlimmerem begleitet. Als Rekrutierungsfeld wird das Gefangenenlager von Ansar benutzt, wo den Insassen die Freilassung versprochen wird, falls sie mit dem Komitee zusammenarbeiten.« Besorgten Flüchtlingen, die Verhaftung fürchten, wird von der Besatzungsarmee bisweilen Hilfe angeboten. »Der Preis: Zusammenarbeit mit dem Komitee.« Robert Fisk hat Dorfbewohner im Süden befragt, denen zufolge sie von israelischen Soldaten gezwungen werden, Schutzgelder an Haddad-Milizen zu zahlen. Auch die *concentration camps* werden für diesen Zweck genutzt: Die Gefangenen würden, so erfuhren Dorfbewohner vom israelischen Militär, dort so lange festgehalten, bis die Bewohner Geld zahlten. Solche und ähnliche Berichte lassen darauf schließen, daß Israel erwägt, kommunale Zwistigkeiten auszunutzen und ein Netzwerk von Kollaborateuren zu errichten – klassische Methoden, um die Kontrolle nach einem teilweisen Rückzug aufrechterhalten zu können.

Auch palästinensische Stadtbewohner, Angehörige der Mittelschicht, sind Opfer von Drohungen, Gewalt und Terror seitens der Phalange geworden, und obwohl »die Beziehung zwischen Israel und den Phalangisten auch nach dem Massaker von Beirut weiterhin eng ist«, bleibt unklar, »inwieweit die Israelis willens sind, ihren Einfluß auf Phalangisten, die Palästinenser bedrohen, geltend zu machen«. Die libanesische Regierung scheint an diesen Einfluß zu glauben; jedenfalls »bat sie die Vereinigten Staaten, gemeinsam mit Israel zu intervenieren und einer Einschüchterungskampagne christlicher Milizionäre gegen Palästinenser im Südlibanon Einhalt zu gebieten«. Premierminister Wazzan ließ verlauten: »Wir unternehmen jede Anstrengung, um die Einschüchterungskampagne gegen Palästinenser und Libanesen im südlichen Libanon zu beenden.« Grund für den Appell war die Entdeckung von 15 Leichen bei Sidon. Aller Wahrscheinlichkeit nach handelte es sich um Palästinenser. »Diese Kampagne soll sich auch gegen schiitische Muslime gerichtet haben.« Nabih Berri, Führer der schiitischen Amal-Milizen, die an der Seite der PLO kämpften, sprach von Vorfällen, bei denen Schiiten aus ihren Wohnorten vertrieben oder getötet wurden. Das geschah in Gebieten, wo »von Israel unterstützte libanesische Angehörige der christlichen Milizen ... den Israelis auf dem Fuß folgten«. Es soll sich dabei um Gefolgsleute von Haddad und Mitglieder der ultra-rechten

Zedern-Garden handeln. Das US-Außenministerium gab dazu keinen Kommentar ab.[159]

Wie schon lange vorhergesagt, legte Israel Anfang 1983 das Fundament für die Vorherrschaft im Südlibanon, der früher oder später eine
Art »Nordjordanland« werden kann, wenn die USA weiterhin das
nötige Kleingeld liefern. Es wäre auch keine Überraschung, wenn
irgendwann an einem Kanal gearbeitet wird, der den Litani-Fluß mit
dem israelischen Bewässerungssystem verbindet. Außerdem haben
israelische Beamte im Südlibanon Fragebögen verteilt, berichtet
Ha'aretz und zitiert aus einem Exemplar, das im Beiruter Büro von
Associated Press auftauchte. Das wäre die erste Volkszählung in der
Region seit 1932. Der Fragebogen verlangt detaillierte Auskünfte über
die männliche Bevölkerung zwischen 13 und 65 Jahren, schwangere
Frauen, Kinder und Enkel, Verbrauch von Elektrizität und Wasser, die
Namen von Wohlhabenden und Dorfältesten usw. AP berichtet: »Ein
westlicher Diplomat meinte, dieser Fragebogen scheine dem Zweck
zu dienen, geheimdienstliche Informationen zu erlangen, die die Israelis nutzen könnten, sei es für den Fall, daß sie im Südlibanon blieben
oder sich zurückzögen, nachdem sie die Sicherheitsmaßnahmen den
mit ihnen verbündeten rechten Milizen übergeben hätten.« Zur gleichen Zeit legte die israelische Regierung vor dem Obersten Gerichtshof Israels dar, daß sie das Recht habe, den Krieg gegen die PLO auch
nach Beendigung der Kampfhandlungen weiterzuführen. Das Problem tauchte auf, als ein christlicher Libanese vor dem Gerichtshof
gegen die Zerstörung einer Plastikfabrik durch israelisches Militär
klagte. Die Fabrik hatte er von Palästinensern erworben.[160]

Israel hat in der gesamten Region Milizen bewaffnet, die miteinander und mit Israels Gefolgsmann Haddad konkurrieren. Vielleicht
hat die israelische Regierung erkannt, was viele gut informierte Libanesen schon lange wissen: Haddad genießt im Libanon auch auf
lokaler Ebene kein großes Ansehen und ist überdies als Angehöriger
der griechisch-orthodoxen Kirche zum Statthalter Israels im überwiegend schiitischen Süden wenig geeignet. Wirksamer ist da die Unterstützung und Ausnutzung kommunaler Zwistigkeiten im von lokalen Autoritäten und Lehnsherren durchsetzten Libanon. Damit läßt
sich nicht nur die weitere Präsenz israelischer Truppen als »Friedens-
stifter« rechtfertigen, sondern auch die Wiederherstellung einer zentralen politischen Macht verhindern, die nach den Problemen mit
Baschir Gemajel und dessen Nachfolger, seinem Bruder Amin Gemajel, aufgetaucht sind. Sollte Israel sich eines Tags zum Rückzug

gezwungen sehen, kann es das Gebiet über ein Netzwerk von Gegensätzen und Abhängigkeiten weiterhin indirekt beherrschen. Berichten zufolge sind einige Milizen ermutigt worden, die von der UN-Streitkraft UNIFIL kontrollierten Gebiete zu infiltrieren. UNIFIL ist Israel ein Dorn im Auge, weil sie die Ausweitung der Kontrolle behindert. Nachdem die Beziehungen zur Phalange Anfang September 1982 abgekühlt waren, änderte Israel seine Politik gegenüber den Palästinensern und förderte den unter der Kontrolle von Kollaborateuren stehenden Wiederaufbau, was manche Beobachter als Versuch werten, lokale Zwistigkeiten anzufachen und die Erstarkung einer Zentralmacht zu verhindern.

Dennoch geriet Haddad nicht in Vergessenheit. Im Februar 1983 durfte er die Kontrolle über einen 40 Kilometer breiten Streifen im Südlibanon übernehmen, wofür sich einige Wochen zuvor bereits Schimon Peres von der Arbeiterpartei ausgesprochen hatte. Die Israelis stellten Panzer, militärische Fahrzeuge und Geschütze. Der libanesische Außenminister beschuldigte Israel, das Gebiet »mittels Waffengewalt« zu halten. Mittlerweile waren die Beziehungen zwischen Israel und den Maroniten so schlecht geworden, daß Pierre Gemajel, der die Phalange in den dreißiger Jahren gegründet hatte, an libanesische Muslime appellierte, gemeinsam den Kampf gegen die Teilung des Landes aufzunehmen. Auch ein anderer *elder statesman* der Maroniten, Camille Chamun, verurteilte diesbezügliche israelische Bestrebungen. Hinwiederum bekundete, so berichtet der *Economist*, »die pro-israelische Fraktion der Phalangisten« unter ihrem Anführer Fady Frem (eine der zentralen Figuren bei dem Massaker von West-Beirut) ihre Unterstützung für Scharon und setzte sich damit von der Zentralregierung unter Gemajel ab.[161]

Zur gleichen Zeit begann Israel mit der so genannten »Normalisierung« der Beziehungen, d. h., es überflutete den Südlibanon mit israelischen Waren, darunter auch landwirtschaftliche Produkte, wodurch die libanesische Landwirtschaft untergraben und Israel schließlich mit weiteren Niedriglohnarbeitern versorgt wird. Im September 1982 meldete die israelische Presse, daß in der kommenden Erntesaison Hunderte von Landarbeitern aus dem Libanon nach Israel gebracht würden. Im Dezember hatten die israelischen Exporte, wie Armeesprecher Aaron Gonen und die libanesische Regierung mitteilten, einen Wert von 20 Millionen Dollar erreicht; im Januar 1983 sprachen Presseberichte von einem möglichen Umfang von einer Milliarde Dollar pro Jahr. Vergebens bemühten sich libanesische Behörden, diese Praktiken einzudämmen. Ibrahim Halawi, Minister für Wirtschaft, Handel und Tourismus, äußerte sich besorgt darüber, daß der »Zufluß illegaler Waren in den Libanon« die Bauern ihrer Existenzgrundlage berauben und zu Arbeitslosigkeit in der Industrie führen könnte. Allerdings sei es für die libanesische Regierung unmöglich, dagegen etwas zu unternehmen, »solange die Israelis noch hier sind«. Der Gesundheitsminister sprach von einem Verbot für den Erwerb medizinischer Geräte aus Israel oder anderen Praktiken, die auf eine faktische Anerkennung des illegalen Handels hinauslaufen würden. Im März wiesen hochrangige israelische Offiziere die Handelskammer in Tyrus darauf hin, daß »ihre Mitglieder sofort damit aufhören müssen, Kaufleute zu bedrohen, die mit Israel Handel treiben«. Der Ökonom Peter Franck von der Amerikanischen Universität in Beirut meint, Israel habe seine Militärmacht und die von ihr im Süden bewirkte Zerstörung dazu benutzt, die dortige Wirtschaft zu unterwandern. Israel hat auch, wie im Westjordanland, mit der Errichtung von »Dorfligen« (*Village Leagues*) begonnen. Dorfbewohnern, die den Beitritt verweigern, wird die Einsetzung von Milizen angedroht, oder man ködert sie mit Anreizen wie etwa zukünftiger wirtschaftlicher Unterstützung oder der Freilassung von Familienangehörigen, die im Lager Ansar gefangengehalten werden.[162]

Diese Praktiken sind aus dem Westjordanland und dem Gaza-Streifen geläufig, wo sie sich lediglich etwas langsamer entwickelten. »Normalisierung« klingt gut, solange man die Umstände und Implikationen des Ungleichgewichts der Kräfte unberücksichtigt läßt. Hier nämlich bedeutet »Normalisierung« die Unterwerfung zumindest des südlichen Libanon unter israelische Herrschaft, was im Zusammenhang mit einem vollständigen Friedensvertrag nicht nur zu deren Ratifizierung durch den Libanon, sondern auch zur Ausweitung der israelischen Souveränität über die besetzten Gebiete führen würde. Natürlich hat die libanesische Regierung dem Druck, der »Normalisierung« und einem »Friedensvertrag« zuzustimmen, Widerstand entgegengesetzt, aber die Gründe dafür werden in amerikanischen Kommentaren zu diesem Thema kaum deutlich.[163] Erwähnt wird vor allem, daß eine solche »Normalisierung« zur Isolierung des Libanon in der arabischen Welt führen würde, solange Israel auf seiner Verweigerungshaltung beharrt.

Der Tschuf

In den nördlichen Teilen des von der israelischen Armee besetzten Gebiets, der Tschuf-Region südöstlich von Beirut, brachen schon kurz nach dem Einmarsch kommunale Konflikte aus, die bis heute andauern. Diese Region ist als Heimat der Drusen dem Bürgerkrieg wie durch ein Wunder entgangen.

> »Obwohl es Maroniten im Tschuf gibt, unternahm die Phalange während des Bürgerkriegs Mitte der siebziger Jahre und danach keinen Versuch, sich südlich des Damaskus-Highways politisch zu etablieren. In dem Hügelland lebten Drusen, Maroniten, Griechisch-Orthodoxe und Schias friedlich miteinander. Erst nachdem die israelische Armee im Juni [1982] den Tschuf besetzte, tauchte die Phalange, geführt von Amins forschem Bruder Betschir Gemajel, dort auf und stieß auf den entschlossenen, bewaffneten Widerstand der Drusen... Für die Phalange sind diese Zusammenstöße Bestandteil eines umfassenderes Griffs nach der Vorherrschaft. Die Sunniten und linken Streitkräfte in Beirut und im Südlibanon sind von den Israelis und der libanesischen Armee entwaffnet und entmachtet worden. Die Schia-Muslime leben zum Teil in den von Syrien, zum Teil in den von Israel besetzten Gebieten. Die Griechisch-Orthodoxen sind eingeschüchtert worden. So sind die Drusen das einzige Hindernis auf dem Weg der Phalange zur Vorherrschaft im Libanon. Es geht um sehr viel.«[164]

Die Phalange zettelte bewaffnete Konflikte an und beging zahlreiche Greueltaten, von denen bisweilen in der israelischen Presse berichtet wurde.[165] Schmuel Segev zufolge waren die Phalangisten zwar von Israel und westlichen Ländern reichlich mit Waffen versorgt worden, aber die Drusen hätten in den militärischen Konflikten die Oberhand behalten. Allerdings waren die Phalangisten »erheblich mehr an Ermordungen und Entführungen beteiligt; und während bei den offenen Konflikten die Drusen in 90 Prozent aller Fälle die christlichen Gefangenen in gesundem Zustand freiließen, gab es 36 Vorfälle, bei denen die Christen die drusischen Gefangenen – oder deren Leichen – nicht übergaben.« Segev führt weiter aus, daß Israel zu Beginn des Kriegs die Drusenfamilie Arslan für sich zu gewinnen suchte. Die Arslans waren traditionelle Rivalen der Familie Dschumblatt, und der linksgerichtete Drusenführer Walid Dschumblatt galt als »Kollaborateur der PLO und der Syrer«. Da die Drusen jedoch meinen, daß

»Israel den Christen hilft«, haben sie ihre Konflikte begraben und an Syrien appelliert, die dort lebenden Drusen zur Unterstützung in den Tschuf reisen zu lassen. Die israelischen Drusen, die anders als andere israelische Araber behandelt werden und in der Armee dienen, sind über die Vorgänge empört, und es besteht die Gefahr, »daß sie sich arabischen Extremisten anschließen«. Drusische Reservisten hatten bereits angedroht, dem Mobilisierungsbefehl nur dann zu folgen, wenn sie ihren Dienst im Tschuf ableisten können, und sechs drusische Hauptleute wurden verhaftet, weil sie Phalangisten angegriffen hatten. Andere beschwerten sich, daß das israelische Militär die Drusen im Libanon entwaffne, die Phalangisten dagegen mit Waffen versorge. Ein israelischer Drusenführer meinte: »Wir gehören zur israelischen Armee, aber wir können nicht einfach zusehen, wie die Phalangisten, die unsere Leute umbringen, von Israel bewaffnet werden.«[166]

Christen- und Drusenführer wie auch Premierminister Schafik Wazzan beschuldigten Israel, beide Seiten zu bewaffnen, um so Konflikte zu schüren und die fortgesetzte Anwesenheit von Truppen zu rechtfertigen.[167] Israelische Journalisten bestätigten das mit detaillierten Berichten. Aharon Bachar weist darauf hin, daß zu Beginn der Verhandlungen in Khalde (Libanon) und Kirjat Schemona (Israel), als die Libanesen israelische Forderungen ablehnten, die Beziehungen zwischen der israelischen Armee und den Anhängern Walid Dschumblatts auf einmal äußerst »korrekt« wurden. Tatsächlich konnte drusische Artillerie während der Verhandlungen Khalde ungehindert unter Beschuß nehmen, wobei die Israelis dem sehr leicht hätten ein Ende setzen können, es jedoch nicht taten. Bachar hält dies für ein Signal Scharons an die libanesische Regierung: Wenn sie nicht auf Israels Forderungen eingehe, würde man die Drusen unterstützen, die »Amin Gemajel binnen einer Woche vom Präsidenten des Libanon zum Bürgermeister von Ost-Beirut machen können«. Bachar weist auch darauf hin, daß der Protest israelischer Drusen gegen die Aktionen der Phalange im Tschuf »plötzlich aufgehört« habe. Die libanesische Regierung »sei in die von Israel im Tschuf aufgebaute Falle getappt« und müsse nun wohl oder übel »an der Friedenskomödie von Khalde und Kirjat Schemona« teilnehmen.[168]

Ende Januar 1983 waren, libanesischen Polizeiberichten zufolge, in den Kämpfen im Tschuf 115 Personen getötet worden. 25 Phalangisten starben eine Woche später, als drusische Milizen die Stadt Alej einnahmen.[169]

Beirut nach der Invasion

Gleich nach der Besetzung von West-Beirut wurden die Muslime entwaffnet und das konfiszierte Gut, israelischen Militärsprechern zufolge, nach Israel transportiert oder den Phalangisten übergeben, denen Israel kurz zuvor die Massaker von Sabra und Schatila zur Last gelegt hatte, oder der libanesischen Armee ausgehändigt. »Die Muslime von West-Beirut befürchteten nun, dem Wüten der gut ausgerüsteten Phalangisten, mit denen sie seit dem Bürgerkrieg von 1975/76 tödlich verfeindet sind, ausgeliefert zu sein.«[170] Einige Tage später sperrte die nun unter dem Einfluß der Phalange stehende libanesische Armee weite Teile von West-Beirut ab, um nach Waffen und »illegalen Einwohnern« zu suchen. Bei diesen handelte es sich in erster Linie um Palästinenser und Muslime, die während der siebziger Jahre nach Beirut geflohen waren. Sie sind durch israelische Bombardierungen, die phalangistische Vertreibungspolitik während des Bürgerkriegs, die Invasion von 1978 mit ihren schweren Bombardements und die Operation »Frieden für Galiläa« aus ihren Heimatorten vertrieben worden. Ein von mittellosen schiitischen Flüchtlingen aus dem Süden bewohntes Getto wurde dem Erdboden gleichgemacht und der Wiederaufbau verweigert. Hunderte von Personen, darunter libanesische Muslime, wurden zusammengetrieben. Bei den meisten handelte es sich jedoch höchstwahrscheinlich um Palästinenser, deren Zahl in den folgenden Monaten auf mehrere Tausend angestiegen sein dürfte. David Ottaway berichtete: »Die Regierung hat bereits verdeutlicht, daß die überwiegende Mehrheit der etwa 500 000 im Libanon lebenden Palästinenser das Land so bald wie möglich verlassen soll.« Ein französischer Offizier der internationalen Friedenstruppe habe, so Ottaway, gesehen, wie zwischen 60 und 100 palästinensische Männer aus Sabra abtransportiert wurden. Der *Economist* schrieb: »Angst und Unsicherheit sind heute in den Lagern sogar noch größer als während der kurzen israelischen Besetzung West-Beiruts.«

Eigentlich sollte die libanesische Armee nach der Entwaffnung der Muslime die Milizen in Ost-Beirut ebenfalls entwaffnen. Das aber geschah nicht. Die libanesische Armee übernahm Ost-Beirut im Februar 1983, wobei die Phalange ihre Waffen und einen Pier im Hafen behielt, den sie für regierungsseitig nicht kontrollierte Importe benutzten. Sie übergaben ihn später der Regierung und sollten im Gegenzug eine geldliche Entschädigung enthalten. Muslime, die

Amin Gemajels Wahl zum Staatspräsidenten zunächst begrüßt hatten, weil er, im Gegensatz zu seinem als militanten Fanatiker geltenden Bruder, für Aussöhnung und diplomatisches Vorgehen stand, fürchten jetzt, daß die »militanten Maroniten Staat und Armee für ihre eigenen Zwecke gekapert haben«. So jedenfalls sieht es ein »enttäuschter muslimischer Professor« in einem Gespräch mit Helena Cobban.[171]

Unter der Herrschaft der Phalangisten wurde die Folter von Palästinensern fortgesetzt. Ein italienisches Ärzteteam hatte aus eigener Initiative den Versuch unternommen, die Versorgung von Palästinensern und armen Libanesen im Krankenhaus von Akre wieder aufzubauen. Dort war, wie Professor Walter Cavallari, Leiter der orthopädischen Abteilung, berichtet, »medizinisches Personal entführt, getötet, gefoltert und vergewaltigt« worden. Gemäß der Praxis des israelischen Militärs während der Operation »Frieden für Galiläa« wies die Regierung die Ärzte aus und schloß, noch während Schwerverwundete auf ihre Behandlung warteten, das praktisch letzte Versorgungszentrum für Palästinenser und mittellose Libanesen. Laut Prof. Cavallari finden auch weiterhin Entführungen und illegale Verhaftungen statt. In den Lagern geht die Furcht um, Leute könnten, wie in Lateinamerika üblich, einfach »verschwinden«. Die italienischen Ärzte berichteten ferner, daß auch aus anderen Gebieten des Libanon Kranke und Verwundete nach Akre gekommen seien, um sich helfen zu lassen. Dem palästinensischen Roten Halbmond, der sich ebenfalls um die Armen kümmerte, wird der legale Status verweigert; andere kostenlose medizinische Dienstleistungen gibt es im Libanon nicht. Die italienische Regierung legte gegen die Ausweisung der Ärzte keinen Protest ein.[172] Die US-Regierung mußte nicht protestieren, da aus dem Land, das diese Situation mit herbeigeführt hatte, keine medizinische Hilfe irgendwelcher Art gekommen war.

Die einzige Einrichtung der PLO in West-Beirut, die alle Kämpfe unbeschadet überstanden hatte, war das Forschungszentrum. Zwar hatten Israelis die 25 000 Bände umfassende Bibliothek und die Mikrofilm-Sammlung geplündert und fortgeschafft, doch konnte der Direktor, Sabri Dchirjis, die Bestände wiederherstellen. Am 5. Februar 1983 wurde das Zentrum durch eine Bombenexplosion zerstört, bei der mindestens 20 Personen, darunter die Frau des Direktors, ums Leben kamen. Trudy Rubin, die von diesem Vorfall berichtet, weist auch darauf hin, daß die libanesische Armee im November 1982 Arzneimittel im Wert von einer Viertelmillion Dollar beschlagnahmt hatte. Es handelte sich dabei um Spenden ausländischer Wohlfahrtsorganisationen. Außerdem war man sehr zurückhaltend bei der Erteilung von Visa für ausländische Ärzte und Helfer, die nach dem Abzug der PLO den Hauptteil des Krankenhauspersonals im palästinensischen Roten Halbmond ausmachten. Rubin zitiert Berichte, denen zufolge zwischen 1000 und 3000 Palästinenser von der libanesischen Regierung in Gefangenschaft gehalten werden, und spricht, wie Ottaway, von Ausweisungsplänen für die im Libanon lebenden Palästinenser.[173]

Ihre eigenen Erfahrungen mit den Folgen der Invasion machte die AP-Reporterin Paola Crociani, die der »Kontakte mit unerwünschten Elementen« (Palästinensern) beschuldigt wurde. Sie kam ins Gefängnis und wurde dann ausgewiesen. Im Gefängnis sah sie einen Raum, in dem Hunderte von Männern neben- und übereinander lagen, »ein großer Haufen von Körpern mit erschöpften und verzweifelten Gesichtern«, ohne Nahrung und Wasser. »Der Gestank war unerträglich.« Sie sah Folteropfer und hörte »schreckliche Schreie – Schmerzensschreie von Männern, die während des Verhörs gefoltert wurden«.[174]

Anfang 1983 wurde die multinationale Friedenstruppe in Beirut zum Ziel von Angriffen. Abgesehen von fortwährenden Konflikten zwischen israelischen Streitkräften und dem US-Marinekontingent, zu denen sich deren Kommandant, General Robert Barrow, höchst kritisch äußerte,[175] gab es auch Angriffe auf italienische, niederländische und französische Einheiten, die von unbekannten Personen zumeist in schiitischen Stadtvierteln ausgeführt wurden. Der Kommandant der libanesischen Armee, General Ibrahim Tannous, machte ungenannt bleibende »nicht-libanesische Gruppierungen« dafür verantwortlich und bezeichnete die Vorfälle als Versuch, die Friedenstruppe aus dem Libanon zu vertreiben. Es gab Spekulationen, wonach die Angreifer einem abtrünnigen Flügel der schiitischen Amal-Milizen mit iranischen Kontakten angehören könnten. Die Schiiten wiederum haben »den israelischen Geheimdienst beschuldigt, die Angriffe inszeniert zu haben, um zu zeigen, daß die libanesische Armee und die Friedenstruppe nicht in der Lage sind, die Sicherheit im Libanon zu garantieren«.[176] Währenddessen gerieten die israelischen Streitkräfte zunehmend unter Druck seitens der Guerillakämpfer.

Israels moralischer Fehltritt

Seit April 1983 schleppten sich die Verhandlungen zwischen Israel und dem Libanon mühsam dahin. Israel hatte keinen Grund, sie zu einem Abschluß zu bringen, solange seine Grundforderungen unerfüllt blieben. Ascher Maniv hebt hervor, daß Israel den Fortgang nicht verzögere, weil »man dort [im Libanon], sondern weil man im Westjordanland bleiben will«. Da Washington die Verhandlungen mit dem Libanon an ein Abkommen über das Westjordanland gekoppelt hatte, gab es genug Anreize für Israel, die Angelegenheit aufzuschieben und in der Zwischenzeit die Programme zur Ausweitung der eigenen Souveränität in den besetzten Gebieten voranzutreiben und jeglichen »territorialen Kompromiß« zum Scheitern zu bringen.[177] Allerdings unterschätzt Maniv Israels Interesse an einer fortgesetzten Präsenz im Libanon, sei es in der direkten Form einer faktischen Aufteilung des Gebiets mit Syrien (bis zur nächsten Verhandlungsrunde), sei in der indirekten Form eines Rückzugs, der das System von Kollaborateuren und von Israel abhängigen institutionellen Strukturen unberührt ließe. In jedem Fall würde Israel das »Nordjordanland« behalten und die Integration vorantreiben, soweit es die Umstände jeweils gestatten.

Die Regierung von Präsident Reagan drängte, zumindest rhetorisch, weiterhin auf eine schnelle Einigung und den Abzug ausländischer Truppen aus dem Libanon, der dann, so hofft man jedenfalls, ein amerikanischer Satellitenstaat und Bestandteil des von den USA geförderten »strategischen Konsenses« in der Region wird. Reagan entdeckte sogar ein »moralisches Problem, das die Israelis unserer Ansicht nach vernachlässigen oder nicht beachten: Die neue Regierung des Libanon hat, nach all diesen Jahren voller Revolutionen und Umbrüche, die ausländischen Truppen aufgefordert, das Land zu verlassen. Tun sie dies nicht, begeben sie sich technisch in die Rolle einer Besatzungsmacht, die gewaltsam in einem Land bleibt, das sie zum Verlassen aufgefordert hat.«[178]

Wiederum war die Presse diszipliniert genug, sich der fälligen Kommentare zu enthalten, wobei der Prozeß der Selbstindoktrination möglicherweise so weit gediehen war, daß nicht einmal der Gedanke an solche Stellungnahmen auftauchte. Seit dem 5. Juni 1982 hatte die libanesische Regierung unter Berufung auf entsprechende Resolutionen des UN-Sicherheitsrats unmißverständlich den sofortigen und bedingungslosen Abzug der Invasionsarmee gefordert. Das versetzte die Israelis damals allerdings nicht »technisch in die Rolle einer Besatzungsmacht«, weil zu jener Zeit die USA die Aggression unterstützten und Israel somit aus Gründen der Selbstverteidigung handelte – wie die Amerikaner in Südvietnam, die Sowjets in Afghanistan, die Deutschen während des Zweiten Weltkriegs in Belgien und andere Aggressoren.

Gleich nach seiner Wahl zum Staatspräsidenten sprach Amin Gemajel im Oktober vor den Vereinten Nationen, wo er sich erneut auf die Resolutionen des Sicherheitsrats von Anfang Juni berief:

> »Diese Resolutionen führten nicht zur Befreiung des Libanon und beendeten nicht die fortgesetzte und wiederholte Invasion. Aber sie verurteilten die Aggression, bestätigten die Legitimität unseres Rechtsanspruchs und die Heiligkeit unseres Territoriums und trugen zur Bewahrung der Einheit und Souveränität unseres Landes innerhalb seiner international anerkannten Grenzen bei... Angesichts der israelischen Invasion vom März 1978 reagierten, wie wir alle wissen, die UN-Friedenstruppen im Südlibanon mit Erschrecken, weil sie, sei es durch Provokationen der einen, sei es durch Obstruktionen einer anderen Seite, an der vollständigen Erfüllung ihres Auftrags gehindert wurden... [Im Juni 1982] verletzte Israel das Waffenstillstandsabkommen [von 1949], indem es erneut, unter allseits bekannten Umständen, in den Libanon eindrang. Der Abzug der israelischen Streitkräfte bildet heute das grundlegende Ziel der von Ihnen verabschiedeten Resolutionen, und dieses Ziel muß erreicht werden. Ebenso erwartet der Libanon den gleichzeitigen Rückzug aller auf seinem Territorium befindlichen nicht-libanesischen Streitkräfte.«[179]

Der von Reagan notierte moralische Fehltritt wurde jedoch erst im Februar 1983 entdeckt, als die Israelis die amerikanischen Befehle nicht mehr befolgten. So erklärte Generalmajor Avraham Tamir in einer Verhandlungssitzung: »Niemand wird uns wegen unserer Verteidigung Vorschriften machen. Wir tun, was uns gefällt.«[180] Aber Israel darf eigentlich nur tun, was ihm gefällt, wenn daran auch sein Zahlmeister Freude hat. Das war Anfang 1983 nicht so ganz der Fall, obwohl man sich kaum vorstellen kann, daß die USA zumindest kurzfristig Israel irgendwelche Hindernisse in den Weg legen werden – es sei denn, daß ihre politische Haltung sich grundlegend ändert.

Schließlich führte die »Pendel-Diplomatie« von US-Außenminister George Shultz zu einem Abkommen zwischen dem Libanon und

Israel, das am 17. Mai unterzeichnet wurde.[181] Die libanesische
Regierung (die, wie David Shipler bemerkte, eigentlich nur die
Regierung von Beirut darstellte und wegen der Besetzung »nicht in
der Lage war, mit Nachdruck zu verhandeln«) scheint dem Abkommen erst unter Druck zugestimmt haben, denn der »Vertragsentwurf
enthielt so viele Konzessionen an die Israelis, daß sich der Libanon
die Befürwortung eigentlich nicht leisten konnte«.[182] Angesichts der
Alternativen aber war diese Regelung vermutlich besser als gar nichts.
Die Bestimmungen des elf Seiten umfassenden Abkommens mit
einem ebenfalls elfseitigen militärischen Anhang, Begleitschreiben
und »Erläuterungen« sickerten zu israelischen Quellen durch, die
behaupten, es handle sich »um so etwas wie einen Friedensvertrag«; es
sei »das zweite große und umfassende Abkommen zwischen Israel
und einem arabischen Land«. Offensichtlich wird nach Ägypten nun
auch der Libanon auf die stillschweigende Anerkennung der israelischen Besatzungspolitik – Westjordanland, Gaza-Streifen, Golanhöhen – verpflichtet. Die Quellen berichten weiter, daß ein 50 Kilometer breiter Streifen im Südlibanon unter der Kontrolle einer »territorialen Brigade« verbleiben soll, die sich aus den Haddad-Milizen und
anderen regionalen Streitkräften zusammensetzt, wobei Haddad eine
nicht näher spezifizierte Kommandofunktion ausübt. Die genauen
Bestimmungen bleiben, angeblich auf Wunsch der libanesischen
Regierung, geheim. »Israelische Regierungsbeamte betonen, daß der
eigentliche Test für das Abkommen nicht in seiner Sprache, sondern
seiner Umsetzung besteht.« Angesichts der Machtverhältnisse wird
Israel mit der »Umsetzung« sein Ziel erreichen und das Gebiet endgültig unter seine Kontrolle bringen. Außerdem darf Israel über diese
Region hinaus bis zum Awali nördlich von Sidon mit der libanesischen Armee gemeinsame Patrouillen durchführen. Shipler zufolge
»scheinen die wohltönenden Zusagen in dem Abkommen ... auf
eine quasi-legale Vereinbarung hinauszulaufen, die es Israel gestattet,
erneut zu intervenieren, falls die Bestimmungen des Abkommens
gebrochen würden ... Israel könnte also eine Verletzung der Bestimmungen [oder, anders gesehen, den Widerstand gegen die Interpretation dieser Bestimmungen oder gegen die Vereinnahmung der
besetzten Gebiete] zum Anlaß für eine erneute militärische Aktion
im Libanon nehmen.« UN-Truppen haben nur noch das Recht, die
Palästinenserlager »zu überwachen und zu beobachten«,[183] dürfen
also in diesen Gebieten nicht patrouillieren und können somit auch
weitere Tötungsaktionen nicht verhindern. Das Abkommen legt

zwei Kontrollpunkte für die Einfuhr israelischer Waren fest und sieht weitere Verhandlungen über die Entwicklung der beiderseitigen Beziehungen vor, die sechs Monate nach dem Rückzug der israelischen Streitkräfte beginnen sollen.

Für die *New York Times* läuft das Abkommen »auf eine Art Groß-Israel hinaus. Eine aus Ägypten, Saudi-Arabien, Jordanien und dem Libanon bestehende pro-amerikanische Koalition würde dann der Vernichtung der PLO und Israels Vereinnahmung des Westjordanlandes und der Golanhöhen [und, so ließe sich hinzufügen, des Gaza-Streifens] zustimmen und seine finanzielle Stärke nutzen, um auch Syrien zur Zustimmung zu bewegen.« Der Kommentator kommt zu dem Schluß: »Syrien hält den Schlüssel für die Unabhängigkeit des Libanon in seinen Händen ... Wenn die Syrer nicht von ihrer bisherigen Haltung abrücken und Israel damit zwingen, im Südlibanon zu bleiben, liegt die Schuld für eine tragische Teilung bei ihnen«, während »die PLO, Jordanien und Saudi-Arabien die historische Verantwortung für die Ablehnung des Reagan-Plans und den Verlust des Territoriums auf sich nehmen müssen.«[184]

All dies ist keineswegs neu. Als US-Vasall genießt Israel das Recht auf Aggression, so daß die von der libanesischen Regierung und den Vereinten Nationen erhobene Forderung des bedingungslosen Rückzugs als absurd verworfen oder gar nicht beachtet wird. Insbesondere hat Israel das Recht, die soziale Infrastruktur der Palästinenser und zum Teil auch der Libanesen zu zerstören, die Herrschaft der rechtsgerichteten christlichen Bündnispartner im Verein mit »privilegierten muslimischen Schichten« zu errichten, und seine Macht zur Erzwingung eines Abkommens zu nutzen, das letztlich die Vereinnahmung des Westjordanlandes, des Gaza-Streifens und der Golanhöhen absegnet und zugleich Israels langfristige Vorherrschaft im Südlibanon sichert und den Weg für neue Massaker und die mögliche Massenvertreibung der Palästinenser ebnet, die jetzt im Libanon brutalen terroristischen Gruppen schutzlos ausgeliefert sind. Nachdem sie diese Ziele erreicht hatten, konnten die Eroberer zu einem Teilrückzug bewegt werden, was der Zahlmeister als weiteren Beweis für Israels ehrenhafte Haltung wertete. Und wenn Syrien dieses erzwungene Abkommen ablehnt, ist das wiederum ein Beweis für die Perfidie der Araber.

Es ist interessant zu beobachten, wie sich die Diskussionsgrundlagen seit der Libanon-Invasion vom Juni 1982 verschoben haben. Das Abkommen vom Mai 1983 beruht auf dem Prinzip, daß Israel seine

Streitkräfte erst nach dem Abzug Syriens und der PLO zurückziehen muß. In den Vereinigten Staaten wird das quasi widerspruchslos für gerecht gehalten. Folglich hat Israel, falls das Abkommen nicht in Kraft tritt, auch das Recht, in dem unter seiner Kontrolle stehenden Gebiet »Sicherheitsmaßnahmen« zu ergreifen und, falls das für notwendig gehalten wird, den Südlibanon Stück für Stück zu vereinnahmen. Wenn aber Israel das Recht auf militärische Präsenz im Libanon hat, solange Syrien und die PLO sich dort aufhalten, hatte Israel vermutlich das Recht, 1982 in den Libanon einzumarschieren, um die jetzt für legitim erachteten Bedingungen zu schaffen. Israel hatte, anders gesagt, das Recht zur Invasion und zur Besetzung des Südlibanons, weil syrische und PLO-Streitkräfte im Libanon stationiert waren. Damals haben jedoch nur als extremistisch eingeschätzte Personen diese Ansicht vertreten. Jetzt aber wird das aus dieser Ansicht folgende Prinzip von fast allen für richtig gehalten. Dieser Wechsel der Perspektive zeigt wieder einmal, wie nützlich die Anwendung von Gewalt in internationalen Beziehungen sein kann – nützlich zumindest innerhalb des ideologischen Systems derjenigen Macht, die diese Gewalt finanziert und unterstützt.

Faktisch würde *jede* Konzession, die Israel als Bedingung für den Rückzug hätte erreichen können, auf eine Ratifizierung des Rechts auf Aggression hinauslaufen. Tatsächlich ist diese Ratifizierung mit der Anerkennung des von Israel erreichten und der kommentarlosen Zurückweisung von Reparationsforderungen, die z. B. der frühere Premierminister Saeb Salam stellte, so gut wie erfolgt.

Sollte es, als weiteres Ergebnis der Operation »Frieden für Galiläa« zu Massakern, der Vertreibung von Palästinensern und der Gefangennahme eines großen Teils der männlichen Bevölkerung kommen, wird das als zusätzlicher Beweis für den Zynismus der PLO und die Barbarei der Araber gewertet werden und zeigen, warum Israel sich aus den besetzten Gebieten nicht zurückziehen kann. Die betreffenden Leitartikel und Kommentare lassen sich jetzt schon verfassen. Israel behauptete, es habe aus »Sicherheitsgründen« das Recht, dem Libanon Bedingungen zu diktieren. Dabei wird übersehen, daß das von Philip Habib vermittelte Waffenstillstandsabkommen von 1981 Israels Sicherheit garantierte. Genau das aber war der Grund für die Invasion: Israel mußte die wachsende politische Legitimität der PLO untergraben. Daß es allein für Israel ein Sicherheitsproblem gibt, nicht aber für die Palästinenser, zeigt, wie rassistisch verzerrt die US-amerikanische Haltung in dieser Frage ist.

Es läßt sich voraussehen, daß Syrien die in dem oben zitierten Artikel der *New York Times* umrissenen Bestimmungen des Abkommens nicht freiwillig akzeptieren wird, daß es in den von Israel und seinen Vasallen besetzten Gebieten des Libanons weiterhin »Terrorismus« (oder Widerstand) geben wird, der sich möglicherweise sogar im »Land Israel« selbst auszubreiten vermag, wie Berichte erkennen lassen.[185]

Anmerkungen

1 S. M. Dubnow, *History of the Jews in Russia and Poland* (Jewish Publication Society, Philadelphia 1920), Bd. III, Kap. XXXIII.

2 Ebd.

3 Ebd.; Lucas, *Israel.*

4 Max L. Margolis und Alexander Marx, *A History of the Jewish People* (Jewish Publication Society, Philadelphia 1927), S. 710 f.

5 Chaim Nachman Bialik, »On the Slaughter«, übers. von T. Carmi (Hg.), *The Penguin Book of Hebrew Verse* (New York 1981).

6 Vgl. Jehoschua Sobol, »History Repeats Itself«, *Al Hamischmar Weekly,* 24. Sept. 1982; *Israel Press Briefs.* Vgl. auch B. Michael, »We Only Kill Children by Accident«, *NYT,* 18. Juni 1982 (*Israeli Mirror*), ein bitterer Kommentar zur »Reinheit der Waffen«, der mit dem Zitat aus einem weiteren Gedicht Bialiks über Kischinjow (»City of Slaughter«) beginnt.

7 Über eine besonders schändliche Episode berichtet Mattitjahu Peled, *New Outlook*, März 1981; *TNCW,* S. 271 f.

8 *Le Monde*, 28. Aug. 1982.

9 Elias Freij, Bürgermeister von Bethlehem, der letzte gewählte Bürgermeister einer größeren Stadt; *NYT,* 26. Jan. 1983. Die *NYT* widmete seinen Kommentaren 100 Wörter, wobei sie seine Empfehlung von Verhandlungen zwischen Israel und der PLO auf der Grundlage des Reagan-Plans und seinen Rat an die PLO, ihr Einverständnis mit dieser Position zu signalisieren, hervorhob.

10 *Manchester Guardian Weekly,* 19. Sept. 1982.

11 Heimkehrende Soldaten sagten vor der Presse Ähnliches aus. Vgl. etwa *Jediot Ahronot,* 5. Juli 1982 (*Israeli Mirror*), wo Mosche Savir, der »zu den Eroberern der Festung Beaufort« im Südlibanon gehört, von den Lügen des Triumvirats Begin-Scharon-Eitan berichtet, deren Rundfunkappell an Syrien, das Feuer nicht zu eröffnen, erst gegeben wurde, »nachdem wir bereits den Befehl erhalten hatten, gegen die Syrer in den Krieg zu ziehen«.

12 Ze'ev Schiff, »An Excuse in Justification of the War«, »Three Separate Wars«, *Ha'aretz,* 10. und 11. Jan. 1983.

13   Nahum Barnea, »The Mood of the Center: Schiff against Sharon«, *Koteret Raschit*, 1. Dez. 1982.

14   »After Lebanon: a conversation«, Interview mit Henry Kissinger, *Economist*, 13. Nov. 1982. Weiteres über diese seltsame Figur im Amerika des 20. Jahrhunderts in Seymour M. Hersh, *The Price of Power: Kissinger in Nixon's White House* (Summit, 1983), eine willkommene Abwechslung gegenüber den Hagiographien, auf die sich selbst die vorgeblich kritischen Kommentare zumeist beziehen.

15   Nicholas Veliotes, Staatssekretär für Nahost- und Südasienpolitik vor dem Unterkomitee »Europa und Nahost« des Komitees für Auswärtige Angelegenheiten, Repräsentantenhaus, 97. Kongreß, Erste Sitzungsperiode, 21. Okt. 1981 (U.S. Govt. Printing Office, Washington 1982), S. 25.

16   Amos Perlmutter, »Begin's Rhetoric and Sharon's Tactics«; Harold H. Saunders, »An Israeli-Palestinian Peace«, *Foreign Affairs*, Herbst 1982.

17   Vgl. Kap. 1, Anm. 60 und Text.

18   Der Text der Ansprache von Präsident Reagan findet sich in der *NYT* vom 2. Sept. 1982, der Text der Begin übersandten »Gesprächspunkte« in der Ausgabe vom 9. Sept. Charles Mohr berichtet, daß das Außenministerium angedeutet habe, der US-Plan sehe einen Teilrückzug von den Golanhöhen vor.

19   Zur anfänglichen öffentlichen Reaktion der Arbeiterpartei vgl. *NYT*, 4. Sept. 1982. Zu ihren tatsächlichen Positionen vgl. Kap. 1. Zur Reaktion der PLO Henry Tanner, *NYT*, 5. Sept., der von einer »vorsichtig zustimmenden Haltung« der PLO-Sprecher und von Jassir Arafats Äußerung, eine Konföderation mit Jordanien sei im Prinzip annehmbar, berichtet. »Die meisten arabischen Experten gehen davon aus, daß Mr. Arafat um eine friedliche Lösung des Nahostkonflikts bemüht ist«, fügt Tanner hinzu. In der *NYT* vom 6. Sept. findet sich der Text eines zustimmenden Briefs von Elias Freij an das Weiße Haus sowie die Antwort des Präsidenten. Zur Reaktion des Palästinensischen Nationalrats vgl. Thomas L. Friedman, *NYT*, 22. und 23. Feb.; *BG*, 22. Feb. (Agenturnachricht); Trudy Rubin, *CSM*, 23. Feb.; Jonathan C. Randal, *Washington Post*, 23. Feb. 1982.

20   *NYT*, Leitartikel, 5. Sept. 1982, Leitartikel; Anthony Lewis, »Down the Middle«, *NYT*, 6. Sept. 1982; *NYT*, 24. Feb. 1983, Leitartikel. Eine ausgezeichnete und ausgewogene Erörterung bietet Stephen Chapman: »The PLO and the Reagan Plan«, *Chicago Tribune*, 27. Feb. 1983, der einzige Artikel dieser Art, den ich in den Massenmedien gefunden habe. Chapman bemerkt richtig, daß die Reaktion der *NYT* auf die Haltung der PLO gleichermaßen auf die Positionen der zionistischen Organisationen der frühen Jahre hätte passen können und weist auf die Anpassungswilligkeit der PLO (insbesondere auf den Vorschlag vom Januar 1976, der sonst überall aus der Geschichte getilgt wurde) sowie auf die scharfe Zurückweisung ihrer Versöhnungsbestrebungen hin.

21   *NYT*, 11. April; einige Hintergrundinformationen bei Trudy Rubin, *CSM*,

11. April. *NYT*-Leitartikel, »A Worthy but Tragic Failure«, und David K. Shipler, »In Israel, Relief for Begin«, 12. April; *NYT*-Leitartikel, »The Jordan Door Slams Shut«, 17. April; *New Republic*, »The Death of a Plan«, 2. Mai 1983.

22 Noch an dem Tag, da Jordanien ankündigte, sich nicht an Reagans »Friedensinitiative« zu beteiligen, »enthüllten israelische Regierungsvertreter unter Mißachtung von Reagans Forderung nach einem Siedlungsstopp Pläne für eine umfangreiche jüdische Besiedlung des besetzten Westjordanlands« und äußerten sich »indirekt zufrieden« darüber, daß Reagans Initiative »einen schweren Schlag erlitten hatte«. Der von der Zionistischen Weltorganisation formulierte Plan sah 57 neue Siedlungen im Westjordanland und im Gaza-Streifen innerhalb der nächsten vier Jahre vor. Er wurde verkündet, kurz nachdem die USA »angedeutet hatten, sie würden auf Israel Druck ausüben, die Besiedlung einzufrieren, um [Jordaniens König] Hussein in den Friedensprozeß einbeziehen zu können«. (Juval Elizur, *BG*, 11. April; *NYT*, 14. April 1983. Weitere Details zu diesem Plan bei David Richardson, *Jerusalem Post*, 10. April 1983.

23 *Ha'aretz*, 6. Sept. 1982; Amos Levav, *Ma'ariv*, 2. Sept. 1982. Vgl. auch »Israel to Finance More Settlements in Occupied Lands«, *NYT*, 6. Sept. 1982, der Bericht über die Zustimmung zu zehn neuen Siedlungen, »die Präsident Reagans Forderung nach einem Siedlungsstopp ignoriert«; erwähnt wird auch die »in scharfen Worten gehaltene« Verurteilung des neuen Siedlungsplans durch die US-Regierung. Zu Aridor, Ne'eman und Ravid vgl. *Ha'aretz*, 31. Aug.; Zvi Barel, *Ha'aretz*, 26. Aug.; *Ha'aretz*, 25. Aug. 1982 (*Israeli Mirror*).

24 Zvi Barel, »Green Patrol also in the [West] Bank«, *Ha'aretz*, 28. Jan. 1983; *Jediot Ahronot*, intern. Ausg., 11. Feb. 1983.

25 Viele Zeugenaussagen sind vom Ad Hoc Komitee zur Untersuchung der Probleme von Beduinen (Beerscheva) und der Vereinigung für Bürgerrechte in Israel aufgezeichnet worden. Auch die hebräische Presse veröffentlichte zahlreiche Berichte. Vgl. auch Jitzhak Bailey, »Contrary to our Ideals«, *Jerusalem Post*, 6. Juni 1978; Lesley Hazleton, »Forgotten Israelis«, *New York Review*, 29. Mai 1980, sowie viele weitere Berichte.

26 AP, *NYT*, 5. Sept.; Henry Tanner, »Jordan Welcomes the Reagan Plan«, *NYT*, 3. Sept. 1982.

27 Chaim Bermant, *Jerusalem Post*, 19. Dez. 1982.

28 Ze'ev Strominski, *Davar*, 30. Dez. 1982; Eliezer Levin, *Ha'aretz*, 8. Dez. 1982; Gaby Kessler, *Ma'ariv*, 30. Dez. 1982.

29 *Davar*, 7. Dez. 1982 (*Israeli Mirror*); Eliezer Levin, *Ha'aretz*, 22. Dez. 1982 (*Israeleft News Service*).

30 *Ha'aretz*, 14. Dez. 1982; 7. Jan. 1983, *Israeli Mirror*.

31 Danny Tsidkoni, *Davar*, 16. Jan. 1983. Aus der Region gibt es kaum Berichte, weil die Militärverwaltung, wie Tsidkoni anmerkt, Journalisten als »Feinde« betrachtet und sie fernhält. Sein Bericht beruht auf »offiziellen Informationen«, die in dieser Art nur selten den Weg an die Öffentlichkeit finden.

32 Josef Valter, *Ma'ariv*, 14. Jan. 1983; Rafael Gaon, *Al Hamischmar*, 10. Jan. 1983. Valters detaillierter Bericht über die Arbeitsbedingungen der Araber beruht auf Interviews und der Tour mit einer Polizeipatrouille.

33 Israel hat eine Methode entwickelt, mit der solche Amerikaner ihre Träume schneller verwirklichen können. Auf einem von den »Amerikanern für ein sicheres Israel« im März 1983 in New York organisierten Treffen, skizzierten israelische Regierungsvertreter 300 prominenten amerikanischen Juden Methoden, mit denen sie höchstselbst im Westjordanland Grundbesitz erwerben konnten, ohne dort leben zu müssen. Eine Broschüre mit dem Titel *Landerwerb in Samaria* erklärt, wie arabischer Grundbesitz über eine im Westjordanland ansässige israelische Institution »in Gebieten, die zukünftig entwickelt werden sollen«, aufgekauft werden kann. Angesichts der Subventionen und der niedrigen Preise – die dank der Landpatrouillen und Grenztruppen und anderer Überredungsmechanismen niedrig bleiben werden –, ist es eine gute Investition. Das US-Außenministerium äußerte sich »schockiert«. Vgl. Rowland Evans und Robert Novak, *BG*, 9. April 1983. In einem Leserbrief an den *Boston Globe* bestritten drei Vertreter der Organisation »Amerikaner für ein sicheres Israel«, daß israelische Regierungsvertreter sich zu dem Programm geäußert hätten (es handle sich, behaupteten sie, um eine private Organisation). Ferner meinen sie, daß Araber in Judäa und Samaria »nur auf die Gelegenheit warteten«, ihr Land zu verkaufen. (Michael I. Teplow, Mark Espinola und Josef E. Teplow, Leserbrief, *BG*, 2. Mai 1982.)

34 Leah Etgar, *Jediot Ahronot*, 26. Dez. 1982 (*Israeli Mirror*); Rafik Halabi, »In the Service of the Homeland«, *Koteret Raschit*, 26. Jan. 1983. Der letzte Satz wurde angeblich »im Scherz« hinzugefügt.

35 *Washington Post – Boston Globe*, 18. März 1983.

36 *Los Angeles Times*, 5. Sept. 1982, Nachrichtendienst. David Lamb, *Los Angeles Times*, 2. Sept. 1982.

37 Ihsan A. Hijazi, *NYT*, 5. Sept. 1982.

38 Ilan Kfir, *Ma'ariv*, 8. Sept. 1982. In derselben Ausgabe berichtet Josef Vaksman über die Reaktion von Knessetmitglied Geula Cohen auf die Nachricht, Gemajel wolle Haddad vor Gericht bringen: »Es ist notwendig, jene vor Gericht zu bringen, die im mittleren und nördlichen Libanon nicht das gemacht haben, was Haddad im südlichen Libanon tat.«

39 Ze'ev Schiff, *Ha'aretz*, 8. Sept. 1982.

40 Jehuda Litani, *Ha'aretz*, 8. Sept. 1982.

41 *NYT*, 4. Sept. 1982, Special; *Monday Morning* (Beirut), 13.–19. Sept.; »Israelis not Invited to Gemajel Party«, *Jewish Post & Opinion*, 2. Feb. 1983.

42 T. Elaine Carey, »Heftiger Schlag für libanesische Hoffnungen auf nationale Versöhnung«, *CSM*, 16. Sept. 1982.

43 Colin Campbell, *NYT*, 26. Sept. 1982.

44 Norman Kempster, *Los Angeles Times*, 5. und 14. Sept. 1982.

45 *Ma'ariv*, 15. Juli 1982; Jehuda Tsur, *Al Hamischmar*, 10. Aug. 1982.

46 *Economist*, 4. Sept. 1982.

47 Ihsan A. Hijazi, *NYT,* 16. Sept.; *Economist*, 18. Sept.; Claudia Wright, *New Statesman*, 17. Sept.; Helena Cobban, »Maroniten entzweien sich wegen Streit über Bindung an Israel«, *CSM*, 21. Sept.; David B. Ottaway, *Washington Post*, 2. Okt. 1982; *Washington Post – Boston Globe*, 22. Jan. 1983, erneuter Bericht über Angaben der Phalange, denen zufolge der syrische Geheimdienst hinter der Ermordung stecke. Vgl. auch Trudy Rubin, *CSM*, 22. Sept. 1982, über die Meinung »vieler Libanesen«, Israel sei auf irgendeine Weise in die Sache verstrickt, weil Gemajel die Unterzeichnung eines Friedensvertrags verweigert habe, Verdächtigungen, die »die Beziehung zwischen den Maroniten und Israel weiterhin belasten dürften«, solange die »internen Untersuchungen der Phalange den Übeltäter nicht ans Licht bringen«.

48 Gidon Alon, »The Slaughter in the Camps – Hour after Hour«, *Ha'aretz*, 11. Jan. 1983, eine detaillierte Chronologie, die auf den öffentlichen Anhörungen der offiziellen israelischen Untersuchungskommission beruht, bei denen 24 von 58 Zeugen vernommen wurden. Die anderen Sitzungen waren geheim.

49 Reuters, *NYT,* 17. Sept. 1982.

50 Ansprache von Verteidigungsminister Scharon vor der Knesset; Auszüge in der *NYT,* 23. Sept. 1982.

51 David Lamb, *Los Angeles Times – Boston Globe*, 17. Sept. 1982.

52 Ebd.

53 Reuters, *NYT,* 17. Sept. 1982.

54 David K. Shipler, »Israeli Issue: Scharon«, *NYT,* 27. Sept. 1982.

55 Thomas L. Friedman, *NYT,* 27. Sept. 1982.

56 Colin Campbell, *NYT,* 20. Sept. 1982.

57 Vgl. Kap. I.

58 Bernard Nossiter, *NYT,* 18. Sept. 1982.

59 Thomas L. Friedman, *NYT,* 2. Aug. 1982.

60 David Lamb, *Los Angeles Times*, 16. Sept. 1982.

61 David Lamb und J. Michael Kennedy, *Los Angeles Times*, 18. Sept.; *Newsweek*, 27. Sept. 1982.

62 Colin Campbell, *NYT,* 18. Sept. 1982.

63 Robert Fisk, *London Times*, 13. Aug. 1982.

64 Ebd.

65 Robert Fisk, *London Times*, 14. und 17. Aug. 1982; Colin Campbell, *NYT,* 27. Sept. 1982.

66 Thomas L. Friedman, *NYT,* 26. Sept. 1982, ein detaillierter Bericht über die Ereignisse der Woche, eine Erweiterung der Darstellung vom 20. und 21. September, wieder abgedruckt in *The Beirut Massacre* (Claremont Research and Publications, New York, Okt. 1982), eine Sammlung von Rundfunk- und Presseberichten aus US-amerikanischen, britischen und israelischen Quellen. Vgl. auch Michael Jansen, *Battle of Beirut, Israel in Lebanon,* und Amnon Kapeliuk, *Enquête sur un massacre* (Paris 1982).

67 Friedman, *NYT,* 20,. 21., 26. und 27. Sept. 1982
68 David Lamb, *Los Angeles Times,* 20. Sept. 1982.
69 Alon, »The Slaughter in the Camps«; Friedman, *NYT,* 20. Sept.
70 Hirsh Goodman, *Jerusalem Post,* 24. Sept.; Alon, »The Slaughter in the Camps«.
71 Wolf Blitzer, *Jerusalem Post,* 24. Sept. 1982; Bericht aus Washington.
72 Alon, »The Slaughter in the Camps«.
73 Loren Jenkins, *Washington Post,* 18. Sept. 1982.
74 Colin Campbell, *NYT,* 18. Sept. 1982.
75 Ze'ev Schiff, »War Crime in Beirut«, *Ha'aretz,* 20. Sept. (übers. in *Israel Press Briefs*). Vgl. auch Alon, »The Slaughter in the Camps«; David K. Shipler, *NYT,* 21. Sept. 1982.
76 Friedman, *NYT,* 20. und 26. Sept. 1982
77 *Newsweek,* 4. Okt. 1982.
78 *Newsweek,* 27. Sept. 1982.
79 Loren Jenkins, Interview, »All Things Considered«, National Public Radio, 20. Sept. 1982 (abgedr. in *The Beirut Massacre* von FBIS).
80 ABC news *Closeup*: »Oh, Tell the World What Happened«, 7. Jan. 1983.
81 Edward Walsh, *Washington Post – Boston Globe,* 8. Nov. 1982.
82 Aussage des israelischen Außenministeriumsbeamten Bruce Kaschdan vor dem Untersuchungskomitee; Norman Kempster, *Los Angeles Times,* 22. Nov. 1982.
83 Alon, »The Slaughter in the Camps«.
84 B. Michael, *Ha'aretz,* 12. Nov.; Edward Walsh, *Washington Post – Boston Globe,* 26. Dez. 1982; Robert Suro, *Time,* 4. Okt. 1982, zit. n. Jansen, *The Battle of Beirut.*
85 Alon, »The Slaughter in the Camps«.
86 David Richardson, *Jerusalem Post,* 12. Dez. 1982. Er weist darauf hin, daß Scharons beeidete Aussage vom 25. Oktober seiner Behauptung von Anfang Oktober in New York, es seien 479 Personen getötet worden, widerspricht. Zu der offensichtlich vom israelischen Geheimdienst stammenden Zahl von 700 bis 800 vgl. William E. Farrell, *NYT,* 18., 19. und 27. Nov. und den Bericht der Kahan-Kommission.
87 *CSM,* 14. Okt. 1982.
88 Thomas L. Friedman, *NYT,* 30. Jan. 1983; *Jerusalem Post,* 30. Sept. 1982.
89 J. Michael Kennedy und David Lamb, *Los Angeles Times,* 19. Sept.; David Binder, *NYT,* 27. Sept.; Loren Jenkins, *Washington Post – Boston Globe,* 23. Sept. 1982.
90 Ze'ev Schiff, *Ha'aretz,* 28. Okt.; David K. Shipler, *NYT,* 19. Sept. 1982.
91 Ebd.; Louis Winitzer, *CSM,* 27. Sept. 1982.
92 Vgl. Chomsky und Herman, *Political Economy of Human Rights,* Bd. I, S. 363. Dieses Massaker wurde von der Presse, mit Ausnahme des *New Statesman,* mit Stillschweigen übergangen.
93 Von Kirchengruppen und der internationalen Presse wurde ausführlich

über das Massaker berichtet, das die amerikanischen Medien jedoch ein Jahr lang verschwiegen. Vgl. *TNCW,* S. 389.

94 AP, *Los Angeles Times, BG,* 8. Sept. 1982; *Guardian* (New York), 22. Sept. 1982,

95 UPI, *Los Angeles Times,* 14. Okt. 1982.

96 Eric Silver, Jerusalem, *Manchester Guardian Weekly,* 3. Okt. 1982, der »verläßliche israelische Quellen« zitiert.

97 Thomas L. Friedman, *NYT,* 27. Sept. 1982; Interview mit General Drori.

98 David Bernstein, *Jerusalem Post,* 21. Sept. 1982.

99 Gidon Kutz, *Davar,* 5. Nov. 1982; Annie Kriegel, *Israel: est-il coupable?* (Paris 1982). Vgl. auch die Bemerkungen dazu von Jeschajahu Ben-Porat, *Jediot Ahronot,* 17. Dez. 1982.

100 »BLOOD LIBEL«, *NYT,* 21. Sept. 1982. [Der Ritualmordvorwurf behauptet, die Juden würden zum Passahfest Christen, vorzugsweise kleine Kinder, umbringen, um mit dem Blut das Brot zu backen. *A. d. Ü.*]

101 *NYT,* 23. Sept. 1982.

102 Jehuda Litani, *Ha'aretz,* 21. Sept. 1982, der amerikanische Quellen zitiert.

103 Vgl. etwa Avraham Tal, *Ha'aretz,* 20. Sept. 1982.

104 Auszüge aus Peres' Rede vor der Knesset in *NYT,* 23. Sept. 1982.

105 Der Bericht der Kommission wurde am 8. Februar 1983 veröffentlicht; die vollständige, offizielle englische Übersetzung erschien am 9. Februar in der *Jerusalem Post,* umfangreiche Auszüge in der *NYT* vom selben Tag.

106 Martin Peretz, *NYT,* 22. Sept. 1982.

107 David K. Shipler, *NYT,* 24. Sept. 1982.

108 »Israel Finds Its Voice«, Leitartikel, *NYT,* 29. Sept. 1982.

109 Leserbrief, *NYT,* 22. Sept. 1982; Hervorhebung von mir.

110 Irving Howe, Gastkommentar, *NYT,* 23. Sept. 1983.

111 Nat Hentoff, *Village Voice,* 14. Sept. 1982.

112 »An end to unnatural silence«, Kommentar, *BG,* 26. Sept. 1982.

113 *NYT,* 23. Sept. 1982.

114 Bar-Zohar, *Ben-Gurion,* praktisch die offizielle Biographie. Jede andere verläßliche Quelle wird im wesentlichen die gleichen Informationen und Folgerungen enthalten.

115 Zu diesem nur selten diskutierten Thema vgl. G. H. Jansen, »Can Israel demand the »right to exist«?«, *Middle East International,* 7. Jan. 1983.

116 E. H. Hutchison, *Violent Truce* (New York 1956), zit. in Hirst, *The Gun and the Olive Branch.* Hutchinson war UN-Beobachter.

117 Hirst, op. cit.; Livia Rokach, *Israel's Sacred Terrorism*; das Buch beruht auf Mosche Scharetts Tagebuch; Bar Zohar, *Ben-Gurion.*

118 Uri Milshtein, *Milhamot Hatsanhanim* (»Wars of the Paratroopers«, 1969, »The creation of Unit 101«) zit. n. Schahak, *Begin And Co.*; Kennett Love, *Suez*; Hirst, *The Gun and the Olive Branch.*

119 Eine umfangreiche Dokumentation zur bemerkenswerten Doppelmoral der US-Medien im Hinblick auf israelischen und arabischen Terrorismus

vgl. Alfred M. Lilienthal, *The Zionist Connection* (Mead 1978). Dieses Buch würde kaum eine größere US-amerikanische Zeitschrift besprechen. Zur Frage des »Terrorismus« aus umfassenderer Perspektive vgl. Edward Herman, *The Real Terror Network*. Zur Rolle der israelischen Regierung und seiner überseeischen Verbündeten bei der Vorbereitung des Übergangs von »Menschenrechten« zu »internationalem Terrorismus« als dem Hauptschlachtruf der US-Außenpolitik (»die Seele unserer Außenpolitik«, wie Jimmy Carter so schön sagte) vgl. Philip Paull, *International Terrorism: The Propaganda War*, Magisterarbeit, International Relations, San Francisco State College, Juni 1982.

120   Amos Perlmutter, »Ariel Sharon: Iron Man and Fragile Peace«, *NYT Magazine*, 18. Okt. 1981. Dazu kritisch Lesley Hazleton in *Nation* (»The Moderating of Arik Sharon«), 14. Nov. 1981. Über die Einheit 101 oder Perlmutters Version davon wird nichts gesagt. Vgl. dazu Herman, *The Real Terror Network*.

121   *Newsweek*, 4. Okt. 1982.

122   Norman Podhoretz, »The Massacre: Who Was Responsible?«, *Washington Post*, 24. Sept. 1982.

123   Elie Wiesel, »Israel Represents Jews of the World«, *Jewish Post & Opinion*, 19. Nov.; »Wiesenthal, Wiesel listed for 1983 Nobel Peace Prize«, *Jerusalem Post*, 4. Feb. 1983; A. B. Jehoschua, Jeschajahu Leibovitz, *Haolam Haze*, 22. Sept. 1982.

124   *NYT*, 22. Sept. 1982.

125   Bernard Gwertzman, *NYT*, 16. Sept.; Juval Elizur, *BG*, 16. Sept.; John M. Goshko, *Washington Post – Boston Globe*, 16. Sept. 1982.

126   Bernard Gwertzman, *NYT*, 18. Sept.; Curtis Wilkie, *BG*, 18. Sept. 1982.

127   *NYT*, 19. Sept. 1982 .

128   Milton Viorst, »America's Broken Pledge to the PLO«, *Washington Post*, 19. Dez. 1982; Alexander Cockburn, *Village Voice*, 9. Nov. 1982. Vgl. auch Loren Jenkins, *Washington Post*, 13. Nov. 1982 (Wiederabdr. in *Palestine/Israel Bulletin*, Dez. 1982). Jenkins zitiert explizite Garantiebekundungen von Habib über »die Sicherheit der Lager«.

129   Die vielen tausend Menschen, die in israelische Gefängnisse und *concentration camps* gekarrt wurden, werden nicht als »Gefangene« bezeichnet, weil das Fragen über internationale Konventionen und andere Erwägungen zu Menschenrechten aufwerfen würde. Vielmehr hat man in Israel dafür ein neues Wort geprägt: Es sind Leute, die »hereingebracht« wurden.

130   *The Dawn*, 28. Jan., 4. Feb. 1983; Bericht des Informationszentrums für die Verteidigung der palästinensischen und libanesischen Zivilbevölkerung, Gefangenen, Deportierten und Verschwundenen, Rom (c/o Lelio Basso Foundation), 11. Jan, 4. Feb. 1983; desgl. Livia Rokach, »Palestinian women from Lebanon in Israeli jails«, März 1983, Bericht des Informationszentrums; *The Dawn*, 25. März 1983.

131   Meron Benvenisti, *Newsweek*, 4. Okt. 1982.

132 Amos Elon, zit. n. David K. Shipler, *NYT,* 27. Sept. 1982.

133 Vgl. auch den Kommentar von Ze'ev Schiff: »Wer immer den Phalangisten gestattete, eigenständig die Flüchtlingslager zu betreten, kann mit jemandem verglichen werden, der einen Fuchs in den Hühnerstall läßt und sich dann wundert, daß die Hühner gefressen wurden.« *New Outlook,* Okt. 1982.

134 Uri Avneri, *Haolam Haze,* 4. Aug. 1982.

135 A. B. Jehoschua, *Haolam Haze,* 22. Sept. 1982. »Liberated Territory: Life and Death in the Hands of the Language«, Anzeige, *Ha'aretz,* 25. Juni 1982. Das jüngste Beispiel ist eine Regierungsverordnung, der zufolge Rundfunk und Fernsehen in Israel nicht mehr das hebräische Wort »ischim« (»Persönlichkeiten«) für PLO-Führer verwenden dürfen; AP, *NYT,* 7. März 1983. *Ha'aretz* berichtet, eine »sorgfältige Untersuchung« der zuständigen Behörden hätte ergeben, »daß die gegenwärtige Verwendung des Wortes ›ischim‹ einen gewissen Respekt« ausdrücke.

136 »Begin and Sharon Get Less Backing in Poll«, *NYT,* 30. Sept. 1982; zitiert wird eine Umfrage des Dahaf-Forschungsinstituts; Jonathan Frankel, »Israel: The War and After«, *Dissent,* Winter 1983 (der Beitrag datiert vom 25. Okt. 1982); Josef Goell, *Jerusalem Post,* 1. Okt. 1982.

137 Joel Marcus, 19. Nov. 1982.

138 David K. Shipler, *NYT,* 20 Feb. 1983.

139 *The Dawn,* 29. Okt. 1982.

140 Kommentar, *NYT,* 9. Feb. 1983; *New Republic,* 7. März 1983. Mir ist nur ein Beitrag untergekommen, der zum Kommissionsbericht Fragen stellte: Patrick J. Sioyan (*Newsday – Buffalo News,* 13. Feb. 1983) weist darauf hin, daß die von der Kommission vorgelegten Beweise zu vorherigen Kenntnissen vom Massaker mit der Folgerung, es sei nicht beabsichtigt gewesen, Nichtkombattanten Leid zuzufügen, nur schwer vereinbar sind. Eine ausgezeichnete Analyse des Berichts bietet Uri Avneri in *Haolam Haze,* 16. Feb. 1983.

141 Leitartikel vom 21. Feb. 1983 (*Israeli Mirror*). Amir Oren sagt voraus, daß Scharon als Verteidigungsminister zurückkehren wird, weil, so die Auffassung in der Regierung, die Untersuchungskommission dergleichen nicht ausgeschlossen habe. *Koteret Raschit,* 23. Feb. 1983.

142 Bedenkenswert ist u. a. der kritische Kommentar von Samson Krupnick, dem Jerusalem-Korrespondenten der liberalen *Jewish Post & Opinion.* Der Bericht der Kommission sei äußerst unfair gewesen, meint er, weil »die völlig unmoralische Taktik der PLO-Terroristen in den Lagern, wo »Zivilisten«, Frauen und Kinder eingeschlossen, bewaffnet sein und mit den Terroristen eng zusammenarbeiten können, unberücksichtigt läßt«. »Die Kommission scheint den Kampf um jedes Haus, der in diesen »Lagern« geführt werden muß, wo jeder ein PLO-Terrorist oder ein Kollaborateur und potentieller Kämpfer ist, nicht entsprechend gewürdigt zu haben.« Außerdem hat die Kommission übersehen, daß der Freitag »für den Stab ein kurzer Arbeitstag und überdies der Tag vor Rosch Haschonah war, so

daß es offensichtlich Schwierigkeiten bereitete, alle Verantwortlichen schnell zu benachrichtigen«. Die Kommission habe »dieses Scharmützel zwischen Phalangisten und PLO-Terroristen überproportional aufgewertet«. Folgerichtig hätten »alle Beteiligten die nötige Sorgfalt walten lassen«. Von dieser Argumentation könnten sich noch die Apologeten des Zaren eine Scheibe abschneiden.

143 Auch andere Fragen drängen sich auf. Die in die Lager geschickten Streitkräfte unterstanden, wenn wir Eitan und anderen glauben dürfen, israelischem, nicht phalangistischem Befehl. Folglich läge die Verantwortung dafür, die Mörder zur Rechenschaft zu ziehen, bei Israel. Zweifellos weiß man an verantwortlicher Stelle, wer die zuständigen Offiziere waren und kennt, wie der ehemalige Geheimdienschef Schlomo Gazit mitgeteilt hat, die Namen von zehn bis zwanzig der unmittelbar an den Mordtaten Beteiligten (*Ma'ariv*, 10. April 1983). Allerdings wäre es schwierig, diese Männer vor Gericht zu stellen, ohne die Verantwortung der »politischen und militärischen Ränge« in Israel selbst berücksichtigen zu müssen. Die Phalangisten könnten sich darauf berufen, Befehle ausgeführt zu haben, so wie die Offiziere im Westjordanland, die der Mißhandlung von Zivilisten beschuldigt wurden. Im allgemeinen ist es für einen Staat unüblich, seine eigenen Kriegsverbrecher vor Gericht zu stellen. Es sei jedoch darauf hingewiesen, daß die Mehrheit der Israelis die Folgerungen der Kommission im Hinblick auf Scharon und Eitan für zu hart hält (Sarah Honig, *Jerusalem Post*, 1. April 1983).

144 *Ha'aretz*, 11. Juni; *Jediot Ahronot*, 18. Juni; zitiert bei Israel Schahak, Leserbrief, *Economist*, 10. Juli 1982.

145 Schahak, ebd.

146 *TNCW*, S. 396 f.

147 Alan George, *New Statesman*, 27. Aug. 1982.

148 Weitere Informationen zur »phalangistischen Mord- und Einschüchterungskampagne gegen die Palästinenser« bei Charles Hoffman, *Jerusalem Post*, 2. und 17. Feb. 1983. Vgl. auch den Bericht von Robert Fisk (*London Times*, 1. März 1983) aus dem Lager Mija Mija. »Was an Morden und Einschüchterungsversuchen im letzten Monat geschah, stellt den Besatzern, deren Pflicht es ist, die Zivilbevölkerung in Sidon zu schützen, kein gutes Zeugnis aus.« Ebensowenig dem Zahlmeister und seinen Medien, die kaum über die Vorgänge berichten.

149 Marvine Howe, *NYT*, 19. Aug. 1982.

150 Alan George, »Israeli law and order«, *New Statesman*, 22. Okt. 1982.

151 Dan Connell, öff. Vortrag, MIT, 22. Sept. 1982; *Monday Morning* (Beirut), 13.–19. Sept. 1982.

152 Norman Kempster, *Los Angeles Times*, 24. Sept. 1982.

153 Augustus Richard Norton, *Los Angeles Times*, 24. Sept. 1982.

154 Sonderkorrespondent, *Middle East International*, 17. Sept. 1982.

155 Danny Rubinstein, *Davar*, 3. Sept. 1982, Bericht aus dem Libanon.

156 Dov Jirmiah, Leserbrief, *Ha'aretz*, 30. Aug. 1982.

157 Mosche Kol, *Davar,* 29. Aug. 1982 (*Israeli Press Briefs*).

158 James Feron, *NYT,* 14. Okt.; *Economist,* 30. Okt.; David Hirst, *Guardian* (London), 30. Okt.; John Yemma, *CSM,* 3. Nov. 1982; Trudy Rubin, *CSM,* 10. Jan. 1983.

159 Ebd.; Sonderkorrespondent, Beirut, *Middle East International,* 4. Feb. 1983; Robert Fisk, *London Times,* 4. März 1983; vgl. auch David Hirst, *Manchester Guardian Weekly,* 13. Feb., *Washington Post,* 11. März, u. a. David K. Shipler, *NYT,* 6. und 13. Feb.; Sonderbericht *NYT,* 14. Feb.; *Economist,* 16. April 1983.

160 *Ha'aretz,* 11. März; zum AP-Bericht vgl. die *Los Angeles Times,* 14. April 1983. Schmuel Mittelman, *Ha'aretz,* »Die Regierung gibt vor dem Obersten Gerichtshof eine Erklärung ab: Die IDF beseitigt die wirtschaftlichen Grundlagen der PLO im Libanon«, 14. März 1983.

161 Francis Cornu, *Le Monde,* 31. Dez. 1982; William E. Farrell, M*NYT,* 17. Jan. 1983; Charles Glass, »Victors and Vanquished: Baedecker to the Three Lebanons« (Ms., Jan. 1983); Samir Kassir, *Le Monde diplomatique,* Feb. 1983; UPI, *BG,* 17. Feb.; *NYT,* 13. Feb.; *Economist,* 12. Feb.; *Ha'aretz,* 26. Jan. 1983 (*Israeli Mirror*).

162 *Jediot Ahronot,* 12. Sept. 1982; *Joman Haschavua* (Likud), 21. Jan. 1983; J. Michael Kennedy, *Los Angeles Times,* 21. Dez. 1982; *BG,* 23. Jan. 1983; *Monday Morning* (Beirut), 1.–7. und 22.–28. Nov. 1982; Israel Schahak, Bericht über israelische Handelssanktionen für den besetzten Libanon, 1. Nov. 1982, Wiederabdr. in *Palestine/Israel Bulletin,* Dez. 1982; *AJME News,* März 1983; Robin Wright, *CSM,* 8. Feb. 1983.

163 Vgl. etwa »Give Normalization a Chance«, *New Republic,* 31. Jan. 1983, eine Analyse, die eine Reihe von nichtssagenden Argumenten gegen die »Normalisierung« und einen »Friedensvertrag« widerlegt, wobei wichtige, tatsächlich wirksame Faktoren unerwähnt bleiben.

164 »Blood in the Chouf«, *Economist,* 13. Nov. 1982. Vgl. auch G. H. Jansen, *Middle East International,* 23. Dez. 1982.

165 Josef Tsuriel, »Law and Order in the Chouf«, *Ma'ariv,* 12. Nov. 1982 (*Israeli Mirror*); Rafik Halabi, *Koteret Raschit,* 29. Dez. 1982.

166 Schmuel Segev, »The Tragedy in the Chouf Mountains«, *Ma'ariv,* 4. Jan. 1983, 17. Okt. 1982 (*Israeli Mirror*).

167 *Monday Morning* (Beirut), 15.–21. und 22.–28. Nov. 1982; *Los Angeles Times,* 15. Nov, 12. Dez. 1982.

168 Aharon Bachar, *Jediot Ahronot,* 31. Dez. 1982.

169 AP, *BG,* 1. Feb., Nachrichtendienst; *BG,* 7. Feb.; Thomas L. Friedman, *NYT,* 8. Feb. 1983.

170 J. Michael Kennedy, »Captured Guns Given to Falangists, Israeli Says«, *Los Angeles Times,* 23. Sept. 1982.

171 J. Michael Kennedy, *Los Angeles Times,* 6. und 9. Okt.; William E. Farrell, *NYT,* 6., 7. und 9. Okt.; AP, *BG,* 9. und 11. Okt.; *NYT,* 10. Okt.; UPI, *BG,* 10. Okt.; David B. Ottaway, *Washington Post – Boston Globe,*

12. Okt.; *Economist*, 9. Okt.; Ihsan A. Hijazi, *NYT*, 16. Feb.; Robin Wright, *CSM*, 9. März; Helena Cobban, *BG*, 24. Jan. 1983.

172 Livia Rokach, *The Dawn*, 7. Jan. 1983; vgl. auch ihren Artikel vom 21. Jan.; Bericht des Informationszentrums für die Verteidigung der palästinensischen und libanesischen Zivilbevölkerung, Gefangenen, Deportierten und Verschwundenen, Rom (c/o Lelio Basso Foundation), 17. Jan. 1983.

173 Trudy Rubin, *CSM*, 10. Feb. 1983. Vgl. auch Thomas L. Friedman, *NYT*, 6. Feb. 1983.

174 Aussage von Paola Crociani in Rom, 4. Mai 1983. Informationszentrum (s. o., Anm. 130).

175 Richard Halloran, *NYT*, 18. März; David K. Shipler, *NYT*, 19. März; AP, *NYT*, 19. März 1983.

176 AP, *BG*, 19. März 1983; desgl. Jonathan Randal, National Public Radio, 17. März 1983.

177 Ascher Maniv, »Blaming the U.S.«, *Jerusalem Post*, 4. Feb. 1983.

178 Steven R. Weisman, »Reagan Accuses Israelis of Delay On Withdrawal«, *NYT*, 8. Feb. 1983.

179 Offizielle Übersetzung von Amin Gemajels Ansprache vor dem UN-Sicherheitsrat, *Monday Morning* (Beirut), 25.–31. Okt. 1982.

180 Kommentar, *CSM*, 7. Feb. 1983.

181 Thomas L. Friedman, *NYT*, 10. Mai 1983. Zum Text des Abkommens vgl. *NYT*, 17. Mai 1983. Einige Teile blieben geheim.

182 David K. Shipler, *NYT*, 11. Mai; Bernard Gwertzman, zus. mit David K. Shipler und Thomas L. Friedman, *NYT*, 10. Mai 1983. Gegen das Abkommen sprachen sich die Sozialistische Partei Walid Dschumblatts und die Amal-Milizen aus, ferner einige syrische Gruppen. *Economist*, 21. Mai 1983. Dschumblatts Partei ist »die führende Gruppe bei den Drusen«, die Amal-Milizen sind »die Hauptorganisation der Schiiten«, der größten Religionsgemeinschaft im Libanon. *Middle East Reporter*, 30. April 1983.

183 Shipler, »Israelis Call Pact a Virtual Treaty«; *NYT*, 11. Mai 1983; ders., 10. und 18. Mai; Text am 17. Mai 1983. General Benjamin Ben-Eliezer, ehemaliger Befehlshaber im Südlibanon, sagte, »soweit er wisse, gebe es große Unterschiede zwischen den veröffentlichten Paragraphen [des Abkommens] und dem, was entschieden wurde. Auf jeden Fall werde Haddad noch lange auf seinem Posten bleiben.« Schimon Weiss, *Davar*, 8. Mai 1983. Nahum Barnea berichtet, Israel habe Haddad geraten, »alles unbeachtet zu lassen, was er aus Rundfunk, Fernsehen und Presse erfahre. Tatsächlich gibt es keine Verbindung zwischen den Berichten über das Abkommen und die Auflösung von Haddads unabhängigen Milizen und der Wirklichkeit vor Ort. Israel setzt weiter auf Haddad als den Befehlshaber in der südlichen Region.« *Koteret Raschit*, 11. Mai 1983; *Middle East International*, 27. Mai 1983. In Anbetracht des geschichtlichen Hintergrunds – Einnahme von Eilat nach dem Waffenstillstand von 1949,

schnelle Vorstöße in die entmilitarisierten Zonen, Einnahme der Golanhöhen nach dem Waffenstillstand, Verletzung des Abkommens mit
Habib und die darauf folgende Besetzung Beiruts usw. – ist der Bericht
von Barnea äußerst plausibel.

184 Leitartikel, *NYT,* 10. Mai 1983.
185 *Ha'aretz* berichtete am 30. März 1983, daß im letzten Jahr »terroristische
Angriffe« in der »zentralen Region« zwischen Rehovoth und Natanja um
mehr als 50 Prozent zugenommen hätten. Am selben Tag wurde auch
gemeldet, daß die israelische Armee und Haddad-Milizen ihre Überwachung von (insbesondere »schiitischen«) Ortschaften im Libanon verstärkt hätten.

III. Der palästinensische Aufstand

Im Dezember 1987 brach der Aufstand der Palästinenser, die Intifada, aus. Einige Wochen zuvor war es in Gaza zu einem kleineren Zwischenfall gekommen: Ein palästinensisches Mädchen namens Intissar al-Atar wurde auf dem Schulhof von einem Bewohner der nahegelegenen israelischen Siedlung Gusch Katif erschossen. Der Mörder, Schimon Jifrah, wurde einen Monat später verhaftet und gegen Kaution freigelassen, weil, so der Oberste Gerichtshof, »das Vergehen nicht schwerwiegend genug ist«, um die Inhaftierung zu rechtfertigen. Im September 1989 wurde er des versehentlichen Totschlags für schuldig befunden, von allen anderen Anklagepunkten jedoch freigesprochen. Der Richter behauptete, Jifrah habe nur beabsichtigt, das Mädchen zu erschrecken, sei also »kein Krimineller, der durch Gefängnishaft bestraft werden muß«. Die Strafe – sieben Monate – wurde zur Bewährung ausgesetzt. Die Siedler fingen im Gerichtssaal zu singen und zu tanzen an.[1]

In den USA wurden diese Vorgänge verständlicherweise nicht weiter beachtet. Es war ja nur ein arabisches Mädchen umgekommen, und da die israelische Besatzung jeglichen Protest unterdrückte, mußte man nicht weiter fragen, was im Rahmen der »gutwilligen Okkupation« so alles geschah und wie dieser Vorfall und andere ähnlicher Art dazu beitrugen, den Aufstand vorzubereiten, der kurz darauf die Aufmerksamkeit der Welt erregte.

Zur gleichen Zeit, als Jifrah sein mildes Urteil erhielt, feuerte, israelischen Presseberichten zufolge, eine Armeepatrouille auf den Hof einer Knabenschule in einem Flüchtlingslager des Westjordanlandes. Obwohl es sich nur um »Warnschüsse« gehandelt haben soll, wurden fünf Kinder verwundet. Anklage wurde nicht erhoben. Es war, wie die israelische Presse bemerkte, nur eine weitere Episode im Programm namens »Analphabetentum als Strafe«, zu dem auch die Schließung von Schulen gehört sowie der Einsatz von Gasbomben, das Verprügeln von Schülern mit Gewehrkolben, Verweigerung ärztlicher Hilfe für die Opfer, Drohungen gegen Schüler und Lehrer usw. Wer verhaftet wird, kann in die zu Beginn der Intifada errichteten

Käfige gesperrt werden, die, bei einer Grundfläche von 28 Quadratmetern, bisweilen mit über 70 Personen belegt sind. Viele werden dort wochenlang festgehalten, zwei vierzehnjährige Jungen mußten acht Wochen in diesen »Hühnerställen« zubringen. Medizinische Hilfe gibt es kaum, oder sie wird verweigert; ein weiteres Kapitel in der traurigen Geschichte des Verhaltens israelischer Mediziner. Dem Roten Kreuz wurde lange Zeit der Zutritt verweigert, bis es endlich öffentlich protestierte.[2]

Ebenfalls im September 1989 gewährte General Matan Vilnai, Kommandeur im Gaza-Streifen, verurteilten Soldaten frühe Haftentlassung, damit sie die anstehenden Feiertage bei ihren Familien verbringen konnten. Sie hatten zwei Drittel von neun Monaten abgesessen – die Strafe dafür, daß sie einen Palästinenser in seiner Wohnung zusammengeschlagen hatten. Anklage wegen Mordes wurde nicht erhoben, weil, so befand das Gericht, der Tod des Palästinensers auch durch die Schläge verursacht worden sein konnte, die er einige Stunden später im Hauptquartier erhalten hatte. Dieser Vorfall wiederum wurde nicht näher untersucht. Die zu den Reformkräften zählende Schinui-Partei beklagte die vorzeitige Freilassung als »Signal an die Soldaten, daß die Armee auf Sadismus und Mißhandlung mit Nachsicht reagiert« und als »Verhöhnung der militärischen Gerichtsbarkeit«. Dieses Ergebnis eines der seltenen Fälle, in denen Soldaten (nicht aber deren Vorgesetzte) wegen bösartiger Verbrechen verurteilt wurden, »werden viele Armeeangehörige als Lizenz zum Mord an Arabern verstehen«, vermutete der Justizexperte Mosche Negbi.[3]

Die *Jerusalem Post* berichtet von einem Brief des Knesset-Abgeordneten Dedi Zucker an Verteidigungsminister Jitzhak Rabin. Zucker weist darauf hin, daß »in 52 Verhandlungen vor dem Kriegsgericht, in denen es um Mißhandlungen in den aufständischen Gebieten ging, die ranghöchsten verurteilten Offiziere lediglich Hauptleute waren«, obwohl sich die Beteiligung höherer Ränge (bis hin zum Verteidigungsminister) an illegalen Befehlen leicht nachweisen ließe. Als Beispiel nennt er Oberst Jehuda Meir, der im Westjordanland »Soldaten befahl, Palästinensern Arme und Beine zu brechen«. Angeklagt wurde er nicht. Untersuchungen verlaufen oft nur oberflächlich, weil »Armeebeauftragte oftmals auf Zeugenaussagen von Palästinensern verzichten«.[4]

Auch die Gerichte beteiligen sich mehr oder weniger direkt an Unterdrückungspraktiken. So bemerkt der Anwalt Avigdor Feldman: »Richter des Obersten Gerichtshofs, die Häuser zerstören, Familien trennen, Bäume entwurzeln, den Einwohnern das Land unter den Füßen wegziehen und sie zu einem Leben in Unsichtbarkeit verdammen, sind nicht weniger gewalttätig als Soldaten, die blindwütig schießen und schlagen.«[5]

»Laßt uns weinen«

Da die Bewohner der besetzten Gebiete zu einem »Leben in Unsichtbarkeit« verdammt waren, kann es nicht erstaunen, daß die Unterdrückung der Intifada ein neues Ausmaß an rassistischer Brutalität hervorrief. Tötungsaktionen der Armee im Gaza-Streifen verdoppelten sich, als General Vilnai im Juli 1989 das Kommando übernahm, und ebbten ab, nachdem die Bevölkerung hinreichend traumatisiert war. Im September berichtete Oberstleutnant Elischa Schapira, daß den Soldaten immer häufiger befohlen werde, Arme oder Beine zu brechen und andere »exzessive Handlungen« zu begehen. Er bezog sich dabei auf seine eigenen Erfahrungen im Reservedienst und auf Aussagen von Mitgliedern seiner Kibbuz-Bewegung (es handelt sich dabei um das mit der linken Mapam-Partei verbundene Kibbuz Arzi). An die 50 000 Palästinenser wurden während der Intifada ins Gefängnis gesperrt, viele dort unter schrecklichen Bedingungen und oftmals ohne Gerichtsverhandlung festgehalten.[6]

Die Armee hat die Behausungen von mehr als 3000 Personen zerstört (und dabei oft auch benachbarte Gebäude beschädigt). Das Vorgehen wurde mit dem Verdacht begründet, ein Familienmitglied habe Steine geworfen oder ein anderes Verbrechen begangen. Diese besonders üble Form der kollektiven Bestrafung vollzieht sich, so berichtet die israelische Presse, »unter einem Gesetz, das auch den Wiederaufbau verbietet«. Der damalige Oberbefehlshaber im Westjordanland, General Amram Mitzna, war »in dieser Hinsicht besonders brutal«, weil er »gerade als Linker nicht den Eindruck von Nachgiebigkeit erwecken wollte«. Mitznas bekümmertes Gesicht tauchte häufig im US-Fernsehen auf und zeigte die inneren Qualen des Humanisten, den die arabische Gewalt zur Selbstverteidigung zwingt – »zu schießen und zu weinen«, wie eine geläufige hebräische Wendung lautet. Der israelische Journalist Tom Segev sah ein anderes Bild. Nachdem ihm in Krankenhäusern die Röntgenaufnahmen von Opfern gezeigt worden waren, schrieb er: »Der Arzt erwähnte den Namen des Generals nicht, aber sein Gesicht tauchte gewissermaßen

hinter den Röntgenfotos, die uns gezeigt wurden, auf – ein erschrek-
kendes und abstoßendes Gesicht, das Negativ des »schönen Israelis«,
das seine PR-Experten für ihn entworfen haben.«[7]

Die Zerstörung von Wohngebäuden war seit den ersten Tagen der
Besetzung eine durchaus übliche Methode der kollektiven Bestrafung. Eine Ausnahme bildete nur die Zeit, als Menachem Begin von
der Likud-Partei Premierminister war. Als die Arbeiterpartei, deren
Politik in den USA für moderat und menschlich gilt, an die Macht
zurückkehrte, nahm sie diese Praxis wieder auf und eskalierte sie
noch, als Verteidigungsminister Rabin sich der Aufgabe widmete, die
Intifada zu unterdrücken. Ähnliches gilt für Folter, Vertreibung und
behördlich angeordneten Gewahrsam. Unter Begin wurden diese bis
dahin üblichen Praktiken gestoppt oder zurückgefahren, während
die Armee unter Premierminister Schimon Peres erneut darauf
zurückgriff. Als zwischen 1967 und 1977 die Arbeiterpartei am
Ruder war, wurden 1180 Personen ausgewiesen, unter der Likud-
Regierung (1978 bis 1985) gab es 13 Ausweisungen. Israel scheint
das einzige Land der Welt zu sein, das diese Methode der Bevölke-
rungskontrolle kontinuierlich betreibt. Es verletzt damit nicht nur
die Genfer Konvention, sondern auch jene Bestimmung in der UN-
Menschenrechtserklärung, auf die sich Israel und seine Apologeten
mit selbstgerechter Inbrunst berufen, wenn sie der Sowjetunion Aus-
wanderungsbeschränkungen für russische Juden vorwerfen. Die
schlimmsten Greueltaten der Besatzung verbinden sich mit dem
Namen Ariel Scharon. In den frühen siebziger Jahren und 1981/82
herrschte er im Gaza-Streifen mit, so die israelische Presse, »blindwü-
tigem Terror«.[8]

Statistiken besagen jedoch nichts über die Realität des Alltagslebens. Ein eher zufällig der Berichterstattung der israelischen Presse
entnommener Fall betrifft den 19 Jahre alten Muhammad Abu-Akar.
Er war Bewohner des Deheischa-Flüchtlingslagers bei Jerusalem und
wurde in den USA wegen seiner schweren Schußverletzungen behandelt. Er muß »für den Rest seines Lebens an eine Apparatur angeschlossen bleiben, die ihm den fehlenden Darm ersetzt«.[9] Am
4. November 1989 war er von israelischen Soldaten in seiner Wohnung verhaftet worden. Als sich herausstellte, daß sie seinen Bruder
suchten, wurde er freigelassen, aber eine andere Patrouille teilte ihm
mit, »daß er verhaftet werden würde, wenn sein Bruder sich nicht bis
Mittwoch stellte«. Am Dienstag abend um halb neun, als Muhammad im Krankenhaus lag, brach eine Armeepatrouille in das Haus

ein, warf eine Rauchbombe und schlug seine Mutter zusammen, wobei ihr eine Hand gebrochen wurde. Um zehn kam eine weitere Patrouille, die die Fenster zertrümmerte und die Nahrungsmittel auf dem Fußboden verteilte. Eine dritte Patrouille kam um Mitternacht. »Sie zerbrach alles, was noch heil war und befahl der Mutter, nach draußen zu gehen und ein Graffitto zu entfernen.« Außerdem teilten die Soldaten ihr mit, daß ihr Sohn sich freiwillig stellen solle, falls er nicht erschossen werden wolle. Um ein Uhr nachts durfte die Mutter zu ihrem Sohn ins Krankenhaus, um sich behandeln zu lassen.

Eine andere von Verteidigungsminister Rabin bevorzugte Methode ist die Ausweisung von Palästinensern, die nach Ansicht der Behörden »illegal« in den besetzten Gebieten leben. Dieser »unsichtbare Transfer« begann schon kurz nach ihrer Eroberung 1967 und sollte zur Lösung des »demographischen Problems« (= zuviele Araber im jüdischen Staat) beitragen. 1989 wurde dieses Verfahren ausgeweitet und beschleunigt und vor allem in den kleinen Dörfern um Ramallah zu einer »Pest«. Mehr als 90 Prozent der Opfer dieses »Transfers« sind Frauen und (bisweilen nur wenige Tage alte) Kinder. Viele waren von der Militärverwaltung als Einwohner anerkannt worden. Da Israel ein zivilisierter Rechtsstaat ist, können Dorfbewohner gegen eine Gebühr von 100 Dollar die »legale Einwohnerschaft« beantragen. 99 Prozent dieser Anträge werden abschlägig beschieden.

Vertreibungsaktionen der Armee folgen einem ganz bestimmten System. In der Morgendämmerung wird ein Dorf umstellt und von der Luft aus mit Hubschraubern überwacht. Über Lautsprecher fordern Soldaten die Männer des Ortes auf, sich im Zentrum zu versammeln, wenn sie nicht Gefahr laufen wollen, erschossen zu werden. Dann betreten andere Soldaten ausgesuchte Häuser und teilen den dort wohnenden Frauen mit, sie hätten fünf bis zehn Minuten Zeit, ihre Sachen zu packen und das Dorf zu verlassen. Sie werden mit einem arabischen Taxi zur Jordan-Brücke gebracht, für deren Überquerung sie eine Gebühr entrichten müssen. Bisweilen kommt noch eine Strafzahlung wegen »unerlaubten Aufenthalts« dazu. Wenn sie kein Geld haben, müssen sie mit ihren Kindern bisweilen so lange auf der Brücke warten, bis irgendeine Zahlungsweise ausgehandelt worden ist. Wenn die Väter nach Hause zurückkehren dürfen, sind ihre Frauen und Kinder fort.

Ab und zu zeigt die Armee »außerordentliche Sensibilität«, wie etwa im Fall eines hirngeschädigten Kindes, das gerade operiert worden war. Seine Mutter erhielt eine Woche Aufschub. Das Kind wurde in Israel geboren und ist auf dem Ausweis des Vaters als Einwohner offiziell registriert. Mutter und Kind wurden dennoch ausgewiesen. Manchmal trifft es auch alte Leute, wie Zafira Mohammad Ahmed, die eine von der britischen Mandatsverwaltung ausgestellte Urkunde besitzt, die bescheinigt, daß sie 1895 in Palästina geboren wurde. Die Israelis haben sie am 1. September zur Jordanbrücke gebracht. Sie hatte nur ihre Kleider bei sich und trug Hausschuhe.

In den letzten Monaten des Jahres 1989 wurden, palästinensischen Quellen zufolge, etwa 200 Personen auf diese Weise vertrieben, während an die 200 000 davon bedroht sind. Es gibt Möglichkeiten, die Ausweisung zu umgehen. So berichten zwei Männer, daß man ihnen vorgeschlagen habe, als Kollaborateure zu arbeiten. Sie weigerten sich, und daraufhin wurden ihre Frauen (die eine mit zwei Kindern in Erwartung eines dritten, die andere mit einem Kind) deportiert.[10]

Israel hatte als Besatzungsmacht ein Netzwerk von Kollaborateuren errichtet, dessen Mitglieder sich häufig aus Gefangenen und Kriminellen rekrutierten. Es diente zur Einschüchterung der Bevölkerung und zur Identifizierung von Personen, die exekutiert, inhaftiert, gefoltert oder ausgewiesen werden sollten. Zu Beginn der Intifada löste sich das Netzwerk auf, weil Kollaborateure zur »Umkehr« aufgefordert, aus ihren Dörfern vertrieben oder auch getötet wurden. Dann aber verschärfte die Besatzungsmacht die Unterdrückungsmaßnahmen und baute in diesem Zusammenhang auch das Netzwerk wieder auf. Bekannte Kollaborateure sind unter militärischer Bewachung und mit Waffen versehen in ihre Dörfer zurückgekehrt (Araber dürfen nur als Agenten der Besatzungsmacht Waffen tragen) und haben die ihnen zugedachten Aktivitäten wieder aufgenommen. Sie »terrorisieren die einheimische Bevölkerung, helfen der Armee bei Verhaftungen, stellen Posten für improvisierte Straßenblockaden, schlagen und entführen palästinensische Aktivisten«, weiß der im Westjordanland tätige Menschenrechtler Joost Hiltermann. Viele werden in Gefängnissen angeworben, »mit einer bewährten Mischung aus Privilegien, Zwang und Erpressung, wozu Drohungen gehören, man werde Verwandte inhaftieren oder Ehefrauen, die keine gültige Aufenthaltsgenehmigung besitzen, ausweisen«.[11] Derlei Verfahrensweisen sind unter der totalitären und gesetzlosen Herrschaft der Besatzung genauso üblich wie willkürliche Verhaftungen ohne Anklage, legalisierte Folter usw.

Die israelische Presse berichtet regelmäßig über solche Vorgänge, aber die nach außen gerichtete und von den US-Medien zumeist unkritisch wiedergegebene Propaganda erzählt eine andere Geschichte, die von »örtlichen Zwistigkeiten«, »innerarabischer Gewalt« und der von der PLO angeordneten Ermordung von »gemäßigten Kräften« handelt. In diesem Zusammenhang weist Hiltermann darauf hin, daß es »in der Geschichte für die Praxis einheimischer Widerstandsbewegungen, Agenten einer Kolonial- oder Besatzungsmacht zu eliminieren, reichlich Beispiele gibt«, zu denen auch der Kampf gegen die Nationalsozialisten gehört. Er bezieht sich auf die Äußerung eines israelischen Soldaten: »Wir konnten nicht begreifen, daß diese Menschen noch am Leben waren. Als israelische Soldaten . . . arbeiteten wir mit ihnen zusammen und begriffen nicht, daß die Leute im Dorf sie am Leben ließen.«[12]

Eine andere Methode der Armee besteht darin, in Häuser von Familien einzudringen, die einen von israelischen Truppen getöteten Angehörigen betrauern. In einem solchen Fall zerschlugen Soldaten Mobiliar und nahmen acht Personen mit nach draußen, darunter den siebzehnjährigen Bruder des Getöteten. Die acht mußten sich mit den Händen gegen eine Wand gestützt aufstellen und mehrere Stunden so verharren. Der Bruder wurde nach zwei Stunden ohnmächtig und durfte daraufhin von den Frauen ins Haus zurückgebracht werden, die anderen sieben wurden festgenommen. Nach ein paar Stunden rückten erneut Truppen an und verhafteten auch noch den Bruder. In einem anderen Fall fielen Schüsse, und einer der Trauernden wurde getötet.

»Eure Soldaten scheinen zu glauben, daß wir keinen Schmerz empfinden und nicht trauern müssen«, bemerkte ein Einwohner von Nablus, der diese Vorfälle schilderte, in einem Interview mit der israelischen Presse. »Die Getöteten sind zumeist junge Menschen, und die palästinensische Mutter weint um sie, wie jede andere Mutter auch. Und auch die Geschwister weinen, wie in Frankreich, England, China oder Israel. Nur wir dürfen nicht weinen, und darum habe ich eine kleine Bitte: Wenn wir schon nicht glücklich sein dürfen, laßt uns wenigstens weinen.«[13]

Für die Palästinenser ist die Lage in den besetzten Gebieten noch trostloser geworden, seit Israel neue Methoden zur Unterdrückung der Intifada entwickelt hat. Niemand entgeht dem langen Arm der Behörden, deren Willkürmaßnahmen das Ziel verfolgen, den Palästinensern zu zeigen, daß ihr Leben in allen Bereichen kontrolliert wird und die Besatzungsmacht ungestraft tun und lassen kann, was sie will. Die Palästinenser aber dürfen es nicht wagen, »den Kopf zu heben«, ein Verbrechen, das mit besonderer Härte bestraft wird. Sie müssen begreifen, daß sie zu jenen »unbedeutenden Nationen« gehören, die sich, neokonservativer Rhetorik zufolge, nicht dem »Wahn, wichtig zu sein« hingeben sollten.[14]

Die Kriegsgegner in Israel stimmen zumeist dem Rat zu, den Thomas Friedman, Chefkorrespondent der *New York Times*, erteilte: Man gebe »Achmed ... einen Platz im Bus, dann wird er seine Forderungen einschränken«. Für Friedman ist der Südlibanon im übrigen ein empfehlenswertes Modell für das Zusammenleben von Palästinensern und Israelis. Die Falken dagegen wollen »Achmed« klarmachen, daß er die ganze Zeit mit gesenktem Kopf herumzugehen hat. Der israelische Bürgerrechtler Israel Schahak begreift die »totale, wenn nicht totalitäre Kontrolle aller Bereiche des palästinensischen Lebens« als systematische politische Erniedrigung.[15]

Dr. Joel Cohen, ein israelischer Experte für Massenkommunikation, bemerkt, daß es von April 1988 bis Juli 1989 in Zeitungen wie der *New York Times*, der *Washington Post* und *Le Monde* »so gut wie keine Berichterstattung über die Intifada« mehr gegeben habe. Das ist vor allem im Hinblick auf die Vereinigten Staaten von Bedeutung und wird von jenen verstanden, die die Unterdrückung organisieren und durchführen, während die Dollars fließen.[16]

Die Wirklichkeit in den besetzten Gebieten

Aber auch die Opfer wissen, was die Geschehnisse zu bedeuten haben. Radscha Schehadeh, Anwalt aus dem Westjordanland und Begründer der Organisation »Recht im Dienste des Menschen«, bemerkt: »Weil alle Friedensinitiativen fehlgeschlagen sind, denken die Menschen hier: »Wir sind absolut verzweifelt; wir werden ausgebeutet und gequält, unsere Häuser zerstört, ohne daß sich irgendetwas ändert. Es gibt keine politische Lösung, keine Hilfe aus dem Ausland, und wenn wir nicht selbst etwas unternehmen, wird sich auch kein anderer um uns kümmern«.«[17] Weniger die »Brutalität« der Besatzungsmacht habe zu dieser Verzweiflung geführt, sondern der »blinde Haß gegenüber den palästinensischen Arabern«, die alltägliche Herabwürdigung.

Schehadeh blickt sehnsüchtig auf die Zeit zurück, als Mosche

Dajans Haltung vorherrschte, der »die Leute so weit wie möglich in Ruhe gelassen hat«. Aus den zur Verfügung stehenden Dokumenten erfahren wir noch mehr über seine Ansichten. Bei einem Treffen im September 1967 drängte er darauf, den Arabern klarzumachen, daß »wir keine Lösung haben, und ihr weiterhin wie Hunde leben werdet, und wer es vorzieht zu gehen – soll gehen...« Auf Schimon Peres' Einwand, Israel solle »seine moralische Haltung bewahren«, antwortete Dajan: »Ben-Gurion meinte einmal, wer das zionistische Problem moralisch angehe, sei kein Zionist.«[18] Verachtung für die arabische Bevölkerung ist im zionistischen Denken tief verwurzelt. Jüngst veröffentlichte Dokumente der Jewish Agency Executive enthüllen, was Chaim Weizmann nach der Balfour-Erklärung von 1917 dachte: »Was die arabische Frage angeht, so sagten mir die Briten, es gebe einige hunderttausend Neger, aber das sei ohne Bedeutung« (zit. n. Arthur Ruppin).[19] Der amerikanische Journalist Vincent Sheean, der als glühender Zionist 1929 nach Palästina gekommen war, verließ das Land wenige Monate später als scharfer Kritiker des zionistischen Unternehmens, weil ihn vor allem die Haltung der jüdischen Siedler gegenüber der arabischen Bevölkerung abgestoßen hatte: Sie sprachen von der »unzivilisierten Rasse«, von »Wilden« und »Indianern«, die das Land »seit dreizehn Jahrhunderten unrechtmäßig bewohnten« und, in den heute noch gern zitierten Worten David Ben-Gurions, »sich in Jordanien, im Libanon oder an vielen anderen Orten genauso zu Hause fühlen« wie in Israel, weil »sie überall zu Hause sind. Und nirgends«. Widerborstig, wie sie sind, sehen die Palästinenser das leider anders.

Bereits die frühen jüdischen Siedler, auch jene, die als aufgeklärt galten, sprachen von einem »Konflikt zwischen Kultur und Barbarei«. Avschalom Feinberg äußerte gegenüber Henrietta Szold: »Keine Rasse ist so feige, heuchlerisch und unehrlich wie diese.« Sie warnten vor der »östlichen Mentalität« mit ihrem Hang zur Gewalt und dem Mangel an zivilisierten Normen; es sei »eine Kultur von Halbwilden«.[20] Im Februar 1988 bemerkte der damalige Justizminister Avraham Scharir in einem Vortrag vor amerikanischen Juden, die Araber seien »geborene Lügner«, was, israelischen Presseberichten zufolge, keinerlei Reaktionen hervorrief. Der Befehlshaber von Israels Nordkommando, General Avigdor Ben Gal, bezeichnete die Araber im jüdischen Teil von Galiläa als »Krebsgeschwür im Körper Israels«, eine Auffassung, die sich ähnlich auch bei Irwing Howe findet, wenn er vom »unterbevölkerten Galiläa« spricht und damit meint, daß es

dort nicht genug Juden gibt (aber, wie Israel befürchtet, zu viele arabische Bürger). Andere, wie Martin Peretz (der Herausgeber von *New
Republic*), begreifen den Araber als »Gefangenen seiner Kultur«, die
ihn zu »sinnlosen«, wenngleich »für den Augenblick befriedigen-
den... blutrünstigen Taten« animiert.[21]

Diese aus der Geschichte des europäischen Kolonialismus vertrauten Einstellungen verdeutlichen, was in den besetzten Gebieten
geschieht. Der israelische Zeitschriftenherausgeber Jigal Schwartz
war als Reserveoffizier im Westjordanland unterwegs. Seiner
Beschreibung zufolge gehen die Militärangehörigen davon aus, daß
sie es mit »primitiven Menschen, Indianern, zu tun haben, die zu
erziehen und zu disziplinieren unsere Pflicht ist«. Wir müssen ihnen
beibringen, daß »sie die Kinder sind und wir die Eltern«, die, wenn
notwendig, zur Rute greifen. Durch alle politischen Lager hindurch
wird Unordnung als Zeichen dafür gesehen, daß »wir schlechte Lehrer sind«, und wenn »wir sie gleich zu Anfang ordentlich geschlagen
hätten, wären sie jetzt gut erzogen«, mithin müssen wir sie jetzt schlagen und erniedrigen, so wie – Schwartz beschreibt es – drei Soldaten
eine wehrlose Frau verprügeln. General i. R. Schlomo Gazit, ehemaliger Leiter des militärischen Geheimdienstes, erklärt: »Es reicht nicht
aus, das Haus eines Terroristen [d. h. einer aus nichtigsten Gründen
zur Bestrafung ausgewählten Person] zu zerstören, weil das nicht
abschreckend genug wirkt. Wir sollten alles im Umkreis von 300 bis
400 Metern um sein Haus herum zerstören.« Gazit, der zuvor einen
hohen militärischen Posten im Westjordanland innehatte, rühmt
sich in einem kürzlich erschienenen Buch der »Erfolgsgeschichte der
Besatzung« mit ihrem »absoluten Verbot jeglicher politischer Organisation« und jeder Beteiligung an »politischen Entwicklungen«, so
daß die Bevölkerung keinesfalls »als Partner in Verhandlungen mit
Israel« auftreten kann. Ähnlich argumentiert der New Yorker Bürgermeister Edward Koch, der Israel auffordert, »die Unruhen in den
besetzten Gebieten mit eiserner Faust und konsequenten Methoden
zu beenden« und Steinewerfer zu deportieren, ohne sich »um die
Reaktion der Medien groß zu kümmern«. Premierminister Schamir
spricht unverhohlen aus, daß Palästinenser, die Widerstand leisten,
»wie Heuschrecken« zertreten und ihre Köpfe »gegen Mauern und
Wände geschlagen« werden. »Wir sagen ihnen von der Höhe dieses
Berges herab und aus der Perspektive von eintausend Jahren
Geschichte, daß sie im Vergleich zu uns wie Heuschrecken sind.«
Angesichts derartiger Einstellungen überrascht es kaum, daß »vergli-

chen mit uns die Briten auf den jüdischen Aufstand mit äußerster Zurückhaltung reagierten«, meint der Militärhistoriker Uri Milschtein.[22]

Unter der Überschrift »Israel leidet, und so auch seine Freunde« beklagen die Herausgeber der *New York Times* die augenblicklich herrschende Gewalt.[23] Sie geben ihrer Bewunderung für diese »winzige Nation, das Symbol menschlicher Anständigkeit« Ausdruck und loben »die Reaktion der israelischen Gesellschaft«, in der »Brutalitäten nicht verschleiert oder ignoriert, sondern angeprangert, untersucht, beklagt werden«. Lob auch für jene Israelis, die »aus Besorgnis um die Auswirkungen auf junge Soldaten auf humanere Methoden drängen – und weil sie glauben, daß Brutalität die Unruhen noch weiter anheizt. Diese Wächter menschlicher Werte sind davon überzeugt, daß Israel... für den Frieden auch Risiken eingehen kann.« Andere Gründe für die Besorgnis werden nicht genannt.

Aus der geschilderten Haltung gegenüber den Arabern erklärt sich auch die Verzweiflung der Bevölkerung unter der angeblich »wohlwollenden Besatzung«, die tatsächlich von Beginn an eine Herrschaft der Gewalt und Erniedrigung gewesen ist. Im Gaza-Streifen, dem Gebiet mit der wahrscheinlich höchsten Bevölkerungsdichte der Welt, sind 2500 jüdische Siedler, 0,4 Prozent der Bevölkerung, im Besitz von 28 Prozent des verfügbaren Grund und Bodens (Ze'ev Schiff). Eine eigenständige Wirtschaft existiert dort nicht, weil israelische Bestimmungen den Wettbewerb mit eigenen Produkten und Exporten verbieten. Auch im Westjordanland wurde die ökonomische Entwicklung und der Wettbewerb mit israelischen Produzenten behindert, damit »die Palästinenser zur Emigration gezwungen« oder zu billigen Arbeitskräften für Israel gemacht werden können (Danny Rubinstein). »Wirtschaftlich gesehen sind es billige Arbeitskräfte für die herrschende Klasse«, schreibt Emmanuel Sivan und fügt hinzu, daß das »kolonialistische Modell« Algerien unter französischer Herrschaft ähnelt und sich »an Südafrika orientiert«. Die Araber sehen sich »einer tiefgreifenden Krise der Wasservorräte« konfrontiert, weil bei der Verteilung dieser Ressourcen jüdische Siedler im Verhältnis von 12 zu 1 begünstigt werden. »Selbstverständlich dürfen die arabischen Einwohner keine neuen Brunnen graben«, während Israel sich reichlich aus den Reservoirs im Westjordanland bedient (Ejal Ehrlich). Wie die *Jerusalem Post* berichtet, zahlen Araber das Drei- bis Vierfache für Wasser wie jüdische Siedler. Orit Schohet zufolge, der die »grundlegenden Apartheid-Gesetze«, die in Israel selbst gelten, untersucht, kauft der Jüdische Nationalfonds, der per Gesetz verpflichtet ist, nur für die Bedürfnisse von Juden zu sorgen, und der mittlerweile über 90 Prozent der Ländereien in Israel kontrolliert (von deren Besitz nicht-jüdische Bürger »dauerhaft« ausgeschlossen sind), auch in der West-Bank Land auf, auf dem »Nicht-Juden... niemals werden leben dürfen«. Er wickelt diese Geschäfte über eine Tochtergesellschaft ab, um diesen Akt »reiner Plünderei« zu verbergen. Seit den Erlassen des israelischen Befehlshabers im Westjordanland von 1983 darf niemand einen Baum pflanzen oder Gemüse anbauen, wenn er sich nicht als Eigentümer des betreffenden Grundstücks ausweisen kann und somit eine schriftliche Erlaubnis erhält. Der Rechtsanwalt Avigdor Feldman sieht darin einen Trick, private Ländereien leichter in Staatsbesitz zu überführen, falls die vorgelegten Dokumente für unzureichend erachtet werden. Der illegale Anbau von Tomaten kann mit bis zu einem Jahr Gefängnis geahndet werden.[24]

Der Anwalt Jonathan Kuttab von der Organisation Al-Haq (»Recht im Dienst des Menschen«) berichtet von weiteren üblichen Maßnahmen wie etwa kollektiver Bestrafung, Deportation, behördlich verfügtem Gewahrsam und summarischer Verurteilung durch Militärgerichte. Dabei ist das Rechtssystem so organisiert, daß »in 98 Prozent der Fälle Anwälte ihre palästinensischen Klienten erst nach deren ›Geständnis‹ sehen dürfen. Dieses ›Geständnis‹ wird von den Richtern auch dann für bare Münze genommen«, wenn es auf Hebräisch verfaßt ist, einer Sprache, die der Tatverdächtige nicht beherrscht. Oftmals sind solche Geständnisse auch durch lange Inhaftierung mit Prügeln, psychologischem Druck und Drohungen erzwungen worden.[25] Der Fadenschein der Legalität wurde im März 1988 endgültig gekappt: Zwar hatte Premierminister Begin Präsident Carter versprochen, den behördlich verfügten Gewahrsam »rechtlich absichern« zu lassen, doch wurde dieses Versprechen nicht eingehalten.[26] Seit Jahren sind die Bewohner des Westjordanlandes den Übergriffen von Siedlern und der Gewalt der israelischen Grenzpolizei ausgesetzt. Der Grund für dieses Vorgehen, schrieb Dov Jermija nach einer Besichtigung des Flüchtlingslagers Deheischa, liege darin, »die Bewohner zu vertreiben und Platz zu schaffen für die Siedlungspläne«, während diejenigen, die unter all dieser Gewalt leiden, nichts anderes tun können, als Steine zu werfen. Die militärischen Vergeltungsaktionen sind weitaus härter als die britischen Maßnahmen, obwohl »unsere Widerstandskämpfer Bomben warfen und Geiseln töteten«, schreibt einer der Gründer der israelischen Armee, der »die Verwirklichung des Zionismus drei Generationen lang« beobachtet hat, voller Bitterkeit.[27]

Repressive Maßnahmen werden übrigens, wenngleich in geringerem Ausmaß, auch gegen Juden ergriffen. Zum ersten Mal wurde eine hebräische Wochenzeitschrift, die *Derech Hanitzotz*, verboten (zeitgleich mit der arabischen Ausgabe, was üblich ist). Die Regierung berief sich dabei auf die Notstandsregelungen des britischen Mandats, die auf einen permanenten Ausnahmezustand hinauslaufen. Sie wurden kurz vor dem Rückzug der Briten abgeschafft, von Israel jedoch sofort wieder eingeführt.[28] Unterdessen führen selbst gemäßigte Protestaktionen zu scharfen Reaktionen. Studenten der Bezalel-Kunsthochschule, die bei einer friedlichen Demonstration Transparente mit der Aufschrift »Wir wollen unser menschliches Ansehen nicht verlieren« trugen, wurden von der Polizei angegriffen und mit Gewalt fortgeschleppt. Es gab 27 Verhaftungen.

Szenen aus der Intifada

Der Kampf von Unterdrückten um ihr Leben und ihr Schicksal ist eines der großen Themen der Geschichte. Im April 1988 besuchte ich Israel und die besetzten Gebiete, wo ein derartiger Kampf mit großer Intensität ausgetragen wurde. Ich hatte die, wenngleich zeitlich sehr begrenzte, Gelegenheit, die palästinensische Intifada aus unmittelbarer Nähe zu erleben.

Die Privilegierten sehen in solchen Kämpfen zuallererst einen Angriff auf ihre Rechte, betrachten sie als gewalttätige Ausbrüche, die von den zerstörerischen Mächten des Bösen – dem Kommunismus oder verrückten Terroristen und Fanatikern – angestachelt werden. Anders können sie sich den Kampf für Freiheit nicht erklären. Schließlich sind die Lebensbedingungen z. B. in Soweto besser als in der Steinzeit oder in anderen Gebieten Afrikas. Und die Menschen im Westjordanland und im Gaza-Streifen, die überleben, indem sie für die Israelis die Dreckarbeit leisten, verbessern, wenn man wirtschaftliche Maßstäbe anlegt, durchaus ihre Lage. Sklavenhalter haben ähnliche Argumente vorgetragen.

Da sie so offenkundig irrational ist, muß die Revolte der Besitzlosen böser Absicht oder einem primitiven Charakter entspringen. Warum sollte man Erniedrigung und Entwürdigung nicht ertragen, wenn man zugleich am ökonomischen Fortschritt teilhat? Warum sollten Menschen materielles Wohlergehen der vergeblichen Suche nach Freiheit und Würde opfern? Wenn man davon ausgeht, daß das grundlegende Bedürfnis des Menschen und die Triebkraft einer gesunden Gesellschaft im Streben nach materiellem Gewinn besteht, sind solche Fragen nicht leicht zu beantworten. Vor mehr als zweihundert Jahren schrieb Rousseau voller Verachtung über seine zivilisierten Mitbürger, die keinen Begriff mehr von Freiheit haben, sondern sich »unaufhörlich des Friedens und der Ruhe rühmen, die sie in ihren Ketten genießen... Aber wenn ich andere sehe, die Vergnügungen, Ruhe, Reichtum, Macht, ja, das Leben selbst opfern, um dieses einzige Gut, das von denen, die es verloren haben, so verachtet wird, zu bewahren; wenn ich frei geborene Tiere sehe, die im Aufbegehren gegen die Gefangenschaft ihren Kopf an Eisenstäben zerschmettern; wenn ich große Mengen vollständig nackter Wilder sehe, wie sie Europens Wollust und Gier verschmähen, und Hunger, Feuer, das Schwert und den Tod erdulden, um einzig ihre Unabhängigkeit zu bewahren, dann spüre ich, daß es Sklaven nicht zukommt, über die Freiheit zu räsonieren.«

Diese Worte kamen mir bei meiner Reise durch das Westjordanland in den Sinn, und ich hatte mich ihrer schon bei ähnlichen Gelegenheiten erinnert. Es ist ein seltenes Privileg, dem Kampf einer Bevölkerung um Freiheit und Gerechtigkeit einen Augenblick lang zuschauen zu dürfen. Jetzt ist die Intifada genau das, auch wenn man nicht weiß, was aus ihr unter jenen Bedingungen wird, die die Besatzer und ihr Zahlmeister ihr auferlegen.

Unterdrückung und Widerstand

Israel hat viele Formen harter kollektiver Bestrafung eingesetzt: Tötungen, Schläge, Gas, Massenverhaftungen, Deportationen, Zerstörungen von Häusern, Ausgangssperren. Nichts davon hat Gehorsam erzwingen können oder zu gewalttätigen Reaktionen geführt. Die Intifada ist von bemerkenswerter kollektiver Selbstdisziplin geprägt und unterscheidet sich grundlegend vom Kampf der Juden in Palästina für einen eigenen Staat. Damals wurden britische Beamte und der UN-Vermittler Folke Bernadotte ermordet, britische Geiseln erhängt und viele Greueltaten gegen die arabische Zivilbevölkerung begangen.

Jitzak Schamir, Befehlshaber der Gruppe, die Bernadotte ermordete, und zur Zeit meines Besuchs Premierminister, hielt Terror für
moralisch geboten: »Weder die jüdische Ethik noch die jüdische Tradition können dem Terror als Mittel des Kampfs seinen Wert absprechen«, schrieb er. »Der Terrorismus ist für uns in erster Linie Bestandteil der politischen Schlacht, die unter den gegenwärtigen Bedingungen geführt wird, und spielt eine große Rolle ... in unserem Krieg
gegen den Besatzer.«[29]

Einige möchten uns glauben machen, daß solche Gedanken und
die daraus folgenden Praktiken in den Bereich des Extremismus
gehören und mit der Etablierung des Staates Israel aufgegeben wurden, gilt dieser doch als »Symbol menschlicher Anständigkeit«, in
dem »moralische Sensibilität zum Prinzip des politischen Lebens
gehört« (New York Times) und der »während seiner ganzen stürmi-
schen Geschichte ... von hohen moralischen Zielen« geleitet wurde
(Time).[30] Es gibt jedoch genügend Dokumente, die solche Auffassungen als Illusionen entlarven. Überdies hat sich die politische Führung bei der Verurteilung terroristischer Praktiken immer sehr
zurückgehalten. In lobender Absicht erinnert sich Isaiah Berlin
daran, daß Chaim Weizmann »es nicht für moralisch anständig hielt,
die Aktionen [jüdischen Terrors] oder ihre Urheber öffentlich an den
Pranger zu stellen ... Er wollte sich nicht gegen Handlungen ausspre-
chen, die er zwar für kriminell hielt, die aber den geplagten Hirnen
verzweifelter Männer entsprungen seien ...« David Ben-Gurion behielt, wie gesagt, das Geständnis eines engen Freundes, der ihm mitteilte, er habe zu den Mördern von Graf Bernadotte gehört, für sich.[31]
Gewalt und Terror sind Bestandteil nationaler Bewegungen und
Kämpfe, das gilt auch für die Vereinigten Staaten, und Israel bildet
keine Ausnahme.

Während ihres Unabhängigkeitskampfes konnte die jüdische
Gemeinschaft in Palästina von einer gewissen Zurückhaltung seitens
der britischen Streitkräfte ausgehen. Die Palästinenser wissen jedoch,
daß sie, sollten sie den Weg der Zionisten einschlagen, eine solche
Zurückhaltung nicht erwarten können. Selbst gewaltlose Aktionen
wie politische Bemühungen und Streiks der Händler, ja, auch symbolische Ausdrucksformen sind seit langem unterdrückt worden. Hätten die Briten die Israelis damals ähnlich behandelt, wäre durch England und die übrige Welt ein Aufschrei der Empörung gegangen.
Israelische Kommentatoren haben auf den scharfen Gegensatz zwischen der britischen Zurückhaltung und den brutalen Reaktionen

Israels auf die bislang sehr disziplinierten Widerstandshandlungen der Palästinenser verwiesen, die ihren Charakter jedoch auch ändern können. Während ich dies schreibe, berichtet die Presse an einem einzigen Tag von gewalttätigen Protesten in Taiwan, Frankreich, Südkorea und Manila. Zum Teil wurden Molotowcocktails geworfen und Polizisten angegriffen. Es gab viele Verwundete, nicht jedoch auf seiten der Demonstranten. Dabei sind die erwähnten Staaten mit Polizeieinsätzen durchaus nicht zimperlich; aber das Bild läßt sich nicht mit israelischen Reaktionen vergleichen, die unter weit weniger bedrohlichen Umständen erfolgten.[32]

Auch die Apologeten israelischer Gewaltanwendung geben gewöhnlich zu, daß es einen doppelten Maßstab gibt; die israelische Gewalt ist seit langen Jahren genau das Gegenteil dessen, was zu sein sie behauptet.

Der israelische Philosoph Avischai Margalit vergleicht das »Ethos der Zurückhaltung« der südkoreanischen Polizei mit der von Verteidigungsminister Jitzhak Rabin (Arbeiterpartei) vertretenen Doktrin, derzufolge brutale Schläge »notwendig sind ... um die Ehre der Soldaten angesichts der Herausforderung durch Palästinenser wiederherzustellen«.[33] Der Unterschied liegt für Margalit in kulturell verschieden gehandhabten Ehrbegriffen. Das mag so sein, aber man sollte auch den Rassismus als Faktor nicht übersehen. Während die Intifada um sich griff, bewarfen orthodoxe Juden, die gegen Filmvorführungen am Sabbat protestieren, von Häusern herab Autos und Polizisten mit Steinen und Stahlrohren; es gab hierbei ebensowenig Tötungs- oder Prügelaktionen wie sechs Monate später, als hunderte von jüdischen Arbeitern bei einer Protestdemonstration in das Finanzministerium eindrangen, Fenster zerschlugen und Polizisten und Beamte verletzten.[34]

Margalit bemerkt, daß »das angekündigte Bestreben der israelischen Regierung ... »Gesetz und Ordnung« wiederherzustellen ... genau gesagt, so übersetzt werden muß: »das Lächeln aus dem Gesicht der palästinensischen Jugend zu vertreiben«.« Das trifft den Kern. Soldaten, die Araber auf einer Hauptstraße in West-Jerusalem zusammenschlugen, riefen, sie »sollten es nicht wagen, den Kopf zu heben«. Das ist die Lektion, die die Araber lernen müssen, wie die israelische Autorin Schulamith Hareven aus dem Gaza-Streifen berichtet, wo die Besatzung seit zwanzig Jahren die Bevölkerung »erniedrigt um der Erniedrigung willen«. »Ein Mann geht die Straße entlang und Soldaten und Siedler rufen ihm zu: »Komm her, Esel«.«

Eine hebräische Wendung, die Araber schnell lernen, ist: »Ihr seid alle Diebe und Bastarde.« Eine Frau, die von ihrem Studium in den Vereinigten Staaten in die Heimat zurückkehrt, wird an der Grenze von Soldaten verhöhnt und beleidigt. Sie lachen über ihre »feine Kleidung« und zeigen einander die Stücke während der Gepäckkontrolle. Eine andere Frau wird um Mitternacht durch einen Tritt gegen die Tür aus dem Bett geholt und gezwungen, Graffitti an einer Hauswand zu lesen. Als Premierminister Schamir kurz vor dem Ausbruch der Intifada die Stadt Gaza besuchte, forderte er Stadträte und Notabeln zu einem Treffen auf, ließ sie dann vor verschlossenen Türen warten, und als sie ihm endlich vorgetragen hatten, was ihnen auf dem Herzen lag, teilte er ihnen abrupt mit, daß die Israelis den Gaza-Streifen niemals verlassen würden, und verschwand wieder. »Eine solche Erniedrigung hat eine entschieden politische Bedeutung«, fügt Hareven hinzu. Sie wird von den Menschen, die gelernt haben, daß »die Juden nur die Sprache der Gewalt verstehen«, nicht vergessen.[35] Die Ähnlichkeit mit dem Alltagsleben in den US-amerikanischen Südstaaten zu deren schlimmster Zeit ist unabweisbar.

Das Phänomen ist typisch für den europäischen Kolonialismus, und auch George Washington bezeichnete die »gnadenlosen indianischen Wilden« der Unabhängigkeitserklärung als »Raubtiere, obwohl sie anders aussehen«, und die darum auch wie Raubtiere behandelt werden müssen.[36] Für eine solche Haltung gibt es heute noch Beispiele. Ein für die Medien der Intellektuellen besonders bezeichnendes will ich hier erwähnen.

Als ich Israel besuchte, gab Thomas Friedman, Chefkorrespondent der *New York Times*, der israelischen Presse Interviews im Zusammenhang mit der Verleihung des Pulitzer-Preises, den er für »ausgewogene und aufklärerische Berichterstattung« bekommen hatte. Dazu gehörten im übrigen auch grobe Verfälschungen im Dienst der israelischen Verweigerungshaltung.[37] Er wiederholte einige der Lügenmärchen, die zu fabrizieren er geholfen hatte, wie etwa die Ansicht, daß die Palästinenser »sich weigern, Israels Existenz anzuerkennen und sich lieber als Opfer darstellen«. Er lobt sich selbst, weil er »den Aufstand in den besetzten Gebieten vorausgesehen« habe – was seine treuen Leser möglicherweise überraschen dürfte. Vor seinen einsichtigen und »präzisen« Reportagen sei Israel »das Land gewesen, über das am meisten berichtet und das von den Medien am wenigsten verstanden wurde«. Friedman verrät auch, wie er sich die Lösung des Problems der besetzten Gebiete vorstellt: Das Modell ist der Südlibanon (der von einer terroristischen Söldnerarmee im Dienst Israels kontrolliert wird). Der Grundsatz müsse lauten: »Sicherheit, nicht Frieden«. Dennoch sollte man den Palästinensern nicht alles verweigern: »Erst wenn sie etwas zu verlieren haben, kann man darauf hoffen, daß sie ihre Forderungen mäßigen« – vor allem die Forderung nach gegenseitiger Anerkennung in einer Zwei-Staaten-Regelung, von der Friedman nichts wissen will, und die er verschweigt. Seinen Ausspruch: »Ich glaube, sobald Achmed einen Platz im Bus hat, wird er seine Forderungen mäßigen« kennen wir bereits.[38]

Die gegenwärtige israelische Taktik ist nicht neu, sondern lediglich gewaltsamer als früher, denn mittlerweile hat der Aufstand fast die gesamte palästinensische Gesellschaft erfaßt. Schon vor Jahren wurde »ganz selbstverständlich... als Reaktion auf Steinwürfe das Feuer eröffnet«.[39] Dokumente für die systematische Anwendung der Folter gibt es seit den frühesten Tagen der Besatzung, was jetzt auch die von einem geachteten ehemaligen Obersten Richter geleitete Landau-Kommission bestätigt hat. Sie empfiehlt »maßvollen physischen Druck« – »ein Euphemismus für die Anwendung der Folter in ernster Absicht, nicht zum Vergnügen«, kommentiert Margalit.

In Israel selbst werden die Arbeiter aus den besetzten Gebieten ähnlich behandelt. Unter der Überschrift »Onkel Achmeds Hütte« erzählte Jigal Sarna einige Monate vor dem Aufstand die »Geschichte der Sklaverei« jener Zehntausenden von unorganisierten Arbeitern, die jeden Tag nach Israel kommen. »Es sind Sklaven, Bürger zweiter Klasse, verdächtige Personen, die in Tel Aviv in Kellern schlafen oder über Nacht in der Hütte einer Orangenplantage eingeschlossen werden, in der Nähe von Abwasserpumpen, in Unterkünften, die... vorwiegend von Ratten bewohnt werden«, oder in unterirdischen Parkhäusern oder Marktständen. Das alles ist illegal, weil sie die Nacht nicht in Israel verbringen dürfen. Auf den »Sklavenmärkten von Aschkalon, Jerusalem, Ramat Gan und anderen Orten« kann man auch Kinder anheuern. Einige Tage später berichtete der Knesset-Abgeordnete Ran Cohen über die Behandlung arabischer Arbeiter in einem Tel Aviver Hotel: »Die Arbeiter wurden grausam verprügelt und mußten vor den Grenzpolizisten masturbieren, den Boden ihrer Wohnung sauberlecken und Kaffee, vermischt mit Zucker und Zahnpasta, trinken. Außerdem wurde ihr Geld gestohlen.« Sie beschwerten sich bei den Behörden, aber nach zwei Monaten hatte es immer noch keine Untersuchung gegeben.[40]

Immer war die Besatzung mit Erniedrigung verbunden, mit dem

Verbot, den Kopf aufrecht auf den Schultern zu tragen. Oftmals wird ganz offen ausgesprochen, daß die »Arabuschim« – ein ähnlich verächtlicher Ausdruck wie »Nigger« oder »Itzigs« – begreifen müssen, wer das Land regiert, und wer den Kopf einzuziehen hat. Wenn Ladenbesitzer als Geste der Unabhängigkeit ihre Geschäfte am Nachmittag offen halten, zwingt die Armee sie dazu, am Morgen zu öffnen und am Nachmittag zu schließen. Wenn ein abgelegenes Dorf sich für »befreit« erklärt, d. h. seine Angelegenheiten selbst regeln will, rückt die Armee an, und wenn die Bewohner sich mit Steinwürfen wehren, kommt es zu Tötungsaktionen, Prügeleien, Zerstörung von Eigentum, Massenverhaftungen und Folterungen.

Auch israelische Araber müssen fortwährend auf der Hut sein. Ein arabischer Freund, ein in Nazareth geborener Philosoph, der in Israel sehr bekannt ist, fuhr mich eines Abends von Ramallah nach Jerusalem, bat mich aber, von Ost-Jerusalem, wo er zur Zeit wohnt, zu meinem Hotel ein Taxi zu nehmen, weil er auf der Heimfahrt in eine Straßensperre geraten könnte, was für ihn vielleicht sehr unangenehme Folgen hätte. (Nebenbei bemerkt ist Ost-Jerusalem gegen anderslautende UN-Beschlüsse von Israel annektiert worden, wobei sich das Stadtgebiet mehr als verdoppelt hat.[41]) Ein anderer arabischer Freund, mit dem ich in der Altstadt unterwegs war, berührte mit seiner Hand eine schwarze Fahne. Es handelte sich um eine von vielen Trauerflaggen, die nach der Ermordung des PLO-Führers Khalil Al-Wazir (Abu Dschihad) durch israelische Kommandos in Tunis gehißt worden waren. Ein Grenzpolizist zog eine Kamera heraus und fotografierte meinen Freund. Als wir weitergingen, folgte er uns mit schußbereiter Kamera und machte eine drohende Bemerkung. Mein Freund kannte keine Furcht; er hatte einige Jahre in einem israelischen Gefängnis verbracht und sich nach seiner Freilassung für die Rechte der Palästinenser eingesetzt. Aber er bat mich, mit ihm sofort zu dem nahegelegenen Hauptquartier zu gehen, um die Sachlage mit einem ihm bekannten Offizier zu klären, weil er sonst von der Polizei aufgegriffen, des Aushängens von Flaggen beschuldigt, zur »Vernehmung« mitgenommen und dann dem Vergessen anheimgegeben werden könnte. Ich ging dann mit einem israelischen Freund ins Hauptquartier, dessen Eingang die Worte »Bruchim Haba'im« (»Gesegnet seien, die hier eintreten«) zierten. Angesichts des (wohlverdienten) Rufs, den die Grenzpolizei besitzt, kann man sich das Schicksal der hier eintretenden Araber vorstellen. Der Offizier konnte nicht gleich gefunden werden (man teilte uns mit, er sei mit Abhöraktionen beschäftigt), doch als er kam, und wir ihm den Sachverhalt darlegten, rief er die Patrouille und gab den Befehl, die Angelegenheit fallenzulassen. Glücklicherweise gab es hier »Protektion«.

Dieses Erlebnis ist kein Einzelfall. Der israelische Journalist Tom Segev berichtet, was sich ereignete, als ein arabischer Anwalt ihm sagte, ein zufälliger Spaziergang durch Jerusalem würde reichlich Beweise für die Einschüchterung und Erniedrigung von Arabern erbringen. Der skeptische Journalist begleitete ihn. Der Anwalt wurde wiederholt von Grenzpolizisten angehalten und nach seinen Ausweispapieren gefragt. Einer befahl ihm: »Komm her, spring«, warf lachend die Papiere auf den Boden und befahl dem Anwalt, sie aufzuheben. »Diese Leute tun alles, was man ihnen sagt«, erklärten die Polizisten Tom Segev. »Ich sag ihm, er soll springen, und er springt. Ich sag ihm, er soll laufen, und er läuft. Ich sag ihm, er soll sich ausziehen, und er zieht sich aus. Ich sag ihm, er soll die Wand dort küssen, und er küßt sie. Und wenn ich ihm sag, er soll auf dem Boden kriechen, tut er auch das . . . Alles. Wenn man ihm sagt, er soll seine Mutter verfluchen, wird er sie verfluchen.« Es sind eben »keine Menschen«. Die Polizisten durchsuchten den Anwalt, schlugen ihn und befahlen ihm, seine Schuhe auszuziehen. Sie wiesen ihn darauf hin, daß sie ihm auch befehlen könnten, seine Kleider auszuziehen. »Mein Araber«, fährt Segev fort, »schwieg und setzte sich auf den Boden.« Die Polizisten lachten und sagten noch einmal: »Wirklich, keine Menschen.« Dann gingen sie fort. »Die Passanten würdigten den Araber keines Blicks, als wäre er durchsichtig. »Hier haben Sie Ihre Geschichte«, sagte mein Araber.« Andere haben weniger Glück. Sie werden geschlagen und zur »Vernehmung« fortgeschleppt und ohne Anklage eingesperrt. Beschwerden führen, wofür es reichlich Beispiele gibt, nur zu vermehrter Brutalität.[42]

Das ist Achmeds Alltagsleben, das sind die Bedingungen, die zum Aufstand geführt haben.

Einige persönliche Beobachtungen

Ich besuchte Israel und die besetzten Gebiete, als Abu Dschihad gerade ermordet worden war. Diese Tat fand in Israel und auch in den USA weitgehende Zustimmung, war der PLO-Führer doch an der Planung terroristischer Aktionen beteiligt gewesen. Mit eben dieser

Begründung könnte man allerdings auch führende israelische und amerikanische Politiker umbringen.

Der Gaza-Streifen war wegen der Protestaktionen, die zu umfangreichen Vergeltungsmaßnahmen der Armee führten, vollständig abgeriegelt; doch verfügte ich über Kontakte, die mir einen Besuch arabischer Gebiete im Westjordanland ermöglichten. Schon vor der Ermordung Abu Dschihads ähnelte die Region einem Konzentrationslager. Die Bevölkerung antwortet mit Entschlossenheit und stillem Trotz. Es besteht ein erstaunlich hoher Grad an Organisation des Alltagslebens, eine hohe Moral und den festen Willen, eine das Überleben sichernde Subsistenzwirtschaft aufzubauen, falls das erforderlich sein sollte. Führende palästinensische Aktivisten, Organisatoren von Bevölkerungskomitees, Bewohner von Dörfern, die unter militärischer Kontrolle stehen, Opfer des von der Armee und israelischen Siedlern ausgeübten Terrors – sie alle sagen einmütig: Wir werden dulden und leiden und unsere Unabhängigkeit gewinnen, indem wir es den Israelis unmöglich machen, ihre Herrschaft aufrechtzuerhalten.

Im Krankenhaus von Ramallah lagen viele schwer verwundete Patienten, aber ich sah keine Ärzte und nur wenige Krankenschwestern. Vor ein paar Stunden war es vor dem Hospital zu einer Konfrontation mit Soldaten gekommen, und das Personal lief Gefahr, inhaftiert zu werden, falls es den Verwundeten Beistand leistete.[43] Die Patienten und ihre Familien wollten zunächst nicht mit uns sprechen, weil sie befürchteten, wir könnten als Journalisten getarnte israelische Agenten sein. Nachdem jedoch unser Führer seine Glaubwürdigkeit nachgewiesen hatte, berichteten sie bereitwillig über die Umstände, unter denen sie geschlagen und beschossen worden waren. Ein von der Hüfte an abwärts gelähmter, an Schläuche angeschlossener Mann mit fünf Schußwunden sagte uns: »Wenn man eine Heimat braucht, muß man Opfer bringen.« Ein dreizehnjähriger Junge, der von einem »Gummigeschoß« (einem gummiummantelten Stahlgeschoß) getroffen worden war, berichtete uns, auf ihn sei geschossen worden, als er auf dem Heimweg von der Moschee einer in der Nähe stattfindenden Demonstration ausweichen wollte. Auf die Frage, wie er sich fühle, erwiderte er, seine Stimmung sei »höher als der Wind«. Diese Gefühle sind weitverbreitet und werden ohne Zorn und in einfachen Worten zum Ausdruck gebracht. Bei allem Leid, das ihnen zugefügt wurde, haben die Menschen leuchtende Augen und glauben an ihren Sieg. In Israel dagegen herrscht bei denen, die wissen, was vor sich geht, Verunsicherung. Nachdem ich an der Universität von Tel Aviv einen Vortrag über die gegenwärtige Situation gehalten hatte, fragte mich ein enger Freund, ob ich glaubte, daß auch in zwanzig Jahren noch Israelis in den besetzten Gebieten leben würden. Die Palästinenser jedenfalls sind der Auffassung, daß sie die wachsende Repression überleben und die Unabhängigkeit erreichen können. Diese Haltung mag realistisch sein oder nicht, aber sie war deutlich spürbar.

Freitagmorgen in Nablus. Die Geschäfte waren geschlossen und die Stadt ruhig. Israelische Soldaten patrouillierten in den Straßen. Sie erwarteten eine Demonstration, die nach dem Gottesdienst in der Moschee stattfinden sollte. Am Stadtrand jätete eine Gruppe von Jungen und Männern Unkraut auf einem Feld, um Gemüse für den Eigenbedarf zu pflanzen. Die Vereinigte Nationale Führung hatte diesen Tag als Vorbereitung für den Aufbau einer von Israel unabhängigen Subsistenzwirtschaft ausgerufen. Die besetzten Gebiete dienen Israel als Absatzmarkt für seine Produkte und zur Rekrutierung billiger Arbeitskräfte. Von deren Löhnen sind die Familien auch weiterhin abhängig, weshalb bislang keine Versuche unternommen wurden, umfangreichere Streik- oder Verweigerungsaktionen zu inszenieren. Einer der Organisatoren der Feldarbeit, ein Verwaltungsangestellter, brachte uns zu einer Wohnung in der Altstadt von Nablus, wo wir einen weiteren örtlichen Aktivisten trafen, der als Taxifahrer arbeitete. Die Altstadt mit ihrem Gewirr von Gassen und Gäßchen kann von der Armee nicht kontrolliert werden, die darum an den Toren schwere Stahltüren angebracht hat, um die Bevölkerung notfalls einsperren zu können. Die beiden Männer beschrieben das nachbarschaftlich organisierte Netzwerk von Bevölkerungskomitees (medizinische Versorgung, Produktion, städtische Dienstleistungen, Frauengruppen usw.), das die urbanen und sozialen Angelegenheiten regelt. Es empfängt von der Vereinten Führung allgemeine politische Direktiven, wobei bestimmte Tage für besondere Aktivitäten vorgesehen sind, deren konkrete Ausführung den Kommunen vorbehalten bleibt.

Diese und ähnliche Organisationen haben sich seit Jahren auf Initiative der (illegalen) Kommunistischen Partei entwickelt, die schon seit langem mehr auf die Entwicklung dieser Strukturen setzt als auf den »bewaffneten Kampf« und durch den Erfolg dieser Strategie an Glaubwürdigkeit gewonnen haben kann. Daran beteiligt sind auch die verschiedenen Fraktionen der PLO, allen voran ihr vorherrschen-

der Flügel, die Fatah-Bewegung. Die Entwicklung dieser Strukturen
in den letzten Monaten ist der erstaunlichste Charakterzug der Intifada und von weitreichender Bedeutung. Der Aufstand ist, Schulamith Hareven zufolge, »nicht nur ein Protest gegen die israelische
Vorherrschaft«, sondern auch »eine Revolte der Frauen und der
Jugend gegen die patriarchale Autorität«, gegen »frauenspezifische
Arbeit« und die »wohlhabenden Gemeindeältesten mit ihren Verbindungen zu Israel und zum Ausland«. Zvi Gilat beschreibt die
»sozialistische Autonomie« von Dörfern im Westjordanland mit
gegenseitiger Hilfe, Unterstützung der Bedürftigen und bevölke-
rungsnaher Organisation trotz des allgegenwärtigen israelischen
Terrors. So auch in Ja'bed, wo die Einwohner in der Nacht hören,
wie »die Gefangenen schreien und um Essen betteln«. Eingesperrt
sind sie in der Schule, die (wie viele andere auch) in ein »Gefangenenlager« umgewandelt wurde.[44]

Obwohl die Vereinte Führerschaft die arabische Polizei aufgelöst
hat, gibt es, Berichten von Einwohnern zufolge, so gut wie keine Verbrechen oder Ordnungsverstöße, abgesehen von Auseinandersetzungen mit den Besatzungstruppen. Parteistrukturen bilden sich auf der
Ebene der Vereinten Führerschaft – Fatah, Volksfront, Demokrati-
sche Front, Kommunistische Partei und, in Gaza, Islamischer Dschihad – heraus.

Das Hauptgewicht liegt auf der Organisation des Gemeinschafts-
lebens, um die Grundlage für eine vollständige Unabhängigkeit zu
schaffen. Das politische Ziel ist die Beendigung der Besatzung. Auf
die Frage, wie das zu erreichen sei, lautet die Antwort immer: Diese
Angelegenheiten sind mit der PLO auszuhandeln. Sicher gab es auch
grundlegende Kritik an der PLO, der man Inkompetenz, Korruption
und Schlimmeres vorwarf, sowie kaum verhohlene Verachtung für
einige Führer in Israel, die von den Medien als offizielle Sprecher
angesehen werden. Faisal Husseini jedoch, der Leiter der Arab Studies Society in Ost-Jerusalem, der erneut in behördlichen Gewahrsam genommen wurde, galt als besonders geachtete Persönlichkeit.[45]
Aber das Problem der Palästinenser wird als nationales Problem angesehen, und die PLO ist, bei all ihren Fehlern, die unumstrittene nationale Führungskraft. Es läßt sich voraussehen, daß mit der Unabhängigkeit Konflikte, die im gemeinsamen Widerstand zweitrangig sind,
auch deshalb an die Oberfläche treten werden, weil die lokalen Orga-
nisationsstrukturen an Umfang und Erfolg beträchtlich zugelegt
haben.

Die von lokalen Organisatoren skizzierten Aktivitäten entsprachen der Analyse Baschir Barghutis, eines einflußreichen Intellektuellen aus dem Westjordanland. Seine detaillierten und mit einer langfristigen Perspektive versehenen Ausführungen prognostizieren, daß die Palästinenser trotz aller Gegenmaßnahmen sozial und wirtschaftlich unabhängig werden und schließlich auch die politische Unabhängigkeit erlangen, wenn es für Israel zu kostspielig wird, die Besetzung aufrechtzuerhalten. Das Netzwerk von Organisationen in der Bevölkerung strebt Autonomie und Autarkie an und bildet die Grundlage für die gesellschaftliche und politische Struktur eines aus dem Gaza-Streifen und dem Westjordanland bestehenden Staats, der neben dem israelischen existiert. Ob solche Pläne realistisch sind, weiß ich nicht, aber unter den Palästinensern herrscht große Einigkeit und Entschlossenheit, sie in die Tat umzusetzen, und das ist ebenso bemerkenswert wie die Parallelen zu den frühen Bestrebungen des Zionismus.

Eine der ersten Ortschaften, die sich für befreit erklärte, war Salfit, das von der israelischen Armee belagert und erst drei Tage vor meinem Besuch eingenommen worden war. Die örtlichen Komitees hatten dort »als Alternative zu den offiziellen Verwaltungsbehörden Dienstleistungen wie etwa die Errichtung sanitärer Anlagen organisiert... und Wachen und Patrouillen eingeteilt, um die Bewohner vor Übergriffen von Siedlern und der Armee zu warnen«, berichtete die *Jerusalem Post* in einer kurzen Notiz über den Angriff der Armee.[46] Die Geschichte von Salfit wurde uns im Haus von Radscheh al-Salfiti erzählt, einem bekannten Folksänger und Repräsentanten des palästinensischen Nationalismus, der während der palästinensischen Aufstände von 1936 bis 1939 von den Briten verhaftet worden war, dann von den Jordaniern, als sie die West-Bank beherrschten, und schließlich von den Israelis nach ihrer Eroberung des Westjordanlandes. Anschaulich und mit vielen Einzelheiten, zu denen einige Besucher noch das ihre beitrugen, berichtete er, wie er und 80 weitere Personen verhaftet wurde, als etwa 1500 israelische Soldaten die Ortschaft im Morgengrauen angriffen. Später wurde er zusammen mit zwei anderen (einem Schwerkranken und einem körperlich Behinderten) freigelassen. In Salfit hatte die kommunistische Partei alles gut organisiert. Frühere Angriffsversuche der Armee waren durch steinewerfende Demonstranten abgewehrt worden; Konfrontationen entwickeln sich zumeist auf diese Weise. Zunächst glaubte die Armee, das Autonomiebestreben durch sporadischen Terror beseitigen zu können. Ein Mann beschrieb, wie zwei israelische Scharfschützen in Zivilkleidung auf das Dach eines Gebäudes am Rand der Ortschaft kletterten und von dort aus einen willkürlich ausgewählten Straßenpassanten erschossen. Danach habe der Schütze seinem Begleiter zugerufen, daß sie sich jetzt zurückziehen könnten. Aber alle derartigen Bemühungen scheiterten. Die Ortschaft blieb im Widerstand vereint und verwaltete sich selbst.

Ende März drang die Armee unter dem Vorwand, einen entführten Bus mit Touristen zu retten, in die Ortschaft ein, wobei ein vierzehnjähriger Junge getötet wurde. Die »Entführung« entpuppte sich sehr schnell als Lügenmärchen. Bei den Touristen handelte es sich um eine Gruppe amerikanischer Akademiker, die an einer von der Bir Zeit-Universität (die, wie alle Universitäten und Schulen, von der Armee geschlossen worden war) veranstalteten Konferenz teilnahmen. Sie waren zu Besuch in Salfit und wurden von den Einwohnern begrüßt. Einer der »Geretteten« war der Harvard-Professor Zachary Lockman, der berichtete, daß während des Besuchs ein Hubschrauber die Ortschaft überwacht hätte. Ein Armeeoffizier habe, so Lockman, seinem Kommandeur über Funk mitgeteilt, daß die Gruppe »keiner Bedrohung ausgesetzt war«.[47]

Als die Armee schließlich Salfit eroberte, hätten, so wurde uns erzählt, Soldaten die Moschee betreten und entweiht. Ein Soldat habe vom Minarett auf Arabisch hinuntergerufen: »Euer Gott ist fort, jetzt haben wir hier das Sagen.« Aus anderen Ortschaften wurde ähnliches gemeldet. In Beit Ummar etwa wurden die Fenster der Moschee zerschlagen, heilige Schriften und andere Besitztümer vernichtet und Bandaufzeichnungen mit Lesungen aus dem Koran entwendet. Die Armee wütete dort fünf Stunden lang mit Bulldozern, die fast jedes Gebäude an der Hauptstraße sowie Autos und Traktoren schwer beschädigten, Bäume entwurzelten und weitere Verwüstungen anrichteten.[48] In Salfit wurden Gewerkschaftsräume und andere Gebäude beschädigt. Soldaten drangen in mit Nummern gekennzeichnete Häuser ein, um zur Verhaftung bestimmte Personen zu suchen; Mutmaßungen zufolge waren Hubschrauberflüge in den vergangenen Tagen durchgeführt worden, um genaue Karten zu erstellen. Die Verhafteten wurden im Gefängnis den üblichen Prügeleien ausgesetzt. Als wir die Ortschaft verlassen wollten, hörten wir Jungen rufen, daß die Armee sich nähere. Die Menschen strömten aus den Häusern, um sich den Soldaten entgegenzustellen. Ihre Kampfmoral war auch drei Tage nach dem Angriff offensichtlich ungebrochen. Meine arabischen Begleiter wollten in Salfit nicht aufgegriffen werden, darum schlugen wir eine andere Richtung als die ursprünglich vorgesehene ein. In der Presse war später von einem Angriff nichts zu lesen. Was tatsächlich geschehen ist, weiß ich nicht.

Zusammen mit einigen Anwälten der Menschenrechtsorganisation Al-Haq besuchte ich die Ortschaft Beita, die von der israelischen Armee abgeriegelt wurde. Die Zufuhr von Gas, Wasser und Elektrizität wurde unterbrochen, Milch, Mehl und Gemüse waren knapp.[49] Wir erreichten Beita auf einer Nebenstraße; ein Mann aus einem Nachbardorf geleitete uns über die Hügel dorthin. Wir blieben bis kurz vor 19 Uhr, dem Beginn der Ausgangssperre, in Beita. Auf der Rückfahrt sahen wir, daß die Nebenstraße gegen einen möglichen Angriff israelischer Siedler oder Soldaten mit Barrikaden gesichert worden war.

Beita gelangte in die Schlagzeilen, als dort am 6. April 1988 die junge Jüdin Tirza Porat von dem israelischen Siedler Romam Aldubi getötet wurde. Zuvor hatten zwanzig Bewohner der religiös-nationalistischen Siedlung Elon Moreh das Umland von Beita betreten – »um zu zeigen, wer hier die Herren sind«, wie einer der Siedler später einem Fernsehreporter mitteilte. Zwei Einwohner von Beita namens Musa Saleh Bani Schamseh und Hatem Fajez Achmad al-Dschaber (es existieren auch andere Versionen dieser Namen) wurden von Aldubi ebenfalls getötet und weitere Personen schwer verwundet. Aldubi, einer von zwei bewaffneten Wachleuten, die die Siedler begleiteten, ist ein bekannter Extremist, der Nablus nicht betreten durfte. Er ist der einzige Israeli, der jemals aus der Armee ausgeschlossen wurde; auch der zweite Wachmann, Menachem Ilan, der die Aktion organisiert hatte, war in der Vergangenheit straffällig geworden. Am nächsten Tag wurde ein Sechzehnjähriger namens Issam Abdul Halim Mohammad Said von Soldaten umgebracht.

Die Siedler behaupteten, Tirza Porat sei von arabischen Dorfbewohnern getötet worden. Das führte in Israel zu beträchtlicher Aufregung; zwei Minister forderten sogar, die Ortschaft zu zerstören und die Einwohner zu deportieren. Schon nach einem Tag hatte die Armee Aldubi als Schuldigen ausfindig gemacht. Dennoch sprengte sie 14 Häuser in die Luft, während Stabschef Dan Schomron zufolge »die arabischen Einwohner nicht die Absicht hatten, den Siedlern aus Elon Moreh Schaden zuzufügen«; sie hätten sie vielmehr beschützt. Dennoch wurden viele Einwohner verhaftet (als wir Beita besuchten, waren immer noch 60 von ihnen im Gefängnis) und später sechs deportiert. General Schomron erklärte, man habe »sofort handeln müssen, weil sonst die Gefahr weiterer Aktionen in dem Gebiet bestanden hätte«. Er meinte damit weitere gewalttätige Aktionen von Siedlern. Die kollektive Bestrafung und die Ausweisungen sind der »Tribut«, um die Siedler unter Kontrolle zu halten, stellt Nahum Barnea klar. Die Siedler selbst werden als Israelis nicht für ihre Gewalttätigkeit bestraft.[50]

Beita ist – oder war – ein hübsches, friedliches Dorf in den Hügeln nahe Ramallah. Die Ortschaft mit ihren traditionell und konservativ eingestellten Bewohnern hatte sich kurz nach Ausbruch der Intifada für befreit erklärt und wurde daraufhin mehrere Male von der Armee angegriffen, was zu Steinwürfen gegen Soldaten führte, die die Zugangsstraße blockierten. Am 14. Februar kam es zu Übergriffen der Armee, woraufhin drei Dorfbewohner ins Krankenhaus mußten. Einer von ihnen war ein achtzigjähriger Mann, dem ein Arm, zwei Finger und zwei Rippen gebrochen worden waren.[51] All das waren keine besonderen Vorkommnisse.

Was am 6. April geschah, ist umstritten. Dorfbewohnern zufolge war das Umland von Beita damals militärisches Sperrgebiet. Sie waren besorgt, als sie sahen, wie israelische Siedler das Gebiet betraten und sich einem Brunnen näherten, weil sie fürchteten, er könne vergiftet oder zerstört werden (wie z. B. in Jabed, wo jüdische Siedler den Brunnen sprengten).[52] Nachdem Musa Saleh von Aldubi auf freiem Feld ermordet worden war, brachten Dorfbewohner die Siedler nach Beita, um über das weitere Vorgehen zu entscheiden. Hatem Fajez wurde getötet, als er sich Aldubi mit erhobenen Händen näherte und ihn aufforderte, ihm die Waffe zu übergeben. Aldubi tötete Tirza Porat, nachdem er von Musa Salehs Mutter und Schwester mit Steinen beworfen worden war. Dann endlich gelang es, ihm das Gewehr zu entreißen und unbrauchbar zu machen.

Die Armee veröffentlichte nach den Vorfällen einen Bericht von zweifelhafter Genauigkeit, bestreitet jedoch Angaben von Siedlern über Schüsse von arabischer Seite. Israelische Freunde in Jerusalem sagten mir, sie seien aufgrund von Fernsehinterviews sicher, daß die Siedler gelogen hätten, wären diese doch nach den Morden mehrere Stunden lang im Gewahrsam der Dorfbewohner gewesen, ohne daß ihnen etwas geschehen sei. Auch die Armee wies darauf hin und versuchte so, die Aufregung, die in Israel herrschte, zu dämpfen.

Die offizielle Behauptung, man habe die Bewohner von Beita

rechtzeitig vor den Häuserzerstörungen gewarnt, damit sie ihre Besitztümer in Sicherheit bringen könnten, ist falsch. Zehn Tage später suchten viele Menschen noch immer in den Ruinen nach Möbeln, Kleidern und Lebensmittelvorräten, die unter den Trümmern begraben lagen. Unabhängig voneinander haben mehrere Beobachter bezeugt, daß den in der Moschee versammelten Bewohnern nur fünfzehn Minuten Zeit gelassen wurde, ihre Habseligkeiten zu retten, bevor die Zerstörung der Häuser begann. Ein Mann, so wurde uns erzählt, konnte seinen Besitz in das Haus seines Vaters hinübertragen, bevor beide Gebäude – solide Steinbauten – demoliert wurden; eines, das schwer beschädigt wurde, hatte zwei Stockwerke und war angeblich über 100 Jahre alt. Neben den vierzehn offiziell zerstörten Häusern wurden sechzehn weitere beschädigt, viele davon waren hinterher unbewohnbar. Ein Haus fiel mir auf, dessen Wand von einem etwa drei Meter langen Betonblock eingedrückt worden war. Er stammte von einem vielleicht siebzehn Meter entfernten Gebäude, das die Armee gesprengt hatte.

Die Internationale Juristenkommission in Genf verurteilte die Kollektivbestrafungen als eine Verletzung der Genfer Konvention. Umfragen ergaben, daß 21 Prozent der israelischen Juden die Zerstörung ablehnten, während 13 Prozent forderten, das ganze Dorf »auszuradieren«.[53] Einige Kommentare in der Presse verurteilten die Demolierung eines Hauses, dessen Besitzer den Siedlern geholfen hatte, aber ich fand keine allgemeine Verurteilung der Aktion, und es wurde auch nicht die Forderung nach Kollektivstrafen für die Siedler von Elon Moreh erhoben.

Die Bewohner von Beita beschrieben die Ereignisse und ihre Folgen ruhig und mit einfachen Worten. Auf unsere Fragen reagierten sie nachdenklich. Was würden sie sagen, wenn Israelis ihnen anböten, die zerstörten Häuser wieder aufzubauen? Nachdem sie sich beraten hatten, meinten sie, das sei eine politische Entscheidung: Wenn es in Freundschaft und Solidarität geschähe, würden sie das Angebot annehmen, nicht jedoch, wenn die Israelis damit nur ihr Gewissen beruhigen oder ihr Image aufpolieren wollten. Ich erörterte die Frage des Wiederaufbaus mit einigen Anhängern der »Peace Now«-Bewegung in Jerusalem, die mir sagten, es gebe Überlegungen in dieser Richtung. Ich weiß jedoch nicht, ob daraus etwas geworden ist.

Als wir Beita besuchten, regnete es in Strömen. Frauen versuchten, im Freien oder in halb zerstörten Häusern zu kochen. Ein Haus wird von zwölf oder mehr Personen bewohnt. Viele sind obdachlos, viele verhaftet und deportiert worden. Musa Salehs Mutter sitzt im Gefängnis, ebenso seine Schwester, die im dritten Monat schwanger ist. Ihre Häuser stehen nicht mehr. Die Schwester wird des tätlichen Angriffs beschuldigt und könnte, israelischen Presseberichten zufolge, der Komplizenschaft im Mord an Tirza Porat angeklagt werden.[54] Aldubi dagegen wird nicht vor Gericht erscheinen müssen, weil, so der Armeesprecher, »der tragische Zwischenfall und seine Ergebnisse bereits Strafe genug sind, wie ich meine«[55] – Strafe für den Mörder, nicht für die »Arabuschim«.

Von den Opfern der Ereignisse in Beita ist nur Tirza Porats Name öffentlich bekannt geworden, und nur die Umstände ihrer Tötung werden untersucht und kommentiert. Das ist angesichts des politischen Klimas auch nicht weiter verwunderlich. Wer hätte von Intissar al-Atar gehört, einer siebzehnjährigen Palästinenserin, die am 10. November 1987 auf einem Schulhof in Gaza erschossen wurde? Wer kennt den Täter, Schimon Jifrah, von der jüdischen Siedlung Gusch Katif im Gaza-Streifen? Er wurde einen Monat nach der Tat verhaftet und gegen Kaution freigelassen, weil, so der Oberste Gerichtshof, »das Vergehen nicht schwerwiegend genug ist, um den Angeklagten in Haft zu halten, und in diesem Fall nicht die Möglichkeit besteht, daß Jifrah sein Vergehen wiederholt oder sich seiner Bestrafung entzieht«. Wer hätte von Abdallah Awad gehört, einem Hirten, der ermordet und dessen Gefährte schwer verwundet wurde, als ein jüdischer Siedler am 5. Mai 1988 sie von einem Feld vertreiben wollte? Die *New York Times* widmete dem Vorfall ganze 80 Wörter (und berichtete nicht, daß der Täter gegen Kaution freigelassen wurde; die Anklage lautete auf Totschlag). Wer kennt den fünfzehnjährigen Ijad Mohammed Aqel, der von israelischen Soldaten umgebracht wurde? Sie hatten ihm, wie ein Augenzeuge berichtet, »den Kopf eingeschlagen«, nachdem sie ihn aus seinem Haus in einem Flüchtlingslager im Gaza-Streifen gezerrt hatten.[56]

Die Reaktionen in den USA und in Israel auf die unterschiedliche Behandlung von Juden und Arabern durch die Gerichte entsprechen der Doppelmoral, mit der Terrorakte und Rechtsurteile betrachtet werden. Der palästinensische Künstler Fathi Ghaban erhielt sechs Monate Gefängnis, weil er die Farben der palästinensischen Flagge in einem Gemälde verwendet hatte. Ein arabischer Arbeiter, der bei einer illegalen Übernachtung in Tel Aviv erwischt wurde, bekam ebenfalls sechs Monate; zwei weitere wurden ihm angedroht für den Fall, daß er nicht in der Lage wäre, ein hohes Bußgeld zu zahlen. Vier junge Araber, die bei einer Protestdemonstration nach dem Massaker von Sabra und Schatila eine palästinensische Flagge geschwenkt hatten, wurden zu Geldbußen und dreimonatiger Zwangsarbeit verurteilt. Dagegen erhielt ein Hauptmann, der zwei Soldaten befahl, vier Palästinenser mit einem Bulldozer lebendig zu begraben, vier Monate Gefängnis, und zwei Soldaten, die gefangene Palästinenser brutal mißhandelt hatten – ein Fernsehfilm der CBS über diese Vorgänge löste in Europa Erschrecken aus –, bekamen drei Monate auf Bewährung. Ein Soldat, der ein Dorf beschossen und dabei einen Araber getötet hatte, kam mit einem Monat Bewährung davon. Ein Siedler, der in eine Gruppe von Demonstranten geschossen hatte, erhielt lediglich einen Verweis. Ein anderer, der nach einem Zwischenfall auf der Straße, bei dem er, Zeugen aus der Armee zufolge, nicht gefährdet gewesen war, einen Dreizehnjährigen erschossen hatte, wurde zu sechs Monaten »gemeinnütziger Arbeit« außerhalb des Gefängnisses verurteilt. Der israelische Staatspräsident Chaim Herzog verkürzte die Urteile für jüdische Terroristen, die bei einem Angriff mit Schußwaffen und Granaten auf das Islamic College in Hebron drei Palästinenser ermordet und 33 verletzt hatten, von lebenslänglich auf 15 Jahre. Drei andere Mitglieder einer terroristischen Untergrundbewegung wurden nach zwei Jahren Gefängnishaft entlassen. Sie hatten versucht, zwei Bürgermeister von Ortschaften des Westjordanlandes umzubringen, wobei einer beide Beine verlor. Dagegen verurteilte ein Militärgericht zwei Araber aus Kafr Kassem, wo die Israelis 1956 eines ihrer schlimmsten Massaker angerichtet hatten, zu 21 Jahren Gefängnis, weil sie angeblich zwei Bomben gelegt hatten, die dann explodierten, ohne Menschen zu verletzen. Der Ideologe und zweithöchste Führer der jüdischen terroristischen Untergrundbewegung, Jehuda Etzion, war zu zehn Jahren Haft verurteilt worden. Er hatte geplant, den Felsendom zu bombardieren, den Angriff auf die Bürgermeister und andere Greueltaten organisiert und 600 Kilogramm Explosivstoffe aus einem Militärstützpunkt gestohlen. Etzion wurde nach fünf Jahren entlassen und bekam eine Stelle an einer Religionsschule in Afula. Fünf Jahre Haft drohen palästinensischen Ladeninhabern, wenn sie, so ein AP-Bericht, »es versäumen, anti-israelische Graffiti von ihren Hauswänden zu entfernen und die palästinensische Fahne einzuholen«.[57]

Diese skandalösen Praktiken sind seit Gründung des Staates Israel an der Tagesordnung. Typisch dafür ist der Fall von Schmuel Lahis, der 1948 einige Dutzend arabische Zivilisten ermordete, die er in einer Moschee der libanesischen Ortschaft Hula bewachte. Er bekam sieben Jahre Haft, wurde sofort begnadigt und erhielt eine Anwaltslizenz, weil seine Tat ihn »nicht stigmatisierte«. Später wurde er zum Generalsekretär der Jewish Agency ernannt, dem höchsten Posten in der Zionistischen Weltorganisation, da durch seine Amnestie »Bestrafung und Schuldvorwurf getilgt sind«.

Nach der Ermordung Abu Dschihads wurden über weitere Gebiete des Westjordanlands Ausgangssperren verhängt, auch über das Flüchtlingslager Kalandia bei Jerusalem. Wir konnten es durch eine noch nicht verbarrikadierte Seitenstraße betreten und dort eine halbe Stunde zubringen, bevor wir von israelischen Soldaten aufgegriffen wurden. Die Straßen im Lager waren ruhig und leer bis auf einen von der Armee genehmigten Trauerzug. Ein paar Kinder kamen herbei und hielten uns wohl für Israelis; jedenfalls stimmten sie den verbreiteten Kampfruf an: »PLO, Israel No!« In den Straßen sahen wir Überbleibsel von Demonstrationen, die vor kurzem stattgefunden hatten: Metallreste von »Gummigeschossen« oder einen Tränengas-Kanister, hergestellt von Federal Laboratories in Saltsburg, Pennsylvania. Der Hinweis, daß nur »ausgebildetes Personal« damit umgehen dürfe und unsachgemäße Behandlung zu Feuer, Verletzungen oder Todesfällen führen könne, war noch lesbar. Allerdings kommt »unsachgemäße Behandlung« recht häufig vor. Während die Soldaten uns befragten, hinkte ein sehr alter Mann mit ausgestreckten Händen auf uns zu. Er war hungrig. Die Soldaten schickten ihn umstandslos ins Haus zurück. Sonst war niemand zu sehen. Die Israelis waren vor allem besorgt darüber, daß wir Journalisten sein könnten und verwiesen uns ohne weitere Zwischenfälle des Lagers.

Die meisten Teilnehmer einer internationalen akademischen Konferenz, der ich in Israel beiwohnte, schlossen sich einer Demonstration vor dem Daharija-Gefängnis bei Hebron an. Sie wurde von diversen Friedensgruppen organisiert, die in den letzten Monaten entstanden waren. Diese Gruppen stellen die hoffnungsvollste Entwicklung in Israel dar, und US-amerikanische Unterstützung für sie könnte einiges bewirken. (Oder hätte, im Nachhinein – 1999 – betrachtet, einiges bewirken können. Aber sie war zu geringfügig, und die eigenen Ressourcen der Gruppen reichten nicht aus, um sie in einer Gesellschaft, die stark von den USA abhängig ist, am Leben zu halten.) Im Unterschied zu Peace Now, die sich nicht von der Verweigerungshaltung der Arbeiterpartei lösen kann, fordern die neuen Gruppen das Ende der Besatzung und denken sich viele Möglichkeiten aus, dagegen zu protestieren. Die Straße zum Gefängnis und der nahegelegenen Ortschaft war von Soldaten blockiert, aber auf den einige hundert Meter entfernten Hügeln versammelten sich Frauen und Kinder, später auch Männer, die auf die Zurufe der Demonstranten antworteten. Kinder kamen zu uns herüber, Erwachsene schlossen sich ihnen an. Schließlich ergriff ein Dorfbewohner das Megaphon und dankte uns für unser Kommen. Ein junger Mann wollte ebenfalls das Wort ergreifen, wurde jedoch überredet, davon Abstand zu nehmen. Einige Tage zuvor hatte er den Leichnam seines von Soldaten getöteten Bruders weggetragen, und er zeigte uns die Narben, die er von den gestern erlittenen Schlägen behalten hatte. Wir hofften, sein Erscheinen werde für ihn später keine schlimmen Folgen haben. In Anwesenheit von Ausländern traten die Soldaten zurückhaltend auf, aber alle machten sich Sorgen darüber, was den Arabern geschehen würde, die mit uns gesprochen hatten. Als wir Daharija verließen, trugen Kinder unsere Demonstrationsschilder. Sie winkten uns zu. Was danach geschah, weiß ich nicht.

Der eidesstattlichen Erklärung eines Armeereservisten zufolge wurden vier Tage später junge Palästinenser, die gefesselt und mit verbundenen Augen ins Daharija-Gefängnis eingeliefert worden waren, dort getreten und mit Plastikrohren geschlagen. Ein Junge, zwischen 12 und 15 Jahre alt, der geweint hatte, wurde am Stacheldraht entlanggezerrt, gegen eine Wand geworfen, getreten, und von einem Soldaten und einem Gefängnisinsassen mit einem Knüppel verprügelt.[58]

Das unter Gefangenen als »Schlachthof« bekannte Gefängnis von Daharija ist eine Station auf dem Weg zum neuen Lager Ansar III in der Negev-Wüste nahe der Grenze zu Ägypten. Ansar I war eine Folterkammer, die Israel während des Libanon-Kriegs für libanesische und palästinensische Geiseln eingerichtet hatte. Ansar II ist ein Gefangenenlager im Gaza-Streifen, das einen vergleichbaren Ruf genießt.[59] Ansar III steht den beiden anderen Lagern in nichts nach. Zu den Gefangenen gehören, wie die *Washington Post* berichtet, »wichtige Angehörige der palästinensischen Elite«: Ärzte, Anwälte, Gewerkschaftsfunktionäre, Studenten und Akademiker sowie mindestens zwanzig Journalisten. Wasser, Lebensmittel, medizinische Versorgung werden ihnen vorenthalten; oftmals können sie sich wochenlang nicht waschen. Sie müssen mit auf dem Rücken gefesselten Händen längere Zeit in der Wüstensonne liegen, mit gesenktem Kopf im Gänsemarsch gehen, dürfen keine Zeitungen oder Bücher lesen, keine Briefe empfangen oder schreiben, sich nicht frei bewegen oder die Kleidung wechseln. Sie haben keine Namen, sondern nur Nummern, was, den Gefangenen zufolge, ein »Gefühl der Isolation« hervorrufen soll. Es gibt weder konkrete Beschuldigungen noch eine juristische Betreuung. Die Familien werden über ihren Verbleib, den Grund und die Dauer ihrer Haft nicht informiert. Weder Journalisten noch Anwälten wird Zutritt zum Lager gewährt.[60]

All dies fällt unter die Kategorie »Erniedrigung«, ist eine pädagogische Maßnahme gegen den erhobenen Kopf.

Dedi Zucker, Knesset-Abgeordneter der Bürgerrechtspartei, berichtet von vertraulichen Regierungsdokumenten, denen zufolge 10 000 Araber inhaftiert sind; die Hälfte von ihnen wurde während der Intifada eingesperrt. An die 2000 sitzen in sechsmonatiger (verlängerbarer) Vorbeugehaft.[61] Politisch gemäßigte Personen sind besonders verdächtig, denn von ihnen geht die Gefahr einer friedlichen Regelung der Situation aus.

Vor dem Gefängnis von Daharija forderte jeder Demonstrant, einen bestimmten Gefangenen treffen zu können. In meinem Fall war das der aus Gaza stammende Anwalt Muhammed Abu-Schaban, der nach einem Vortrag an der Universität von Tel Aviv, bei dem er zu Dialogbereitschaft und politischer Verständigung aufgerufen hatte, in Vorbeugehaft genommen worden war. Es gibt viele ähnliche Fälle. Fünf jüdische Herausgeber der israelischen Zeitschrift *Denech Haritzotz* wurden verhaftet und die Zeitschrift verboten, womit die drakonischen Zensurgesetze Israels zum ersten Mal auf eine hebräische Publikation angewendet wurden. Den Journalisten wurde ein Rechtsbeistand verweigert, die Polizei durchsuchte das Büro eines Anwalts und beschlagnahmte Akten, zwei weiteren droht die Anklage wegen Verbindung mit feindlichen Elementen, was eine Gefängnisstrafe von bis zu 40 Jahren bedeuten kann.[62] Die arabische Ausgabe der Zeitschrift wurde ebenfalls verboten. In einer von Amnesty International verbreiteten eidesstattlichen Erklärung berichtet der Herausgeber, Ribhi al-Aruri, daß er während seiner Vernehmung in Jerusalem eine Stunde lang geschlagen und getreten worden sei, man habe ihm Handschellen angelegt und einen Sack über den Kopf gezogen, ihn tagelang verhört, ohne ihn essen oder schlafen zu lassen, ihn für einen Tag in eine wandschrankgroße Zelle gesperrt, in der er nur stehen konnte, und ihn schließlich noch einmal zwei Tage lang dort ohne Essen zubringen lassen. Dieser Fall – und es gibt noch weit schlimmere – wurde nur bekannt, weil Amnesty International al-

Aruri zum »Prisoner of Conscience« erklärte. Seine Verhaftung sei, so die Begründung, »wegen der gewaltlosen Wahrnehmung seines Rechts auf Meinungs- und Vereinigungsfreiheit« erfolgt.[63]

Andernorts in den besetzten Gebieten

Andere Gebiete, in denen eine Ausgangssperre verhängt worden war, lagen hinter von der Armee errichteten Barrikaden und konnten nur von der Straße aus eingesehen werden. Ich besuchte das Flüchtlingslager Dschalazun, das einen Monat lang einer 24stündigen Ausgangssperre ausgesetzt gewesen war. Dschalazun glich einer Geisterstadt. Männer waren nicht zu sehen. Ein paar ältere Frauen arbeiteten in ihren Gemüsegärten, und auf den Straßen trieben sich ein paar Kinder herum. Ansonsten Grabesstille. Alle Zugänge zum Lager waren verbarrikadiert und von Soldaten bewacht. Die Bewohner durften ihre Häuser nur alle paar Tage für eine kurze Zeit verlassen, um Einkäufe zu tätigen, sofern sie noch über Geld verfügten. Die medizinische Versorgung war dürftig und Arzneimittel knapp. Der für das Lager zuständige Beauftragte des UN-Hilfswerks, Mogens Fokdal, berichtete: »Seit einem Monat gibt es hier keinen Strom. Die Menschen können nichts kochen, weil sie keine Brennstoffe haben. Sie verheizen alte Schuhe und Möbel. Die Situation verschlimmert sich mit jedem Tag.« Seit der Verhängung der Ausgangssperre am 16. März hat die Armee Mülltransportern der UN die Zufahrt verweigert. UN-Beamte hatten die Bewohner gedrängt, den Müll zu verbrennen, um den Ausbruch von Krankheiten zu verhindern, »aber die Menschen im Lager fürchten, daß die Soldaten das Feuer für eine Demonstration halten könnten«, erklärte Fokdal. An Lebensmitteln gibt es nur noch Brot und das, was an Vorräten vor der Ausgangssperre gelagert werden konnte. Am 17. April wiesen Soldaten einen UN-Konvoi ab, der Lebensmittel und andere Vorräte ins Lager bringen sollte. Die israelischen Wachen am Lagereingang bestreiten, daß es Güterknappheit gibt.[64]

Der Anwalt Radscha Schehadeh, Mitglied von Al-Haq, ist der Meinung, daß die Ausgangssperre nach einer angeblichen Bedrohung eines israelischen Kollaborateurs verhängt wurde. Israel nimmt solche Bedrohungen sehr ernst. Normalerweise besteht die »Bedrohung« darin, daß Kollaborateure, die aufgrund der ihnen für ihre Dienste gewährten Privilegien allgemein bekannt sind, aufgefordert werden, in die Moschee zu kommen, zu bereuen und zu versprechen,

nicht weiter als Informanten für den israelischen Geheimdienst
Schin Beth zu arbeiten. Offensichtlich ist das Netzwerk von Kollaborateuren und Informanten durch die Intifada zerrissen worden.

Die 15 000 Einwohner zählende Stadt Biddu wurde am 7. März
mit einer Ausgangssperre belegt, nachdem ein Kollaborateur zur
Umkehr aufgefordert worden war. Die Armee unterband zwei
Wochen lang die Versorgung mit Wasser und Elektrizität und zerstörte vier Häuser.[65]

Am 24. April und 14. Mai erwähnte die *New York Times*, daß in
Qabatija zwei Personen (die ohne Namen blieben) von Soldaten
getötet worden seien, ließ die Vorgeschichte jedoch im dunkeln.
Qabatija, eine Stadt mit etwa 15 000 Einwohnern, war vom 24. Februar bis zum 1. April militärischer Kontrolle unterstellt worden.
Alle Zugänge waren blockiert, es gab weder Wasser, noch Strom, keine Lebensmittellieferungen und keine medizinische Versorgung. Als
am 25. April eine nordamerikanische Delegation die Ortschaft
besuchte, war die Stromzufuhr immer noch nicht wiederhergestellt.

Am 24. Februar zogen Einwohner von Qabatija zum Haus des
Kollaborateurs Mohammad Al-Ajed, um ihn von seinem Tun abzu-
bringen. Al-Ajed, der, wie andere Kollabateure, Waffen besitzen durfte, begann eine wilde Schießerei, die mehrere Stunden dauerte und
bei der ein vierjähriger Junge getötet wurde. Fünfzehn Personen wurden verletzt. Danach tötete er – so die Version der Einwohner – sich
selbst. Vielleicht wurde er auch von ihnen umgebracht. Seine Leiche
wurde an einen Strommast gehängt.

Daraufhin marschierte die Armee in die Ortschaft ein, wobei ein
zwanzig Tage alter Säugling und ein siebzigjähriger Mann durch Tränengas ums Leben kamen. Dutzende von Menschen erlitten Kno-
chenbrüche durch Schläge. Viele wurden verhaftet; als die Ausgangssperre sechs Wochen später aufgehoben wurde, waren immer noch
500 in Haft. Vier Häuser wurden zerstört, weitere schwer beschädigt.
Während der Sperre seien, so berichten Einwohner, Soldaten täglich
in die Stadt gekommen, um Leute zu verhaften und zu schlagen, in
Häuser einzudringen, Möbel zu zerschlagen und Vorräte zu vernichten. Als es dem Journalisten Oren Cohen Ende März gelang, in die
Stadt zu kommen, machte der Geruch von Tränengas das Atmen
schwer. Ein Haus, in dem er sich aufhielt, wies noch Spuren eines
Feuers auf. Das war, wie die Familie mitteilte, eine Woche zuvor aus-
gebrochen, als von einem Hubschrauber aus Gasgranaten abgeworfen wurden. Lebens- und Arzneimittel waren knapp, Klinik und

Apotheke geschlossen, und der einzige Arzt der Ortschaft konnte die vielen Patienten nicht ausreichend behandeln.

Dennoch ist die Moral, wie auch die Delegation berichtete, ungebrochen. Joel Greenberg von der *Jerusalem Post*, der Qabatija betreten konnte, kurz bevor es Journalisten insgesamt verboten wurde, die besetzten Gebiete zu betreten, fand die Menschen einen Monat nach der Sperre »überraschend widerstandsbereit« und »trotzig«. Sie bedauerten das Schicksal des Kollaborateurs nicht. Er »war moralisch verkommen und wurde von allen gehaßt. Aber man griff ihn erst an, als er das Feuer auf eine friedfertige Kundgebung eröffnete, sagten die Einwohner.« Hugh Schofield berichtete in der kanadischen Presse, daß die israelischen Wachsoldaten Lebensmittel- oder Brennstofflieferungen abgewiesen hätten. Viele zur Stadt gehörigen Landwirtschaftsgebiete seien abgesperrt worden und Qabatija dürfe auch keine Materialien aus den Steinbrüchen nach Jordanien exportieren. Davon hing die Hälfte der arbeitenden Bevölkerung ab. Natürlich konnten auch keine Arbeiter nach Israel, so daß der Stadt die wirtschaftlichen Ressourcen ausgingen. Trotzdem »sind die Einwohner erstaunlich guten Mutes«, berichtet Schofield. »Wenn die israelischen Maßnahmen auf Einschüchterung zielen, so erreichen sie bestenfalls das Gegenteil.«[66]

Am 11. Mai wurden 47 Einwohner angeklagt, Al-Ajed getötet zu haben. Zu ihnen gehörte ein Mann, der von seinen Nachbarn zum Gericht getragen werden mußte, weil er schwer verletzt worden war, als der Kollaborateur in die Menge schoß.[67]

Nur wenige Israelis schienen diese und andere Vorgänge in den besetzten Gebieten wahrzunehmen. Die Tötungen und Schläge, von denen bisweilen berichtet wird, geben kein genaues Bild von der Unterdrückung und auch nicht von den Zielen und Erfolgen der Intifada.

Dennoch bilden diejenigen, denen es wirklich um Frieden geht, keine kleine Gruppe, und ihre Solidarität mit den Palästinensern könnte den Weg in eine bessere Zukunft weisen.

Israels Friedensbewegung

Eine der führenden Persönlichkeiten der israelischen Friedensbewegung ist Abba Eban, der sich darüber beklagt, daß Israel eine »große Vision« fehle. Zwar teilt auch er die offizielle Ablehnung eines unab-

hängigen palästinensischen Staats, meint aber, daß »die meisten Einwände wegfallen könnten, wenn es eine integrative Atmosphäre gäbe,
die einen Friedensvertrag ermöglicht, der Israel, Jordanien und *einige
dichtbesiedelte arabische Gebiete* im Westjordanland und im Gaza-
Streifen umfaßt« (meine Hervorhebung), sowie ein Entmilitarisie-
rungsabkommen, das »von einem aufmerksamen Israel und Jordani-
en überwacht wird«. Als Befürworter des Friedens würde Eban zweifellos bereit sein, diese »arabischen Gebiete« einen »palästinensischen
Staat« zu nennen.[68]

Eban skizziert die grundlegenden Vorstellungen des Allon-Plans,
den die damals regierende Arbeiterpartei 1968 vorschlug. Er läuft
darauf hinaus, daß Israel in den besetzten Gebieten das behält, was es
möchte und zugleich jede Verantwortung für die Bevölkerung
ablehnt, die entweder staatenlos bleibt oder unter jordanischer Verwaltung lebt (wobei möglicherweise Arrangements für eine Art von
Selbstverwaltung getroffen werden können). Auf diese Weise wollen
die »Tauben« das demographische Problem lösen, während die »Falken« traditionellerweise das Ziel des »Transfers« verfolgen, d. h. der
Ausweisung der einheimischen Bevölkerung in den »bereits existie-
renden palästinensischen Staat« oder noch weiter weg. Aus einer
anderen Perspektive bekräftigt Eban die traditionelle Haltung der
Arbeiterpartei, derzufolge Israel und die haschemitische Monarchie
in Jordanien ein gemeinsames Interesse an der Unterdrückung des
palästinensischen Nationalismus haben. Aufgrund dieses Interesses
kamen König Abdullah von Transjordanien und Israel 1947/48 zu
einer stillschweigenden Vereinbarung über die Aufteilung des
Gebiets, das der UN-Teilungsplan von 1947 für einen palästinensischen Staat vorsah.[69]

1989 pries Eban vor amerikanischem Publikum Israels umfassende
Bemühungen, »über neue Möglichkeiten nachzudenken, zu denen
auch föderative und kommunitäre Strukturen gehören, die den
Palästinensern Freiheit gewährleisten, ohne Israels Sicherheit zu
gefährden«. Als Beispiel nennt er jedoch nur den Vorschlag, den er
macht: Ein »territorialer Kompromiß« soll Israels Sicherheit erhalten,
»ohne daß physische Kontrolle über *alle* Gebiete und *alle* palästinensischen Einwohner« ausgeübt werden muß (er zitiert eine Untersuchung führender Strategieexperten; Hervorhebungen von mir). Das
grundlegende Problem, hebt Eban hervor, seien nicht Wahlen, sondern »die Verteilung von Souveränität oder Kontrolle« in den besetzten Gebieten.[70]

Das Nachdenken über »neue Möglichkeiten« geht also nicht über die tradierte Ablehnungshaltung der Arbeiterpartei hinaus; es handelt sich nur um diese oder jene Variante des Allon-Plans. Nirgendwo findet sich ein Hinweis auf den Willen, der einheimischen Bevölkerung das Recht auf Selbstbestimmung einzuräumen. Eban ist ein gewiefter Diplomat, der seine Worte mit Bedacht wählt. Man sollte sehr genau auf seine Formulierungen achten.

Eban ist der »Peace Now«-Bewegung [»Schalom Achschave«] verbunden, der größten und bekanntesten Friedensgruppe in Israel. Einige ihrer Mitglieder haben sich für den Rückzug aus den besetzten Gebieten ausgesprochen (wie auch einige »Falken« und Militärexperten), wobei die Organisation selbst bislang nur Hinweise darauf gegeben hat, daß sie ein solches Ergebnis begrüßen würde. Ende 1988 hat Peace Now zum ersten Mal die Bereitschaft bekundet, Palästinenser ihre eigenen Repräsentanten für mögliche Verhandlungen wählen zu lassen.

Seit Jahren verkündet die israelische Propaganda (und die Medien in den USA wiederholen es), daß der Weg zum Frieden versperrt sei, weil es »bei den Arabern keine Friedensbewegung gibt . . . wie wir sie in der jüdischen Bevölkerung haben« (Schimon Peres), weil »ein arabischer Verhandlungspartner fehlt«, der das Gegenstück zu Peace Now bilden könnte (Thomas Friedman). Dergleichen ist auch schon oft von dem bekannten israelischen Schriftsteller Amos Oz und anderen, die Peace Now nahestehen, geäußert worden. All das sind sorgfältig gepflegte Illusionen. Tatsächlich hat die PLO trotz aller Ausweichmanöver, Unklarheiten, Inkompetenzen und Betrügereien seit Jahren ein auf Anerkennung der Rechte der Palästinenser beruhendes Friedensabkommen eindeutiger vertreten als alle organisierten Gruppen in Israel oder den USA. Die *New York Times* und ihr Chefkorrespondent Thomas Friedman waren besonders darum bemüht, die Reinheit der Lehre vor den Tatsachen zu schützen. Es gab keine Berichterstattung über Arafats Initiativen, und sogar Leserbriefe, die sich darauf bezogen, wurden nicht abgedruckt. Kein Wunder, daß amerikanische Intellektuelle, die sich ihre Sichtweise durch den engen Blickwinkel der ideologischen Institutionen diktieren lassen, Israel drängen können, »mit allen Palästinensern zu verhandeln, die willens sind, Israel anzuerkennen«, und hinzufügen, daß, wenn die Araber dieses Angebot (das die PLO de facto seit Jahren macht) zurückweisen, »Israel in der internationalen Staatengemeinschaft als klarer Gewinner dastehen wird« (Irving Howe).[71]

Die Unterstützerorganisation von Peace Now in den Vereinigten
Staaten, »Friends of Peace Now«, hat die USA, Israel, die arabischen
Staaten und die PLO aufgefordert, sechs Grundsätze zu akzeptieren.
Der erste lautet: »Eindeutige Anerkennung des israelischen Staats
durch die arabischen Staaten und das palästinensische Volk.« Dagegen
bleibt die entsprechende Verpflichtung Israels und der USA eher
vage: »Eindeutige Anerkennung des Rechts des palästinensischen
Volkes auf nationale Selbstbestimmung.« Offen bleibt, wo oder in
welcher Form dieses Recht ausgeübt werden kann. Das hebräische
Original, das die tatsächliche Haltung von Peace Now zum Ausdruck
bringt, fügt weitere Spezifizierungen hinzu: Die Rechte der Palästinenser können nur anerkannt werden, »insofern sie mit Israels
Sicherheit vereinbar sind«. Das ist eine sehr dehnbare Bestimmung.
Der dritte Grundsatz fordert: »Austausch von Gebieten [nicht etwa:
den Gebieten], die im für den Frieden geführten Krieg von 1967
besetzt wurden.« Die Unterscheidung zwischen »Gebieten« und »*den*
Gebieten« gehört zur nahöstlichen Diplomatie. Wenn Peace Now
von »Gebieten« spricht, stimmt das mit dem Allon-Plan überein, dessen Forderung nach einem »territorialen Kompromiß« jeder sinnvol-
len Form palästinensischer Selbstbestimmung einen Riegel vor-
schiebt. Grundsatz vier fordert »die palästinensische Ausübung der
Selbstbestimmung innerhalb des Territoriums, aus dem Israel sich
zurückzieht«, was wiederum unbestimmt genug ist, um auch die
ablehnende Haltung Israels gegenüber einem palästinensischen Staat
bekräftigen zu können. Die anderen beiden Grundsätze fordern den
»Schutz der israelischen Sicherheitsbedürfnisse« (nicht aber den der
Palästinenser), sowie Verhandlungen mit allen Parteien einschließlich der PLO.

Interessant ist auch die Begründung dafür, warum Peace Now
unterstützt werden sollte: »Der Versuch, über die Palästinenser zu
herrschen oder das Land, in dem sie leben, zu annektieren, gefährdet
Israels Sicherheit und bedroht seinen demokratischen, jüdischen
Charakter.« Zwei Punkte sind hier wichtig. Zunächst ist vom Leiden
der Palästinenser und ihren Rechten nicht die Rede, ganz so als seien
sie kein Grund, den Friedensprozeß zu voranzutreiben. Sodann ist
die Formulierung vom »demokratischen, jüdischen Charakter« zu
bedenken. Was heißt es eigentlich, vom »demokratischen Charakter«
eines Staats zu sprechen, der vom Obersten Gerichtshof zum »souve-
ränen Staat des jüdischen Volks« erklärt worden ist, zu dem auch die
Juden in der Diaspora gehören, nicht aber zum Staat seiner Bürger?

Erinnern wir uns daran, daß der »jüdische Charakter« des Staats nicht nur symbolische Bedeutung hat. Die weitreichende Diskriminierung arabischer Bürger ist in der Rechtsprechung und der behördlichen Praxis verankert und betrifft z. B. den Erwerb von Land, Entwicklungsgelder und fast jeden Aspekt des gesellschaftlichen Lebens. Das wird auch in den USA nicht bestritten. In einem Kommentar der *New York Times*, der sich kritisch mit der Siedlungspolitik in den besetzten Gebieten beschäftigt, bemerkt Jack Rosenthal boshaft, daß die Subventionen der Regierung, sollten sie tatsächlich, wie behauptet wird, auf »wirtschaftliche Erfolge« ausgerichtet sein, »sich auf die neu entwickelnden Städte im Negev und in Galiläa beschränken müßten, wo es keine Frage ist, wem das Land gehört«.[72] Das ist durchaus richtig. In Israel selbst (in den Grenzen von vor 1967) sorgen Gesetze und andere Reglements dafür, daß 90 Prozent des Grund und Bodens der Nutzung durch jüdische Bürger Israels vorbehalten bleiben. Die arabischen Bürger sind davon ausgeschlossen. Merkwürdigerweise werden solche Vorkehrungen für nicht erwähnenswert und mit demokratischen Prinzipien vereinbar gehalten.

Auch Israels Oberster Gerichtshof hat zur Klärung des Begriffs »Israels demokratischer, jüdischer Charakter« beigetragen. 1985 wurde ein Gesetz verabschiedet, das Parteien verbietet, welche die Konzeption von Israel als »Staat des jüdischen Volks« ablehnen. Schon in dem für diesen Bereich zuständigen Grundgesetz heißt es u. a.: »Eine Kandidatenliste darf nicht an den Wahlen zur Knesset teilnehmen, wenn mit ihren Zielen oder Handlungen, explizit oder implizit, einer der folgenden Punkte verbunden ist: (1) die Ablehnung der Existenz des Staates Israel als Staat des jüdischen Volks...«[73] Mithin kann schon die implizite Befürwortung der traditionellen Konzeption eines demokratischen Staats als Staat seiner Bürger zum Ausschluß von der Beteiligung am politischen Leben führen.

Die Bedeutung dieses Gesetzes stand Ende 1989 zur Debatte, als der Oberste Gerichtshof sich mit Einwänden gegen das Recht der PLP auf Beteiligung an den Wahlen befassen mußte. (Die PLP, die Progressive List for Peace, ist eine kleine arabisch-jüdische Partei, die von dem arabischen Anwalt Mohammed Miari und dem israelischen Arabisten Matti Peled, einem General i. R., geführt wird.) Der Gerichtshof wies die Einwände mit drei gegen zwei Stimmen zurück, führte dabei aber vor allem formale Gründe an. Die Verhandlungen drehten sich um den Schwerpunkt des Parteiprogramms, das die vollständige Gleichheit zwischen jüdischen und arabischen Bürgern in einem Israel forderte, das »in gleichem Maße der Staat aller seiner Bürger, der jüdischen und arabischen, ist«. Zwei Richter, Dov Levin und Menachem Elon, meinten, diese Formulierung reiche aus, um die PLP von den Wahlen auszuschließen, weil die Partei, so Levin, einen Staat fordere, der, »wie alle demokratischen Staaten, aus der Gesamtheit seiner Bürger bestehe, ohne dem jüdischen Volk als solchem einen Vorteil einzuräumen«. Richter Elon bekundete, es sei »notwendig, einen Juden oder Araber, der Rechtsgleichheit für die Araber fordert, daran zu hindern, in der Knesset zu sitzen oder in sie gewählt zu werden«.[74]

Zwei andere Richter scheinen, so der Rechtsexperte Allan Schapiro, »im Prinzip« mit diesen Folgerungen übereinzustimmen. Einer von ihnen, Schlomo Levin, »votierte »schweren Herzens« und mit erheblichen Bedenken gegen den Ausschluß der PLP, weil der Beweis für die inkriminierte Haltung der Partei nicht erbracht werden konnte«. Immerhin habe die Mehrheit der Richter »zugegeben, daß es zwischen Demokratie und Zionismus einen Konflikt gibt«.[75]

Die Vorstellung, es zähle allein die Sicherheit der jüdischen Bürger Israels, dessen Status als beispielhafte Demokratie auch durch die weitreichende rechtliche und behördliche Diskriminierung seiner arabischen Bürger nicht berührt werde, ist ein durchgängiges Merkmal linksliberaler Kommentare in den USA. Auch das sagt sehr viel über unsere politische und geistige Kultur.

Die Unterschiede zwischen Arbeiter- und Likudpartei sollten nicht übersehen werden. Schimon Peres wird nicht, wie Premierminister Schamir, die Palästinenser öffentlich als »brutale, wilde, fremde Invasoren im Land Israel« verunglimpfen,[76] und der Allon-Plan ist nicht identisch mit dem Ziel der Likudpartei, Israels Souveränität auf die besetzten Gebiete auszuweiten. Die Positionen von Peace Now unterscheiden sich von beiden Konzepten, aber es gibt nur wenige Gruppen, die klar und uneindeutig den Grundsatz vertreten, daß Palästinenser und Juden Menschen mit gleichen Rechten sind, und die für einen Vertrag kämpfen, der diesen Grundsatz berücksichtigt.

Ende 1988 konnte die US-Regierung die Friedensinitiativen der PLO nicht mehr unberücksichtigt lassen, wollte sie nicht Gefahr laufen, zur Zielscheibe internationalen Spotts zu werden. Im Dezember akzeptierte man schließlich die Position der PLO, während man vorgab, diese habe klein beigegeben. Die USA erklärten sich bereit, auf niederer Ebene in einen Dialog mit der PLO einzutreten. Die Farce blieb unbemerkt.[77]

Bei der ersten gemeinsamen Sitzung verdeutlichten die USA ihre Haltung: Es wird, zum einen, keine internationale Konferenz geben; zum anderen muß die PLO den »Aufruhr« in den besetzten Gebieten – die Intifada –, »den wir als gegen Israel gerichteten terroristischen Akt verstehen«, beenden. Die PLO sollte, anders gesagt, dafür sorgen, daß der Status quo ante wiederhergestellt wird. Die Verweigerung einer internationalen Konferenz diente dem Zweck, eine politische Lösung, die den Interessen der USA und seines Satelliten zuwiderlaufen könnte, zu verhindern.

Im Februar 1989 traf sich Rabin mit fünf führenden Mitgliedern von Peace Now, denen gegenüber er seine Zufriedenheit mit dem Dialog zwischen den USA und der PLO zum Ausdruck brachte. Er beschrieb, so der Journalist Nahum Barnea, die Operation als »erfolgreich«, weil es nur »Diskussionen auf niederer Ebene« gebe, bei denen bedeutsame Probleme nicht zur Sprache kämen. Die Amerikaner sind »jetzt zufrieden und suchen keine [politische] Lösung, und sie werden uns zumindest ein Jahr Zeit lassen«, die Situation auf unsere Weise zu bereinigen, also durch Gewalt. »Die Bewohner der [besetzten] Gebiete sind starkem militärischem und wirtschaftlichem Druck ausgesetzt«, erklärte Rabin. »Schließlich werden sie gebrochen sein« und Israels Bedingungen akzeptieren. Die Mitglieder von Peace Now waren von dem Erfolg dieser Taktik nicht überzeugt. Andere Einwände wurden nicht bekannt.[78]

Ganz damit im Einklang steht die Tatsache, daß vor dem Besuch von Premierminister Schamir und Außenminister Arens in Washington ein hochrangiger US-Regierungsbeamter Israel aufforderte, keine öffentliche Kritik mehr am Dialog zu üben, die diesem nur »weitere Bedeutung« verleihen würde. Anfang März unterbreitete die Regierung George Bush Israel und der PLO »Vorschläge«: Israel wurde gedrängt, die der Niederschlagung der Intifada dienenden Maßnahmen zu begrenzen, während die PLO die »gewalttätigen Demonstrationen« und die Verteilung »aufrührerischer Flugblätter« unterbinden sollte. Das läuft darauf hinaus, daß die PLO mit Israel bei der Errichtung einer etwas schärferen Version des Status quo ante zusammenarbeitet.[79]

Diese Maßnahmen wirkten Wunder. Die Berichterstattung über die besetzten Gebiete wurde geringer, was Israel Handlungsfreiheit gewährte. Die Aufmerksamkeit richtete sich jetzt auf den »Friedensprozeß«, nicht auf die (von den USA unterstützte) Intensivierung der Unterdrückung. Die PLO ließ sich von letztlich unbedeutenden diplomatischen Manövern mitreißen, statt ihre Bemühungen darauf zu richten, den Bedürfnissen eines Volks im Belagerungszustand zu entsprechen. Das hat, Berichten zufolge, unter den Opfern dieses Zustands zu Unzufriedenheit und Empörung geführt.[80]

Anmerkungen

1 Chronologie, *Middle East Journal*, Frühjahr 1988; Anwalt Avigdor Feldman, *Hadaschot*, 1. Jan. 1988; *The Other Front* (Jerusalem), 3. Okt. 1989. Vgl. meinen Artikel in *Z Magazine*, Juli 1988.

2 Jael Fischbein, »The Intifada Children's »Punishment of Illiteracy«, *Davar*, 15. Sept.; Uzi Benziman, »Bingo in the Chicken Coop«, *Ha'aretz*, 15. Sept. 1989.

3 Leitartikel, *NYT*, 19. Feb. 1988. *Chicago Tribune*, 30. Sept.; *Jerusalem Post*, 2. Okt.; Mosche Negbi, *Ha'aretz*, 20. Sept. 1989. Zum Fall Givati vgl. Chomsky, *Necessary Illusions* (South End 1989), S. 209 f.

4 Joel Greenberg, *Jerusalem Post*, 8. Nov. 1989. Später wurde Meir vor Gericht gebracht, wo interessante Aussagen über die Verantwortlichkeit höchster Stellen für Greueltaten gemacht wurden.

5 Feldman, *Tikkun*, Sept./Okt. 1989.

6 Eitan Rabin, *Ha'aretz*, 1. Sept.; AP, 5. Sept.; *Ha'aretz*, 14. Juni 1989.

7 Josef Cohen, *Kol Ha'ir*, 6. Okt. 1989; Segev, *Ha'aretz*, 30. Sept. 1988.

8 Nehemia Strassler, *Ha'aretz*, 2. Okt. 1987. Vgl. die Verweise in Chomsky, *Pirates and Emperors* (Claremont 1986, Black Rose 1987), Kap. 2, Anm. 19. Boaz Evron, »Why should we prefer Labor?«, *Jediot Ahronot*, 7. Juli 1989. Zu Scharon im Gaza-Streifen vgl. Amnon Dankner, *Hadaschot*, 11. April 1989. Vgl. die von der UN-Generalversammlung am 10. Dez. 1948 angenommene Erklärung der Menschenrechte, Artikel 13 (2): »Jeder hat das Recht darauf, jedes Land, einschließlich des eigenen, zu verlassen und in sein Heimatland zurückzukehren.«

9 Josef Cohen, *Kol Ha'ir*, 19. Nov. 1989.

10 Goga Kogan, »The invisible transfer«, *Hotam*, 15. Sept.; Gabi Nitzan, »The transfer has begun«, Hadashot, 20. Sept.; Ronit Matlon, »In a taxi to the bridge«, *Ha'aretz*, 11. Nov. 1989.

11 Hiltermann, *Nation*, 10. Sept. 1990. Hiltermann ist ein niederländischer Soziologe, der mit der palästinensischen Menschenrechtsorganisation Al-Haq in Ramallah zusammenarbeitet.

12 Ebd.

13 Oren Cohen, »Let us cry«, *Hadaschot*, 16. Sept. 1989.

14 Irving Kristol, *Wall Street Journal*, 13. Dez. 1973.

15 Zu Friedmans Interviews mit der israelischen Presse s. u. Schahak, *Middle East International*, 26. Mai 1990. Schahaks regelmäßige Kommentare zur

israelischen Presse sind seit langem eine erstrangige Quelle von Einsichten in die politische und kulturelle Entwicklung Israels und der gesamten Region.

16 Irit Rozenblum, *Ha'aretz*, 30. Juli 1989.

17 *Jerusalem Post*, 15. Jan. 1988.

18 Jossi Beilin, *Mehiro schel Ilhud* (Revivim 1985), S. 42 f.

19 Josef Heller, *Bana'avak Landina* (Jerusalem 1985), S. 140.

20 Josef Gorni, *Hasche'ela Ha'aravit Vehaba'aja Hajehudit* (Tel Aviv 1985), S. 63, 56; Danny Rubinstein, *Davar*, 27. Juni 1986.

21 Tsadok Jehezkeli, *Jediot Ahronot*, 21. Feb. 1988. Rundfunksendung Jerusalem, 9. Aug. 1979; zit. in einem geheimen Kabelbericht des US-Außenministeriums, 18. Aug. 1979; abgedr. in *Documents From the U. S. Espionage Den (42): U. S. Interventions in the Islamic Countries, Palestine (1)*, S. 16 f., die Rekonstruktion erbeuteter Materialien aus der Botschaft, im Iran veröffentlicht von den Muslim-Studenten, die dem Kurs des Imam folgen. Howe, *NYT Book Review*, 16. Mai 1982. Zu Peretz' rassistischen Ergüssen vgl. Christopher Hitchens in *Journal of Palestine Studies*, Winter 1987.

22 *Ha'aretz*, 11. März; *Hadaschot*, 10. Jan.; Gazit, *Hamakel Vehagezer* (Tel Aviv 1985); längere Auszüge in *Pirates and Emperors*, S. 50. *Ha'aretz*, 6. März; Reuters, *NYT*, 1. April 1988; *Hadaschot*, 6. Jan. 1988.

23 *NYT*, 19. Feb. 1988.

24 Schiff, *Ha'aretz*, 13. Dez. 1987; Rubinstein, *Davar*, 18. Nov. 1984; Dalia Schehori, *Al Hamischmar*, 24. Dez. 1986; Ehrlich, *Ha'aretz*, 13.Nov. 1987; Elaine Fletcher, *Jerusalem Post*, 2. Juli 1987; Schohet, *Ha'aretz Supplement*, 25. Sept. 1985; vgl. auch Michael Berger, Leserbrief, *Jerusalem Post*, 26. Sept. 1983; *The Dawn (Al Fadschr)*, 7. Okt. 1983; Avigdor Feldman, *Koteret Raschit*, 24. Aug. 1983. Ebenso ein irreführender Bericht von David Shipler, *NYT*, 19. Feb. 1984.

25 AP, 28. Feb. 1988.

26 John Kifner, *NYT*, 23. März 1988.

27 *Davar*, 15. Jan. 1985.

28 Joseph Maliakan, *New Statesman*, 11. März; Amnon Kapeliuk, *Le Monde diplomatique*, März; Bezalel Amikam, *Al Hamischmar*, 19. Feb. 1988.

29 Jitzhak Schamir, *Hehazit* (LEHI, die »Stern-Gruppe«), 1943; Wiederabdr. in *Al Hamischmar*, 24. Dez. 1987; übers. in *Middle East Report* (MERIP), Mai-Juni 1988.

30 Leitartikel, *NYT*, 19. Feb. 1988, 6. Nov. 1982; *Time*, 11. Okt. 1982.

31 Berlin, *Personal Impressions* (Viking, 1981), S. 50. Michael Bar-Zohar, *Ben-Gurion*, S. 180 f.

32 *BG*, 21. Mai 1988; zum Angriff auf die US-Botschaft in Seoul vgl. auch *NYT* vom selben Tag.

33 Margalit, *New York Review*, 2. Juni 1988.

34 AP, 12. Dez. 1987, 1. Juni 1988.

35 Gad Lior, *Jediot Ahronot*, 24. Jan.; Schulamith Hareven, *Jediot Ahronot*, 25. März 1988.

36 1783; zit. n. Richard Drinnon, *Facing West: The Metaphysics of Indian-Hating and Empire Building* (Minnesota 1980), S. 65.

37 Beispiele in Chomsky, *Pirates and Emperors* und *Necessary Illusions*.

38 »The Man who Foresaw the Uprising«, *Jediot Ahronot*, 7. April; *Hotam*, 15. April. AP, 1. April 1988.

39 *Davar*, 21. Nov. 1980.

40 Sarny, *Jediot Ahronot*, 3. Juli; Menahem Schizaf, *Hadaschot*, 7. Juli 1987.

41 Donald Neff, »Struggle over Jerusalem«, *American-Arab Affairs*, Winter 1987/88; *Middle East International*, 28. Mai.

42 Segev, *Ha'aretz*, 8. Jan. 1988. Vgl. Gabi Nitzan, *Koteret Raschit*, 30. Dez. 1987, die von einem besonders schlimmen Fall berichtet.

43 Mein Bericht über diesen Vorfall, der im Zusammenhang mit diesem Artikel in einer israelischen politischen Zeitschrift erschien, kam dem kenntnisreichen Schriftsteller Boaz Evron »selbst gemessen an den in den besetzten Gebieten »akzeptierten Normen« einigermaßen erschreckend« vor. Er schreibt jedoch, daß seine Skepsis sich legte, als er die Ausgabe einer Kibbuz-Zeitschrift las, in der Mitglieder ihre Erfahrungen schilderten. Evron hatte während der vorstaatlichen Periode am bewaffneten Kampf gegen die Briten teilgenommen und bemerkt dazu: »Wir warfen nicht mit Steinen, sondern übten »persönlichen Terror« gegen sie aus, töteten und verwundeten sie ... Wir verließen uns darauf, daß wir es mit einer aufgeklärten Nation zu tun hatten, die moralischen Beschränkungen unterlag, und daher erlaubten wir uns solche Aktionen.« Die Palästinenser könnten, heißt es bei Evron weiter, solche Annahmen nicht machen. »Wir haben die Briten als »Nazi-Briten« denunziert«, aber sie waren »im Vergleich zu unserem Verhalten gegenüber der Intifada ein Musterbild an Höflichkeit und Menschlichkeit ... die jüdische Gemeinschaft hat nie den Grad an Entschlossenheit und Opferbereitschaft erreicht, den die Palästinenser in ihrem Befreiungskampf zeigen.« Boaz Evron, »Silence is Trash«, *Jediot Ahronot*, 8. Aug. 1988.

44 Hareven, op. cit.; Gilat, *Hadaschot*, 7. April.

45 Vgl. Pressemitteilung, Arab Studies Society, 13. Sept. 1987; *The Other Israel*, Nov.–Dez. 1987.

46 14. April.

47 AP, 28. März. Es gab eine kurze und unzulängliche Notiz in *BG*, 29. März und *NYT*, 28. März. Der Leitartikel der *Jerusalem Post* vom 29. März, bedauert den »Fehler« der Armee.

48 Dan Fisher, *Los Angeles Times*, 10. April; Uri Nir, *Ha'aretz*, 13. April; AP, 9. April. Ein Bericht von Joel Brinkley (*NYT*, 3. Mai) aus dem Dorf erwähnt davon nichts.

49 Jaizhar Be'er und Munir Man'e, *Kol Hair*, 15. April.

50 John Kifner, *NYT*, 7., 8. und 9. April; *News from Within* (Alternative Information Center, Jerusalem), 10. Mai; *FACTS Weekly Review*, 3.–9. April, eine palästinensische Publikation, die wöchentliche Zusammenfassungen von Nachrichten über den Aufstand bringt; Schomron, zit. n. Kifner,

9. April, und *Jerusalem Post*, 12. April; Nahum Barnea, *Koteret Raschit*, 13. April; Peretz Kidron, *Middle East International*, 16. April.

51 *News from Within*, 10. Mai; Daoud Kuttab, *Middle East International*, 16. April.

52 Zvi Gilat, *Hadaschot*, 12. April.

53 *Ha'aretz*, 15. April; *Hadaschot*, 12. April.

54 Im August erhielt sie rückwirkend eine Haftstrafe von acht Monaten, weil sie »Steine geworfen und Aldubi ernstzunehmenden körperlichen Schaden zugefügt hat«; Joel Greenberg, *Jerusalem Post*, 12. Aug. 1988.

55 *BG*, 25. Mai; *Al Hamischmar*, 17. Mai; Joel Brinkley, *NYT*, 28. April.

56 Chronologie, *Middle East Journal*, Frühjahr 1988; Avigdor Feldman, *Hadaschot*, 1. Jan. 1988; AP, *NYT*, 6. Mai; Mary Curtius, *BG*, John Kifner, *NYT*, 9. Feb.; Curtius, *BG*, 4. Juni.

57 *Hadaschot*, 16. Mai 1984; Menahem Schizaf, *Hadaschot*, 2. Juli 1987; Attallah Mansur, *Ha'aretz*, 5. Feb. 1986; Reuter, *Toronto Globe & Mail*, 16. Mai; John Kifner, *NYT*, 20. April; AP, *BG*, 18. und 21. Mai; Ejal Ehrlich, *Ha'aretz*, 7. April; Amnon Levy, *Hadaschot*, 30. Juni 1987; *News from Within*, 13. Mai 1986; Uriel Ben-Ami, *Davar*, 11. April; AP, *BG*, 26. Mai.

58 *BG, Los Angeles Times*, 31. Mai; AP, 30. Mai.

59 Auch weiterhin erscheinen Berichte von Gefangenen. Vgl. David Sharrock, *Guardian*, 25. Mai 1997, über einen Mann, der nach zwölf Jahren ohne Prozeß freigelassen wurde. Während der Haft ist er von Israels Söldnertruppen gefoltert worden, was die israelische Armee regelmäßig überprüfte. Zu Ansar II vgl. *Al Hamischmar*, 22. Dez. 1986, 27. Jan. 1987; *Ha'aretz*, 13. und 28. Juli 1987.

60 Glenn Frenkel, *Washington Post, Manchester Guardian Weekly*, 22. Mai; Avi Katzman, *Koteret Raschit*, 20. April; *Hadaschot*, 29. April, zit. in *New from Within*, 10. Mai, zusammen mit Aussagen von Gefangenen.

61 AP, 19. Mai; *Minneapolis Star-Tribune*, 1. Juni; zu offiziellen Zahlen vgl. Joel Brinkley, *NYT*, 25. April.

62 Oren Cohen, *Hadaschot*, 24. März; Peretz Kidron, *Middle East International*, 14. Mai; AP, 25. Mai.

63 Amnesty International, 31. März.

64 AP, 17. April.

65 Radscha Schehadeh, persönliche Mitteilung; *FACTS*, 5.–12. März.

66 Cohen, *Hadaschot*, 27. März; Database-Projekt zu palästinensischen Menschenrechten, *Update*, 21. März–5. April; *Jerusalem Post*, 30. März; *Globe & Mail*, 31. März.

67 AP, 11. März; Database-Projekt, *Update*, 14. Mai 1988.

68 Eban, »Where is the grand vision?«, *Jerusalem Post*, 29. Mai 1989.

69 Eine detaillierte Analyse dieser komplexen Angelegenheit findet sich bei Avi Shlaim, *Collusion across the Jordan* (Columbia, 1988).

70 *NYT*, 30. Dez. 1989.

71 Zu Einzelheiten vgl. *Necessary Illusions*, App. V, 4. Howe, Symposion, »What's a Jew to Do?«, *Village Voice*, 18. Mai 1988.

72 Rosenthal, »Editorial Notebook«, *NYT,* 22. Okt. 1989.

73 Zur Gesetzgebung vgl. Arjeh Rubinstein, *Jerusalem Post,* 14. Nov. 1985. Vgl. auch *Pirates and Emperors,* Kap. 1. bei Anm. 17. Ascher Felix Landau, *Jerusalem Post,* 27. Dez. 1989, zur Entscheidung des Obersten Gerichtshofs vom 19. Sept. 1989.

74 *Jediot Ahronot,* 15. Dez. 1989.

75 Schapiro, Landau, op. cit.

76 AP, *Los Angeles Times,* 6. Feb. 1989.

77 Zu Einzelheiten vgl. Chomsky, *Necessary Illusions,* App. V, 4, sowie *World Orders Old and New* (Columbia, 1994; Epilog 1996).

78 Nahum Barnea, »Happy in their lot«, *Jediot Ahronot,* 24. Feb. 1989.

79 *Hadaschot,* 14. Feb.; Friedman, *NYT,* 12. März 1989.

80 Zu den Folgen vgl. die in Anm. 77 zitierten Verweise und Kap. V.

IV. »Begrenzter Krieg« im Libanon[1]

Die Spielregeln

Am 25. Juli 1993 startete Israel den laut Presseberichten »größten militärischen Angriff auf den Libanon« seit der Invasion von 1982. Anlaß waren Guerilla-Attacken auf israelische Truppen im Südlibanon, bei denen sieben israelische Soldaten getötet worden waren. Als am 31. Juli ein von den USA in die Wege geleiteter Waffenstillstand vereinbart wurde, waren, Berichten zufolge, 125 Libanesen, drei Syrer und drei Israelis (einer von ihnen ein Soldat im Südlibanon) umgekommen und an die 500 000 Menschen aus ihren Heimatorten vertrieben worden.[2]

Journalisten im Libanon berichteten, 80 Prozent der 80 000 Einwohner von Tyrus hätten sich dem nach Norden ziehenden Flüchtlingsstrom angeschlossen. Viele Dörfer liegen verlassen da, Tote und Verwundete und zerstörte Häuser sind zu beklagen. Nabatija mit seinen 60 000 Einwohnern gleiche, so ein Reporter am Tag nach dem Angriff, einer »Geisterstadt«. Die Bombardements sollen zerstörerischer und intensiver gewesen sein als während der Invasionen von 1978 und 1982. Wer nicht geflohen war, blieb, ohne Wasser und Lebensmittel, in seinem Haus gefangen, weil »jede sichtbare Bewegung die Aufmerksamkeit israelischer Artillerieschützen auf sich zieht, die ... einzelne Häuser zu wiederholten Malen mit Granaten beschossen« (Mark Nicholson in der *Financial Times*). Manche Dörfer wurden bis zu zehnmal pro Minute beschossen, und im nahegelegenen Sidon »nahm das Hammud-Krankenhaus am Abend [des 27. Juli] jede Viertelstunde neue Verwundete auf«. In Tripolis, 70 Kilometer nördlich von Beirut, wurde ein palästinensisches Flüchtlingslager von israelischen Bombern mit Marschflugkörpern angegriffen. Seestreitkräfte bombardierten die Küstenregion unweit von Beirut und hielten Schiffe auf, die libanesische Häfen ansteuerten. Ob dabei auch (eine übliche Praxis) Passagiere auf hoher See entführt und ermordet wurden, ist nicht bekannt.[3]

Ein israelischer Armeesprecher gab bekannt, daß »die Ortschaft Dschibschit zu 70 Prozent zerstört wurde«. Ziel sei »die völlige Zerstörung, weil der Ort für die Schiiten im Südlibanon von großer

Bedeutung ist«. In Dschibschit wohnte Scheich Obeid, der von den Israelis vor vier Jahren bei einer ihrer terroristischen Aktionen im Libanon entführt worden war. Sein Haus sei, so ein britischer Nahostkorrespondent, »von einem Marschflugkörper getroffen worden. Der Angriff hat offensichtlich seiner Familie – Frau und drei Kinder – gegolten, denn Obeid selbst ist noch im Gefängnis von Aschkalon inhaftiert«. »Die israelische Armee ist auf kaltblütige Weise mit der »Entfernung der Bevölkerung« (*population removal*) beschäftigt«, merkt Meir Schalev an, wobei er den offiziellen Terminus benutzt, der zuerst im Vietnamkrieg Verwendung fand.[4]

Israel und die UN-Beobachtertruppe (UNIFIL) gehen davon aus, daß im Südlibanon 300 bis 400 Guerillakämpfer aktiv waren, die allesamt der vom Iran unterstützten Hisbollah angehörten. Libanesischen Quellen zufolge wurden acht von ihnen getötet.[5]

Israel nannte sogleich die Gründe für den Angriff. Premierminister Rabin teilte dem Parlament mit, daß die Hisbollah, nachdem israelische Streitkräfte ihren Führer, Scheich Abbas Mussawi, im Februar 1992 im Libanon nördlich der Sicherheitszone umgebracht hatten, »die Spielregeln veränderte: Als Reaktion auf unsere Angriffe nördlich der Sicherheitszone feuert sie jetzt auf israelisches Gebiet«. Rabin ließ unerwähnt, daß bei dem Hubschrauberangriff auf Mussawi auch seine Frau und sein fünfjähriges Kind ums Leben kamen. Ferner griffen die Hubschrauber einen Wagen an, der die Verletzten vom ersten Angriff in ein Krankenhaus bringen sollte. Der israelische Stabschef Ehud Barak erklärte: »Es hatte sich ein Muster entwickelt, das Israel nicht dulden konnte: Wenn die Hisbollah ein israelisches oder pro-israelisches Ziel innerhalb der Sicherheitszone angriff, schlugen wir zurück, um die Angreifer nördlich der Sicherheitszone zu treffen. Diese antworteten mit Raketenbeschuß von Zivilisten in Nordisrael, nicht aber, wie in der Vergangenheit, von militärischen Zielen im Sicherheitsbereich.«[6]

Die »Sicherheitszone« im Südlibanon hält Israel auf die eine oder andere Weise seit der Invasion von 1978 besetzt. In den letzten Jahren herrschte dort, von Israel unterstützt, eine terroristische Söldnerarmee (die Südlibanon-Armee von General Lahd). Widerstand der Einheimischen gegen die Besatzungstruppen und ihre Söldner gilt als »Terrorismus«, auf den Israel durch Angriffe auf beliebige Ziele im Libanon (als Vergeltungs- oder Präventivmaßnahme) reagieren darf, »um die Aggressoren zu treffen«. Aber der Widerstand darf seinerseits nicht mit Angriffen auf Nordisrael reagieren. Das waren die

Regeln, die Israel mit seiner Operation vom 25. Juli wiederherstellen
wollte.

Die US-Regierung erkennt diese Regeln an, äußert hin und wieder
Bedenken bezüglich der dabei verwendeten Taktiken und liefert
ansonsten reichlich Waffen und diplomatische Unterstützung. Man
muß nicht fragen, wie Washington reagieren würde, wenn ein Staat,
der nicht die Gunst der Vereinigten Staaten genießt, unter Verletzung
der UN-Charta und des internationalen Rechts vergleichbare Greueltaten beginge.

Am 30. Juli verkündete die Hisbollah, die Raketenangriffe auf
Nordisrael erst dann einzustellen, »wenn die israelischen Angriffe auf
Ortschaften und Zivilbevölkerung im gesamten libanesischen Territorium vollständig und dauerhaft aufgegeben würden«. Der Vorschlag werde von der israelischen Regierung nicht in Erwägung gezogen, teilte ein Sprecher mit. Das ist verständlich. Die Regeln besagen,
daß Israel, wenn seine Besatzungstruppen im Südlibanon angegriffen
werden, nach Belieben gegen »Ortschaften und Zivilbevölkerung«
zurückschlagen kann. Natürlich stieß der Vorschlag der Hisbollah
auch in Washington auf taube Ohren.[7]

US-Außenminister Warren Christopher wurde von Jitzhak Rabin
wegen der Vermittlung des Waffenstillstands sehr gelobt, weil damit,
so Rabin und Peres, alle Forderungen Israels erfüllt seien. Wie die
Presse erfuhr, gehörte zu den Vereinbarungen »das Einverständnis,
daß Israel und die von ihr unterstützten südlibanesischen Milizen
auch weiterhin frei innerhalb der sogenannten Sicherheitszone operieren können«, während der Raketenbeschuß auf Nordisrael auf-
hört. Es muß, »wie ich hervorheben möchte, Ruhe auf beiden Seiten
der Grenze« in der Sicherheitszone herrschen, betonte Rabin. »Der
Status der Sicherheitszone hat sich nicht geändert«, fügte Peres hinzu,
»und wenn sie gegen unsere Streitkräfte oder gegen die der Südlibanon-Armee Anschläge verüben, werden wir Maßnahmen gegen sie
ergreifen.« Die Bedeutung ist klar. Das neue »Einverständnis« erlaubt
Israel wie bisher beliebige Militäroperationen im gesamten Libanon,
wenn »Anschläge« verübt werden sollten.[8]

Die Besetzung verletzt die Resolution 425 des UN-Sicherheitsrats
vom März 1978, in der Israel aufgefordert wird, sich unverzüglich
und bedingungslos aus dem Libanon zurückzuziehen. Die Regierung
des Libanon hatte im Februar 1991 während des Golfkriegs und
dann noch einmal im Juli 1993 wiederholt: »Das libanesische Volk
wird sein Recht auf Widerstand gegen die Besetzung wahrnehmen,

bis Israel der Resolution 425 Folge leistet und sich aus dem Territorium zurückzieht.« Der Sicherheitsrat wurde aufgefordert, seine Beschlüsse durchzusetzen.[9]

Israel kann solche kleinen Ärgernisse getrost ignorieren, weil sein Patron mächtig genug ist, die UN zu ignorieren oder sie zu einem Instrument der eigenen Außenpolitik zu machen und das internationale Recht nach seinem Willen zurechtzubiegen, wie die grotesken rechtlichen Argumente zeigen, die vorgebracht wurden, um die Bombardierung des Irak im Juni 1993 zu rechtfertigen.

Und weil die USA den von der internationalen Gemeinschaft festgelegten Begriff des Terrorismus ablehnen, kann Israel dies ebenfalls tun. Die Resolution der UN-Generalversammlung vom 7. Dezember 1987 (42/159) verurteilte den internationalen Terrorismus und bezeichnete Maßnahmen zu seiner Bekämpfung, mit dem Vorbehalt, daß das »in der UN-Charta verankerte Recht auf Selbstbestimmung, Freiheit und Unabhängigkeit« davon nicht berührt wird, insbesondere, wenn es um Völker geht, »denen dieses Recht mit Gewalt genommen wurde ... die kolonialer und rassistischer Herrschaft und ausländischer Besatzung oder anderen Formen kolonialer Herrschaft ausgesetzt sind«. Gegen die Resolution stimmten lediglich Israel und die USA, während Honduras sich enthielt. Natürlich leugnet Washington, daß es das Recht gibt, sich gegen den Terror seiner Satelliten zu wehren, mithin bleiben die Forderungen der libanesischen Regierung unerfüllt.[10]

Die Logik des Terrors

Zu Beginn der »Operation Verantwortlichkeit« (*Din ve-Heschbon*) setzte Jitzhak Rabin das israelische Parlament davon in Kenntnis, daß »wir eine Fluchtwelle verursachen wollen«. Es gehe nicht einfach um Zerstörung, »sondern darum, die Bevölkerung nach Norden zu bewegen, in der Hoffnung, daß dies den Regierenden etwas über die Flüchtlinge signalisiert, die wahrscheinlich nach Beirut gelangen«. Rabin plante, »Beirut mit Flüchtlingen zu überschwemmen, um die libanesische Regierung zur Beendigung der Angriffe zu zwingen«. Solange Katjuscha-Raketen in den israelischen Siedlungsstädten in Galiläa einschlügen, werde Israel Dörfer beschießen – wobei die Raketen Vergeltungsmaßnahmen für die israelischen Angriffe auf zivile Ziele im Libanon sind, die ihrerseits Guerillaangriffe in der

»Sicherheitszone« beantworten. Dem israelischen Armeesprecher Michael Vromen zufolge will Israel »Druck auf die libanesische Regierung ausüben [damit sie den Hisbollah-Kämpfern Zügel anlegt], indem so viele Flüchtlinge wie möglich in Richtung Beirut getrieben werden«. Ein hoher israelischer Offizier erklärte: »Wir glauben, daß die libanesische Regierung von Rafik Hariri, die Ordnung und Stabilität versprochen hat, dieses Chaos nicht lange dulden wird.« »Die Bevölkerung im Süden, die libanesische Regierung und die Syrer werden, so hoffen wir, gemeinsam die Hisbollah zur Vernunft bringen.« Mit dem Waffenstillstand war, so Rabin, ein Ziel erreicht, nämlich »durch Waffengewalt Bedingungen zu schaffen, um mit den Machthabern, die die Terrororganisationen im Libanon beeinflussen, zu einer Verständigung zu kommen«.[11]

Ein umfassenderes Ziel wurde von Uri Lubrani, dem israelischen Koordinator der Libanon-Politik, angegeben. Der Angriff solle, so sagte er, die libanesische Regierung dazu veranlassen, von Syrien die Erlaubnis zu direkten Verhandlungen mit Israel zu erwirken.[12] Dieser Konzeption zufolge treibt Israel den »Friedensprozeß voran«, indem es den Libanon angreift. Das ist vernünftig, wenn wir den »Friedensprozeß« als Programm verstehen, mittels dessen die Vorherrschaft Israels und der USA im Nahen Osten durch eine Mischung aus Gewalt und Diplomatie garantiert werden soll.

Natürlich sollte der Libanon sich von syrischer Einflußnahme befreien. Diese jedoch wurde von George Bush [sen.] unterstützt und gehörte zu den Belohnungen für Syriens Engagement im Golfkrieg. Wenn wir jedoch die Logik der israelischen Argumentation berücksichtigen, müßte Syrien auch das Recht haben, seine Forderungen – Rückzug der israelischen Truppen aus dem Libanon gemäß der Resolution des UN-Sicherheitsrats und Rückerstattung der Golanhöhen – mit Gewalt durchzusetzen.

Schimon Peres bekräftigte Lubranis Äußerungen. Vor dem Angriff habe der Libanon den israelischen »Vorschlag« zu getrennten Verhandlungen nicht akzeptiert, mittlerweile jedoch werde dieser »Vorschlag« ernstgenommen. Israel habe, so hieß es von offizieller Seite, den Friedensprozeß befördert, indem es zwischen Syrien und den Libanon einen Keil getrieben und zugleich neue Verhandlungsmöglichkeiten eröffnet habe. Mithin sollte Israel als nächstes Amman bombardieren, um Jordanien von den anderen arabischen Staaten zu isolieren und so weitere neue Verhandlungsmöglichkeiten zu schaffen.[13]

Einleuchtenderweise hat Israel immer Einzelverhandlungen mit schwächeren Nachbarstaaten bevorzugt, die sich von seinen Drohungen einschüchtern und die Palästinenser im Abseits stehen ließen.

Lubrani war im Iran unter dem Schah-Regime so etwas wie Israels Botschafter. Er vermittelte die Waffenverkäufe der USA an den Iran, die über Israel abgewickelt wurden und gleich nach dem Sturz des Schahs begannen. Wie Lubrani 1982 öffentlich erklärte, diente dieses Projekt dem Ziel, Kontakt mit iranischen Militärs herzustellen, die »entschlossen, rücksichtslos, grausam ... und emotional darauf eingestellt waren, Zehntausende von Menschen zu töten«. Damit könnte Teheran erobert und die iranisch-israelische Allianz wiederhergestellt werden.[14]

Israelische Militärs führten für den Angriff vom Juli noch ein weiteres Motiv an: Der »Sicherheitszone« sollte im Norden ein breiter Gebietsstreifen angefügt werden, ein »Niemandsland«, in dem Israel nach Belieben agieren könnte, »ohne Bodentruppen einsetzen zu müssen, was in der israelischen Öffentlichkeit Ablehnung hervorrufen würde«. Von arabischer Seite werden, wie Lamis Andoni berichtet, weitere Ziele genannt: Syrien sollte unter Druck gesetzt werden, um Israels Pläne für die Golanhöhen zu akzeptieren, ferner sollte die regionale und internationale Aufmerksamkeit auf den Iran gelenkt werden. »Der westlichen Sichtweise, daß die Hisbollah und ihre Hintermänner im Iran die Gewaltmaßnahmen provoziert hätten, um den Friedensprozeß zu sabotieren, halten Araber entgegen, daß Israel den Vorfall als Deckmantel benutzt habe, um seine Ziele im Libanon durchzusetzen und Syrien zur Annahme der israelischen Bedingungen für einen Friedensschluß zu zwingen.«

Die »westliche Sichtweise« – im wesentlichen die der USA – unterstellt als unumstößliche Tatsache, daß die Hisbollah »die jüngste Runde der bewaffneten Auseinandersetzungen eingeläutet hat, um die Friedensverhandlungen zu stören und einen größeren Konflikt auszulösen« (so die Nahostexpertin Elaine Scolino in der *New York Times*). Ebenso ist es eine Tatsache, daß Syrien »alle daran erinnern wollte, daß Damaskus die Quelle von Krieg und Frieden in der Region ist und darum die »Gotteskämpfer« [Hisbollah] ermutigte, Raketen auf Nordisrael abzufeuern« (Thomas Friedman, Chefkorrespondent der *New York Times*, der ein paar wichtige Etappen der Auseinandersetzung ausgelassen hat). Zwar wird eingeräumt, daß die Guerillas durch israelischen Terror mobilisiert wurden, nicht aber, daß sie das Ziel haben könnten, die Besatzungsarmee aus ihrem Land zu vertreiben und deren Söldnerheere zu zerschlagen.[15]

Um die Zusammenhänge besser zu verstehen, wenden wir uns dem historischen Hintergrund zu.

Seit Beginn der verheerenden israelischen Angriffe auf den Libanon – die von offizieller Seite oft als Präventivschläge dargestellt wurden –, waren die gelegentlichen Berichte darüber in den USA zumeist von der Ansicht geprägt, daß Israel als nützlicher und weitgehend gehorsamer Satellitenstaat ebenfalls das Recht besitzt, Terrorakte nach Belieben durchzuführen.[16] So auch im April 1982, als Israel angebliche PLO-Zentren südlich von Beirut bombardierte (wobei zwei Dutzend Personen den Tod fanden), um die PLO zu einer Reaktion herauszufordern, die als Rechtfertigung für die geplante Libanon-Invasion dienen könnte. Offiziell wurden die Bombardements als Vergeltung für einen »Terroranschlag« der PLO ausgegeben: Ein israelischer Soldat war getötet worden, als er mit dem Jeep im illegal besetzten Südlibanon über eine Landmine fuhr. Die *Washington Post* räsonierte: »Es ist nicht die Zeit, Israel Vorhaltungen zu machen. Vielmehr müssen wir Israels Angst respektieren – und die jüngsten Opfer der israelisch-palästinensischen Feindseligkeiten beklagen.« Wir begreifen, daß es auch bei den arabischen Opfern israelischer Gewalt darum geht, *Israels* Angst zu respektieren.

Diese Haltung herrscht bis heute vor. So schreibt H. D. S. Greenway vom *Boston Globe*, der die Libanon-Invasion von 1978 anschaulich schilderte: »Wenn die Beschießung libanesischer Dörfer, selbst um den Preis von Menschenleben und Flüchtlingsströmen Israels Grenzen sicherer machen, die Hisbollah schwächen und den Frieden fördern würde, wäre ich, wie auch viele Araber und Israelis, für ein solches Vorgehen. Aber die Geschichte war den israelischen Abenteuern im Libanon nicht freundlich gesonnen. Sie haben kaum Probleme gelöst, sondern stets weitere geschaffen.«[17] Kann man sich einen Artikel vorstellen, der einen mörderischen Angriff auf Israel empfiehlt, wenn dadurch die libanesischen Grenze sicherer und der Friedensprozeß gefördert wird?

Die Unterstellungen sind so tief verwurzelt, daß sie gar nicht mehr auffallen. Im Juli 1993 zeigte die Titelseite des *New Yorker* eine Zeichnung: Kinder, die friedlich im Sand Burgen bauen – darunter auch ein Abbild des World Trade Center –, während ein böse grinsendes Kind mit einer arabischen Kopfbedeckung herbeispringt, um die Gebäude zu zerstören. Bei den Kindern handelt es sich um Schwarze,

Latinos und Weiße, damit man dem Zeichner keinen Rassismus vorwerfen kann und zugleich begreift, welche ethnische Gruppe von
allen rechtlich denkenden Menschen verachtet werden muß.

Weil die PLO nicht die von Israel gewünschte Reaktion zeigte,
schmiedete man sich einfach einen Vorwand zurecht, um die Invasion endlich durchführen zu können, und fand ihn im Mordversuch
am israelischen Botschafter Argov in London. Allerdings zeichnete
dafür die Gruppe um Abu Nidal verantwortlich, seit Jahren einer der
heftigsten Gegner der PLO, die im Libanon noch nicht einmal ein
Büro unterhält.[18]

In den USA wurde die Parole ausgegeben, die »Operation Frieden
für Galiläa« – so der Name der Libanon-Invasion – diene dem Schutz
der Zivilbevölkerung vor palästinensischen Übergriffen und solle die
Raketenangriffe auf den Norden Israels beenden.[19] Als das nicht ein-
trat, hieß es: »Israels bewaffnete Vorstöße in den Libanon waren militärische Katastrophen und konnten die Sicherheit an Israels Nordgrenze nicht auf Dauer sichern.«[20] Die Sicherheit war durch Israels
ständige Angriffe gefährdet worden, und der Ausdruck »militärische
Katastrophe« verschweigt, daß 1982 bei der Invasion 20 000 Libanesen und Palästinenser umkamen, weite Gebiete des Südlibanon und
die Hauptstadt Beirut verwüstet wurden; verschweigt auch die Greueltaten israelischer Soldaten Mitte der achtziger Jahre, und scheint
eher zu bedauern, daß es Israel nicht gelang, die »neue Ordnung«, die
es für den Libanon ausgerufen hatte, durchzusetzen und seine Besatzung aufrechtzuerhalten, weil der unerwartet heftige Widerstand
(»Terror«) die Truppen in die »Sicherheitszone« zurückzwang.

Im Gegensatz zu den USA sind in Israel die wahren Gründe für die
Libanon-Invasion durchaus bekannt.[21] Einige Wochen nach deren
Beginn wies Israels führender Palästina-Spezialist, Jehoschua Porath,
darauf hin, daß die Entscheidung »sich der Tatsache verdankt, daß
die PLO den Waffenstillstand einhielt«, was für die israelische Regierung eine »wahre Katastrophe« war, weil dadurch ihre Politik, eine
politische Lösung um jeden Preis zu vermeiden, in Gefahr geriet. Die
PLO gewann dank ihrer Verhandlungsbereitschaft an Respektabili-
tät, und so mußte die israelische Regierung darauf setzen, sie »in
ihren früheren Terrorismus zurückzuzwingen«. Premierminister
Schamir bekundete später, Israel habe den Libanonkrieg begonnen,
weil »eine außerordentliche Gefahr drohte ... die weniger militärischer als politischer Natur war«. Die Invasion sollte die »Position der
gemäßigten Kräfte in der PLO untergraben« und so »ihre ›Friedens-

offensive‹ blockieren« (so der Strategieexperte Avner Janiv). Dem israelischen Arabisten und ehemaligen Leiter des militärischen Geheimdienstes, Jehoschaphat Harkabi, zufolge sollte der Krieg »die Besetzung des Westjordanlands absichern«. Die US-amerikanische Rückendeckung für Israels Untaten, zu der auch entsprechende Veto-Einlagen gegen Beschlüsse des UN-Sicherheitsrats gehörten, folgte wahrscheinlich der gleichen Logik.

Nachdem Israel die »Neue Ordnung« im Libanon nicht hatte durchsetzen können, versuchte Israel dort so viele Gebiete wie möglich zu halten, mußte sich aber letztlich in die »Sicherheitszone« zurückziehen. Dafür wurden weitere Terroroperationen durchgeführt, zu denen auch die »Eiserne Faust« gehörte, die 1985 von Premierminister Schimon Peres befehligt wurde.

Erwähnen wir noch einige Beispiele aus späteren Jahren. Ein paar Monate nach der Entführung von Scheich Obeida (Ende 1989) gelang es israelischen Sicherheitskräften, Dschawad Kaspi, einen Führer der schiitischen Amal-Milizen, in der Nähe von Beirut zu fassen und nach Israel zu bringen. Im November 1991 meldete AP, daß »die von Israel unterstützte Südlibanon-Armee [SLA] schiitische Dörfer mit Granaten beschossen« habe, wobei eine ältere Frau verwundet und zehn Häuser beschädigt worden seien. Einen Tag zuvor hatten »israelische Streitkräfte und die mit ihnen verbündeten Milizen Häuser in der Region beschossen ... und dabei vier Kinder getötet«. Wie die UN berichtete, tötete die SLA bei einem »nicht provozierten« Angriff einen Angehörigen des Friedenskorps. Im Dezember entführten Israelis drei Libanesen, zwei von ihnen Journalisten, nahe Dschibschit nördlich der »Sicherheitszone«, brachten sie nach Israel und ließen sie einige Tage später wieder frei. Eine von israelischen Streitkräften placierte Autobombe tötete drei Kinder, zwei waren Söhne von einem der entführten Journalisten. »Es ist schlimm, daß Kinder ums Leben gekommen sind«, sagte ein israelischer Militär, aber »die Terroristen müssen erkennen«, daß Autos »auf beiden Seiten der Sicherheitsgrenze explodieren können«. 1991 flog die israelische Luftwaffe 23 Angriffe auf palästinensische und schiitische Stützpunkte im Libanon, bei denen 31 Menschen getötet und 108 verwundet wurden.[22]

Am 10. Januar 1992 griffen israelische Kampfflugzeuge einen angeblichen Guerillastützpunkt in der Nähe von Beirut an und töteten zwölf Menschen (darunter neun Zivilisten); weitere vierzehn wurden z. T. schwer verwundet. Augenzeugen berichteten, daß die israelischen Marschflugkörper »ein Zeltlager von Beduinen und ein durch den Bürgerkrieg schon weitgehend beschädigtes, aber von Obdachlosen noch bewohntes Gebäudeareal trafen, wobei einige Häuser zerstört wurden und die Zelte in Brand gerieten«. Am 16. Februar töteten arabische Guerillas drei israelische Soldaten in einem Armeelager nahe der Grenze. Am nächsten Tag erfolgte der Vergeltungsschlag: Israelische Streitkräfte brachten Scheich Mussawi, seine Frau und sein Kind um und »griffen aus der Luft zwei palästinensische Flüchtlingslager in Ain Hilwe und Raschidije im Südlibanon [weit außerhalb der »Sicherheitszone«] an, wobei vier Personen, zwei davon Kinder, getötet und ein Dutzend weiterer verwundet wurden«. Drei Tage später bombardierte Israel 30 Ortschaften im Südlibanon. Frühen Berichten zufolge wurden vier Personen getötet und 50 verwundet, während an die 100 000 Libanesen in Dörfer nördlich der Sicherheitszone flohen. Israelische Panzer und Truppen griffen auch dort Ortschaften an – als Reaktion auf Granatenbeschuß durch die Schiiten, wie die *New York Times* schrieb. Zwei libanesische Zivilisten kamen ums Leben, acht Soldaten des UN-Friedenskorps wurden verletzt. Der Londoner *Guardian* berichtete, israelische Streitkräfte hätten die Evakuierung der Soldaten verhindert, nachdem sie sich mit Bulldozern einen Weg durch eine UN-Barrikade gebahnt und einen UN-Posten mit Artillerie beschossen hatten. »Wäre der Vorfall z. B. vom Irak oder von Libyen verursacht worden, hätte es sofort internationale Proteste gegeben«, bemerkte der *Guardian*, aber in diesem Fall wurde alles ignoriert. Nachdem die israelischen Angreifer sich zurückgezogen hatten, feuerten schiitische Guerillas Raketen auf Israel, wobei ein fünfjähriges Mädchen ums Leben kam.[23]

Und so ging es weiter. Im Mai wurden der Hisbollah-Führer Jassir Nasser, seine Frau, seine zwei kleinen Töchter und sein Schwiegervater in Dschibschit von israelischen Raketen getötet. Premierminister Schamir meinte dazu: »Die israelische Armee wird auch weiterhin Terroristennester ausheben, bis die Botschaft angekommen ist« und die Angriffe auf israelische Truppen im besetzten Libanon unterbleiben. Wie die libanesische Polizei berichtete, kamen bei israelischen Luftangriffen in der ersten Hälfte des Jahres 1992 37 Personen ums Leben und 72 wurden verwundet. Im Juni töteten israelische Granaten vier libanesische Bauern, die nördlich der »Sicherheitszone« ihre Felder bestellten. Das war die Vergeltung für eine Bombe in diesem Gebiet, die israelische Soldaten »leicht verletzte«. Als Reaktion auf einen Bombenanschlag im Oktober, der fünf israelische Soldaten tötete, »beschoß Israel mit Artillerie, Kampfflugzeugen und Kanonenbooten Ziele im gesamten Libanon; Hunderte von Libanesen flohen aus den betroffenen Ortschaften (*New York Times*). In Nabatija »schlägt jede Sekunde eine Granate ein«, berichtete Reuters.[24]

Im Februar 1993 wurden vier Libanesen, zwei davon Guerillas, getötet, als israelische Streitkräfte und SLA-Milizen zwanzig libanesische Ortschaften unter Beschuß nahmen – eine Vergeltungsaktion für Hisbollah-Angriffe auf den nördlichen Teil von Israels »Sicherheitszone«. Nachdem drei israelische Soldaten im Libanon getötet worden waren, feuerten israelische Hubschrauber »mindestens fünfzehn Marschflugkörper auf drei Häuser, eine Bäckerei und ein Tal außerhalb der [Sicherheits-]Zone, während Panzer und Artillerie 200 Granaten auf eine Reihe von Ortschaften in der Region abschossen«. Einige Tage später griffen israelische Hubschrauber die Autokolonne des libanesischen Guerillaführers Samir Swidan an. Er wurde schwer verwundet, seine Frau und seine Tochter starben. Am 20. Juli berichtete der UN-Generalsekretär dem Sicherheitsrat über die »zunehmenden Feindseligkeiten während der letzten sechs Monate«: »Die [israelische] Praxis, auf bewohnte Gebiete zu feuern, führte zu Opfern in der Zivilbevölkerung.«[25]

Die Pläne, die Israels Terroroperationen im Libanon zugrundeliegen, sind kein Geheimnis. Sie wurden von dem geachteten ehemaligen Außenminister Abba Eban ebenso propagiert wie zuvor von Ben-Gurion.

»Die Besetzung absichern«

Harkabis Beschreibung der Invasion von 1982 – der Krieg sollte »die Besetzung des Westjordanlands absichern« – könnte auch für den Angriff vom Juli 1993 gelten, wenngleich die Absichten der regierenden Arbeiterpartei und seines US-amerikanischen Sponsors anders gelagert sind als die der Likud-Regierung von 1982. Diese nämlich wollte die israelische Souveränität auf die besetzten Gebiete ausweiten, ohne sie zu annektieren, wobei die Unterscheidung unklar blieb. Die Regierung Rabin dagegen fordert, gemäß ihrer Haltung seit dem Allon-Plan von 1968, den »territorialen Kompromiß«.

Dieser Plan wurde immer wieder leicht abgewandelt, aber die Grundsätze sind die gleichen geblieben. Israel behält die Kontrolle über die Ressourcen und nutzbaren Ländereien der besetzten Gebiete einschließlich einer großen und noch wachsenden Region namens »Jerusalem«. Die einheimische Bevölkerung soll, sofern ihr keine staatsbürgerlichen Rechte zukommen, schließlich ihren Weg in arabische Staaten finden (»Transfer«) – was die führenden Persönlichkeiten der zionistischen Bewegung immer angestrebt haben –, während die Zurückbleibenden unter jordanische Obhut oder lokale Selbstverwaltung kommen. Israel wird seine Pläne für die Besiedlung und Ausbeutung der besetzten Gebiete weiterverfolgen und im wesentlichen die Gesamtkontrolle beibehalten. Bleibt die Frage, wie mit den Golanhöhen und dem Gaza-Streifen umzugehen ist. Letzterer ist unter der israelischen Besatzung zu einer solchen Hölle verkommen, daß man daran denkt, ihn ganz aufzugeben – was unter den gegenwärtigen Bedingungen seiner Vernichtung gleichkäme. Die arabischen Staaten sollen die israelischen Vorstellungen akzeptieren und einen umfassenden Friedensvertrag schließen. Das ganze Projekt nennt sich »Land gegen Frieden« oder »territorialer Kompromiß«.

Israel verfolgt dieses Projekt der Expansion und Integration mit Hilfe US-amerikanischer Kredite in Höhe von zehn Milliarden Dollar, die im internationalen Maßstab ohne Beispiel dastehen. Ursprünglich brauchte Israel sie für die Eingemeindung russischer Auswanderer, die durch Druck auf Deutschland und andere Staaten nach Israel gezwungen wurden. Mittlerweile aber werden die Gelder in den Ausbau der Infrastruktur und des Geschäftswesens investiert, wodurch wiederum Kapital für die Besiedlung der besetzten Gebiete frei wird.[26] Und während die jüdischen Siedlungen blühen und gedeihen, versinken die palästinensischen Einwohner der besetzten Gebiete im Elend, das durch die von Rabin verfügte Gettoisierung noch größer wird und jede Möglichkeit des Überlebens in einer Region, der die unabhängige Entwicklung unter der militärischen Besatzung verweigert wurde, bedroht. Von der »Abschließung« sind die jüdischen Siedler natürlich ausgenommen.

Unter Präsident Clinton sind die Möglichkeiten israelischer Politik, ihre Ziele durchzusetzen, sogar noch besser geworden, denn diese US-Regierung übertrifft in der Verweigerung von Rechten für die Palästinenser selbst die israelische Regierung. Zwei Wochen vor den jüngsten israelischen Angriffen bemerkte der politische Korrespondent der Zeitung *Hadaschot*, Amnon Barzilai, daß die US-amerikanischen Friedensvorschläge zum ersten Mal davon sprechen, daß »alle Optionen offengelassen werden«, wozu auch »die Forderung nach

vollständiger Annektion der besetzten Gebiete... unter israelischer
Souveränität« gehört. Damit geht Clinton noch über die regierende
Arbeiterpartei hinaus, die »niemals solche Forderungen erhoben
hat«, sondern einen »territorialen Kompromiß« anstrebt. Die US-
Initiative muß »die Befürchtung der Palästinenser bekräftigen, daß es
eine israelische Verschwörung mit amerikanischer Unterstützung
gibt«. Tatsächlich jedoch dürften weder die USA noch die politischen
Blöcke in Israel eine Annektion anstreben, weil man dann den
Bewohnern der besetzten Gebiete wenigstens ein Minimum an sozialen, wirtschaftlichen und politischen Rechten gewähren müßte, was
mit enormen Kosten verbunden wäre.[27]

Die US-Politik gleicht in ihrer Verweigerungshaltung der Einstellung der Hisbollah, nur daß diese eben den Juden keine nationalen
Rechte zuerkennen will. In seiner neuesten Version beruht der »Friedensprozeß« auf dem Baker-Schamir-Peres-Plan von 1989, der »keinen zusätzlichen palästinensischen Staat im Gaza-Streifen und im
Gebiet zwischen Israel und Jordanien« (das ja bereits ein »palästinensischer Staat« ist) und keine Verhandlungen mit der PLO vorsieht.
Außerdem gilt: »Der Status von Judäa, Samaria und Gaza kann nur in
Übereinstimmung mit den grundlegenden Richtlinien der [israeli-
schen] Regierung geändert werden«, die den Palästinensern jedoch
die Selbstbestimmung verweigert. Anhand dieser »Richtlinien« kann
es unter der militärischen Besatzung »freie Wahlen« geben, die zur
»Autonomie« führen sollen.[28]

Im Zuge des Golfkriegs boten sich neue Möglichkeiten, ja, die
Notwendigkeit, dies Projekt zu verfolgen. Die Möglichkeiten ergaben sich aus der aufs neue bestätigten Vorherrschaft der USA im
Nahen Osten, der Demoralisierung der arabischen Welt, der Abdan-
kung Europas und dem Zerfall der Sowjetunion, der Rußland zum
treuen Anhänger Washingtons machte. Die Notwendigkeit entstand
aus dem Bedürfnis, die katastrophalen Folgen des Golfkriegs mit
irgendeinem billigen »Triumph« zu übertünchen.[29]

Es mußte etwas geschehen, und es geschah etwas: Eine neue Friedensinitiative wurde verkündet, und Clinton erhielt viel Lob dafür,
daß er »jenem hypothetischen Wesen, dem Friedensprozeß im Nahen
Osten, neues Leben einhauchen will« (Anthony Lewis). Was folgte,
kann keinen überraschen, der hinter den Kulissen des Selbstlobs die
kaum verhüllten Tatsachen entdeckte.[30]

Der Libanon nach den Osloer Verhandlungen

Nachdem Rabins Attacken vom Juli 1993 ihr Ziel erreicht hatten, kehrte alles zur Normalität zurück. Israel griff weiterhin den Libanon an, bisweilen als Vergeltung für Hisbollah-Aktionen gegen das Militär in der »Sicherheitszone«, bisweilen ohne Vorwand. Hunderte von Libanesen wurden getötet, aber kaum jemand zählte sie, darum bleiben Einzelheiten unbekannt. Daß Israel »international geächtete Granaten verwandte, die Stahlpfeile verstreuen«, wurde von Gesundheitsminister Ephraim Sneh, einem ehemaligen Armeekommandeur, damit gerechtfertigt, daß es sich »um sehr gute Waffen« handle, deren Einsatz in einem Krieg gegen »Terroristen«, die »keine ethischen Einschränkungen« kennen, »völlig legitim« sei.[31]

Im April 1996 beschloß Rabins Nachfolger, der Friedensnobelpreisträger Schimon Peres, seine Amtsperiode mit der »Operation Früchte des Zorns«, einer Art Neuauflage von Rabins »Operation Verantwortlichkeit« von 1993. Der Hintergrund war der nämliche wie damals. Die Menschenrechtsorganisation Human Rights Watch hat eine Liste von Vorfällen zusammengestellt, die sich von Juli 1993 bis zum Beginn der von Peres lancierten Operation ereigneten. Alle Angriffe der Hisbollah auf israelisches Gebiet waren demnach Vergeltungsaktionen. Das Schema verläuft so, daß zunächst die Hisbollah gegen israelische Streitkräfte oder ihre Söldner in der »Sicherheitszone« vorgeht, worauf Angriffe Israels nördlich der Zone folgen, woraufhin die Hisbollah Raketen auf Nordisrael abfeuert. Andere israelische Angriffe erfolgten ohne vorherige Provokation. Das ging so bis zum 30. März 1996, als israelische Granaten bei einem nichtprovozierten Angriff zwei Zivilisten nördlich der Sicherheitszone töteten, was zu einem Vergeltungsschlag der Hisbollah führte.[32]

Nachdem am 10. April ein israelischer Soldat im Libanon getötet worden war, setzte Peres, mit nachdrücklicher Unterstützung durch Clinton, die neue Invasion in Gang. Die Presse folgte den üblichen Verfälschungen und Apologien, für die weiter oben entsprechende Beispiele gegeben wurden. Selbst das Massaker an über 100 Flüchtlingen, die im UN-Stützpunkt bei Qana Schutz gesucht hatten, wurde von Clinton als »tragisches Versehen Israels in legitimer Ausübung seines Rechts auf Selbstverteidigung« entschuldigt; sei es doch die »Taktik der Hisbollah«, Raketenstellungen in der Nähe von Zivilisten zu positionieren. Diesmal jedoch waren die internationalen Proteste – Berichte der UN und von Amnesty International deuteten an,

das Massaker könne mit Vorbedacht verübt worden sein – unüber-
hörbar, sodaß Washington und die Medien auf Distanz gingen.
Washington unternahm den erfolglosen Versuch, einen Waffenstillstand zu vermitteln, der die 1993 ausgehandelten Bedingungen noch
weiter zugunsten Israels verändern würde, mußte aber die Grundrisse
eines französischen Vorschlags akzeptieren, der Operationen gegen
die Zivilbevölkerung verurteilte, Widerstand gegen die israelische
Besatzung indes erlaubte. Das Ergebnis wurde als großer Erfolg der
US-Diplomatie gefeiert, während die europäische Intervention einige Irritation auslöste; in der *New York Times* empfahl Thomas Friedman den »Euros«, sich lieber um sich selbst zu kümmern.

Dann gingen die Feindseligkeiten nach bewährtem Muster weiter,
wobei es allerdings zu einer nicht unbedeutenden Veränderung kam:
Die israelischen Streitkräfte, auch die Eliteeinheiten, mußten herbe
Rückschläge hinnehmen, und die Widerstandsaktionen gewannen
an Durchschlagskraft. Wie im Spätstadium des US-Kriegs in Indochina machte sich die militärische Führung Sorgen über die Moral
und Kampfkraft der Truppen. Wachsende Verluste führten zu Protesten in der Bevölkerung, und die Stimmen, die den Rückzug forderten, wurden lauter. 1998 deutete die israelische Regierung an, sie
würde die UN-Resolution 425 akzeptieren, aber nur mit Zusätzen,
die wiederum für Syrien und den Libanon unannehmbar waren. Für
die Libanesen ging der Terror in der »Sicherheitszone« mit neuen
Methoden weiter: »Israelische Lastwagen haben den fruchtbaren
Boden des Libanon Ladung für Ladung nach Israel geschafft – eine
neue Interpretation des Grundsatzes »Land für Frieden««, wie der
Londoner *Economist* kommentierte. Israel leugnete zunächst, gestand
dann die Transporte ein und kündigte an, man werde sie stoppen.
»Die meisten Libanesen glauben, daß der Bodenraub wie auch alle
anderen Angriffe Israels samt der über zwanzig Jahren währenden
Besatzung wahrscheinlich straflos bleiben werden«, hieß es in der
ägyptischen Presse. Unterdessen gingen die Angriffe weiter. Ende
1998 griffen israelische Kampfflugzeuge den Osten des Libanons mit
Raketen an; Berichten zufolge sollen dabei eine Mutter und ihre sechs
Kinder umgekommen sein. Das israelische Militär »bedauerte den
Zwischenfall« und sprach von einer »Fehlfunktion«. Gründe für den
Angriff wurden nicht genannt.[33]

Anmerkungen

1 Zuerst erschienen in *Z Magazine*, Sept. 1993.
2 Ahmed Mantasch, Sidon, AP, *BG*, 31. Juli; Chris Hedges, *NYT*, 31. Juli, 1. Aug; Mary Curtius, *BG*, 30. Juli, die libanesische Presseberichte über Flüchtlinge zitiert; Ethan Bronner, *BG*, 1. Aug. 1993.
3 Hedges, *NYT*, Jerusalem, *NYT*, 29. Juli, 28. Juli; Peter Ford, Tyrus, *CSM*, 30. Juli; Mark Nicholson, *Financial Times*, 28. und 29. Juli; Ethan Bronner, *BG*, 27. Juli; Joel Greenberg, *NYT*, 30. Juli 1993. Zu israelischen Entführungs- und Terroraktionen in internationalen Gewässern und die Reaktion der US-Medien vgl. *Necessary Illusions*, S. 118, sowie meinen Artikel in Alex George (Hg.), *Western State Terrorism* (Polity, 1991).
4 Klein, *Hadaschot*, 29. Juli; Robert Fisk, *Independent*, 28. Juli; Dani Sadeh, Meir Schalev, *Jediot Ahronot*, 29. Juli 1993.
5 Nicholson, *Financial Times*, 2. Aug.
6 Eitan Rabin u. a., *Ha'aretz*, 17. Feb. 1992. Amnon Levi, *Hadaschot*, 28. Juli 1993. Baraks Bemerkung zit. bei Ethan Bronner, *BG*, 26. Juli 1993.
7 Hedges, *NYT*, 31. Juli.
8 Bronner, *BG*, 1. Aug.; Hedges, *NYT*, 1. Aug.
9 Security Council, SC/5676, 28. Juli 1993, Pressemitteilung.
10 Der hauptsächliche Grund für Washingtons ablehnende Haltung (die faktisch auf ein Veto hinausläuft) war möglicherweise die Sorge um das Apartheid-Regime in Südafrika, doch lassen sich hier mangels Dokumenten nur Vermutungen anstellen. Die Wendung gegen eine der wichtigsten internationalen Verurteilungen des Terrorismus ist besonders instruktiv, wenn man bedenkt, daß zu der Zeit »Terrorismus« *das* Thema der Regierungs- und Medienpropaganda war (natürlich nicht der von den USA unterstützte in Mittelamerika). Wie sich politisch korrekter vom anderen Terrorismus unterscheiden läßt, dazu u. a. George (Hg.), *Western State Terrorism*; Chomsky und Herman, *The Political Economy of Human Rights*; Herman, *The Real Terror Network*.
11 Levi, *Hadaschot*, 28. Juli; Hegdes, *NYT*, 28. Juli, 1. Aug.; Ford, *CSM*, 30. Juli; Bronner, 27. Juli.
12 Bronner, *BG*, 29. Juli.
13 Bronner, *BG*, 1. Aug.
14 Das Projekt wurde später als Tauschangebot – »Waffen gegen Geiseln« – neu verpackt, weil das humanitärer klang. Zu Beginn jedoch gab es keine Geiseln. Wie Beteiligte verdeutlichten, war das Projekt die Standardmethode für den Sturz einer zivilen Regierung: Hilfeleistungen werden verweigert, das Militär bewaffnet. Damit hatte man bereits in Indonesien (Suharto) und Chile (Pinochet) Erfolg gehabt. (Weitere Details in Chomsky, *Culture of Terrorism*, South End, 1988). Zu Israels Beteiligung an der frühen Phase der Operationen in Nicaragua, in enger Zusammenarbeit mit den

argentinischen Neonazi-Generälen, vgl. Ariel Armony, *Argentina, the United States, and the Anti-Communist Crusade in Central America, 1977-1984* (Ohio University Center for International Studies, Latin American Series #26, Athens, Ohio, 1997), S. 153 f. Zu Israels engen Beziehungen mit den antisemitischen Mördern und Folterern, die damals Argentinien regierten, vgl. *TNCW,* S. 292.

15 Ozanne, *Financial Times,* 29. Juli; Andoni, *CSM,* 30. Juli; Sciolino, *NYT,* 27. Juli; Friedman, *NYT,* 1. Aug.

16 Das Folgende wird in früheren Publikationen dokumentiert; vgl. *Pirates and Emperors, Necessary Illusions* und *Letters from Lexington* (Common Courage, 1993). Einen Überblick über die Ereignisse im Libanon gibt Robert Fisk, *Pity the Nation* (Atheneum, 1990).

17 Greenway, *BG,* 29. Juli 1993.

18 Der israelische Stabschef Rafael Eitan weist diese Deutung, die er »einigen [vermutlich israelischen] Akademikern« zuschreibt, zurück und stellt die Sache folgendermaßen dar: Israel hatte auf den Mordversuch mit der Bombardierung des Libanon (der, wie er wußte, damit nichts zu tun hatte) reagiert und dabei (was er unerwähnt läßt) Hunderte von Zivilisten getötet. Einmarschiert sei man erst, nachdem »die Terroristen Nordisrael bombardierten«, allerdings als Vergeltung für den todbringenden israelischen Angriff. Eitan, *A Soldier's Story: The Life and Times of an Israeli War Hero* (New York 1991), zit. n. Kirsten Schulze in *Israel Studies* 3.2 (Herebst 1998).

19 Thomas L. Friedman, *NYT,* Jan./Feb. 1985.

20 Elaine Sciolino, *NYT,* 27. Juli 1993.

21 Weitere Quellen in den Anm. 15 gegebenen Verweisen.

22 *Davar,* 15. Aug.; AP, 16. Nov.; Dani Sadeh, *Jediot Ahronot,* 22. Dez. 1991; Ahmed Mantasch, AP, *BG,* 11. Jan. 1992.

23 Ebd.; Ihsan Hijazi, *NYT,* 11. Jan.; Clyde Haberman, *NYT,* 16., 17. und 22. Feb.; Ihsan Hijazi, *NYT,* 20. und 22 Feb.; *Guardian Weekly,* 1. März 1992.

24 *Chicago Tribune,* 26. und 27. Mai; AP, *BG,* 29. Juni; Clyde Haberman, *NYT,* 27. Okt 1992.

25 Ihsan Hijazi, *NYT,* 18. Feb.; Reuters *NYT,* 13. April; AP, *BG,* 17. April 1993. UN-Sicherheitsrat, Pressemitteilung, s. Anm. 9.

26 David Hoffman, »Israels $10 Billion Nevermind«, *Washington Post Weekly,* 21.–27. Juni 1993.

27 Barzilai, 12. Juli 1993.

28 Zu Einzelheiten vgl. *Necessary Illusions, Deterring Democracy* (Nachwort), sowie *World Orders Old and New.*

29 Sonderbeitrag, Alberto Ascherio u. a., »Effect of the Gulf War on Infant and Child Mortality in Iraq«, *NEJM,* Bd. 327, Nr. 13, 1993.

30 Vgl. meine Artikel in *Z Magazine,* Okt. und Dez. 1991, sowie die in Anm. 28 aufgeführten Werke.

31 Reuter, *Independent,* 2. Feb. 1996. Sneh wird nach einem Gespräch im isra-

elischen Rundfunk zitiert. Zur Dokumentation vgl. *World Orders Old and New*, Epilog.

32 Ebd. zu weiteren Einzelheiten. Human Rights Watch, *Civilian Pawns: Laws of War Violations and the Use of Weapons on the Israel-Lebanon Border* (Mai 1996).

33 *Economist*, 14. Nov.; Zeina Khodr, *Al-Ahram*, 18. Nov. 1998. Zu US-amerikanischen Interpretationen der israelischen Reaktion vgl. Deborah Sontag, »Israel Rethinking Stand in Lebanon«, *NYT*, 28. Nov. 1998. Der Artikel enthält die üblichen Verzerrungen und Auslassungen. AP, *NYT*, 23. Dez. 1998.

V. Washingtons »Friedensprozeß«

Oslo I[1]

Am 30. August 1993 stimmte das israelische Kabinett einem Vertragsentwurf zur »palästinensischen Selbstverwaltung« zu, den die Regierung mit persönlichen Vertretern von PLO-Chef Jassir Arafat ausgehandelt hatte. Um das Erreichte einschätzen zu können, muß der geschichtliche Hintergrund in Augenschein genommen werden.

Eine Untersuchung der israelischen Friedensbewegung Peace Now beleuchtet das politische Spektrum im Hinblick auf die besetzten Gebiete. Sie vergleicht vier unterschiedliche Pläne, die zwischen 1968 und 1992 entworfen wurden, und fragt, wie viele Palästinenser in den von Israel annektierten Gebieten leben würden, wenn diese Pläne heute verwirklicht würden. Es geht dabei um folgende Entwürfe:

1. den Allon-Plan der Arbeiterpartei von 1968;
2. den Siedlungsplan der Arbeiterpartei von 1976 (der offiziell niemals angenommen wurde, jedoch »bei Entscheidungen und Handlungen eine Rolle gespielt hat«);
3. den Scharon-Plan von 1992 (erarbeitet unter der Likud-Regierung), der elf voneinander isolierte Distrikte (»Kantone«) für die palästinensische Autonomie vorsah;
4. den Verteidigungsplan (*Defense Establishment Plan*) der Arbeiterregierung von 1992, der nur das Westjordanland betrifft.

Die Anzahl der Palästinenser in den der Annektion unterliegenden Gebiet variiert je nach Plan:

1. (Allon-Plan): 385 000, davon 91 000 im Westjordanland, die übrigen im Gaza-Streifen.
2. (Siedlungsplan): 603 000, davon 310 000 im Westjordanland.
3. (Scharon-Plan): 393 000, davon 378 000 im Westjordanland.

4. (Verteidigungsplan): 204 000 im Westjordanland, Gaza-Streifen nicht aufgeführt.

Hinzu kommen in jedem Fall die 150 000 Palästinenser aus Ostjerusalem. Der Siedlungsplan von 1976 ist der quantitativ umfassendste, während der Scharon-Plan die höchsten Ziffern für das Westjordanland aufweist, dafür aber mehr Palästinensern im Gaza-Streifen zur Selbstverwaltung verhelfen würde als die Pläne der Arbeiterpartei.

Große Differenzen zwischen den politischen Blöcken zeigen sich nicht; nur hinsichtlich des Westjordanlands möchte die Arbeiterpartei mehr Palästinenser aus den für eine Annektion vorgesehenen Gebieten ausschließen als die Likud-Partei. Washington hat bislang jedoch die Politik der Arbeiterpartei bevorzugt, weil Likud offensichtlich nicht so recht weiß, was mit der Bevölkerung in den besetzten Gebieten außer einem eventuellen »Transfer« (Ausweisung) geschehen soll.

Nach dem Golfkrieg akzeptierte Europa, daß die USA die Monroe-Doktrin auf den Nahen Osten ausweiteten, und hielt sich mit politischen Initiativen zurück oder unterstützte, wie Norwegen 1993, die Haltung der USA. Die UdSSR existierte nicht mehr, und die Vereinten Nationen waren beinahe eine Agentur der Vereinigten Staaten. Der Kapitalismus der achtziger Jahre fegte über die ehemaligen Kolonien des Westens hinweg und ließ die Dritte Welt in Armut versinken. Der arabische Nationalismus hatte durch Saddam Husseins Terrorakte und die üblichen Ungereimtheiten der PLO-Taktik einen weiteren Rückschlag erlitten, so daß die Herrscher der arabischen Staaten noch weniger Anlaß sahen, auf Druck von unten mit propalästinensischen Gesten zu reagieren. So konnten die USA ihr Verweigerungsprogramm ohne Störungen vorantreiben zur Lösung, die Außenminister Baker bereits vor der Golfkrise (im Dezember 1989) skizziert hatte: Jede Regelung muß auf dem Plan der israelischen Regierung von 1989 beruhen, der den Palästinensern das Recht auf nationale Selbstbestimmung verweigert.

Washingtons allgemeine politische Zielsetzungen sind lange Zeit stabil geblieben. Hauptsächlich geht es um den Ölreichtum der Region. Das strategische Konzept weist die lokale Politik einer »arabischen Fassade« schwacher und abhängiger Diktatoren zu, die dafür sorgen, daß die Ölprofite in erster Linie den USA (und ihrem britischen Satelliten) zukommen, nicht aber der Bevölkerung in der Region. Ein Netzwerk regionaler Aufpasser – »Streifenpolizisten« nannte sie Nixons Verteidigungsminister Melvin Laird – hält die Ordnung aufrecht; eine Aufgabe, die 1973 vom führenden Experten des US-Senats, Henry Jackson, so beschrieben wurde: Sie müssen »jene unverantwortlichen und radikalen Elemente in bestimmten arabischen Staaten im Zaum halten, die... wenn sie nur könnten, unsere Petroleumquellen im Persischen Golf ernsthaft bedrohen würden«. Jackson wies diese Aufgabe vor allem dem stillschweigenden Bündnis zwischen Israel, dem Iran (unter dem Schah-Regime) und Saudi-Arabien zu.

Keine Rechte haben Kurden, Palästinenser, Slumbewohner in Kairo, und andere, die nichts zur Erhaltung der Machtstruktur beitragen. Sie können in diesem oder jenem Machtspiel Verwendung finden, wie die Geschichte der Kurden bis heute beweist, mehr aber auch nicht. Dabei ist der Status der Palästinenser am niedrigsten: Ihr Wert ist nicht gleich Null, sondern negativ, weil ihr Bestreben die arabische Welt spaltet und damit die Zielsetzungen der USA gefährdet. Sie müssen also auf irgendeine Weise marginalisiert werden, wozu vielleicht eine Art »Autonomie« taugt, in der sie ihre Angelegenheiten unter israelischer Aufsicht regeln können. Dieser in Camp David vorgetragene Plan wurde bei den erneuten »Friedensverhandlungen« in Madrid im Herbst 1991 wieder aufgegriffen. Damals schrieb der israelische Journalist Danny Rubinstein, daß Israel und die USA die Autonomie »wie in einem Kriegsgefangenenlager organisieren wollen, wo die Insassen »autonom«, also ungestört, ihre Mahlzeiten bereiten und kulturelle Veranstaltungen durchführen können«.[2]

Während die Verhandlungen fortgesetzt wurden, ohne konkrete Ergebnisse zu bringen, verschärfte Israel die Unterdrückungspolitik in den besetzten Gebieten und folgte dabei der im Februar 1989 von Jitzhak Rabin ausgegebenen Linie, der zufolge (so erklärte er führenden Mitgliedern von Peace Now) die USA Israel Zeit gegeben hätten, die Intifada mit Gewalt zu unterdrücken, während sie die Aufmerksamkeit mit bedeutungslosen diplomatischen Manövern ablenkten. Diese Politik war sehr erfolgreich und wurde durch Rabins »Abschottung« der besetzten Gebiete, die der ohnehin stagnierenden palästinensischen Wirtschaft einen schweren Schlag versetzte, noch ausgeweitet.

Seit Beginn der Intifada, vielleicht schon vorher, wurde deutlich, daß die Führung der PLO die Unterstützung der Bevölkerung in den besetzten Gebieten verlor. Viele nicht-religiöse Aktivisten vor Ort betrachteten die Organisation zwar nach wie vor als einzigen Unterhändler, sprachen aber mit offener Verachtung von Korruption, persönlichen Machtspielen, Opportunismus und Desinteresse für die Interessen und Anschauungen derer, die zu vertreten sie vorgab. In den folgenden Jahren wuchs, soweit man den Anzeichen trauen kann, diese Entfremdung weiter, während die von Israel anfänglich unterstützte Bewegung der Fundamentalisten an Stärke gewann. Sie nährte sich von der zunehmenden Unzufriedenheit und Demoralisierung, die aus der Umsetzung von Rabins Programm, das die USA großzügig unterstützten, erwuchs.

Zugleich rückte die PLO damit für Israel und die USA in den Blickpunkt des Interesses, weckte doch die fundamentalistische Opposition Erinnerungen an den Widerstand, der Israel aus weiten Gebieten des Libanon vertrieben hatte.[3] Zunehmend kam es zu informellen Kontakten zwischen der PLO und der israelischen Regierung, die ihren Höhepunkt mit dem Osloer Abkommen vom August 1993 erreichten, das ohne die am offiziellen »Friedensprozeß« beteiligten Delegationen und auch ohne die PLO, mit Ausnahme von Arafat und einigen seiner Vertrauten, zustandekam.

Dieses Abkommen fand große Zustimmung, begleitet von Skepsis über seine Haltbarkeit. »Amerikas größtes Interesse«, nämlich »verstärkte Sicherheit für Israel und ein dauerhafter Friede in der Region ... scheinen jetzt wie nie zuvor zum Greifen nahe«, hieß es in der *New York Times*, als das Abkommen verkündet wurde.[4] Diese Bemerkung stimmt zumindest insofern, als die intendierten Folgen des Osloer Abkommens im Rahmen der traditionellen Nahost- und Israelpolitik der USA bleiben. Wesentliche Momente des Scharon- und des Allon-Plans sind übernommen worden, was von Israels stellvertretendem Außenminister Jossi Beilin deutlich gemacht wurde. Er schrieb in der *New York Times*:

> »Die dauerhafte Lösung wird auf dem Rückzug Israels aus dem Gaza-Streifen und den meisten Gebieten des Westjordanlands beruhen. Wir stimmen einer konföderativen Einigung zwischen Jordanien und den Palästinensern im Westjordanland zu, werden aber nicht zu den Grenzen von vor 1967 zurückkehren. Das vereinigte Jerusalem bleibt die Hauptstadt des Staates Israel.«

Dafür werden »die Araber Israels Recht, als souveräner Staat innerhalb gesicherter und eindeutig definierter Grenzen zu existieren, akzeptieren und anerkennen« – was diese bereits in der Resolution des UN-Sicherheitsrats vom Januar 1976 getan und gegen die Washington sein Veto eingelegt hatte.

Wenn Israel die »konföderative Einigung« einem unabhängigen palästinensischen Staat vorzieht, so hat das mit Sicherheitsgründen nichts zu tun. Vielmehr stünde ein unabhängiger Staat der Integration von Teilen der besetzten Gebiete und der Kontrolle über ihre Ressourcen – vor allem Wasser – im Wege. Wie groß das »vereinigte Jerusalem« sein wird, steht noch nicht fest. Und der »Rückzug« aus den besetzten Gebieten berührt nicht die jüdischen Siedlungen und die von ihnen kontrollierten Ressourcen. Abgesehen davon liegt die »dauerhafte Lösung« noch in weiter Ferne.

Der Abkommensentwurf sagt nichts über die *nationalen* Rechte der Palästinenser, das Hauptmotiv für den Bruch Israels und der USA mit dem internationalen Konsens Mitte der siebziger Jahre. Zwar gab es keinen Zweifel daran, daß die Grundlage die UN-Resolution 242 sein sollte, die den Rückzug aus den besetzten Gebieten forderte, doch gab es dabei zwei Streitpunkte: 1. Wird die Rückzugsklausel in Übereinstimmung mit dem (vor 1971 auch von den USA vertretetenen) internationalen Konsens oder in Übereinstimmung mit der Haltung Israels und der USA *nach* 1971 interpretiert? 2. Beruht das Abkommen *allein* auf der Resolution 242, die den Palästinensern nichts bietet, oder *auch noch* auf anderen relevanten UN-Resolutionen, wie es die PLO lange Zeit in Übereinstimmung mit dem internationalen Konsens gefordert hatte? Schließt das Abkommen das Recht der Flüchtlinge auf Rückkehr oder Entschädigung ein, worauf die Vereinten Nationen seit Dezember 1948 bestehen (was damals auch von den USA befürwortet wurde)? Gewährt es den Palästinensern das Recht auf nationale Selbstbestimmung, wie es wiederholt von der UN gefordert (und von Washington blockiert) wurde?

Bei diesen Problemen übernimmt das Abkommen explizit und unzweideutig die Position Israels und der USA. Artikel I besagt, daß der »dauerhafte Status zum Inkraftsetzen der Resolutionen 242 und 338« (die 242 bestätigt) führen wird, mehr nicht.

Außerdem wird die Rückzugsklausel, wie Beilin deutlich machte, im Sinne Israels und der USA interpretiert: Es geht um einen Teilrückzug, wobei die weitere Besiedlung großer Teile des von Israel besetzt gehaltenen Westjordanlands ebensowenig ausgeschlossen ist wie die Übernahme weiterer Gebiete. Zentrale Probleme wie die Kontrolle von Wasservorräten sollen durch »Kooperation« und »ausgewogene Nutzung«, deren Methode »Experten beider Seiten« festlegen, gelöst werden. Wenn ein Elefant mit einer Fliege kooperiert, ist das Ergebnis absehbar. Israel und die USA haben gewonnen, und auch in der ideologischen Sphäre dürfte die amerikanische Version der Geschichte zur Grundlage aller weiteren Erörterungen werden.

Für die Palästinenser in den Flüchtlingslagern bietet das Abkommen wenig Hoffnung; Jordanien, Syrien und der Libanon haben »die PLO wegen ihrer weitgehenden Zugeständnisse an Israel kritisiert, weil dadurch eine gemeinsame arabische Verhandlungsstrategie untergraben« worden sei, berichtet Lamis Andoni aus Ammann.[5]

Dennoch bleibt die Frage, ob das Abkommen, gerade von palästinensischer Seite (denn Israel hat seine Ziele weitgehend durchgesetzt) angenommen werden sollte, obwohl es die meisten Hoffnungen, jedenfalls in absehbarer Zukunft, zunichte macht. Dennoch könnten realistische Alternativen sehr viel schlimmer sein.

Zumindest könnte das Abkommen den Palästinensern eine gewisse Befreiung von den Schranken, die die Militärverwaltung der infrastrukturellen Entwicklung gesetzt hat, verschaffen. Und weil es ihnen die Kontrolle über die »direkte Besteuerung« zuweist, ist die Autonomie nicht mehr nur die eines »Kriegsgefangenenlagers«. Eine »starke Polizeimacht« unter israelischer Aufsicht könnte das Gegenstück zu der von Israel unterstützten Südlibanon-Armee werden und die Bevölkerung gleichfalls terrorisieren oder aber dafür sorgen, daß die Übergriffe jüdischer Siedler zurückgehen. Obwohl das Abkommen nichts darüber verlauten läßt, könnte seine Umsetzung zu einem Rückgang israelischer Siedlungen und der damit verbundenen Entwicklungsprogramme führen.

Der Kopf der palästinensischen Delegation, Haidar Abdul Schafi, hatte bei einem Gespräch in Bethlehem am 22. Juli, gerade als Arafat sich anschickte, die Sache in seine Hände zu nehmen, einiges Bedeutsame zu diesen Fragen anzumerken. Er räumte dem »Friedensprozeß« keine reellen Chancen ein, betonte jedoch:

»Der entscheidende Gesichtspunkt ist die Umgestaltung unserer Gesellschaft... Wir müssen uns dazu durchringen, unsere Kraft und unsere Ressourcen zur Entwicklung unserer kollektiven Führung und der demokratischen Institutionen zu entwickeln, um unsere Ziele erreichen zu können... Wir müssen uns um die Lage im Inneren kümmern, unsere Gesellschaft organisieren und jene negativen Aspekte, unter denen sie seit Generationen leidet und die der Hauptgrund dafür sind, daß wir dem Gegner soviel an Boden überlassen mußten, beseitigen.«[6]

Oslo II[7]

Am 28. September 1995 vollzogen Israel und die PLO den zweiten großen Schritt im Friedensprozeß: Das Westjordanland wird, mit zahlreichen Einzelbestimmungen, in drei Zonen aufgeteilt: Der Palästinensische Nationalrat kontrolliert Zone A, Israel Zone C, während Zone B das »Autonomie«-Gebiet ist, wo die Palästinenser die Ortschaften unter israelischer »Sicherheitskontrolle« verwalten. Zone A besteht aus den kommunalen Gebieten von Städten, in denen ausschließlich Palästinenser wohnen; Zone C umfaßt alle jüdischen Siedlungen. Zone B ist eine Zusammenfassung verstreuter Sektoren, deren Zahl sich, israelischen Karten zufolge, auf etwa 100 beläuft.

Zusätzlich gibt es noch eine vierte Zone, die einen Teil der besetzten Gebiete enthält: Jerusalem, das, zusammen mit dem ehemals arabischen Ostteil und einer Region unbestimmter Größe jenseits davon, implizit der israelischen Kontrolle unterstellt wurde. Als Arafat einen »Dschihad« ankündigte, um (in Übereinstimmung mit den Vorkehrungen des ersten Osloer Abkommens) auch für Jerusalem palästinensische Rechte durchzusetzen, führte das in den Vereinigten Staaten zu erheblicher Kritik, während Rabins Feststellung, Jerusalem bleibe die ewige und unteilbare Hauptstadt Israels, keinerlei Reaktion hervorrief. Israels Entscheidung stimmt mit den US-amerikanischen Zielen überein und ist daher per definitionem legitim.

Die genaue Abgrenzung der drei Zonen steht noch nicht fest und kann bei späteren Verhandlungen modifiziert werden. Israelischen Karten und entsprechenden Analysen zufolge umfaßt Zone C zwei Drittel des Westjordanlands, Zone B weitere 30 Prozent, die palästinensische Zone A drei Prozent. Von den palästinensischen Städten war Hebron mit 450 jüdischen Siedlern unter etwa 100 000 palästinensischen Einwohnern umstritten, und insofern behält Israel darüber die Kontrolle. In Zone C leben 140 000 Juden, in den Zonen A und B 1,1 Millionen Araber. »Etwa 300 000 Israelis leben in den von Israel 1967 eroberten Gebieten«, bemerkt der israelische Korrespondent Danny Rubinstein, etwa die Hälfte davon »in den städtischen Regionen, die nach 1967 an Jerusalem angeschlossen wurden.«[8]

Oslo II bestätigt die Bestimmung des Kairoer Abkommens vom Mai 1994, dem zufolge die palästinensische Gesetzgebung nicht »über Sicherheitsprobleme, die unter israelische Verantwortung fallen«, bestimmen und auch nicht »andere wichtige israelische Interessen, die durch diese Übereinkunft geschützt werden«, bedrohen darf. Offenbar behalten die grundlegenden Vorkehrungen des Kairoer Abkommens für alle drei Zonen ihre Gültigkeit, und damit auch der Vorbehalt, daß der israelischen Militärverwaltung weiterhin »Legislative, Judikative und Exekutive« sowie »die Verantwortung für die Ausübung dieser Gewalten in Übereinstimmung mit dem internationalen Recht« zufallen. Damit bleibt, wie der israelische Kommentator Meron Benvenisti anmerkt, »das gesamte System der militärischen Verfügungsgewalt... in Kraft, abgesehen »von legislativen und anderen Regelungen, die Israel den Palästinensern explizit gewährt««, während israelische Richter jederzeit »ihr Veto gegenüber einer palästinensischen Gesetzgebung einlegen können, die »wichtige israelische Interessen beeinträchtigen könnte««, da diese »absoluten Vorrang« genießen (seine Zitate stammen aus dem Text des Kairoer Abkommens).

Oslo II sieht ferner vor, daß der zu wählende palästinensische Nationalrat »die legalen Rechte von Israelis in bezug auf regierungseigenes sowie von den Besitzern nicht bewohntes Land in Gebieten, die der territorialen Rechtsprechung des Rates unterstehen«, wahren muß. Damit erkennt der Rat de facto die Rechtmäßigkeit bestehender und eventueller zukünftiger jüdischer Siedlungen ebenso an wie die israelische Souveränität über Gebiete, die Israel (einseitig, wie in der Vergangenheit) zu staatseigenem und privatem (wenngleich nicht bewohntem) Land erklärt. »Gut informierten palästinensischen Quellen zufolge«, die der *Report on Israeli Settlement* zitiert, umfassen diese Gebiete bis zu 90 Prozent der Zone B. Das ist jedoch nur eine Schätzung, weil die Behörden keine Informationen herausgeben.[9]

Damit ist die UN-Resolution 242 vom November 1967, das Kernstück der Nahost-Diplomatie, hinfällig geworden, jedenfalls in der Interpretation, die damals auch noch von den Vereinigten Staaten vor ihrem Richtungswechsel von 1971 vertreten wurde.

Oslo II läßt sich also folgendermaßen zusammenfassen: Israel kontrolliert unilateral Zone C (etwa 70 Prozent des Westjordanlands) und de facto Zone B (an die 30 Prozent), während es die Kontrolle über Zone A (etwa 3 Prozent oder weniger) teilweise den Palästinensern überläßt. Im Grunde erstreckt sich die entscheidungsbezogene Kontrolle auf das gesamte Westjordanland, wobei die Rechtmäßigkeit der wesentlichen Ansprüche nicht mehr bestritten werden kann. Das gilt auch für den Gaza-Streifen, wo Israel die vollständige Kontrolle über jene 30 Prozent behält, die es als wichtig erachtet.

Wir können diesen Vorgang anhand einer Analogie verdeutlichen: Es ist so, als wenn New York State die Verantwortung für die Slums von South Bronx und Buffalo an lokale Behörden delegiert, während er die finanziellen, industriellen und kommerziellen Sektoren, die Viertel der Reichen und praktisch die gesamten nutzbaren Ländereien und Ressourcen behält, mit Ausnahme einiger verstreuter Regionen, die er lieber jemand anderem überläßt, so wie auch Israel froh ist, sich der Bürde zu entledigen, die Innenstädte von Nablus und Gaza direkt kontrollieren zu müssen. Hier und in den isolierten Ortschaften der Zone B verwalten palästinensische Sicherheitskräfte die Bevölkerung nach den kolonialen Standardmodellen, die die Briten in Indien, die Weißen in Südafrika und Rhodesien, die USA in Mittelamerika vorgegeben haben. Israel hat endlich eingesehen, wie absurd es ist, seine eigenen Streitkräfte zur Befriedung der Einheimischen einzusetzen.

Es läßt sich noch ein anderer Vergleichsmaßstab heranziehen. 1988, als Israel und die USA es ganz entschieden ablehnten, den Palästinensern irgendwelche Rechte zu konzedieren oder mit der PLO zu verhandeln, forderte Rabin (der für die Arbeiterpartei sprach), Israel solle 40 Prozent des Westjordanlands und des Gaza-Streifens kontrollieren. 1995 sah er die Notwendigkeit eines Opfers ein und war bei den Oslo-II-Verhandlungen damit einverstanden, die Kontrolle über ein doppelt so großes Territorium zu akzeptieren und die Legalität dessen, was Israel und sein Sponsor in den besetzten Gebieten getan haben und noch zu tun bereit sind, anzuerkennen.

In Oslo waren Rabin und Peres sogar zu Verhandlungen mit der PLO bereit und akzeptierten sie zumindest in einem Begleitbrief (nicht jedoch im offiziellen Dokument) als »Repräsentantin des palästinensischen Volks«. Dieser Gesinnungswandel fand in den USA viel Lob, wobei die Erklärung, die Peres abgab, überhört wurde: »*Sie* haben sich verändert, nicht *wir*«, meinte er anläßlich des Oslo-I-Abkommens. »Wir verhandeln nicht mit der PLO, sondern mit dem Schatten dessen, was sie früher war.«

Ohne Kenntnis des tatsächlichen geschichtlichen Hintergrunds ist eine ernstzunehmende Erörterung dieser Probleme nicht möglich. Daran fehlt es aber selbst im akademischen Bereich, was von gravierender Bedeutung ist.[10]

Schon in der Frühphase des »Friedensabkommens« von Oslo sieht der palästinensische Menschenrechtsanwalt Radschi Surani »einen Trend zur Militarisierung der palästinensischen Gesellschaft«, der sich, so der Nahostkorrespondent Graham Usher, fortsetzt, während »die repressive israelische Eindämmungsstrategie seit Oslo [I] zur Tötung von 255 Palästinensern im Westjordanland und im Gaza-Streifen geführt hat, während palästinensische Angriffe 137 israelische Todesopfer gefordert haben«. Zudem sind 2400 Palästinenser »zwischen Oktober 1994 und Januar 1995 wegen »islamistischer Tendenzen«« verhaftet worden.[11]

Die Brutalität der neuen palästinensischen Polizeikräfte und ihre Zusammenarbeit mit dem israelischen Sicherheitsapparat entspricht dem Plan, den Premierminister Rabin vor dem politischen Rat der Arbeiterpartei am 2. Oktober 1993, unmittelbar nach dem Oslo-I-Abkommen darlegte. Die palästinensischen Sicherheitskräfte, führte er aus, seien in der Lage, »mit Gaza fertigzuwerden, ohne daß es Probleme durch die Anrufung des Obersten Gerichtshofs in Jerusalem« geben werde, »ohne Probleme, die durch die Tätigkeit von [der Menschenrechtsorganisation] B'Tselem« entstehen und »ohne Probleme, die durch Mütter und Väter und blutende Herzen« hervorgerufen werden. Kein Wunder, daß Kissinger in Rabin einen »Visionär« und »Denker von Weltformat« sieht.[12]

Innenminister Ehud Barak verkündete, daß Oslo II »Israel die absolute Überlegenheit auf militärischem wie wirtschaftlichem Gebiet garantiert«. Benvenisti weist darauf hin, daß die zum Abkommen gehörende Landkarte den »Frieden der Sieger« repräsentiert: Sie entspricht den extremen israelischen Vorschlägen, die 1981 vom damaligen Verteidigungsminister Ariel Scharon lanciert wurden. Dieser scheint denn auch mit dem Ergebnis nicht unzufrieden zu sein. Korrespondenten berichten, er habe »breit lächelnd über die günstige Zukunft« für eine neue Siedlung im Westjordanland gesprochen, die er »geplant und bei deren Aufbau er geholfen hatte«. Er zeigte den Pressevertretern auch die von ihm 1977 entworfene Karte, deren Grundzüge nun von Rabin umgesetzt werden. Er fühle sich, sagte Scharon, Rabin »sehr nahe«. Jisrael Harel, Gründer des Jescha-Rats der Westjordansiedler und Herausgeber ihrer extremistischen Zeitschrift *Nekudah*, stimmt Scharon und Rabin zu: »Wenn sie sich an den gegenwärtigen Plan halten, kann ich damit leben.« Jossi Beilin, rechte Hand von Premierminister Peres, erklärt, daß der Abschluß der Vereinbarungen von Oslo II »um Monate hinausgezögert wurde, damit alle Siedlungen intakt bleiben und die Siedler ein Maximum an Sicherheit genießen konnten. Dazu waren enorme finanzielle Investitionen nötig. Die Lage in den Siedlungen war nie besser als nach dem Abkommen von Oslo II.«

Vor der Knesset skizzierte Rabin »die hauptsächlichen Veränderungen ... die wir ins Auge fassen und in einer dauerhaften Lösung verankert sehen wollen«. Zu diesen Forderungen, die kaum verhandelbar sein dürften, gehört die Einverleibung »des vereinigten Jerusalem inklusive Ma'ale Adumim [eine Stadt im Osten] und Givat Ze'ev«, ein Vorort im Norden; ferner das Jordantal; »Siedlungsblöcke in Judäa und Samaria wie der in Gusch Katif« (dem südlichen, die israelischen Siedlungen umschließenden Sektor von Gaza, den Israel behält). Zu diesen Blöcken gehören »Gusch Etzion, Efrat, Beitar und andere Gemeinden« im Westjordanland. Presseberichten zufolge wird Ma'ale Adumim dem stark ausgeweiteten Gebiet von Jerusalem annektiert, nachdem eine weitere Besiedlung zwischen den beiden Stadtgebieten eine Verbindung hergestellt hat.[13]

Die hebräische Presse in Israel hat die Bedeutung des Ausdrucks »Frieden der Sieger« sehr genau akzentuiert. Tanja Reinhart von der Universität Tel Aviv bemerkte nach dem Abkommen von Kairo, daß die Vereinbarungen nicht mit dem *Ende* der Apartheid in Südafrika, sondern vielmehr mit der *Errichtung* dieser Institution, d. h. mit der von den Weißen Südafrikas für die neuen »unabhängigen Staaten« vorgesehenen »Homerule«, verglichen werden sollten. Der Politologe Schlomo Avineri weist darauf hin, daß Oslo II »in gewisser Hinsicht ein großer Sieg für Israel und ein minimaler Erfolg für Arafat« sei, der »angesichts der unmöglichen Bedingungen, unter denen er tätig sein mußte, recht gute Arbeit geleistet hat«. Das trifft beinahe den Kern der Sache. Allerdings muß man noch andere Aspekte berücksichtigen, die Palästina zu einem Land der Dritten Welt machen: Arafat, seine Gefolgschaft und reiche Palästinenser werden, wie immer es für die Bevölkerung aussehen mag, unter dem Diktat Israels recht gut leben können.[14]

Es herrscht also, von Scharon und Harel bis zu den schärfsten Kritikern des Abkommens, ziemlich große Einmütigkeit über die Tatsachen.

Worauf die Tatsachen hinauslaufen, bleibt jedoch der Spekulation überlassen. Einige glauben an eine authentische Unabhängigkeit der Palästinenser, wenn nicht gar den vollständigen israelischen Rückzug, andere, wie der Herausgeber von *New Republic*, Martin Peretz, hoffen auf eine »langfristige militärische Niederlage« der PLO, die den Palästinensern jeden Gedanken an Unabhängigkeit austreiben soll, bis sie »eine zertretene Nation wie die Kurden oder Afghanen sind« und ihr Problem, »das allmählich langweilt«, endlich gelöst wird.[15] Klar ist einstweilen nur, daß es für Israel sinnlos wäre, andere Gebiete zu behalten, als die durch Oslo II garantierten. Vermutlich wird die Regierung ihre Verwaltungsausgaben demnächst zurückfahren und zugleich weiterhin Ländereien und Ressourcen von Wert in Israel integrieren.

Aber selbst mit diesem Ergebnis, dem weitreichendsten, was die israelisch-amerikanische Verweigerungshaltung jemals erzielt hat, sind einige noch nicht zufrieden. In den achtziger Jahren wurde innerhalb des Likud-Blocks die Forderung erhoben, auch Jordanien einzuverleiben (wobei man großzügigerweise bereit war, auf die unbewohnbaren Wüstengebiete im Osten zu verzichten). Auch von der Hauptströmung der Kibbuz-Bewegung, Ahduth Avodah, sind solche Einstellungen bekannt und, meines Wissens, bis zum heutigen Tag nicht widerrufen worden. Heute beanspruchen einige Gruppen, darunter amerikanische und ultra-orthodoxe Juden, das Recht auf jeden Stein westlich des Jordan.[16]

Bei näherer Betrachtung sehen wir, daß das sich ausweitende Gebiet von Greater Jerusalem-Ma'ale Adumim praktisch bis Jericho und zum Jordantal reicht, wodurch die angepeilte dauerhafte Lösung des Siedlungsproblems das Westjordanland zweiteilen würde. Eine große Anzahl von »Umgehungsstraßen« soll die Region noch weiter in »Kantone« (so die Ultrarechten in ihren Programmen) untergliedern. Diese neuen Straßen verbinden die unter israelischer Kontrolle stehenden Gebiete miteinander, so daß die Siedler frei umherreisen können, ohne mit arabischen Ortschaften in Berührung zu kommen. Seit der Unterzeichnung des Oslo-I-Abkommens hat sich der Bau von Siedlungen, Wohneinheiten und Straßen beschleunigt, wobei die Regierungen Bush (sen.) und Clinton tatkräftige Unterstützung leisteten. Die israelische Regierung lockt weitere potentielle Siedler mit materiellen Anreizen ins Westjordanland; z. B. nach Ma'ale Adumim, wo Land, das Beduinen gehörte, konfisziert wurde. Dort hat man am 23. Oktober 1995 eine neue Umgehungsstraße eingeweiht, und bis zum Jahr 2005 sollen 6000 Wohneinheiten sowie Hotels mit insgesamt 2400 Zimmern entstehen. Die Bevölkerungszahl soll auf 50 000 anwachsen. Einem im Oktober 1995 von Peace Now veröffentlichten Bericht zufolge haben Neubaumaßnahmen zwischen

1993 und 1995 um 40 Prozent zugenommen (wobei Ost-Jerusalem dabei nicht berücksichtigt ist).[17]

Die gleiche Konzeption wurde und wird im Gaza-Streifen umgesetzt, der »durch die Umgehungsstraßen an seiner strategisch wichtigsten Stelle in zwei Teile zerschnitten wird, nämlich zwischen Gaza-Stadt und den großen Flüchtlingslagern südlich davon«. Die Siedlungen »dienen als Dreh- und Angelpunkte für das Straßennetz, mittels dessen Israel die Kontrolle« über die jetzt »autonomen« Gebiete aufrechterhält, die von Ägypten und voneinander getrennt sind. Hier wie im Westjordanland kann Israel durch Straßen- oder Gebietssperren die Bevölkerung auch weiterhin, wie schon so oft in der Vergangenheit, gefangenhalten.[18]

Das Motiv für Straßen- und Ausgangssperren können Bestrafungen oder vorbeugende Maßnahmen gegen terroristische Aktionen sein; man kann damit aber auch einfach jüdische Bürger von der lästigen Anwesenheit der einheimischen arabischen Bevölkerung befreien. Die nämlich wurde 1995 in Hebron vier Tage lang mit einem 24-stündigen Ausgehverbot bedacht, damit Siedler und 35 000 jüdische Besucher anläßlich des Passah-Fests sich frei in der Stadt ergehen und feiern und zum Grab des Patriarchen [Abraham] pilgern konnten. Dabei nutzten sie nicht nur die Gelegenheit, den Grundstein für ein neues Regierungsgebäude zu legen, sondern auch »die in ihren Häusern gefangenen Palästinenser zu beschimpfen und, wenn sie aus dem Fenster schauten, mit Steinen nach ihnen zu werfen«. Darüber hinaus »wüteten Siedler in der Altstadt, zerstörten Eigentum und warfen Autofenster ein«. Die medizinische Versorgung funktionierte nicht, so daß »viele Kranke und schwangere Frauen während des Ausgehverbots nicht rechtzeitig in eine Klinik eingeliefert werden konnten«.[19]

Im annektierten Ost-Jerusalem kann Israel seine Programme, die Araber zu Bürgern zweiter Klasse machen, in die Tat umsetzen. Schon unter Bürgermeister Teddy Kollek, der in den USA als Demokrat und Menschenfreund bewundert wird, wurde damit begonnen, während sein Nachfolger, Ehud Olmert von der Likud, ihre Ausweitung betreibt. Sinn und Zweck der Maßnahmen war es, wie Kolleks Berater Amir Cheschin erklärte, »die Planungen im arabischen Sektor zu erschweren«. Kollek meinte dazu: »Ich will ihnen [den Arabern] nicht das Gefühl geben, gleichberechtigt zu sein«, es sei denn in Ausnahmefällen, »bei denen die Kosten nicht so hoch sind«. Kolleks Planungskommission empfahl Entwicklungsprogramme für Araber, die einen »Vorzeigeeffekt« für Anwohner, Touristen usw. besäßen. In den israelischen Medien ließ sich Kollek 1990 mit dem Hinweis vernehmen, er habe für die Araber »nichts gebaut« außer einem Abwassersystem, und dies auch nur deshalb, weil es in den arabischen Vierteln »einige Cholera-Fälle gegeben hat und die Juden befürchteten, sich anzustecken«. Unter Olmert werden, Berichten zufolge, die Araber noch viel härter angefaßt.[20]

Im Juni 1994 verfaßte die israelische Stadtplanerin Sarah Kaminker (Mitglied des Stadtrats und unter Kollek für die Planung zuständig) einen Bericht für den Obersten Gerichtshof. Grund war die Klage mehrerer Araber, die vom katholischen Zentrum für Menschenrechte und Rechtshilfe, der St.-Yves-Gesellschaft, vertreten wurden. Im jüdischen West-Jerusalem, so Kaminker, gebe es »illegale Baumaßnahmen großen Umfangs«, die von der Stadtverwaltung nicht verhindert und im nachhinein legalisiert würden. Im arabischen Ost-Jerusalem gelten andere Maßstäbe. Dort können 86 Prozent der Grundstücke »nicht mehr von Arabern genutzt werden«, während der Rest »bereits erschlossener Grund und Boden ist«. Unerschlossener Grund und Boden ist Juden vorbehalten oder soll – angeblich, um die Sicht nicht zu verstellen – unbebaut bleiben«. Der »Mangel an Grundstücken, die von Arabern bebaut werden könnten, ist ein Ergebnis der Planungs- und Entwicklungspolitik in Ost-Jerusalem«, wo die Verwaltung unter Kollek »seit 1974 bestrebt ist, das Bauland für Araber seinem Umfang nach einzuschränken«. Ziel ist die »demographische Ausgewogenheit«, die 1993 teilweise erreicht wurde, als Kollek »verkünden konnte, daß in Ost-Jerusalem mittlerweile mehr Juden als Araber wohnten«.

Dafür hatte die Regierung durch extensive Wohnungsprogramme gesorgt: 60 000 Wohneinheiten wurden für Juden erstellt, 555 für Araber. Araber, deren Behausungen wegen jüdischer Siedlungen zerstört wurden, kommen oft »aus den untersten ökonomischen Schichten ihrer Gesellschaft« und leben jetzt »in umgebauten Bruchbuden zusammen mit zwei oder drei weiteren Familien oder sogar in Zelten und Kellerräumen«. Wer auf eigenem Grund und Boden bauen will, wird per Gesetz daran gehindert und riskiert die Zerstörung, wenn er trotzdem weitermacht. Anders in West-Jerusalem, wo »das Problem illegaler Bautätigkeit ... mindestens so gravierend ist wie im Ostteil«. Das »demographische Gleichgewicht« wird auch durch Bestimmungen über die Bauhöhe hergestellt, bei denen die Araber benachteiligt sind.[21]

Da Israel den »Heiligen Krieg« um Jerusalem gewonnen hat, können solche Programme in der Stadt und ihrem Umfeld ungehindert durchgeführt werden. Die »Kantonisierung« der arabischen Regionen und die mit dem Stempel der Legitimität versehene Möglichkeit zu ihrer Abschließung dienen dem langfristigen Ziel der Vertreibung der Palästinenser, sofern diese nicht in den von israelischen und palästinensischen Investoren betriebenen Industrieparks eine Arbeit finden.

Während der Besatzung hat die Militärverwaltung jegliche unabhängige Entwicklung der palästinensischen Wirtschaft verhindert. Einem offiziellen Dekret zufolge durfte »keine Erlaubnis für die Ausweitung von Agrikultur und Industrie erteilt werden, bei der es zur Konkurrenz mit dem israelischen Staat« kommen könnte. Derlei wird auch von der US-Außenhandelspolitik betrieben und ist vom westlichen Imperialismus her bekannt. Anläßlich des Oslo-II-Abkommens erinnert Ronny Schaked daran, daß die israelischen Regierungen in den besetzten Gebieten »nur an friedlichen und billigen Arbeitskräften interessiert waren. Die Entwicklung von industriellen, landwirtschaftlichen und anderen Infrastrukturen erfolgte ausschließlich im israelischen Interesse und wurde den Einwohnern aufgezwungen. In Hebron z. B. verbot die Zivilverwaltung die Errichtung einer Fabrik zur Produktion von Nägeln, weil man die Konkurrenz zu einer jüdischen Fabrik in Tel Aviv befürchtete. Allerdings hat man sich um die medizinische Versorgung gekümmert, weil Krankheiten im Westjordanland auch die Einwohner von Tel Aviv gefährden könnten.« Die Zivilverwaltung war nicht besonders kostenintensiv, weil ihr geringes Budget durch lokale Steuern gedeckt werden konnte.

Unter der israelischen Herrschaft wurde die einheimische Bevölkerung letztlich vor die Wahl gestellt, zu emigrieren oder unter schrecklichen Bedingungen in Israel zu arbeiten. Eine vergleichende wissenschaftliche Untersuchung – die einzige ihrer Art – kommt zu dem Schluß, daß »die Situation der Araber in Israel, die keinen Bürgerstatus genießen, schlechter ist als die entsprechender Gruppen in anderen Ländern« – Arbeitsmigranten in den USA, »Gastarbeiter« in Europa usw.

Und mittlerweile noch schlechter geworden sein dürfte, weil die Palästinenser jetzt vielfach durch Arbeitskräfte aus Thailand, den Philippinen, Rumänien und anderen Staaten, wo Elend herrscht, ersetzt werden. Israelische Reporter haben von »unmenschlichen«

Arbeitsbedingungen berichtet, zu denen auch sklavereiähnliche Zustände und »schwere sexuelle Belästigungen« gehören (die gleichermaßen in den Golfstaaten üblich sind). Die Ausgehverbote und Abschließungen haben »die palästinensische Wirtschaft ruiniert und allein im Gaza-Streifen 100 000 Familien die Existenzgrundlage entzogen«, berichtete der Journalist Nadav Ha'etzni im Mai 1995. Das sei ein »Trauma«, das nur mit der massenhaften Enteignung und Vertreibung der Palästinenser 1948 verglichen werden könne. Auf diese Weise hätten »die Abkommen von Oslo einen wahrhaft neuen Nahen Osten geschaffen«, schreibt Ha'etzni in ironischer Anspielung auf den Slogan von Schimon Peres.[22]

Welche Rechte die palästinensischen Arbeiter haben, wurde aus einem Urteil von Richter J. Bazak ersichtlich, der im Distriktgericht von Jerusalem tätig ist. Er wies im Mai 1995 eine von Kav La'Oved (»Hotline für Arbeiter«, eine Rechtshilfegruppe aus Tel Aviv) eingereichte Klage ab, mit der die Auszahlung von einer Milliarde Dollar erreicht werden sollte, die von Arbeitslöhnen für soziale Zwecke (Renten, Arbeitslosengelder usw.) abgezweigt, den palästinensischen Arbeitern jedoch nie zugute gekommen war; die Gelder waren im Staatshaushalt gelandet. Der Gerichtshof schloß sich jedoch der Argumentation der Regierung an, wonach die Gesetzgebung der Knesset zur Umsetzung des Oslo-I-Abkommens diese Vorenthaltung nachträglich rechtfertige und der Klage somit die Rechtsgrundlage fehle. Ebenso bestätigte der Richter, daß Israels nationales Versicherungsgesetz nur für Bewohner israelischen Territoriums gelte. Die Abzüge sollten, entschied Bazak, den palästinensischen Arbeitern keine gleichen Rechte gewähren, sondern die Löhne auf dem Papier als hoch erscheinen lassen, in Wirklichkeit aber die israelischen Arbeiter vor unfairem Wettbewerb schützen. Das sei genauso legitim »wie die Erhebung von Warenzöllen zum Schutz landeseigener Produkte«.

Man sieht, warum die israelische Legislative auch nach den Abkommen von Oslo ihr Vetorecht beibehalten muß und warum amerikanische Steuerzahler nicht erfahren dürfen, wofür die umfangreichen Subventionen, die Israel erhält, benötigt werden.

Übrigens werden diese Subventionen von der US-amerikanischen Öffentlichkeit noch heftiger abgelehnt als die sonstige (überaus dürftige) Auslandshilfe, unterliegen jedoch nicht den drastischen Kürzungen, von denen andere Länder betroffen sind, im Gegenteil. Ein neueres Beispiel betrifft 25 der »technisch höchstentwickelten Kampfflugzeuge der Welt«, berichtete die britische Presse, ein

Geschäft, das »den Kongreß ohne Widerspruch passierte und kaum
eine Reaktion in den Medien hervorrief«. Zum ersten Mal »seit dem
Zweiten Weltkrieg werden militärische Objekte der Luxusklasse
ohne Beschränkungen und ergänzende Bestimmungen ins Ausland
verkauft« (d. h. durch amerikanische Militärhilfe subventioniert).
Israel wird damit in die Lage versetzt, »gegen potentiell gefährliche
Nationen wie Iran, Irak, Algerien und Libyen vorzugehen« und
scheint erneut »die Rolle eines lokalen Hilfssheriffs für die USA zu
übernehmen, was seit dem Ende der kommunistischen Bedrohung
im Nahen Osten eigentlich überflüssig geworden ist« – die zudem,
wie mittlerweile unter der Hand zugegeben wird, niemals eine wirkliche Bedrohung war.[23]

Obwohl seit langem bekannt war, daß Israel die unabhängige Entwicklung in den besetzten Gebieten nach Kräften verhinderte, setzte
das Ausmaß selbst viele informierte Beobachter in Erstaunen, als sie
nach dem israelisch-jordanischen Friedensvertrag vom Oktober
1994 die Gelegenheit zu einem Besuch in Jordanien erhielten. Der
Vergleich mit dem Westjordanland, meint Danny Rubinstein, biete
sich geradezu an, weil hier wie dort die palästinensische Bevölkerung
ähnlich umfangreich ist und das Westjordanland vor der Eroberung
von 1967 etwas weiter entwickelt war. Das hat sich, wie Rubinstein
feststellen mußte, mittlerweile grundlegend geändert.

»Obwohl Jordaniens Wirtschaft instabil ist und das Land zur Dritten Welt gehört, ist sein Entwicklungsniveau sehr viel höher als das
des Westjordanlands, vom Gaza-Streifen gar nicht zu reden.« Während Israel nur für die jüdischen Siedler Straßen gebaut hat, »können
die Leute in Jordanien auf neuen, mehrspurigen Schnellstraßen fahren«. Fabriken, Handel, Hotels und Universitäten weisen einen
hohen Entwicklungsstandard auf, während es im Westjordanland
»nur in Bethlehem zwei kleine Hotels« gibt. Dort wurden alle Universitäten mit privaten und ausländischen Finanzierungsmitteln
erbaut. Eine Ausnahme bildet lediglich die Universität in Hebron,
die Israel errichten ließ, um den islamischen Fundamentalismus
gegen die PLO ausspielen zu können. Jetzt befindet sich dort ein
Zentrum der Hamas-Bewegung. Ebenfalls unterentwickelt ist die
medizinische Versorgung. »Zwei große Gebäude in Ost-Jerusalem,
die, 1967 von Jordanien errichtet, der westjordanischen Bevölkerung
als Kliniken dienen sollten, wurden von der israelischen Regierung
für Polizeikräfte genutzt.« Unrealisiert blieben Fabriken in Nablus
und Hebron, weil israelische Produzenten keine Konkurrenz zulie-

ßen. »Das arme und unterentwickelte Jordanien hat für seine Palästinenser sehr viel mehr getan als Israel für die Bewohner der besetzten Gebiete.«

Im Gegensatz zum Westjordanland, wo die große Mehrheit der arabischen Ortschaften nur über lokale, unregelmäßig arbeitende Generatoren verfügt, ist die elektrische Versorgung in ganz Jordanien gesichert, und das gilt auch »für das Bewässerungssystem. Im trockenen Jordanien haben entsprechend umfangreiche Projekte... das Ostufer des Jordantals in ein blühendes Landwirtschaftsgebiet verwandelt«, während auf der anderen Seite, israelischen Spezialisten zufolge, fünf Sechstel der Wasservorräte für die Siedler und Israel selbst abgezweigt werden.[24]

Die Londoner *Financial Times* berichtete: »Nichts symbolisiert den ungleichen Wasserverbrauch besser als die frischen grünen Rasenflächen, bewässerten Blumenbeete, blühenden Gärten und wohlgefüllten Swimmingpools der jüdischen Siedlungen im Westjordanland.« Dagegen dürfen die palästinensischen Ortschaften keine Brunnen anlegen und bekommen nur ein paarmal pro Woche fließendes Wasser, das zudem durch Abwässer verunreinigt ist. Folglich müssen die Männer in die Städte fahren, um Behälter befüllen zu lassen. Zum fünfzehnfachen Preis kann das Wasser auch geliefert werden. Im Sommer 1995 drehte die israelische nationale Wassergesellschaft Mekorot im mittleren und südlichen Teil des Gaza-Streifens zwanzig Tage lang den Hahn ab, weil die Leute kein Geld hatten, um die Rechnung zu bezahlen. Während einige wenige israelische Siedler Luxushotels mit Swimmingpools leiten und von der bewässerungsintensiven Landwirtschaft profitieren, fehlt es den Palästinensern an Trinkwasser und in zunehmendem Maße auch an Nahrungsmitteln, weil die Wirtschaft funktionsunfähig gemacht wird.

Einzelfälle erhellen das Gesamtbild. So wurden in Ubajdija 8000 Palästinenser 18 Monate lang von der Wasserzufuhr abgeschnitten, während die nahegelegenen jüdischen Siedlungen »in der Wüste aufblühten«. (Zwar hat Mekorot versprochen, die Lieferungen wieder aufzunehmen, um einer Anhörung vor dem Obersten Gerichtshof zu entgehen, aber zum Zeitpunkt der Niederschrift dieser Zeilen war der Ausgang noch unbekannt.) Im August 1995 hatten Tausende in Hebron kein Wasser, und in diesem heißen Sommer erhielt jeder Araber dort nicht einmal ein Viertel der Wassermenge, die einem Bewohner der nahegelegenen jüdischen Siedlung Kirjat Arba zur Verfügung stand.

Auch das Oslo-II-Abkommen dürfte an dieser diskriminierenden Wasserverteilung, die »die Palästinenser vor dem Verdursten bewahrt, ohne ihnen genug für die wirtschaftliche Entwicklung zuzugestehen«, nichts ändern. Zwar stimmen beide Seiten bis zu einer endgültigen Regelung »der gemeinsamen Verwaltung der Wasserressourcen und Abwassersysteme im Westjordanland« zu, doch ändert das am Status quo nichts, da nur die besetzten Gebiete Verhandlungsgegenstand waren.[25]

Der israelisch-jordanische Friedensvertrag sieht vor, »zu einer umfassenden und dauerhaften Regelung über alle das Wasser betreffenden Probleme zu gelangen«. Diese Regelungen findet David Brooks vom Internationalen Entwicklungszentrum in Kanada, der der kanadischen Delegation für die nahöstlichen multilateralen Friedensgespräche angehörte, nicht weiter bemerkenswert, mit einer Ausnahme: »Kein Wort wird über die Wasserrechte der Palästinenser gesagt, kein Wort über die Rolle, die sie bei der Verteilung der Wasserressourcen des Jordantals spielen könnten.« Sie sind noch nicht einmal Verhandlungspartner. »Das ist besonders erstaunlich, wenn man bedenkt, daß der größte Teil des unteren Jordanlaufs (von Kinneret bis zum Toten Meer) die Grenze zwischen Jordanien und dem zukünftigen palästinensischen Territorium bildet.«[26]

Sein Grundargument stimmt, aber die Tatsache ist weniger erstaunlich, wenn wir uns vor Augen führen, daß Israel seinen Anspruch auf das Jordantal deutlich kundgetan hat, während die palästinensischen Distrikte, die irgendwann einmal einen »Staat« bilden sollen, von der Außenwelt abgeschnitten bleiben. Wenn das Ergebnis der israelisch-jordanischen Friedensverhandlungen die gemeinsam betriebene Kontrolle über palästinensische Enklaven sein sollte, wäre das nur die natürliche Folge der Kooperation zwischen Israel und der haschimitischen Monarchie, die sich bis auf die Entstehung dieser Staaten nach dem Zweiten Weltkrieg und den Krieg von 1948 zurückverfolgen läßt.[27]

Mit diesem Friedensvertrag vollzieht sich die endgültige Integration Israels in das von den USA beherrschte Nahostsystem, in dem Israel jetzt die ihm zugedachte Rolle als militärisches, industrielles und technologisches (möglicherweise auch finanzielles) Zentrum übernehmen kann. Das war schwierig, solange die Palästinenserfrage eine offene Wunde blieb, ein Unruheherd in der arabischen Welt. Da Arafat jedoch den »Frieden der Sieger« anerkannt hat, um seine schwindende Autorität zu retten, ist das Palästinenserproblem zumindest im Augenblick keines mehr. (Andere Faktoren, wie etwa der Zerfall der säkularen arabischen Nationalbewegungen wie der des »Südens« überhaupt, kommen hinzu.)

Eine weitere wichtige Komponente des »Friedens der Sieger« ist die Haltung gegenüber den palästinensischen Flüchtlingen, die noch nicht einmal mit einer Geste bedacht werden. Die Osloer Abkommen verweigern ihnen das »Recht auf Rückkehr«, das 1948 von der UN-Generalversammlung einmütig als direkte Anwendung des Artikels 13 der Menschenrechtserklärung gefordert wurde. Kurz nach Oslo I zerstörte Rabin alle Hoffnungen der Flüchtlinge auf eine Rückkehr in die Autonomiegebiete. Das sei »Unsinn«, erklärte er. »Wenn sie mit Zehntausenden rechnen, hängen sie einer Illusion an.« Bestenfalls könne es eine »Familienzusammenführung« geben. Die Regierung Clinton hat dem Palästinenserrat 100 Millionen Dollar zur Verfügung gestellt, die im wesentlichen dem Aufbau von Sicherheitskräften dienen sollen (Israel bekam drei Milliarden), zugleich aber die Zuwendungen für die UN-Aufbauorganisation UNRWA um 17 Millionen Dollar gekürzt. Die UNRWA ist der größte Arbeitgeber im Gaza-Streifen und für 40 Prozent der medizinischen Versorgung und Bildungsleistungen sowie für palästinensische Flüchtlinge zuständig. Das Hauptquartier der UNRWA wurde nach Gaza-Stadt verlegt, was die internationale Unterstützung für die 1,8 Millionen Flüchtlinge in Jordanien, Syrien und im Libanon praktisch zum Erliegen bringt. UN-Quellen zufolge könnte der nächste Schritt darin bestehen, die Zuwendungen ganz zu streichen.[28]

Die Unterzeichnung des Oslo-II-Abkommens ist in den Medien natürlich ebenso ausgiebig kommentiert worden wie die Ermordung Rabins kurz danach. Typische Schlagzeilen in den USA lauteten: »Israel stimmt dem Rückzug aus der Westbank zu«, »Israel verabschiedet sich vom biblischen Anspruch auf die Westbank«, »Ein historischer Kompromiß«, »Ein schmerzhafter Frieden«, der »eine unleugbare Realität« beinhalte: »Die Palästinenser sind auf dem Weg zu einem unabhängigen Staat; die Juden nehmen von jenen Teilen des Heiligen Landes Abschied, denen sie sich historisch am meisten verbunden fühlen.«

In den Kommentaren war u. a. zu lesen: »Das jüngste israelisch-palästinensische Abkommen ... macht den historischen Schritt zur Annäherung der beiden Völker nahezu unumkehrbar.« Eine Chronologie von Reuters bestimmte den 28. September 1995 zum Tag, an dem »die palästinensische Herrschaft auf fast die gesamte Westbank ausgeweitet wird«. In der *New York Times* hieß es nach Rabins Ermordung, er habe »die historischen Regionen am Westufer des Jordan erobert« und dann »den Vertrag ausgehandelt, mit dem die Kontrolle über diese Gebiete schließlich an die Palästinenser übergeben wird«. Rabins Denken habe sich »vor unseren Augen gewandelt«, so wie auch »seine Sprache und seine Vorstellungen vom Frieden mit den Palästinensern sich auf bemerkenswerte Weise gewandelt haben«. »Von dem Standpunkt, den er noch 1992 vertrat, ist er erstaunlich weit abgerückt.« Der ehemalige Leiter des Büros der *Washington Post* in Jerusalem meinte: »Als Rabin den Israelis die Möglichkeit einer »Teilung« eröffnete, um den Gaza-Streifen und die Westbank abzuschotten und die Palästinenser aus den Augen und aus dem Sinn zu bekommen, reagierte die Mehrheit mit Begeisterung.« »Diejenigen, die Rabin ermordeten, und ihre Hintermänner begingen die Tat nicht, weil sie gegen die Errichtung eines palästinensischen Bantustans gewesen wären. Nein: Sie wußten, daß der von Rabin eingeschlagene Kurs, wenn man ihm nicht Einhalt gebot, zu einem palästinensischen Staat geführt hätte.«[29]

Interessant ist, daß die auf diese Weise verkündeten »Tatsachen« auch nicht im entferntesten der Wahrheit entsprechen. Israel hat dem »Rückzug aus der Westbank« nicht zugestimmt oder sich »vom biblischen Anspruch« verabschiedet. Es hat keinen Vertrag unterzeichnet, »mit dem die Kontrolle über diese Gebiete schließlich an die Palästinenser übergeben wird«. Rabin wollte auch keineswegs »den Gaza-Streifen und die Westbank abschotten«; diese Möglichkeit hat er klar und deutlich ausgeschlossen. Sicher haben sich seine »Vorstellungen vom Frieden« seit 1992 geändert, doch nicht in der von den Medien angegebenen Richtung: Damals und vorher war er mit 40 Prozent der besetzten Gebiete zufrieden, während er jetzt sehr viel mehr bekommen hat.

Auf das, was »unumkehrbar« ist, können sich die Leser ihren eigenen Reim machen – es sind Spekulationen ohne reelle Grundlage. Wer behauptet, Rabins Kurs führe zu einem authentischen palästinensischen Staat, müßte erklären, warum er nicht nur die relevanten Tatsachen außer Betracht läßt, sondern auch die expliziten Äußerungen der israelischen Führung. Als Schimon Peres vor Botschaftern in Jerusalem das zweite Osloer Abkommen erläuterte, antwortete er auf die Frage, ob dauerhafte Regelungen zu einem palästinensischen Staat führen könnten, eindeutig: »Diese Lösung, an die jeder denkt und die Sie wünschen, wird es nicht geben.« Zwei Wochen zuvor, berichtet Amnon Barzilai in *Ha'aretz*, habe Peres bei einem Treffen mit den Herausgebern von *Newsweek* auf die gleiche Frage mit einem »klaren und bestimmten »Nein«« reagiert. Er wollte dazu noch eine »gelehrte Erklärung« abgeben, die er jedoch nicht zu Ende bringen konnte, weil gerade Berichte über das Urteil im Mordprozeß gegen O. J. Simpson gesendet wurden und die *Newsweek*-Leute hinterher »so aufgeregt« waren, daß sie sich Peres' Gedanken nicht mehr widmen konnten.[30]

Einige Facetten an diesen Geschichten sind allerdings wahr. Der Umfang des Siegs für Israel und die USA ist beträchtlich und kann nur vor dem Hintergrund der verdrängten oder vergessenen Vorgeschichte gewürdigt werden. Die Tatsachen sind unbestreitbar und können hier in aller Kürze wiedergegeben werden. Von 1967 bis 1971 befürworteten die USA den internationalen Konsens über eine diplomatische Regelung auf Grundlage der UN-Resolution 242, die einen vollständigen Friedensschluß bei vollständigem Rückzug Israels aus allen 1967 eroberten Gebieten (mit eventuellen kleineren, wechselseitig anerkannten Modifikationen) vorsah. Als der ägyptische Präsident Sadat diese Bedingungen im Februar 1971 anerkannte (was Rabin in seinen Memoiren als »berühmten Meilenstein« auf dem Weg zum Frieden bezeichnete), mußten die USA sich entscheiden: Wollten sie die bisher von ihnen vertretene Politik fortsetzen oder sich Israels Verweigerungshaltung anschließen? Kissinger befürwortete letzteres: Keine Verhandlungen, nur Gewalt. Er gewann den internen Konflikt und machte die USA zum Vorreiter der Verweigerer, der nun nicht nur die Rechte der Palästinenser ignorierte, sondern auch den von der Resolution 242 geforderten Rückzug nicht mehr akzeptierte. Von da an blockierte Washington alle diplomatischen Bemühungen zu einer Lösung des Konflikts und geriet zunehmend in die Isolation, als die PLO Anfang der achtziger Jahre Verhandlungen zu einer beiderseitigen Annäherung forderte.

Erst mit dem Golfkrieg konnte George Bush [sen.] sein »Was wir sagen, gilt« durchsetzen und die Verhandlungen von Madrid initiieren, die der Beginn eines »authentischen Friedensprozesses« waren, weil sie einseitig von Washington geführt wurden. Die USA konnten in den Osloer Abkommen ihre Verweigerungshaltung gegenüber den Forderungen der Palästinenser durchsetzen; ein eindrucksvoller Erfolg.

Die Beschaffenheit dieses Triumphs zeigt sich auf noch andere Weise, wenn wir die Reaktion auf die Ermordung Rabins mit anderen Fällen vergleichen, von denen der offensichtlichste die Tötung von Abu Dschihad (Khalil al-Wasir) durch israelische Kommandos ist. Abu Dschihad wurde im April 1988 in Tunis umgebracht. Dieser Akt eines internationalen Terrorismus diente möglicherweise der moralischen Aufrüstungs Israels, dem es damals nicht gelang, die Intifada zu unterdrücken. Abu Dschihad wurde – wofür es wenig stichhaltige Beweise gab – beschuldigt, Drahtzieher des Palästinenseraufstands zu sein, was in den USA kolportiert wurde, wenngleich die Medien wußten, daß er »einer der gemäßigteren und besonneneren Männer in der PLO-Hierarchie« war – so die *Washington Post*, die auch berichtete, daß »viele Israelis seine Tötung feierten und darin einen Beweis für Israels Bereitschaft und Fähigkeit erblickten, gegen vermutliche Terroristenführer zurückzuschlagen«. Das US-Außenministerium verurteilte diese »politische Mordtat«, aber das war auch alles. Kein Bedauern, keine Trauerbeflaggung, kein Gejammer über das Schicksal des Friedensprozesses oder andere bewegende Kommentare. Abu Dschihad war, im Gegensatz zu Rabin, eben kein »Märtyrer für den Frieden«.[31]

Warum nicht? Ein möglicher Grund liegt darin, daß er ein Terrorist war. Das ist zwar richtig, aber ohne Bedeutung. Seine terroristische Karriere war blutig genug, doch nicht annähernd so blutig wie die der verdienten »Männer des Friedens« einschließlich Rabin und Peres und der Staatsmänner, die ihr Lob singen. Ein anderer möglicher Grund ist seine Gegnerschaft zum »Friedensprozeß«. Auch das ist in gewisser Weise richtig. Er war gegen die amerikanisch-israelische Verweigerungshaltung und plädierte, wie fast die gesamte übrige Welt, für eine Zwei-Staaten-Regelung, die durch Verhandlungen erreicht werden sollte, welche zu gegenseitiger Anerkennung führten. Er war also weniger gegen den Friedensprozeß, als vielmehr gegen den »Frieden der Sieger«, der die Palästinenser zu einer »weiteren zertretenen Nation« machen würde.

Die USA haben ein beeindruckendes Machtspiel gespielt. Die Ereignisse sind ein denkwürdiges Zeugnis für die Rolle der Gewalt in den internationalen Beziehungen und für die Macht der Bewußtseinsbildung in einem soziokulturellen Umfeld, in dem erfolgreiche Vermarktung der höchste Wert ist, dem die geistige Kultur gehorsam folgt. Der Sieg spiegelt sich nicht nur in den Bestimmungen der Osloer Abkommen, sondern auch in der Zerstörung einer nicht mehr akzeptablen Geschichte, der ungehinderten Wiedergabe offenkundigster Falschheiten und dem Stand der internationalen Meinung, deren Repräsentanten die Positionen, die sie und ihre Regierungen noch vor ein paar Jahren vertraten, längst vergessen haben und sogar der Meinung sind, Israel wolle sich »aus der Westbank zurückziehen«, obwohl sie genau wissen, daß nichts davon stimmt. Das ist beeindruckend und lehrreich.

»Eine weitere zertretene Nation«?[32]

Das Abkommen von Oslo II und seine Folgen stellen mithin einen weiteren Triumph der amerikanisch-israelischen Verweigerungshaltung dar, die sich zwar vom Rest der Welt isoliert, aber über die Waffen und andere Hebel der Macht verfügt.

Aufschlußreiche Lehren über derlei Methoden verbreitete der in bestimmten Kreisen einflußreiche neokonservative Intellektuelle Irving Kristol, als das politische Projekt der letzten 25 Jahre des 20. Jahrhunderts Gestalt annahm. Er wies darauf hin, daß »unbedeutende Nationen, wie unbedeutende Leute, sehr schnell sich einbilden können, von Bedeutung zu sein«, was man aus ihren primitiven Köpfen mit Gewalt hinausprügeln muß: »Tatsächlich sind die Tage der »Kanonenboot-Diplomatie« nie gezählt... Kanonenboote sind für die internationale Ordnung so notwendig wie Polizeifahrzeuge für die innere Ordnung.«

Solche Auffassungen sind keineswegs originell. Fünfzig Jahre zuvor hatte der herausragende britische Staatsmann Lloyd George seine Regierung für die Unterminierung eines Abrüstungsvertrags gelobt, weil sie erkannt habe, wie wichtig es sei, sich »das Recht auf die Bombardierung von Niggern vorzubehalten«. Ein paar Jahre früher hatte ein weiterer bewunderter Brite – Winston Churchill – seine Begeisterung für den »Einsatz von Giftgas gegen unzivilisierte Stämme« – vor allem Kurden und Afghanen, aber auch »widerspenstige Araber« ganz allgemein – kundgetan. Die rassistischen Schmähungen, die Theodore Roosevelt von sich gab – ganz abgesehen von den Praktiken, die er lobte und befürwortete –, müßten jedem bekannt sein, der einen Einführungskurs in die tatsächliche US-amerikanische Geschichte absolviert hat. Es ist also nichts Neues, wenn eine jahrhundertealte Geistesgeschichte in das Urteil mündet, die Palästinenser sollten »wie die Kurden und Afghanen zu einer weiteren zertretenen Nation« werden, damit das »langweilige« Palästinenserproblem ein Ende finde (Martin Peretz).[33]

Kristols Zorn war von nahöstlichen Parvenüs erregt worden, die es gewagt hatten, den Ölpreis stärker zu erhöhen, als dem Herrn und Meister genehm war. Zur gleichen Zeit machte der angesehene Gelehrte Walter Laqueur noch radikalere Vorschläge zum Umgang mit dieser Insubordination. Er meinte, die Ölvorräte könnten »internationalisiert werden, um der Menschheit zu dienen und nicht nur ein paar Ölgesellschaften«. Wenn die unbedeutenden Völker nicht in der Lage sein sollten, die Gerechtigkeit und Gutwilligkeit dieses Verfahrens zu begreifen, können wir Kanonenboote entsenden.

Laqueur versagte sich den Hinweis, daß die industriellen und landwirtschaftlichen Reichtümer des Westens ebenfalls internationalisiert werden könnten, »um der Menschheit zu dienen« und nicht nur ein paar Konzernen, obwohl »Ende 1973 US-amerikanische Weizenexporte pro Tonne dreimal so teuer waren wie im Jahr zuvor«. Das ist nur ein Beispiel für den Anstieg der Warenpreise im Zusammenhang mit dem Anstieg der Ölpreise. Wer hier Unlogik erblickt, sei an die wichtige Unterscheidung zwischen bedeutenden und unbedeutenden Völkern erinnert.

Wie bereits erwähnt, sind Palästinenser nicht nur »unbedeutend«, sondern lästig, weil sie den Plänen der »wirklich bedeutenden Leute« – privilegierten Amerikanern und israelischen Juden (sofern diese dem Zahlmeister gehorsam bleiben) – ins Gehege kommen. Schlimmer noch: Statt, wie es sich geziemt, in Vergessenheit zu sinken, sind »palästinensische Araber Leute, die sich vermehren und ihre blutenden Wunden und ihr Elend zur Schau stellen«. So erklärt es uns Ruth Wisse (Harvard-Universität) in der angesehenen Zeitschrift *Commentary.* Das sei offensichtlich »der Schlüssel zum Erfolg der arabischen Strategie«, die, in einer Neuauflage des nationalsozialistischen Konzepts vom *Lebensraum*, die Juden ins Meer treiben wollten.[34]

Man kann den »Friedensprozeß« nicht wirklich verstehen, wenn man das kulturelle Umfeld, aus dem er erwuchs, unberücksichtigt läßt. Dazu gehören auch solche Gedankenspiele prominenter westlicher Intellektueller, bei denen das Entscheidende ist, daß sie offenbar für ganz natürlich gehalten werden. Allerdings würde die Änderung einiger Namen eine ganz andere Reaktion hervorrufen.[35]

Ob die USA und Israel die Distrikte oder Kantone, die zu regieren sie der PLO gestatten, nun einen »Staat« nennen oder anders – vielleicht, wie David Bar-Illan geschmackvollerweise vorschlug, »Hühnerfrikassee«[36] –, so läuft doch alles auf das südafrikanische Bantustan-Modell hinaus. Wer mit der Lage in den besetzten Gebieten vertraut ist, wird das Bild aus einem Standardwerk über die Geschichte Afrikas wiedererkennen:

»Da Südafrika über seine Repräsentanten in den Bantustans die Macht faktisch in Händen behielt, seinen wirtschaftlichen Einfluß geltend machen konnte und umfangreiche Sicherheitsvorkehrungen traf, wurde diese Inititative [zu Wahlen] gewissermaßen zu einer Farce. Aber wenngleich die Bantustans für eine wirklich unabhängige Existenz höchst ungeeignete Kandidaten waren, schufen ihre wachsenden Bürokratien Arbeitsplätze für eine neue Schicht gebildeter Afrikaner, die auf neue Weise an das System gebunden wurden, und gaben einer kleinen Zahl von Afrikanern, die an Kredite und in politisch einflußreiche Kreise gelangen konnten, die Möglichkeit zur Vermehrung von Reichtum. Auch der Unterdrückungsapparat konnte durch die Entwicklung der Homeland-Politik und entsprechende Rekrutierung von Armeepersonal in die Hände von Einheimischen gelegt werden. Am Rand der Bantustans entstanden Industriezentren, mit deren Hilfe das Kapital von einigen Beschränkungen befreit werden sollte, die steuerliche und andere Maßnahmen der industriellen Expansion anderenorts auferlegten. Außerdem bot die nahe Grenze die Gewähr, auf besonders billige Arbeitskräfte zurückgreifen zu können. In den Homelands selbst war die wirtschaftliche Entwicklung eher eine Sache von Werbekampagnen und Broschüren, obwohl einige Regierungsbeamte in Südafrika schon aus eigenem Interesse die Notwendigkeit sahen, den Homelands unter die Arme zu greifen, um deren Wirtschaft vor dem endgültigen Zusammenbruch zu bewahren.«[37]

In Israel sieht man noch nicht die Notwendigkeit, der palästinensischen Wirtschaft unter die Arme zu greifen, obwohl früher oder später der Forderung israelischer Industrieller nach einem »Übergang vom Kolonialismus zum Neokolonialismus« in Zusammenarbeit mit »den Vertretern der palästinensischen Bourgeoisie« einsichtshalber nachgegeben werden dürfte. Dann entstünde eine Beziehung, die der »zwischen Frankreich und vielen seiner ehemaligen afrikanischen Kolonien« ähnelte – zu denken wäre auch an das Verhältnis der USA zu Mexiko, der westlichen Investoren zur Dritten Welt usw.

Wie in den Vereinigten Staaten, so kann auch in Israel die Drohung, jenseits der Grenzen zu produzieren, zur Schwächung der Gewerkschaften und der Demokratie, zur Senkung der Löhne und zur Verschärfung der Ungleichheit benutzt werden. »Wenn eine Gewerkschaft streiken will, können die Hersteller ihre Fabriken schließen und neue im Gaza-Streifen errichten«, erklärten Histadrut-Vertreter. Solche Aussichten gefielen vor allem Jitzhak Rabin sehr gut, der aus seiner »Abneigung gegen die Histadrut und seiner Befürwortung des freien Markts« – à la USA, selbstverständlich – »nie einen Hehl gemacht hat«. Prototypisch könnten Vorgänge in Ofakim werden, wo eine Fabrik, kurz nachdem ihre Eigner öffentliche Subventionen beträchtlichen Umfangs erhalten hatten, geschlossen wurde, weil die Produktion jenseits der Grenze auf sehr viel billigere Arbeitskräfte zurückgreifen konnte.[38]

Im Augenblick jedoch trägt die israelische Politik zum weiteren Niedergang der Wirtschaft in den besetzten Gebieten bei, während einige Palästinenser, »die an Kredite und politisch einflußreiche Kreise gelangen können«, sich mit israelischer Kooperation durch betrügerischen Umgang mit ausländischen Hilfsfonds bereichern. Überhaupt blüht in Israel die Korruption. So wurden die milliardenschweren US-Kredite nicht etwa für Einwanderer verwendet, sondern um »Israels Bankensystem (das nach einem Skandal von der Regierung übernommen wurde) größere Liquidität zu verschaffen und die Bereitschaft zu fördern, Konzernen, kleinen Geschäftsleuten und Privatpersonen Kredite zu gewähren«.[39]

Nach Aussagen des Weltwährungsfonds hat sich in den besetzten Gebieten die Arbeitslosigkeit im Verlauf des Jahres 1996 nahezu verdoppelt, während das Prokopf-Einkommen um 20 Prozent zurückging und die Investitionen sich halbierten. Die weitere Zerstörung der Wirtschaft resultiert auch aus der Gettoisierung, die unter der Regierung der Arbeiterpartei besonders hart war, und aus Israels Blockademaßnahmen gegen palästinensische Exporte, während die besetzten Gebiete weiterhin als Markt für teure israelische Waren fungieren, die durch die vom Palästinenserrat als Mittel zur Schuldentilgung errichteten Monopole noch teurer werden. Zugleich ist, UN-Berichten zufolge, das Bruttosozialprodukt pro Kopf seit Oslo I um etwa 40 Prozent geschrumpft.[40]

Mithin folgt der »Friedensprozeß« einer sehr allgemeinen Regel: Er dient den Interessen seiner Architekten, während die Interessen der anderen höchstens eine Nebenrolle spielen – laut Woodrow Wilson der eigentliche Sinn der Monroe-Doktrin, von dem die Öffentlichkeit indes nichts erfahren sollte, wie Wilson entschied.[41] Zudem hat der »Friedensprozeß« den USA und Israel neue Methoden an die Hand gegeben, dem Rat von Mosche Dajan zu folgen, der meinte, Israel solle den Flüchtlingen in den besetzten Gebieten sagen, daß

»wir keine Lösung haben; ihr werdet weiterhin wie die Hunde leben, und wer will, kann das Land verlassen, und wir werden sehen, wo dieser Prozeß hinführt«. Dieser Rat stimmt mit der Haltung überein, die der ehemalige Ministerpräsident Chaim Herzog 1972 zum Ausdruck brachte: »Ich verweigere den Palästinensern nicht das Recht, sich zu allen Problemen zu äußern ... Aber ich bin bestimmt nicht bereit, sie in einem Land, das in den Händen unserer Nation jahrtausendelang heilig gehalten worden ist, in irgendeiner Hinsicht als Partner zu akzeptieren. Für die Juden dieses Landes gibt es keine Partner.«[42] Herzog gehörte der Arbeiterpartei an; die nationalistischen und religiösen Parteien schlagen einen noch härteren Kurs ein.

Nach Oslo II bekräftigte Peres nicht nur, daß es keinen Palästinenserstaat geben wird, sondern handelte auch entsprechend: Im Februar 1996 kündigte Wohnungsbauminister Binjamin Ben-Eliezer die Errichtung von 6500 ausschließlich für Juden vorgesehene Wohneinheiten in einer Siedlung namens »Har Homa« im Südosten von Jerusalem an. Dann gewann Likud die Wahlen und setzte die Pläne um. Wenige Tage, bevor Benjamin Netanjahu zum Premierminister gewählt wurde, versuchten Palästinenser, die Bulldozer aufzuhalten, die die Straße nach Har Homa ebnen sollten.

Likud kündigte nach dem Gewinn der Wahlen an, noch weitere Vorhaben der Vorgängerregierung umzusetzen. Dazu gehört auch der »Plan E-1«, durch den die Siedlung Ma'ale Adumim an Jerusalem angeschlossen werden soll, wodurch das Westjordanland faktisch in zwei Teile gespalten wird. Der Peres-Vertraute Jossi Beilin gibt an, unter der Regierung Rabin sei nach den Oslo-Abkommen in Judäa und Samaria (dem Westjordanland) die »Zahl der Siedlungen um 50 Prozent erhöht« worden, aber »mit Umsicht und Stillschweigen«, während Netanjahu jeden Morgen seine Absichten verkünde, die Palästinenser in Angst und Schrecken versetze und das Thema »Jerusalem« als vereinigte Hauptstadt von Israel – worin alle Israelis übereinstimmen – zum Gegenstand einer weltweiten Diskussion mache.[43]

Arbeiter- und Likudpartei streben gleichermaßen eine den südafrikanischen Bantustans vergleichbare Regelung an, ohne damit gegen die Bestimmungen von Oslo I oder II zu verstoßen. Oslo I enthält keine entscheidenden Hinweise auf konkrete Einzelprobleme, sondern schreibt im wesentlichen die amerikanisch-israelische Verweigerungshaltung fest, während Oslo II sehr detaillierte Ausführungen zu wichtigen Themen gibt, die, kurz gefaßt, darauf hinauslaufen, daß

Israel auf Dauer die Kontrolle über die meisten wichtigen Wasserressourcen behält, die Palästinenser – sogar deren Polizei – auf »palästinensische Straßen« verweist, damit Israelis das Land auf Umgehungsstraßen durchqueren können, ohne der Araber ansichtig werden zu müssen, und mit dem Landbesitz mehr oder weniger freizügig umgehen kann. Oslo II legt nämlich fest, daß die Palästinenser »die Rechte von Israelis (auch Konzernen im israelischen Besitz) auf Grund und Boden in Gebieten, die sich unter der territorialen Rechtsprechung des [Palästinenser-]Rats befinden, respektieren müssen«. Das betrifft vorzugsweise regierungseigenes und vom Besitzer nicht bewohntes Land; eine unbestimmte Kategorie, unter die bis zu 70 Prozent der besetzten Gebiete fallen können.[44] Oslo II hebt damit die Bestimmung des internationalen Rechts auf, wonach Rechtsansprüche nicht durch Eroberung erworben werden können.

Die Palästinenser sollten sich nichts vormachen. Israel hat sich nicht zum Rückzug aus den besetzten Gebieten (einschließlich Jerusalem) gemäß UN-Resolution 242 verpflichtet und sich auch nicht bereit erklärt, den Palästinensern die »Kontrolle über Wasserressourcen, Telekommunikations- und Transportmittel und andere Dinge« zu überlassen. George Bushs Initiative von Madrid enthält nicht, wie der palästinensische Außenminister Faruk Kaddumi meint, »die Umsetzung der Resolutionen des UN-Sicherheitsrats zu Palästina«. Und die UN-Resolution 242, die Osloer Abkommen sowie die Konferenz von Madrid, die »den Grundsatz »Land für Frieden« beinhalten« (so der ägyptische Diplomat Abdelaleem El-Abajad), bilden auch keineswegs die »Beziehungspunkte« für den »Friedensprozeß«.[45] Die Dokumente und die politischen Praktiken Israels sprechen eine andere Sprache.

Israelische Friedensbefürworter mögen sich in »kollektiver Selbstverleugnung« üben und die Dokumente sowie den historischen Hintergrund, der ihnen ihre Bedeutung verleiht, zu ignorieren oder sich auf den Wortlaut berufen, der die Vereinbarungen zu einer Zwischenlösung erklärt und somit Veränderungen ermöglicht – was natürlich auch stimmte, wenn es »endgültige« Vereinbarungen wären. Sie mögen die Augen verschließen vor dem, was ein paar Kilometer von ihnen entfernt geschieht. Die Sponsoren und Unterstützer im Ausland mögen den Stand der Dinge befriedigend finden. Das alles ändert nichts an der Realität.

Die Realität geht noch über die besetzten Gebiete hinaus und betrifft Israel innerhalb der »Grünen Linie«. Auch hier sind Analogien zu südafrikanischen Verhältnissen nicht zu leugnen. Und sie erstreckt sich auf die palästinensische Diaspora, denn Clinton hat mit der seit 1948 gültigen US-Politik endgültig gebrochen und widersetzt sich (mit Israel) nun der UN-Resolution 194, die das Recht der Palästinenser auf Rückkehr in die Heimat oder Reparationszahlungen betraf. Da eine Gegenstimme der Vereinigten Staaten faktisch ein Veto ist, hat sich auch dieses Problem erledigt. Im übrigen bestand niemals die ernsthafte Absicht, diese Resolution umzusetzen. Allein die Reparationszahlungen würden sich, wie Außenminister Mosche Scharett bereits 1950 schätzte, auf eine Milliarde Dollar belaufen, was einem gegenwärtigen Wert von sechs Milliarden (Zinsen nicht eingerechnet) entspräche.[46]

Wenn die mit dem »Friedensprozeß« verbundenen Pläne erfolgreich durchgesetzt werden können, dürften sich die Voraussagen israelischer Arabien-Spezialisten von 1948 bewahrheiten: Die Flüchtlinge würden sich in anderen Staaten assimilieren oder »zertreten werden« und »sterben« oder »zu den ärmsten Schichten in den arabischen Gesellschaften« absinken.[47] Abgesehen von privilegierten Sektoren, die sich den »neokolonialistischen« Bedingungen anpassen, kann der Rest der Bevölkerung in den besetzten Gebieten eine Zukunft erwarten, die anderswo längst Gegenwart ist, wie etwa in Haiti, wo die Arbeiter für einige Cent die Stunde in US-amerikanischen Fabriken arbeiten, oder in China, wo die Leute für ausländische Produzenten unter sklavenähnlichen Bedingungen schuften.

Dazu muß es nicht kommen, aber wenn diese Möglichkeiten Wirklichkeit werden, dürften, so meine ich, die privilegierten Schichten der amerikanischen, israelischen und palästinensischen Gesellschaft eine Menge Fragen zu beantworten haben.

Anmerkungen

1 Aus »The Israel–Arafat Agreement«, *Z Magazine*, Okt. 1993.

2 *Ha'aretz*, 24. Okt. 1991.

3 Vgl. die Artikel von Lamis Andoni und Schmuel Toledano in *Middle East International*, 28. Aug. 1993 (Toledano zuerst in *Ha'aretz* vom 13. Aug.). Landoni berichtet aus der arabischen Welt. Toledano, ein israelischer Kriegsgegner, riet der Regierung, den Niedergang der PLO zu einem den eigenen Interessen dienenden Friedensschluß durchzusetzen, was diese insgeheim auch tat.

4 *NYT,* 31. Aug. 1993.

5 *CSM,* 2. Sept. 1993.

6 *News from Within,* Alternative Information Center, Jerusalem, 5. Aug. 1993.

7 Aus »A Painful Peace«, *Z Magazine,* Jan. 1996.

8 *Jediot Ahronot,* 6. Okt.; Serge Schmemann, *NYT,* 17. Nov.; Leitartikel, *Ha'aretz,* 6. Okt. (*Middle East International*), 1995. Rubinstein, *Palestine-Israel Journal,* Winter 1995. *Report on Israeli Settlement,* Foundation for Middle East Peace (Washington), 5.6, Nov. 1995.

9 Ebd. Benvenisti, *Ha'aretz,* 12. Mai 1994 (Israel Schahak, »Translations from the Hebrew Press«, Juni 1994). Weitere Details zu Oslo II in *World Orders Old and New,* Epilog.

10 Neuere Daten und Fakten in *Necessary Illusions, World Orders Old and New, Powers and Prospects.* Norman Finkelstein, *Image and Reality of the Israel-Palestine Conflict* (Verso, 1995), sowie *The Rise and Fall of Palestine* (Minnesota 1996). Naseer Aruri, *The Obstruction of Peace* (Common Courage, 1995). Zum Zeitraum 1993 bis 1995 vgl. Edward Said, *Peace and its Discontents* (Vintage, 1995), Graham Usher, *Palestine in Crisis* (Pluto, 1995) und Nick Guyatt, *The Absence of Peace* (Zed, 1998). Ein jüngeres Standardwerk ist Mark Tessler, *A History of the Israeli-Palestinian Conflict* (Indiana, 1994), das allerdings gerade hinsichtlich der hier erörterten Themen einige eklatante Fehler aufweist; vgl. Chomsky, *Powers and Prospects,* wo ein entscheidender Fall erörtert wird.

11 Usher, *Middle East International,* 6. Jan. 1995.

12 Rabin, *Jediot Ahronot,* 3. Sept. 1993, zit. in *The Other Front* (Jerusalem, 9. Sept. 1993). Kissinger, *Australian Financial Review,* 13. Nov. 1995.

13 Barak, Benvenisti, *Ha'aretz,* 12. Okt. (*The Other Front,* Jerusalem, Okt. 1995); »The Taba Interim Agreement«, *Ha'aretz,* 6. Juli (Schahak, »Translations«, Sept. 1995). Scharon, Ethan Bronner, *BG,* 17. Nov.; Harel, Schmemann, op. cit.; Beilin, *Ma'ariv,* 27. Sept. (Schahak, »Translations«); Rabin, *Report on Israeli Settlement,* Nov. 1995; Rabin und Presseberichte, *Ha'aretz,* 6. Okt. und *Kol Ha'ir,* 13. Okt. (*Challenge,* Jerusalem, Dez. 1995).

14 Reinhart, *Ha'aretz,* 27. Mai 1994. Avineri zit. n. John Battersby, *CSM,* 28. Sept. 1995.

15 Interview in *Ha'aretz,* 4. Juni 1982.

16 Vgl. *Necessary Illusions* und meinen Artikel »Israel's Role in U. S. Foreign Policy«, in Zachary Lockman und Joel Beinin (Hg.), *Intifada* (South End 1989).

17 *The Other Front,* Okt. 1995; *News from Within,* Nov. 1995. Weitere Einzelheiten und Quellen in *World Orders Old and New,* Kap. 3, Epilog.

18 Schahak, *Middle East International,* Nov. 1995; *Ideology as a Central Factor in Israeli Policies* (Hebr.), Mai/Juni 1995.

19 Jifat Susskind, *Challenge,* Nr. 32; Gid'on Levy, *Ha'aretz,* 23. April 1995.

20 Sarah Kaminker zit. in *B'Tselem Report,* Mai 1995; Zusammenfassung und

Auszüge in *Ha'aretz*, 15. Mai; *News from Within*, Juni 1995. Desgl. Aaron Back und Eitan Felner, leitende Angestellte von B'Tselem, *Tikkun* 10.4, 1995. Graham Usher, *Middle East International*, 12. Mai 1995. Vgl. auch Clyde Haberman, *NYT*, 14. und 15. Mai 1995.

21 Sarah Kaminker und Mitarbeiter, *Planning and Housing Issues in East Jerusalem*, Juni 1994. Ausführlichere Erörterungen in *World Orders Old and New*, Epilog, die auf einer späteren Untersuchung Kaminkers für das St. Yves Legal Resource Center beruhen.

22 Israelisches Verteidigungsministerium, *Jerusalem Post*, 15. Feb. 1985, zit. n. Anthony Coon, *Town Planning Under Military Occupation* (Al Haq, Ramallah, 1992). Schaked, *Jediot Ahronot*, 13. Okt. 1995. Moshe Semyonov und Noah Lewin-Epstein, *Hewers of Wood and Drawers of Water* (Cornell, 1987). Schlomo Abramovitsch, *Scheva Jamim*, 3. März; Hg. Hanoch Marmari, *Ha'aretz*, 9. März (Schahak, »Translations«, April); Ha'etzni, *Ma'ariv*, 5. Mai 1995.

23 Kav La'Oved, *Newsletter*, Okt. 1995. Zu Hilfsleistungen vgl. *Powers and Prospects*. Said Aburish und Tim Llewellyn, *Independent*, 23. Juni 1995.

24 Rubinstein, »Two Banks of the Jordan«, *Ha'aretz*, 13. Feb. 1995 (Schahak, »Translations«, April). Weitere Erörterungen in *World Orders Old and New* sowie *Powers and Prospects*.

25 Julian Ozanne und David Gardner, *Financial Times*, 8. Aug.; Stephen Langfur, Allegra Pacheco (Society of St. Yves), *Challenge*, Nov./Dez.; Cohen, *Ha'aretz*, 21. Aug. 1995. Weitere Details und Quellen zu Oslo II in *World Orders,* Epilog.

26 *Outlook* (Vancouver), Okt./Nov. 1995.

27 Vgl. insbes. Avi Shlaim, *Collusion across the Jordan.*

28 Rabin-Interview in *Jerusalem Post International Edition*, Wochenendausg., 16. Okt. 1993. Usher, *Middle East International*, 6.Jan. 1995.

29 Derek Brown, *Manchester Guardian Weekly*, Titelgeschichte, 1. Okt.; John Battersby, *CSM*, 28. Sept.; Ethan Bronner, *BG*, 28. Sept.; R. W. Apple, *NYT*, 29. Sept.; David Shribman, *BG*, 29. Sept.; Leitartikel *Washington Post Weekly*, 2.–8. Okt.; Reuters, *BG*, 5. Nov.; *Financial Times*, 6. Nov.; Serge Schmemann, *NYT*, 5. Nov.; Clyde Haberman, *NYT*, 6. Nov. 1995; Glenn Frankel, *Washington Post Weekly*, 27. Nov.–3. Dez.; Stephen Howe, *New Statesman*, 17. Nov. 1995.

30 Barzilai, *Ha'aretz*, 24. Okt. 1995.

31 Loren Jenkins, *Washington Post*, 17. April; Glenn Frankel, *Washington Post*, 18. und 20. April; Robert Pear, *NYT*, 19. April 1988.

32 Aus »The »Peace Process« in U. S. Global Strategy«, in Haim Gordon (Hg.), *Looking Back at the June 1967 War* (Praeger, 1999).

33 Kristol, *Wall Street Journal*, 13. Dez. 1973. Lloyd George zit. n. V. G. Kiernan, *European Empires from Conquest to Collapse* (Fontana, 1982), S. 200. Zu Churchill vgl. Andy Thomas, *Effects of Chemical Warfare* (SIPRI; Taylor & Francis, 1985), Kap. 2. Zitate in *Turning the Tide* (South End, 1985), S. 126, sowie *Deterring Democracy*, Kap. 6. Zu Theodore Roosevelt vgl.

David Stannard, *American Holocaust* (Oxford 1992) und Finkelstein, *Rise and Fall.*

34 Laqueur, *NYT Magazine*, 16. Dez. 1973. Zu den Weizenpreisen vgl. Emma Rothschild, ebd., 13. März 1977. Wisse, *Commentary*, Mai 1988. Janet Tassel, »Mame-Loshn at Harvard«, *Harvard Magazine*, Juli/Aug. 1997.

35 Beispiele aus einem breiteren (auch linken) politischen Spektrum in *Necessary Illusions*, S. 315 f.; *TNCW*, Kap. 8.

36 Bar-Illan, Leiter der Abteilung für Kommunikations- und Politikplanung im Büro des Premierministers, Interview mit Victor Cygielman in *Palestine-Israel Journal* (Sommer/Herbst 1996). Zu seinen bemerkenswerten Äußerungen gehört die Auffassung, daß der Libanon »es geschafft hat, uns 15 Jahre hindurch anzugreifen und unser Leben unerträglich zu machen«. Für diese Behauptung läßt sich in den Annalen des Staatsterrorismus schwerlich ein Pendant finden.

37 Bill Freund, *The Making of Contemporary Africa* (Bloomington, Ind., 1984), S. 270. Weitere Erörterungen des Bantustan-Modells in Reinhart und Benvenisti, op. cit., sowie Norman Finkelstein, »Whither the »Peace Process««, *New Left Review* 218, Juli-Aug. 1996.

38 Ascher David, *Davar*, 17. Feb.; Michael Judelman, »Labor government ready to take on labor unions«, *Jerusalem Post*, 26. Nov. 1993. Ja'akov Jona, »The Peace Process an an Obstacle to Employment«, *Ma'ariv*, 19. Jan. 1996. Zu entsprechenden Vorgängen in den USA vgl. die Arbeitsökonomin Kate Bronfenbrenner (Cornell University): »We'll Close«, *Mulitnational Monitor*, März 1997.

39 Vgl. Ronen Bergman und David Ratner, »The Man who Swallowed Gaza«, *Ha'aretz Supplement*, 4. April; David Hirst, »Shameless in Gaza«, *Guardian Weekly*, 27. April; Judy Dempsey, »Poor pickings in Gaza for Palestinian entrepreneurs«, *Financial Times*, 3.–4. Mai, wo auch von israelischer Wirtschaftssabotage die Rede ist; »The Netanyahu Government will pay the PLO about [$ 1,5 billion] a year«, *Nekuda*, April 1997. David Bedein, »So much for promises«, *Jerusalem Post*, 4. Feb. 1996.

40 Weltwährungsfond, David Gardner, *Financial Times*, 7. März 1997. UNRWA, Reuters, *NYT*, 27. Mai; Peter Kiernan, *Middle East International*, 27. Juni 1997.

41 Gabriel Kolko, *Main Currents in American History* (Pantheon, 1994), S. 47.

42 Dajan und Herzog zit. aus einer internen Diskussion, in Beilin, *Mehiro schel Ihud*, S. 42.

43 *Report on Israeli Settlement*, März 1996, zit. in *World Orders*, Epilog. Chronologie, *Palestine-Israel Journal*, Sommer/Herbst 1996. Nadav Schragai, *Ha'aretz*, 3. März 1997. Berlin zit. n. Tikva Honig-Parnass, *News from Within*, April 1997.

44 Aluf Ben, *Ha'aretz*, 7. Feb. 1997. Weitere Informationen und Hintergründe bei Israel Schahak, *Ideology* (vgl. oben, Anm. 18).

45 Kaddumi, Interview, *Frontline* (Indien), 30. Mai 1997, zur Ministerkonfe-

renz der blockfreien Staaten in Neu-Delhi. El-Abajad, ägyptische Botschaft in Washington, Leserbrief, *National Interest*, Sommer 1997.

46 Jossi Melman, »Dunam after Dunam amounts to a Billion«, *Jom Rischon*, 20. April 1997.

47 Avi Shlaim, op. cit., S. 491, der aus israelischen Staatsarchiven zitiert.

Editorische Nachbemerkung

Unter dem Titel *Fateful Triangle. The United States, Israel, and the Palestinians* erschien Noam Chomskys Buch über den Nahostkonflikt zuerst 1983, dann, in einer überarbeiteten und erweiterten Ausgabe, 1999. Diese Ausgabe liegt der deutschen Fassung zugrunde, die in Absprache mit dem Autor erheblich gekürzt wurde.

Die Kürzungen gehen nicht nur auf den Umstand zurück, daß das amerikanische Original 600 engbedruckte Seiten umfaßt, sondern ergeben sich auch aus inhaltlichen Erwägungen. Wie der Titel andeutet, analysiert Chomsky eine Dreiecksbeziehung, die schicksalhaft ist, weil die USA die Rolle des Mittlers zwischen Israel und den Palästinensern spielen, ohne jedoch neutral zu sein. Sie haben sich vielmehr, so Chomskys These, seit Beginn der siebziger Jahre auf die mehr oder weniger vorbehaltlose Unterstützung der israelischen Verweigerungshaltung (»rejectionism«) gegenüber einem autonomen palästinensischen Staat eingelassen und damit den Friedensprozeß, den sie immer wieder (durch Jimmy Carter, Ronald Reagan und Bill Clinton) in Gang zu bringen versuchten, zugleich hintertrieben, weil sie die israelische Siedlungs- und Expansionspolitik, bei aller rhetorischen Kritik, durch umfassende materielle (und ideologische) Hilfeleistungen förderten. In den ersten drei Kapiteln der Originalausgabe untersucht Chomsky das Zustandekommen dieser »Sonderbeziehung« (»special relationship«); diese Teile wurden in die deutsche Ausgabe nicht übernommen, ebenso entfiel das umfangreiche fünfte Kapitel über den Libanonkrieg, das im Grunde ein eigenes Buch darstellt, sowie das kurze siebte Kapitel über die Atommacht Israel.

Die deutsche Fassung akzentuiert demgegenüber Chomskys Kritik an der Siedlungs- und Besatzungspolitik Israels, die er vor ihrem historischen Hintergrund (Kapitel I dieser Ausgabe) und exemplarisch anhand des Massakers von Sabra und Schatila darstellt (Kapitel II). (In diesen Abschnitten wurden kleinere Kürzungen dort vorgenommen, wo der Autor sich ausführlich mit der Diskussion dieser Vorgänge in den amerikanischen Medien befaßt.) Sämtlich übernommen wurden die der Auflage von 1999 neu hinzugefügten Kapitel, die den israelisch-palästinensischen Konflikt über die Erste Intifada (Kapitel III), den Angriff auf den Libanon vom Juli 1993 und die Folgen (Kapitel IV) sowie die Osloer Abkommen (Kapitel V) bis zum Ende des 20. Jahrhunderts verfolgen.

Der Gesamtentwurf von Chomskys Buch muß, wie viele seiner anderen Werke, vor dem Hintergrund der amerikanischen Mainstream-Medien gesehen werden, denen er eine einseitig pro-israelische Berichterstattung vorwirft; insofern ist sein Buch auch der großangelegte Versuch, diese Berichterstattung zu korrigieren. Da er dies Vorhaben in allen Kapiteln thematisiert, schien es Verlag und Übersetzer angeraten, jene Teile auszuwählen, in denen Chomsky den Kern des Palästinakonflikts analysiert, eben die israelische Siedlungs- und Besatzungspolitik, die bis heute einen wesentlichen Hinderungsgrund für eine umfassende Friedensregelung darstellt.

Daß Chomskys Darstellung von ihrer Aktualität nichts eingebüßt hat, erfuhr der Übersetzer sehr plastisch, als während der Arbeit die düsteren Nachrichten aus dem Radio drangen: Selbstmordattentate palästinensischer Extremisten, die Zerstörungen im Flüchtlingslager Dschenin, die Belagerung Arafats in Ramallah, neuerliche Attentate, schließlich der Angriff auf einen Wohnblock im Gaza-Streifen – und alles unter einem Ministerpräsidenten, der in Chomskys Buch eine so prägnante Rolle spielt. Der Friedensprozeß, der in den neunziger Jahren eine glückliche Wendung zu nehmen schien, ist, wie es aussieht, in sein Gegenteil verkehrt worden, und 2002 ähnelt wieder 1982. Es war eine traurige Aufgabe, das Buch zu übersetzen; und Chomskys resigniert-ironische Bemerkung, man könne den »Nahostkonflikt« schon Jahre vorher als Vortragsthema auf die Tagesordnung setzen, ohne mangelnde Aktualität befürchten zu müssen, ist ganz offensichtlich weiterhin gültig. Bleibt nur zu hoffen, daß die engagierte Sachlichkeit, mit der er sein Werk verfaßte, in der deutschsprachigen Öffentlichkeit ebenso engagiert und sachlich diskutiert wird.

Michael Haupt
August 2002

Kurze Chronologie des Nahost-Konflikts

ab 1880
Beginn der ersten jüdischen Einwanderungswelle (*Alija*), mit der vor allem durch Pogrome verfolgte Juden aus Osteuropa in Palästina eintreffen.

29.–31. August 1897
Erster Zionistenkongreß in Basel. Theodor Herzl (*Der Judenstaat*, 1896), der Begründer des Zionismus, fordert »eine gesicherte Heimstätte« in Palästina für das jüdische Volk.

6./7. April 1903
Massaker an Juden in Kischinjow (Bessarabien; heute Hauptstadt Moldawiens); 45 Tote.

ab 1904
Beginn der zweiten Einwanderungswelle. In Rußland verfolgte und diskriminierte Juden wandern nach Palästina aus.

April 1909
Gründung von Tel Aviv.

Mai 1916
Sykes-Picot-Abkommen zwischen Frankreich und Großbritannien, das die Teilung Palästinas vorsieht.

2. November 1917
Deklaration des britischen Außenministers Balfour. Die britische Regierung unterstützt die politischen Ziele der zionistischen Bewegung. Das führt zu einer intensivierten zionistischen Aufbauphase und Widerständen in der arabischen Bevölkerung.

7. November 1918
Briten und Franzosen sichern der arabischen Bevölkerung die Unabhängigkeit zu, äußern sich jedoch nicht zur politischen Zukunft Palästinas.

Januar 1919
Beginn der dritten *Alija*. In einem Abkommen vereinbaren Chaim Weizmann und der Haschimitenführer Faisal Ibn Hussein eine enge Zusammenarbeit.

19.–26. April 1920
Als Ergebnis der Konferenz von San Remo werden Palästina, Transjordanien und der Irak Mandatsgebiete von Großbritannien und Syrien, während Frankreich der Libanon übertragen wird.

1. Juli 1920
Beginn der britischen Zivilverwaltung in Palästina. Dort leben jetzt 600 000 Palästinenser und 70 000 Juden.

Mai 1921
Antibritischer Aufstand der Araber in Palästina.

15. Mai 1923
Die Briten trennen das Ostjordanland als »Emirat Transjordanien« von Palästina ab.

1924
Beginn der vierten *Alija*.

August 1929
16. Zionistenkongreß in Zürich. Gründung der *Jewish Agency for Palestine* als Interessenvertretung der palästinensischen Juden gegenüber der britischen Mandatsregierung.
Schwere antijüdische Unruhen in Palästina, die laut einer Kommission des Völkerbunds in der zionistischen Siedlungsbewegung begründet liegen. Allein in Hebron werden 60 Juden umgebracht.

ab 1929
Fünfte *Alija*. Seit 1933 zunehmende Auswanderung deutscher Juden, vor allem aufgrund der Verfolgung durch das NS-Regime.

April 1936
Beginn des arabischen Aufstands in Palästina nach der Zerschlagung einer gegen die Briten gerichteten Massendemonstration in Jaffa. Der Aufstand währt (mit Unterbrechungen) bis 1939.

Mai 1939
Änderung der britischen Palästina-Politik. Vorgesehen sind die Unabhängigkeit Palästinas und die Beschränkung der jüdischen Einwanderung.

ab 1942
Die Wannsee-Konferenz wird zum Ausgangspunkt für die umfassende und systematische Vernichtung (Schoah) des europäischen Judentums durch die Nationalsozialisten.

6.–11. Mai 1942
Zionistische Biltmore-Konferenz in New York. Gefordert werden u. a. die Aufhebung der britischen Einwanderungsbeschränkungen vom Mai 1939 und ein jüdisches Gemeinwesen in Palästina.

22. März 1945
Gründung der Arabischen Liga in Kairo.

22. März 1946
Ende der britischen Mandatsherrschaft in Transjordanien.

25. Mai 1946
Das »Emirat Transjordanien« wird unter König Abdallah I. zum »Haschimiti-schen Königreich Jordanien«.

22. Juli 1946
Extremistische Zionisten verüben einen Sprengstoffanschlag auf das King-David-Hotel in Jerusalem (Sitz der britischen Mandatsverwaltung). Es gibt 90 Tote.

18. Februar 1947
Großbritannien bringt die Palästina-Frage vor die Vereinten Nationen. Auf wachsenden internationalen Druck hin entschließt sich die britische Regie-rung, ihr Mandat niederzulegen.

29. November 1947
Die UN-Vollversammlung verabschiedet die Resolution 181 (II), in der die Teilung Palästinas in einen jüdischen und einen arabischen Staat sowie die Internationalisierung Jerusalems vorgesehen wird. Da der jüdische Staat mehr als 56 Prozent der Gesamtfläche Palästinas umfassen soll, wird der Teilungsplan von den arabischen Staaten abgelehnt. In der Folge kommt es zu bewaffneten Auseinandersetzungen zwischen Juden und Palästinensern.

18. Dezember 1947
Vergeltungsoperation der jüdischen Palmach gegen das palästinensische Dorf Khissas (10 Tote).

9. April 1948
Massaker von Deir Jassin durch die zionistischen Untergrundorganisationen Irgun und LEHI (Stern-Gruppe). Über 250 Dorfbewohner werden umge-bracht. Beginn einer massenhaften Flucht und Vertreibung von Palästinensern.

14. Mai 1948
Proklamation des Staates Israel durch David Ben-Gurion.

15. Mai 1948
Einmarsch arabischer Truppen in israelisches Territorium; Beginn des ersten Arabisch-Israelischen Kriegs.

11. Dezember 1948
Verabschiedung der UN-Resolution 194, die für die palästinensischen Flücht-linge das Recht auf Rückkehr oder Entschädigung vorsieht.

15. Januar 1949
Sieg Israels im ersten Arabisch-Israelischen Krieg. Israel kontrolliert 77 Prozent der Gesamtfläche Palästinas. Über 650 000 palästinensische Araber werden zu Flüchtlingen, die sich zumeist im Gaza-Streifen niederlassen, der ägyptischer Militärverwaltung unterstellt wird.

11. Mai 1949
Israel wird Mitglied der Vereinten Nationen.

8. Dezember 1949
Gründung des UN-Hilfswerks für Palästina-Flüchtlinge im Nahen Osten (UNRWA).

6. Januar 1950
David Ben-Gurion erklärt Jerusalem (das zwischen Israel und Jordanien geteilt ist) zur Hauptstadt Israels.

20. Juli 1951
Ermordung König Abdallahs von Jordanien durch einen Palästinenser.

Oktober 1953
Vergeltungsaktion der von Ariel Scharon kommandierten »Einheit 101« gegen das palästinensische Dorf Qibija.

26. Januar 1954
Mosche Scharett Nachfolger Ben-Gurions als Ministerpräsident (bis Juni 1955).

28. Februar 1955
Israelischer Militärangriff gegen den Gaza-Streifen.

28. Oktober 1956
Massaker von Kafr Kassem; 49 Palästinenser werden von israelischen Soldaten erschossen.

29. Oktober–8. November 1956
Zweiter Arabisch-Israelischer Krieg. Nach der Verstaatlichung des Suezkanals durch den ägyptischen Staatspräsidenten Gamal-Abdel Nasser besetzen israelische Truppen (in Absprache mit Großbritannien und Frankreich) den Gaza-Streifen und die Sinai-Halbinsel (Sinai-Feldzug).

März 1957
Abzug der israelischen Truppen aufgrund eines US-amerikanisch/sowjetischen Ultimatums.

September/Oktober 1959
Jassir Arafat gründet mit Khalil al-Wazir (Abu Dschihad) die Organisation Al-Fatah.

28. Mai–2. Juni 1964
Gründung der PLO (Palästinensische Befreiungsorganisation) in Ostjerusalem.

1. Dezember 1965
Teddy Kollek wird Bürgermeister von Jerusalem

16. Mai 1967
Nasser erzwingt den Abzug der UN-Friedenstruppen aus dem Sinai und dem Gaza-Streifen.

5.–10. Juni 1967
Dritter Arabisch-Israelischer Krieg (Junikrieg, Sechstagekrieg). Israel besetzt den Gaza-Streifen, das Westjordanland, die Halbinsel Sinai bis zum Suezkanal, die syrischen Golanhöhen und Ostjerusalem. In der Folge verstärken Al-Fatah und andere radikale Palästinenserorganisationen ihre Angriffe gegen Israel.

28. Juni 1967
Annektion Ost-Jerusalems durch Israel; scharfe internationale Proteste.

22. November 1967
Verabschiedung der UN-Resolution 242, in der Israel zum Rückzug aus den besetzten Gebieten und zu einer gerechten Regelung der Flüchtlingsproblematik aufgefordert wird.

1.–4. Feruar 1969
Fünfte Sitzung des Palästinensischen Nationalrats in Kairo. Arafat wird zum Vorsitzenden der PLO gewählt.

17.–29. September 1970
Bürgerkrieg in Jordanien (Schwarzer September). Die palästinensischen Aktivisten versuchen, einen Staat im Staate zu schaffen und werden daraufhin von jordanischen Truppen vertrieben. Die Guerillakämpfer verlegen ihre Stützpunkte in den Libanon.

28. September 1970
Tod Nassers. Nachfolger als ägyptischer Ministerpräsident wird Anwar as-Sadat.

August 1973
Die politischen Organisationen der Palästinenser in den von Israel besetzten Gebieten schließen sich zur Palästinensischen Nationalen Front zusammen.

6.–25. Oktober 1973
Vierter Arabisch-Israelischer Krieg (Jom-Kippur-Krieg), ausgelöst durch Angriffe ägyptischer und syrischer Truppen. Der UN-Sicherheitsrat fordert in der Resolution 338 die sofortige Feuereinstellung und die Umsetzung der Resolution 242.

21. Dezember 1973–9. Januar 1974
Nahostfriedenskonferenz in Genf unter der Schirmherrschaft der Vereinten Nationen.

Anfang Juni 1974
Die PLO zeigt erstmals Bereitschaft, eine teilstaatliche Lösung für einen zukünftigen palästinensischen Staat zu akzeptieren.

3. Juni 1974
Jitzhak Rabin wird Ministerpräsident Israels.

28.–30. Oktober 1974
Arabische Gipfelkonferenz in Rabat. Die PLO wird als einzig legitime Vertreterin des palästinensischen Volks anerkannt.

13. November 1974
Rede Jassir Arafats vor der UN-Vollversammlung.

22. November 1974
Die UN-Vollversammlung fordert in der Resolution 3236 die Anerkennung des Rechts der Palästinenser auf nationale Souveränität und Unabhängigkeit.

April 1975
Beginn des Bürgerkriegs im Libanon (bis 1990).

März 1976
Schwere Unruhen im Westjordanland, die sich gegen die israelische Besatzung richten.

10. September 1976
Der israelische Außenminister Jigal Allon legt den Allon-Plan vor.

17. Mai 1977
Machtwechsel in Israel. Die Arbeiterpartei verliert die Macht an eine konservative Koalition unter Führung des Likud-Blocks. Neuer Ministerpräsident ist Menachem Begin, Außenminister (bis 1979) Mosche Dajan.

November 1977
Friedensoffensive des ägyptischen Staatspräsidenten Anwar as-Sadat.

Dezember 1977
Kairoer Friedenskonferenz, an der Israel, Ägypten und die USA teilnehmen.

15. März 1978
Nach dem Anschlag palästinensischer Guerillas auf einen israelischen Bus besetzt die israelische Armee den Südlibanon.

19. März 1978
Der UN-Sicherheitsrat verabschiedet die Resolution 425, in der Israel zum Rückzug aus dem Libanon aufgefordert wird.

8. April 1978
Gründung der israelischen Friedensorganisation Schalom Achschav (Peace Now, Frieden jetzt).

13. Juni 1978
Rückzug Israels aus dem Libanon. Im Südlibanon wird ein von Major Saad Haddad geführtes Regime der Rechts-Milizen errichtet und von Israel unterstützt.

17. September 1978
Unterzeichnung des Abkommens von Camp David durch Ägypten, Israel und

die USA. Ausgehandelt wurden Rahmenbedingungen zur Lösung des Nahost-konflikts und eines israelisch-ägyptischen Friedensvertrags.

10. Dezember 1978
Verleihung des Friedensnobelpreises an Menachem Begin und Anwar as-Sadat.

26. März 1979
Der Friedensvertrag zwischen Israel und Ägypten wird in Washington unterzeichnet. Israel verpflichtet sich zur Räumung der Sinai-Halbinsel bis zum 25. April 1982.

1. März 1980
Einstimmige Verurteilung der israelischen Siedlungspolitik in den besetzten Gebieten durch den UN-Sicherheitsrat.

6. Oktober 1981
Sadat wird in Kairo von islamistischen Extremisten ermordet. Neuer ägyptischer Staatspräsident wird Hosni Mubarak.

14. Dezember 1981
Die Knesset beschließt die juristische Annektion der Golanhöhen.

Juni 1982
Fünfter Arabisch-Israelischer Krieg (Libanonkrieg). Die israelische Armee marschiert in den Libanon ein, um die PLO militärisch und politisch zu zerschlagen.

6. September 1982
Größte Friedensdemonstration in der Geschichte Israels.

14. September 1982
Noch vor seinem Amtsantritt wird der libanesische Staatspräsident Baschir Gemayel von (offiziell) unbekannten Attentätern ermordet.

16./17. September 1982
Phalangisten (christliche Milizen) verüben in den palästinensischen Flüchtlingslagern Sabra und Schatila (Ost-Beirut) ein Massaker.

23. September 1982
Amin Gemayel wird libanesischer Staatspräsident.

8./9. Dezember 1987
Beginn des palästinensischen Volksaufstands gegen die israelische Besatzung (»Erste Intifada«).

31. Juli 1988
Jordanien verzichtet auf seinen Souveränitätsanspruch auf das Westjordanland.

15. November 1988
In Algier proklamiert der Palästinensische Nationalrat einen unabhängigen palästinensischen Staat in den von Israel besetzten Gebieten.

2. August 1990
Einmarsch irakischer Truppen in Kuwait.

17. Januar–28. Februar 1991
Zweiter Golfkrieg. Streitkräfte westlicher Alliierter unter Führung der USA beenden die irakische Besetzung Kuwaits.

30. Oktober–1. November 1991
Madrider Friedenskonferenz unter der Schirmherrschaft der USA und der Sowjetunion, an der mit Ausnahme der PLO (die auf israelischen Druck hin ausgeschlossen wurde) alle am Nahostkonflikt beteiligten Parteien (Israel, Syrien, Libanon sowie eine jordanisch-palästinensische Delegation) teilnehmen.

23. Juni 1992
Sieg der Mitte-Links-Koalition bei den israelischen Parlamentswahlen. Ministerpräsident wird Jitzhak Rabin, Außenminister Schimon Peres.

ab Januar 1993
Geheimverhandlungen zwischen Israel und der PLO (Oslo-Kanal).

25. Juli 1993
Nach Attacken von palästinensischen Guerillas auf israelische Truppen im Südlibanon antwortet Israel mit schweren Luftangriffen auf den Libanon. Am 31. Juli kommt es nach US-amerikanischen Vermittlungen zum Waffenstillstand.

13. September 1993
Unterzeichnung der Osloer Prinzipienerklärung (Grundlage zur Errichtung einer palästinensischen Selbstverwaltung in den besetzten Gebieten) durch den PLO-Vertreter Mahmud Abbas und Israels Außenminister Schimon Peres. Handschlag zwischen Arafat und Rabin vor dem Weißen Haus.

13. Oktober 1993
Nachdem die Knesset und der Zentralrat der PLO der Prinzipienerklärung zugestimmt haben, beginnen israelisch-palästinensische Verhandlungen über die Selbstverwaltung des Gaza-Streifens und Jerichos.

2. November 1993
Nachfolger Teddy Kolleks als Bürgermeister von Jerusalem wird Ehud Olmert.

25. Februar 1994
Massaker in Hebron: Der jüdische Siedler Baruch Goldstein erschießt 29 Palästinenser.

April 1994
Anschläge der Hamas und des Islamischen Dschihad in Israel. Daraufhin Abriegelung der besetzten Gebiete.

4. Mai 1994
Unterzeichnung des Oslo-I-Abkommens durch Arafat und Rabin.

2. Juli 1994
Arafat errichtet im Gaza-Streifen die erste palästinensische Selbstverwaltung.

26. Oktober 1994
Unterzeichnung des Friedensvertrags zwischen Israel und Jordanien.

10. Dezember 1994
Verleihung des Friedensnobelpreises an Jassir Arafat, Jitzhak Rabin und Schimon Peres.

24. September 1995
Vereinbarung der erweiterten palästinensischen Selbstverwaltung im Oslo-II-Abkommen.

4. November 1995
Ermordung Jitzhak Rabins durch einen israelischen Extremisten.

20. Januar 1996
Wahlen zum Palästinensischen Legislativrat im Westjordanland und im Gaza-Streifen. Arafat wird Präsident.

Februar/März 1996
Anschläge von Hamas und dem Islamischen Dschihad durch Selbstmordattentäter.

11.–27. April 1996
Israelische Operation gegen Hisbollah-Milizen im Südlibanon. In Kana werden über 100 Zivilisten getötet.

29. Mai 1996
Der Vorsitzende des Likud, Benjamin Netanjahu, wird neuer Ministerpräsident Israels.

2. August 1996
Die israelische Regierung beschließt die Aufhebung des Baustopps für jüdische Siedlungen in den Palästinensergebieten.

26. Februar 1997
Ein israelischer Kabinettsausschuß beschließt den Bau der Siedlung Har Homa südlich von Jerusalem. Es kommt zu längerwährenden Unruhen.

1. April 1998
Das israelische Kabinett akzeptiert die Resolution 425 des UN-Sicherheitsrats, in der die vollständige Räumung libanesischen Staatsgebiets gefordert wird.

13. Oktober 1998
Nach dem Rücktritt von David Levi wird Ariel Scharon israelischer Außenminister.

17. Mai 1999
Ehud Barak (Vorsitzender der Arbeiterpartei) wird zum neuen Ministerpräsidenten Israels gewählt.

20.–24. Mai 2000
Rückzug der israelischen Armee aus dem Südlibanon.

11.–25. Juli 2000
Verhandlungen zwischen Barak und Arafat in Camp David, die ergebnislos abgebrochen werden.

28. September 2000
Der Besuch Ariel Scharons auf dem Tempelberg in Jerusalem führt zum Ausbruch der Zweiten Intifada (»Al-Aqsa-Intifada«).

20. Januar 2001
George W. Bush wird neuer Präsident der USA.

6. Februar 2001
Ariel Scharon wird neuer Ministerpräsident Israels.

Personenregister